本书为福建师范大学两岸文化发展研究中心研究成果、福建省文化产业研究策划基地资助成果。

HAIXIA WENCONG

海 峡 文 丛

方彦富 主编

SHIJUE WENHUA YU
WENYI PIPING

视觉文化与
文艺批评

魏 然 朱立立 主编

江苏大学出版社
JIANGSU UNIVERSITY PRESS

镇 江

图书在版编目(CIP)数据

视觉文化与文艺批评 /魏然,朱立立主编. —镇江:
江苏大学出版社,2014.12
(海峡文丛)
ISBN 978-7-81130-895-2

Ⅰ. ①视… Ⅱ.①魏… ②朱… Ⅲ.①视觉-文化-
中国-文集②文艺评论-中国-文集 Ⅳ.①G124-53
②I206-53

中国版本图书馆 CIP 数据核字(2014)第 310677 号

视觉文化与文艺批评

丛书策划/芮月英
丛书主编/方彦富
主　　编/魏　然　朱立立
责任编辑/张　平
出版发行/江苏大学出版社
地　　址/江苏省镇江市梦溪园巷 30 号(邮编:212003)
电　　话/0511-84440890
传　　真/0511-84446464
排　　版/镇江文苑制版印刷有限责任公司
印　　刷/句容市排印厂
经　　销/江苏省新华书店
开　　本/890 mm×1 240 mm　1/32
印　　张/12.625
字　　数/369 千字
版　　次/2014 年 12 月第 1 版　2015 年 3 月第 1 次印刷
书　　号/ISBN 978-7-81130-895-2
定　　价/46.00 元

如有印装质量问题请与本社发行部联系(电话:0511-84440882)

目　录

视觉的限度与文化研究的范式

滕翠钦

　　理论家们在视觉狂欢之余寻找图像时代的视觉悖论,努力维持视觉盛世中的理论清醒。"'后现代'时代即 20 世纪后半叶发生,我们就遭遇了一个悖论。一方面,似乎再清楚不过的是,视像和控制技术时代,电子再生产时代,它以前所未有的力量开发了视觉类像和幻象的新形式。另一方面,对形象的恐惧,担心'形象的力量'最终甚至能捣毁它们的造物主和操控者的焦虑,就如形象制造本身一样古老。"①米歇尔对视觉的忧虑类似于人类的"机器人恐惧症",这些人类制造出的机械玩偶和视觉产品大有反客为主的趋势,人类陷入视觉生产的怪圈,生产的快感和被操纵的担忧混合成视觉时代的怪异心理。② 视觉悖论指出图像时代视觉遭遇的种种尴尬,却都以承认图像时代盛况为前提,这一盛况当以文字的边缘化为代价。人们主要集中讨论与以往视觉经验不同的"看"及其背后的精神贫乏,却极少总结图像时代的视觉忙碌背后视觉功能的无能。作为图像时代感官宠儿的视觉一旦被归入文化研究的理论语境,受宠的感觉将荡然无存。文化研究理论模式之于视觉

---

　　① ［美］W. J. T. 米歇尔:《图像理论》,陈永国、胡文征译,北京大学出版社,2006年,第 6 页。

　　② 中国学者周宪也提出了自己的见解。他认为,视觉悖论是复杂的视觉文化事实和视觉疲惫、新的视觉匮乏所形成的冲突。和米歇尔不同在于,周宪不是突出人和图像之间复杂的主客关系,而是凸显视觉过剩造成的心理落差和视觉腻味。周宪:《视觉文化的转向》,北京大学出版社,2008 年,第 348 - 349 页。

可谓"成也萧何败也萧何":各类视觉个案成为文化研究的热门对象,与此同时,文化研究阐释的理论惯习证明了视觉在图像面前毫无建树。"一目了然"的视觉境况在特定图像条件下已然变得奢侈,视觉必须借助话语进入社会共识。具体而言,何为艺术和图像的"内容和形式",以及图像意识形态,视觉无用的各种理由正型构着诸种可能的问题场。

一

人们目睹图像新品种后耽于狂欢也好,陷于冷漠也罢,"何谓艺术? 艺术为何?"的追问并不会因为图像时代的经验贫乏而停止。文化研究质疑既成的艺术定论,乐于解释图像成为艺术的各种社会缘由。需要辨明的是,除却"文化研究"范式,那些超出人们经验的图像形式也在另外一个层面使得"什么是艺术"这个原本不是问题的问题成了问题。传统意义上"什么是艺术"原本一目了然。"一目了然"表示人们通过艺术图像的组织形式就能理解艺术的内在表达。苏珊·朗格的"有意味的形式"就志在论述蕴含在艺术作品中色彩、线条和社会通行意义之间的固有关系[①],艺术呈现出的物质符号通过视觉可以"看懂"。如今,人们将更多的时间用于寻找"成为艺术"的诸种理由,因为从视觉出发,这些艺术品破坏了人们的艺术常识。当何为艺术成为"问题"时,话语取代"视觉"行使阐释的功能。艺术的问题化源于当下艺术实验理念的革新。总的来说,超越视觉把握范围的革新分为两类:一类是艺术和日常物象界限的模糊;另一类是超越人类日常经验的图像表达,比如利奥塔的"后现代的崇高"。

就前一类而言,原则上生活中的所有意象都可以"艺术"之名存在,日常物品通过某些简要手法即可完成艺术的华丽转身。安迪·沃霍尔在厕纸上签上自己的大名就使得厕纸身价暴涨。他的

----

① [美]苏珊·朗格:《情感与形式》,刘大基、傅志强、周发祥译,中国社会科学出版社,1986 年。

网印艺术则是借助机器复制的团队合作的结果。集体合作的方式违背了艺术创作的个性化原则,至于"机器复制",则从本雅明笔下艺术之殇的罪魁祸首转向了艺术创造的得意手法。"商品世界以其不容否认的本事,将人的感觉装满商业世界的意象,无论你的地位如何:艺术家与一般人的区分于是愈来愈不明显。批评从此没有容身之地,艺术的工作是确定,任何物体,从玛丽莲·梦露的脸到罐头,从卡通形象到公交站候车的没有表情的人群,具不具备其本身之美,不是根据物体自身性质,而是根据那些决定其呈现方式的社会坐标……"① 社会坐标就是观念的阐释,只是当物体自身性质退出艺术标志时,有关"何为艺术"的种种说法就显得相对随意。

艺术力图和人类的正常经验保持距离,类似于梦呓的外在形式冲击了艺术底线,利奥塔设想出的此类艺术的极致是挑战时间长度的最小极限。"当我们欣赏这类艺术时,我们进入了一种理论的思考过程。我们所消费的不再是纯粹的视觉和材料艺术,而是其中的观念……现在,什么样的艺术都可以出现,但前提是,它的寿命必须是短暂的,它只是作为一个事件而不是一件长久的艺术品而存在。"② 当下某些形态的艺术却以随生随灭为准则,在这种艺术观念中人们将保留等同于观念的保守。短暂、观念和视觉构成一组有趣的关系,当"短暂"成为艺术的基本准则,话语就取代视觉把握艺术。视觉无法直接掌握观念,但通过话语阐释,艺术家的观念被公之于众。这些被阐释出来的艺术家的观念和人们目之所及的图像之间是否配套还要打一个大大的问号。如利奥塔所言,后现代的崇高躲避可以被经验的图像形式,那么图像在说明艺术家的观念上所起的作用就微乎其微。"实际上,这个时候开始似乎一切都可以成为艺术品,只要能够援引某个理论对它作为艺术

---

① [意]翁贝托·艾柯编著:《丑的历史》,中央编译出版社,2011年,第378页。
② [美]弗雷德里克·杰姆逊:《奇异性美学》,蒋晖译,《文艺理论与批评》,2013年第1期,第10页。

的地位语义解释即可,这样人们并不能通过观看某物来区分它是否是艺术品。毕竟意义是看不到的。人们无法通过观看来分别某物是否具有意义或她具有的意义是什么。"①

在奇异化的美学面前,视觉无用武之地,更深层次的原因在于视觉所把握的美丑观念的革新。成为艺术的理由需要阐释,传统美学的美丑已然无法涵盖当下艺术的各种标准。美丑的说法相当边缘化,线条和比例等传达出的视觉愉悦也开始鸣金收兵,将机会留给艺术领域的后起之秀。当今的艺术家们往往挣脱美丑的逻辑,虽然艺术"审美"的提法还在,但审美的内涵早已经面目全非。审美家族似有若无的联系为当下艺术各种怪异的观念提供了温床,美甚至被解释为"要么披着一袭色情的纱巾,装满炸药,具有魔力和偶然性,要么什么都不是"。②"要么"表达出的选择性实则强调美在传统形式之外的不可规训和无可名状。"美"的名实关系早已面目全非。美的宏大叙事终结了,终结的直接结果是艺术底线的溃散,艺术观念的民主化走到极端就是艺术观念的私人化和碎片化。私语式的艺术要进入公共话语,就必须通过话语阐释获取认同。尽管艺术本身让人匪夷所思,但对匪夷所思对象的阐释必须进入社会语义系统,博物馆就是阐释方式中的重要一种。进入博物馆成为艺术品的身份认证仪式。博物馆是艺术重要的"文化场域",物品进入博物馆后才成为艺术品。然而,这个过程和艺术的内在形式没有直接关系。由于传统艺术形式的烟消云散,成为艺术的理由和权力便交付到社会话语权力的手中,最为出名的应该算是 1917 年杜尚把签名后的男性小便池送进展览馆。外部的话语机制几乎已经决断物品作为艺术形式的各种理由,但这只在小众的范围内通行,更多进入博物馆空间的人们对这些公之于

---

① [美]阿瑟·C.丹托:《美的滥用:美学与艺术的概念》,王春辰译,江苏人民出版社,2007 年,中文版"序"第 4-5 页。
② 布勒东语,转引自[澳]罗伯特·休斯:《新的冲击》,欧阳昱译,百花文艺出版社,2003 年,第 398 页。

众的艺术仍然困惑不已。先锋艺术家们在"恒新"观念的刺激下创造大量的视觉个案,同时他们始终本着一个原则——艺术品不能让观众一目了然。

假设不寻求"何谓艺术"的解释而流连于各种陌生的视觉观感中,人们极有可能本着乐见奇观的消费心理,使那些被小众认可的艺术品沦为视觉欲望的盘中餐。这种境况有违先锋艺术家艺术恒新的创作理念。要在艺术永恒的创新和追逐时尚的消费欲望之间划清界限确有难度,要弄清这个问题,话语阐释又将大显身手。英国专业媒体评选马塞尔·杜尚的现成品艺术作品《泉》为 20 世纪最具影响力的艺术品,500 多位艺术家、批评家普遍认为杜尚的《泉》的重要性远远超过毕加索、马蒂斯等人的作品。这种局面说明《泉》早已经挣脱外力阐释的阶段而登堂入室。《泉》作为艺术品的标准远非美丑能够涵盖,尽管何为艺术的观念早已变更,但它作为艺术品的事实却表明"艺术"一词的恒久性,可以说是铁打的"艺术"、流水的"艺术范式"。如果说早期《泉》需要借助各种话语的阐释取得艺术身份证的话,如今的《泉》已经在更大范围的社会层面获得了认同。认同创造的心领神会使得人们一眼就识别出《泉》的艺术形象。因此,视觉在判断艺术品的过程中发挥作用,实际上和艺术品的社会认同度有关。如果那些让人看后不知所云的艺术品进入艺术常识系统,人们同样一眼便能判断它的艺术身份。只是一旦认同的人多起来,艺术家们就开始焦虑艺术先锋性的流失了,所以他们不断创造视觉常识无法辨识的艺术个案。某种意义上,视觉的失落便成为保证艺术先锋性的前提条件。

二

图像时代,图像和文字的地位不可同日而语,当下的图像首先是兴盛,然后才会有意义贫乏和思维惰性等种种问题。图像更适合消费时代的享乐和便利,文字只能忝列末座。文字的边缘化在后现代的崇高艺术中走到了极致。"'崇高之后'的艺术悖论是,艺术转向了一种不转向精神的物,无论精神喜欢物还是讨厌物,都对精神绝无所求。在崇高之后，人们处于意愿之后。我对这个名词的理解是物。物不等待人们给它命定，它什么也不等待，它不求助于精神。"① 不过"崇高之后的艺术"只是一种怀想，没有文字的世界也许仅仅存在于理论的乌托邦中。比格尔在《先锋派理论》中提及的先锋派悖论就指明完全拒绝文字的社会后果。② 如果先锋派拒绝阐释，那么先锋派的创作意图将永远消失于无可言状的境地中。贡巴尼翁把"形式的艰深"视为政治无能的表现，密码式的艺术涂鸦根本无法唤起民众的一呼百应，思想的疾风骤雨在社会场域中不过是死水微澜。贡巴尼翁倾向用可理解的内容而非所谓的形式革命直接表达自己的革命意图。③ 所以，为了强化自身的艺术理念，使这些艺术革命的理念具有社会效应，先锋派必须通过通行的文字形式将自身的创作意图公之于众，只有这样，才能避免贡巴尼翁们的鄙夷。

当意义的晦涩遭遇消费的油滑，形式便成了任人打扮的小姑娘，所指开始狂欢。先锋派的自我阐释同时是先锋艺术避免被恶意消费所做的努力。正如比格尔所言，先锋派一开始就拒绝了"艺术的自律"，先锋派稀奇古怪的艺术实验必须进入社会"文化场域"才能实现其艺术革新的初衷。为了说明自己的意图，文字表述而非视觉表达将成为先锋艺术家的法宝。先锋的遭遇是否意味着内容和形式关系的再次洗牌？ 在社会功能和社会效用面前，内容再次获得青睐，艺术革命只有在内容的层面上才具有公众的号召力。当图像的内容与形式的固有关系断裂，图像时代的文字并没有像许多人认为的那样逐渐边缘化。相反，文字的作用不可或缺。至于桑塔格说的，"我们的任务不是在艺术作品中去发现大量的内容，也不是从已经清楚明了的作品中榨取更多的内容。我们的任

---

① ［法］让·弗朗索瓦·利奥塔：《非人——时间漫谈》，罗国祥译，商务印书馆，2000 年，第 156 页。

② ［德］彼得·比格尔：《先锋派理论》，高建平译，商务印书馆，2002 年。

③ ［法］贡巴尼翁：《反现代派：从约瑟夫·德·迈斯特到罗兰·巴特》，生活·读书·新知三联书店，2009 年。

务是削弱内容,从而使我们能够看到作品本身".① 事实上,桑塔格要放弃的不过是那些已经固化的内容。

图像全然超越人的经验系统将引起两个层面的问题:第一,内容和形式分裂。分裂说明人们仍旧用通行的社会意识衡量全新的关系组合。第二,内容和形式搭配需要生产的勇气。先锋艺术不断重返"内容和形式"固定化的最初时刻,"恒新"及"一次性"的创作理念把意义发明的频率推向极致。肉眼无法识别图像的意味,语言的力量再次得到证实。劳申伯格爆料他有一种倾向:"喜欢要么是抽象到人和人都不知道该物体是什么东西,要么是扭曲变形到你再也辨认不出来的东西,或者是一目了然到你连想都不会去想的东西。"② 无法辨形的艺术因为视觉无法感知到内容而需要阐释;一目了然的图像形式因为内容和形式发生断裂,如果要获取社会理解,也必须求助语言。内容和形式断裂后要回归社会通行的意义系统,话语必须取代视觉发挥最终作用。

利奥塔解释,后现代主义的崇高是时间之外的表象呈现。他认为崇高的审美努力体现在一系列"疑问"中,"说什么呢?不然就只有惊叹:啊!再就是诧异:太那个了!……这种感觉就是:全在那儿。几乎没有任何东西——或我不知道是什么——可'消费'"。③ 利奥塔列举了观众看不懂图像时的各种表达,还暗中透露了他的个人认识,那就是面对图像奇观,人们也习惯"消费"内容。这种"后现代崇高"内容的失落只是特定层面的现象,先锋艺术的尴尬使得解释这种肉眼不识的图像势在必行。罗伯特·休斯就倾情解释了劳申伯格《交织字母》背后隐含的各种文化意图。休斯首先指出山羊是劳申伯格的童年无意识,继而表达了这件"一次性"艺术保持惊人艺术力量的缘由,"山羊是阳性精力最古老的

① [美]桑塔格:《反对阐释》,程巍译,上海译文出版社,2003年,第17页。
② [美]阿瑟·C.丹托:《美的滥用:美学与艺术的概念》,王春辰译,江苏人民出版社,2007年,第397页。
③ [澳]罗伯特·休斯:《新的冲击》,欧阳昱译,百花文艺出版社,2003年,第88页。

'隐喻'。这头山羊头冲向前,浑身油彩斑斑,身体被轮胎一分为二,是现代文化男同性恋爱情极少的伟大偶像之一……"休斯的解释赋予了《交织字母》以清晰的文化原型,不管他的解读得到多少人的认可,但可以肯定《交织字母》的视觉困惑得到了缓解。和"何谓艺术"的问题一样,休斯对《交织字母》的解释得以通行时,视觉知晓意义的功能才能重新恢复。维斯顿的《卷心菜叶》因为被放大而打破了人们惯有的视觉经验,但通过标题,观众立刻辨认出变形的图像,使得内容和图像经验再次返回常识。杜尚的《泉》与《卷心菜叶》又有所不同,小便池从外形看与日常没有两样,但视觉辨认出的内容和标题《泉》却风马牛不相及。标题强行把小便池从日常世界的惯有功能序列中拉开,将它植入陌生的语境,视觉无法抵达标题给出的意义。杜尚的《泉》一旦被公认为伟大作品,那么视觉层面的小便池和"泉"的联系也就自然建立了。

　　本文只是论述在特定条件下话语阐释的作用超过视觉,但也有人大胆将这些范围扩大。"图片中没有什么固有的东西可以保证第一次阅读比第二次更有效。表征只有得到解释才成其为表征,而且最终要能引起广泛的联想,也就是说,它应该有大量潜在的表征内涵。表征和重复这两个概念之间也有紧密联系:比如在某种程度上,词语可能会被重复以获取意义……"①无声的图片更会导致意义的游移,只有通过话语阐释并使这些阐释权威化,图片的表征才会相对固定下来。本雅明提及这样的现象,"画报中第一次开始必须附上文字说明。显然,这些文字说明与一幅油画的标题在性质上截然不同。看画报时,观众由文字说明获得指导,不久,文字说明在电影中变得更为精确、更具强制性,因为对任何一幅画面的理解都由之前的所有文字规定得明明白白了"。②话语

---

① [英]丹尼·卡瓦拉罗:《文化理论关键词》,张卫东、张生、赵顺宏译,江苏人民出版社,2006 年,第 40 页。

② [德]瓦尔特·本雅明:《可技术复制时代的艺术作品》,《经验与贫乏》,王柄均、杨劲译,百花文艺出版社,1999 年,第 271 页。

而非图像最终承担了阐释的任务。话语阐释是文化研究的重要方法,它不断地阐释图像或是话语背后的意识形态,而且阐释的对象也包括它本身。当然,本雅明暗中指出文字说明限制了图像意义的多元性,被动接受文字阐明的内容,即便获取意义,也和先锋艺术家的革新理念相去甚远,这一点上文化研究和先锋派艺术理念有相通之处。

三

文化研究倾向关注视觉意识形态,视觉时常被各种权力形式所蒙蔽。要挖掘视觉构造的意图,话语的阐释不可或缺,这违背了传统视觉中心主义的各种理念。"在西方观念中,凝视的权力很大程度上来自于这样一种倾向,即把视觉推崇为五种感觉中最为高级的感觉,这可能是因为它被假定与精神而不是身体有着更为密切的联系。视觉因有使感知行为远离身体的物质性(body's materiality)的能力,而常被理想化。"①"读图时代"的"看"和真理逐渐脱钩,主要表现在如下两个层面:首先是视觉的欲望化,消费将视觉收编到自己的欲望网络中。"养眼"的猎奇式标准直接催生了思想惰性,更新换代的极致速度演变成一场热闹的审美过劳死。研究者反思读图时代的"视觉",往往分析视觉在海量的图像世界流连忘返导致的经验贫乏。眼睛不再是心灵的窗户,而是欲望的又一便利入口。这种"欲望"已非哲学和科学启蒙时代极力围剿的"非理性主义"。这个时代"理性主义"的诸种宣言并不流行,作为幽灵的"非理性主义"同样开始淡出人们的视野,"读图时代"的"看"会被视为对"主体"的异化。"视觉的盛宴"把视觉和味觉的狂欢相比拟,视觉在消费的引诱下有了饕餮般的胃口。其次,身临其境原本是话语权威性的必要保证。当阿盖特摄下1900年左右无人的巴黎街道,"人们说他像拍作案现场一样拍摄了这些

---

① [澳]罗伯特·休斯:《新的冲击》,欧阳昱译,百花文艺出版社,2003年,第139页。

街道,这种说法很有道理,因为作案现场也是无人的。拍摄它是为了寻找线索"。① 照片中投射的证据意识表明人们此刻仍旧相信图像的客观性,照片还原了已经消失的现场。本雅明怀念被机器时代的文化复制剥夺的艺术鉴赏现场,作为公共空间的"现场"是见证艺术韵味的前提条件。尽管照片是机器复制的产物,但它在另一个层面上再次实现了现场的价值。读图时代的观众即使身处现场也未必就能够见证真实,"耳听为虚、眼见为实"的说法在当下的社会语境中需要斟酌。文化研究意味着现场和真实脱钩的理论条件。文化研究热衷于挖掘视觉意识形态,图像意识形态包括创作者蕴含在图像当中的意识形态和观看者本身的期待视野等两个方面。创造者和观看者的双重视觉权力,使得视觉意识形态研究超越了单纯的权力控制。人们分析社会各类型主体的权力交集和制衡的复杂情况,往往需要通过话语解释视觉背后隐藏的各种玄机,读图时代的视觉在意识形态研究层面上再次失落。

西方绘画理论中,透视法是真实的又一个代名词,这种视觉的格局被当作客观世界在眼睛中的真实反映。长期以来,这个绘画理论规驯了人们的认知结构,以至于人们认为像达·芬奇《最后的晚餐》这样的宏大结构才代表着世界的本来形式。立体主义直接冲击了这种所谓的天然的视觉方式,多种视角的平面展开突破了单一视角的深度展示。当透视法的"真实"仍是主流时,人们就会认为立体主义犯了视觉幼稚病。如中国传统绘画中的移步换景和前后景物象比例失调,就属于现代性之外野蛮世界的产物。一旦"透视法"被问题化,话语就会介入阐释,阐释的内容大致分为三种。第一,视觉是话语训练的对象,既然是"人造物",透视法已然褪下了它的天然外衣。第二,话语将揭示透视法的视觉风格,透视法的天然性在更具体的形式上被质疑。第三,话语会解释透视法是一种视觉幻象,是西方理性主义在视觉层面的意识形态表达,文

---

① [英]丹尼·卡瓦拉罗:《文化理论关键词》,张卫东、张生、赵顺宏译,江苏人民出版社,2006年,第271页。

化研究介入揭示这种形式的社会话语惯习。

读图时代图像泛滥,且形式多样。"日常生活的视觉化并不意味着我们必然知道我们所看到的是什么。……创造了后现代性的,正是文化的视觉危机,而不是其文本性。……视觉文化并不取决于图像本身,而取决于对图像或是视觉存在的现代偏好。"① 文化研究努力解读图像背后的意识形态,电子媒介的镜头不再客观,它附带着人类攫取生活细节的主观视角,广告便是其中的典型。如果仅仅通过视觉接受广告,那么人们只会成为消费的奴仆。只有学会用话语暴露广告在各种视觉中安插的消费魅惑,人们才能在消费狂潮中得以自主。《机器新娘》一书是经典的视觉分析个案,麦克卢汉擅长通过对社会各类文本的条分缕析解释各种消费策略。此外,"拟真"是图像消费的又一典型。拟真首先强调"真实"是一种幻象,比现实更真实的图像是驯服人们视觉野心的一种方法。波德里亚就分析了美国迪士尼世界的拟真模式。迪士尼颠倒了世界和模仿物的地位,虚拟使得人们忘记了外在客观世界,这是拟真瓦解视觉真实的一个层面。另一层面在于"在这种新的媒介中,仍然留有种族、性别和阶级这些陈旧的等级关系的痕迹。虚拟并不是一个清白的处所"。② 从理论意义上说,虚拟凭空产生,但这只是理想层面的想象,实际上,虚拟仍然是人为的产物。凭借视觉,人们只是看到比现实还真实的拟像,文化研究的话语阐释使得拟像背后的意识形态因素显露无遗。虚拟的悖论在于看似无关现实却始终在现实逻辑的控制之内,话语分析将揭示这一悖论。

视觉的意识形态引出的现场失落和多视点叙事展现的现场性尴尬差别巨大:前者是由于视觉的偏狭,后者则因为话语的转述。"罗生门现象"就是强调现场经过话语转述产生畸变,真相的失落

① [美]尼古拉斯·米尔佐夫:《视觉文化导论》,倪伟译,江苏人民出版社,2006年,第2、3、6页。

② [英]丹尼·卡瓦拉罗:《文化理论关键词》,张卫东、张生、赵顺宏译,江苏人民出版社,2006年,第113－114页。

并不归罪视觉无法发现意识形态的各种端倪。现代叙事学中的多视点叙事同样是反思话语还原真相的局限性,众声喧哗的背后则是真相消失。所以,图像时代,视觉无法发现事实,话语阐释最终同样无法抵达真相和真理的彼岸。只是话语能否揭示真相失落的世界境况,而无声的视觉则无法传达这个过程。桑塔格向往着"逃避阐释",这是一种形而上的宏大阐释。如果"阐释不是(如许多人所设想的那样)一种绝对的价值,不是内在与潜能这个没有时间概念的领域的一种心理表意行为。阐释本身必须在人类意识的一种历史观众来加以评估。在某些文化语境中,阐释是一种解放的行为。它是改写和重估死去的过去的一种手段是从死去的过去逃脱的一种手段"①,那么,阐释即使无法发现真理,它也承载着当下关于世界真实的想象,事实的多元陈述和陈述背后的意识形态本来就是当下的事实。维特根斯坦在《逻辑哲学论》的结尾句——对于可以说的,我们必须说清楚,对于不可说的,我们必须保持沉默——话语而不是视觉正在努力地言说可以说的部分。

---

① [法]贡巴尼翁:《反现代派:从约瑟夫·德·迈斯特到罗兰·巴特》,生活·读书·新知三联书店,2009年,第9页。

娱乐文化、身体展演与意义编码

王　伟

一

　　我们生活在特定时空的种类繁多的符号之中,我们依据各式各样的符号来调整自己的生活。早晨,手机闹铃声响起来,这是起床的信号。想想今天要参加什么活动,应该怎样穿着打扮。洗漱完毕,去厨房看看稀饭还要多久才能煮好。出门穿过人行横道,走到公交站点,等待自己要坐的那一路公交车。遇见同事,寒暄一番或谈东说西。按部就班地授课,解答学生的疑问。阅读,备课,听听音乐,看看电影,入睡,做梦。另一个早晨,闹钟再次响起,新的一天又开始了。无论是声音还是视觉,无论是信号还是语言,都是生产意义的符号。可想而知,如果没有它们的大量参与或介入,人类与赤裸的动物并无二致。尽管动物也有符号,但它是"偶发性和插曲式的事情,对人类来说则是带有基本性和连续性的东西"。①换言之,在创造符号方面,人类的自由度远非动物所能及。因为人类有"容量很大且异常复杂的大脑,这是我们高度发达的智力的源泉","也是人类文化能力的源泉"。符号的代代累积筑就了绵亘至今的文化遗产,"正是通过文化的符号化,我们人类适应于自然环境和社会环境,并对新的变化了的环境形成了必要的适应方略,

---

　　① ［美］莫里斯:《开放的自我》,定杨译,上海人民出版社,1965 年,第44 页。

同时将这些知识作为社会传承递送给了年轻的一代"。①在此过程中,男男女女的言行举止固然仍发自先天的动物本能,但越来越受制于后天的文化形塑。日常生活中,身体即媒体,身体是与周围世界互动之所,始终承载并传递流动的意义。

既然人是符号的动物、文化的动物,那么,伴随着文化逻辑的转换,男男女女的身体生态必然就会发生相应的改观,同时,也会折射出形态各异的身份认同。从茹毛饮血、衣其羽皮,到脍不厌细、精工剪裁;从穴居野处、徒步而行,到高楼林立、空中之旅;从跪伏于地、三叩九拜,到圆桌会议、唇枪舌剑,凡此等等,无不显示出人类的身体境遇所经历的沧桑巨变。何谓"文化逻辑"?借鉴曼德尔对资本主义的分期,詹明信认为现实主义—现代主义—后现代主义分别是市场资本主义、垄断资本主义、跨国资本主义的文化产物,并断言"就历史发展而言,我们直到今天才有机会目睹一种崭新的文化形式对大自然和潜意识的领域积极地进行统制与介入"。②也即是说,在詹明信看来,前资本主义的农业文化已被现今的后现代文化破坏殆尽。参照上述框架,我们可以将中国文化提纲挈领地大致描述为前现代的君权文化、神权文化,现代的启蒙文化、救亡文化、革命文化,后现代的市场文化、消费文化、娱乐文化。

漫长的古代社会中,虽然有过短暂的百家争鸣,但儒家思想长期居于主导地位,君权神授、真龙天子、君臣父子、三纲五常的观念牢不可破,身体表现出较强的神秘性与等级性,以下犯上意味着大逆不道、神人共愤。一个身不由己的时代,一个甚至连婚姻大事都必须遵从"父母之命、媒妁之言"的时代,不难想象,其情感与思想所能到达的最远距离。身体的管控从来都与思想的笼络、规训联

---

① [美]罗伯特·F.墨菲:《文化与社会人类学引论》,王卓君译,商务印书馆,2009年版,第30、32页。

② [美]詹明信:《晚期资本主义的文化逻辑》,陈清侨等译,生活·读书·新知三联书店,1997年,第484页。

袂而行,率土之滨莫非王土,普天之下莫非王臣,因此,无论朝代如何更替,男男女女都被自动编入政治的序列,遁入世外桃源不过是一个浪漫的神话。与此相配套的是,主流意识形态大力宣扬"修身、齐家、治国、平天下"的人生理想,力图使芸芸众生实现从伦理身体到政治身体的飞跃;而且,身体所能承担使命的大小往往还与其遭受苦难的多少成正比,所谓"故天将降大任于斯人也,必先苦其心志,劳其筋骨,饿其体肤,空乏其身,行拂乱其所为。所以动心忍性,增益其所不能"。结局有两种,达则兼济天下,穷则独善其身。得意时入朝为官、指点江山,失意时则归隐田园、放浪形骸。很多时候,对他们来说,改革积弊已久的朝政难免招致既得利益集团的嫉恨,一腔报国热忱终归在残酷的权力斗争中半途而废,所以,美人迟暮、怀才不遇、落拓江湖不啻命中注定。他们尽可以展现"散发弄扁舟"的潇洒或"采菊东篱下"的闲适,然而,庙堂或魏阙仍是无数文人墨客一生的隐痛。只有在这个层面上,我们才能真正体会他们独自凭栏、伤春悲秋的难言凄楚,征战沙场、建功立业的满怀豪情,与忧谗畏讥、感极而悲的万千慨叹。或许,唯有在仕途无望或苟活乱世时,男男女女的生命与身体本身才会得到更多的审视与反省。譬如,修短随化、终期于尽、俯仰之间、已为陈迹,生年不满百、常怀千岁忧,等等。

近代以来,西方列强的炮火击碎了中央帝国的迷梦,祖宗之法难以有效应对巨大变化的现实。痛定思痛,于是,洋人的器物、制度与文化渐次进入了维新的轨道,而域外文化的引入把国人那一丁点儿残存的骄傲情绪也洗劫一空。随着资本主义对农业经济的猛烈冲击,封建帝制的终结,科举制度的废除,现代教育与传媒的兴起,士农工商原有的认同格局被打破,职业多元化使得从政不再是出人头地的唯一选择。而持续传入的新文化如燎原星火,率先在知识阶层中形成了影响深远的启蒙运动。这不仅重塑了他们的身体,而且重塑了他们的灵魂。主体在大肆破旧中极力趋新,"打倒孔家店"的呐喊声中,身体处于解放的风口浪尖之上:拱手问好、剪掉长辫、除去裹脚、摩登服饰、离家出走,如此等等。剧烈变化的不仅是外在的衣着打扮,更是内在的精神面貌。曾几何时,只有在古代民歌或淫词艳曲中才能看到的郎情妾意,如今成了男男女女公开的日常功课,因为新的启蒙文化张扬男女平等,将女性从闺阁之中解放出来。她们破天荒地可以跟男性同校学习,在大庭广众之下进行交往,甚至与男性进行职业的竞争。"我是我自己的",子君的宣言无疑代表了那一代知识女性共同的价值取向。吊诡的是,觉醒的个体从君权文化中成功突围后,启蒙文化的种种美好设想还未来得及大范围铺开,主体就被救亡文化、革命文化迅速收编。在为赢得民族解放而与外敌殊死搏斗之际,在为建立新的人民政权而奋斗之时,需要的不再是个性的身体,而是服从指挥的身体、无私奉献的身体。1949 年新中国成立后,男男女女一度沉浸在翻身的喜悦之中,而革命文化、军事文化顺理成章地成为耀眼的圭臬,无产阶级的身体成了社会主义改造的焦点目标,社会主义动员机制与一次次大大小小的政治运动也造就了长期而整齐划一的军事身体景象。革命/反革命极端而扭曲的二元对立中,资产阶级与小资产阶级成了过街老鼠,不仅他们的财产被任意剥夺,连他们的身体也成为陷入狂热的革命者肆意凌辱的对象。在人民专政的大时代氛围中,这些反革命或不革命必须头戴高帽、胸挂写有"打倒某某某"的牌子,游街示众,老老实实地接受人民的审判。如有一时想不开而自寻短见者,得到的便是"自绝于人民"的政治定性。以今天的眼光来看,这几页历史充满了太多施虐与受虐的身体。直到"拨乱反正"之后,这一非正常的状况才得以纠正。

二

从古至今,娱乐都是人类生存不可或缺的生活要素,而每一时代、每一文化、每一阶层都有其特有的娱乐方式、娱乐文化。比较起来,无论是娱乐的花样、娱乐与工作的时间之比,还是娱乐主体的参与范围,抑或娱乐在文化中所占的比重、娱乐对经济生产力的拉动等,都今非昔比。它们都实实在在地表明,我们前无古人地迎来了娱乐时代。从文化娱乐到娱乐文化,从革命文化到娱乐文化,这显然是一场巨大的文化转型。促成这一范式转换的原因有很多，其中最关键的因素是国家大政方针从阶级斗争到经济建设的调整。这一前提或背景的改换，为政治的身体到经济的身体再到娱乐的身体铺平了道路。改革开放以来，科技的飞速发展极大地带动了物质生产的迅速提高，而物质的极大丰富乃至过剩在客观上为男男女女提供了休闲娱乐的时间保证。与此同时，大众传媒，尤其是电视、电影、网络与数字技术则为视觉文化的流行提供了强大的硬件与软件支持。如今，麦克卢汉预言的"地球村"早已成为事实，文化的全球化传播趋势锐不可当。由于文化工业诱人的利润回报，域外与本土的娱乐制造者、本土娱乐制造者相互之间既有激烈的角逐，又有甜蜜的合作，这必然也助长了娱乐文化的繁盛甚至泛滥成灾。

以电视为例，1997 年，湖南电视台的《快乐大本营》开播，它一改宣教的刻板面孔而公然经营娱乐。如果说此事还仅是个案的话，那么，现在对包括央视在内的全国各家电视台而言，娱乐早就成了它们夺人眼球的拿手好戏，而且，与当年比起来有过之而无不及。翻一翻数字电视频道，不难发现，形形色色的娱乐节目令人眼花缭乱：一集接一集的电视连续剧，五花八门的明星八卦，千奇百怪的社会案件，竞争激烈的体育赛事，精彩纷呈的文艺汇演，制作精美的明星广告，等等。很大程度上，这些构成了人们消闲的重要内容，也成为他们茶余饭后的谈资。如果嫌这种观看式的间接娱乐还不够过瘾的话，人们可以选择身体力行，直接参与电视台主办的娱乐节目，"星光大道""我要上春晚""中国好声音""冲关我最棒""男生女生向前冲""智勇大冲关"等都为人们敞开了参与的大门。而"非诚勿扰"等甚至把原本应该私密的相亲公开化，以娱乐的方式批量生产出许多一见钟情的速配男女。

从甘当革命的螺丝钉到分化的个体利益，从欲望的极力克制到欲望的淋漓展现，从满足于泯然众人到追求与众不同，从一味地辛勤劳作到逐渐增多的休闲消费，变化的身体堪称全盘计划向市场经济过渡的重要表征。值得注意的是,消费的逻辑一旦启动,商品营销所催生的欲望便如同滚雪球一般愈来愈大,人们会不知疲倦地追逐新的产品、新的服务、新的感官享乐,欲壑难填。于是,一方面,我们被不断增长的物质财富重重包围;另一方面,我们又深切地体验到时间的压力,唯恐被更新换代、层出不穷的新商品抛在身后,成为时代的落伍者。为了最大化地赚取利润,工商业借助精心制作的广告来培育男男女女的消费欲望。因此,不妨说,如若不再为了满足基本的需求,那么,消费行为就会驶入"伪需求"的岔道。换言之,商品的符号意义、象征意义及其代表的身份认同才是消费的重点。毕业于怎样的大学,居住在哪一个社区,驾驶什么牌子的汽车,穿什么款式的衣服,使用什么型号的手机,携带什么样子的提包,在什么样的地方上班,如此等等,所有这些供以消费的身外之物在身体之上编织了一层一层的意义之网。而正是这些意义建构了区别于他者的主体自我,改变着自己的身体与他人的身体之间的关系。所以有研究者发出如下感慨:"资金围绕着恐惧和无法满足的欲望,重新规划人们的关注点,重新定义人们的身体、外表、气味,还有对自我的关注和安慰。"①

　　消费的身体与娱乐的身体息息相关,而在当今铺天盖地的娱乐文化气氛中,消费的身体即是娱乐的身体,购物、购买服务成了全民的消遣方式。不过,同是娱乐的身体,不同的编码路径又能生产出不同的意义效果。以观看电视的经验为例,奥运会的赛场上,获胜者每每身披国旗向观众挥手致意,而颁奖时升国旗更是不可或缺的庄严仪式。不难发现,这不是单纯的娱乐,因为运动场上的身体可以影响国家的荣辱,可以给现场与场外的观众上一堂生动的爱国主义教育课。赛场上俊男靓女裸露的躯干自不待言,而电视剧尤其是电视广告里更是充斥着影视明星的身体,他们共同向大众示范何谓青春强健、美丽性感,并将之归功于所要推销的产

---

① ［德］弗里茨·豪格:《商品美学批判:关注高科技资本主义社会的商品美学》,董璐译,北京大学出版社,2013年,第82页。

品,以达到广而告之、诱而引之的目的。身体拜物教与商品拜物教融合无间。身体不仅是最美的消费品①,还是最美的娱乐品。炫示的身体——特别是内衣广告、"星跳水立方"等节目之中身着比基尼的女性身体——不仅秀色可餐,还悄然实现了性别体系的建构。它在集体凝视的过程中强化了何谓美的社会共识,而这种共识又作为社会权利内化为男男女女的审美标准,从而使其实现主动的自我审查与规训。相比于明星群集的娱乐节目,以"百姓自娱自乐"为宗旨的"星光大道"等则为普通男女身体的出场提供了舞台。他们通过个人才艺的展示实现自我,不同程度地圆了自己的明星梦,当然也加固了明星崇拜的固有社会机制。② 实际上,流行的娱乐文化经常以看似轻松活泼的形式完成了意识形态对男男女女的询唤,保证了社会关系的再生产。

另外,虽然同属娱乐文化,但不同的娱乐空间连带着不同的身体政治经济学。譬如,待在家里看电视与到度假区度假或去会所吃喝玩乐等就迥然有别。它们是不同阶层分隔的产物,同时也再次重申了社会结构的区隔,而这正是有社会关怀的理论家所十分担忧的地方。霍克海默与阿道尔诺就认为"整个世界都要经过文化工业的过滤",所以结果是"循规蹈矩的购买者和厚颜无耻的供应商"联合演出遵从社会等级秩序的连台戏。他们还断定,文化与娱乐的结合会导致"文化的腐化"。③ 波兹曼也持类似的观点,他将致使文化枯萎的方法分作两大类:监狱与滑稽戏。奥威尔的《一九八四》《动物庄园》等对专制文化有过精彩的描绘,而赫胥黎则警告我们"在一个科技发达的时代里,造成精神毁灭的更可能是一个满面笑容的人,而不是那种一眼看上去就让人心生怀疑和仇恨

---

① [法]鲍德里亚:《消费社会》,刘成富等译,南京大学出版社,2000 年,第138 页。

② [德]霍克海默、阿道尔诺:《启蒙辩证法》,渠敬东、曹卫东译,上海人民出版社,2006 年,第 219 页。

③ 同②,第 113、118、120、129 页。

的人"。① 如果我们满足于未经思考或无须思考的廉价笑声，任由醉生梦死的娱乐文化周而复始，那么，严肃的公共事务就会在潜移默化中被杂耍化、被延期或被搁置，而文化灭亡的命运也劫数难逃。波兹曼是针对美国的电视时代发出上述警示的，也值得身处娱乐时代的国人思之再三。

三

如果考虑到编码与解码的非同一性，考虑到受众群体的千差万别，那么，理论家对娱乐文化的指斥不免显露出高高在上的精英主义立场，显露出对意义生产竞技场域的忽略，显露出对意义生产领域复杂问题处理的本质主义倾向。毕竟，"在社会里面意义不是固定不变的，它们是各个集团之间壁垒分明的冲突中的争夺目标，这些集团试图通过改革将他们的成员联合在一起而与其他人分别开来的交往工具来构造他们的社会认同"。② 换句话说，不同的社会群体对同一娱乐节目的接受并不完全一致，甚至完全相悖。而同一事件或场景在一个群体看来十分庄严，在另一群体——譬如网民——眼里则可能节外生枝或滑稽无比。娱乐文化在网络空间可谓如鱼得水，娱乐精神往往能在网络的虚拟世界中发挥得淋漓尽致。匿名的网民们热衷于围观，热衷于指指点点、七嘴八舌，而社会新闻——尤其是贪腐官员东窗事发、情妇几多的事儿——层出不穷，往往引爆关涉国计民生的沉重话题，引发权力批判与情色想象的话语浪潮。于是，社会新闻迅速发酵，演绎为"狂欢式"的娱乐事件。而且，这一场娱乐狂欢余温犹存，另一场已经炙手可热。

狂欢式是一种游艺形式，"在狂欢中所有的人都是积极的参加

---

① ［美］尼尔·波兹曼：《娱乐至死》，章艳译，广西师范大学出版社，2004 年，第 201－202 页。

② ［美］鲍尔斯、金蒂斯：《民主与资本主义》，韩水法译，商务印书馆，2013 年，第 204 页。

者,所有的人都参与狂欢戏的演出。人们不是消极地看狂欢,严格地说也不是在演戏,而是生活在狂欢之中,按照狂欢式的规律在过活"。狂欢式的世界有着相互联系的鲜明特征:插科打诨、俯就、粗鄙等。它们逾越了现实的森严等级,采用"与世上和人体生殖能力相关的不洁秽语,对神圣文字和箴言的模仿讥讽",把神圣与粗俗合为一体。① 检视当今的网络娱乐事件,肉体的形象在大量跟帖中频频出没,所有现实生活中作为禁忌的辱骂语言、污言秽语经过网络特色的变形、省略或嫁接,都一股脑儿宣泄出来,洋溢着节庆一般的集体欢乐。一方面,这种带有民间诙谐文化烙印的言辞的确可以制造出不少笑点,也显示出一种自由讨论的风气,"辱骂并不代表文明的末日","这些字词并不邪恶,宇宙也不会因此轰然坍塌"。② 另一方面,假如总是迷恋于把事情娱乐化,总是以娱乐化的眼光来讨论问题,发发牢骚、一番骂娘了事,那么,长此以往,这是否会腐蚀公共道德? 是否有利于公共空间内理性讨论之风的形成? 是否真正有助于问题的解决? 还有,面对一波又一波的网络热点事件,当男男女女群情激奋、擦拳捋袖时,有否意识到其中又有多少炒作甚至作伪的成分?

网络是把双刃剑,它可以解放身体,生产正能量,同样也能够以谣言来误导、控制身体,生产对社会有害的负能量、灰能量。除此以外,我们还要意识到,网络忠实地暗中监视着男男女女的身体,无论是上网聊天、浏览新闻、管理博客、观看影视、收发邮件、网上购物,还是网络性爱等,只要使用网络,身体的行走轨迹都会被一丝不苟地记录下来。莱西格把网络与《一九八四》中的"电幕"加以对比,认为"电幕透明度大,遗忘度大;而网络则隐秘性强,永久性强。大多数人不知道网络在收集资料;然而,收集好的资料就放在那里等着另一些人查询。这是一套毫无瑕疵、天衣无缝的系

---

① [苏]巴赫金:《巴赫金全集》(第5卷),钱中文译,河北教育出版社,2009年,第158-159页。

② [澳]韦津利:《脏话文化史》,颜韵译,文汇出版社,2008年,第20页。

统。如果构建得合适,完全可以生成一套完美的监控技术"。① 因此,技术对人们身体经验和感觉结构的改变并非沿着理想的单行道昂首阔步,结果的好坏难以准确预料。技术进步曾经使武器更加精良,更具杀伤力,造成了男男女女身体的大面积毁灭或伤害,譬如两次世界大战。而 20 世纪后半叶的一些发明,譬如快餐、避孕术、节省劳动力的技术、代替高强度的自动化发明等,"它们之间的相互作用很可能成就了妇女解放,使女性摆脱了备受羁绊的社会角色,随之而来的是居高不下的离婚率和萎靡的结婚率、初婚年龄的推后、堕胎、非婚生子女的增加和生育率的降低。生育问题的日益增长反过来又加快了生殖技术的发展,并对性道德的变化产生深远影响,包括对同性恋的日益宽容"。② 可以看出,技术给身体带来的新自由、新天地与新禁锢、新问题同在,收之东隅,失之桑榆。

娱乐文化欣欣向荣之前,反抗的身体——反抗帝国主义、封建主义、官僚资本主义"三座大山"——一直是文艺作品的核心母题。"五四"时期,对封建礼教的反抗指向情感、情欲所受的束缚,而且,这种抗争的身体往往还与饱受欺辱的民族危机水乳交融。新中国成立之后,反抗封建主义的遗毒仍是一项不可忽略的任务。改革开放、市场经济、娱乐文化使享乐的身体逐渐取代了反抗的身体所占的主导地位,但这并不是说反抗的身体就销声匿迹了,相反,反抗的身体依然暗涌如潮。所不同者,这种反抗的对象不再是昔日的阶级压迫,而是日常生活中滋生的各种压抑。后革命的年代中,"对既有权威——无论是宗教的还是世俗的,社会的还是政治的——的违抗已经成为全球现象"。③ 这种违抗在当代青年亚文化上表现得尤为明显,譬如富有个性的发型、新潮的服饰、时髦

① [美]格里森等:《〈一九八四〉与我们的未来》,董晓洁、侯玮萍译,法律出版社,2013 年,第 230 页。
② 同①,第 196 页。
③ [美]阿伦特:《共和的危机》,郑辟瑞译,上海人民出版社,2013 年,第 52 页。

的娱乐活动、潮劲儿十足的语言,如此等等。而众多的网络戏仿或搞笑影像更是他们乐此不疲的项目:或是通过视频、图像嫁接与拼贴,再配以颇具针对性的声音;或是直接扮演,在嬉笑嘲讽中极尽揭批现实生活中假、丑、恶之能事。如若"正常的变革渠道不再通畅,冤屈将无法上达视听、洗刷昭雪时,或是相反,当政府试图改变或已经着手变革,并且坚持那些其合律性和合宪性遭到严重质疑的行为方式时,就会发生公民不服从"。① 已在全国多地上演的野蛮拆迁即是这样的例证。除了采取过激行动来保护自己的家园之外,还有被拆迁者把令人触目惊心的拆迁现场影像上传至网络,以图曝光开发商的违法行径并寻求大众的舆论支持。遗憾的是,尽管它们起初大都会引发广泛关注,但随着时间的推移,最终未免仍会淹没在娱乐文化的汪洋大海中。

---

① [美]阿伦特:《共和的危机》,郑辟瑞译,上海人民出版社,2013 年,第 55 - 56 页。

视觉敢曝与性别文化研究

徐静霞

"敢曝"随着时代的变迁不断衍生出新的意涵，即起源于男同志扮装次文化，从男同志感性延伸至女同志敢曝、女性主义敢曝。在西方性别文化研究中，"敢曝"已经成为一个至关重要的概念。

一、敢曝与男同志感性/酷儿理论

（一）男同志感性

自 1964 年桑塔格发表《关于敢曝的札记》（Notes on "camp"）后，敢曝正式进入公众视野并成为一个学术讨论话题。关于敢曝的各种观点层出不穷，前期对敢曝的讨论与同性恋话语密切相关。[1] 尤其与同志扮装文化深具渊源，男同志扮装中大量挪用了女性的服饰、时尚和词汇。

桑塔格在 58 条札记中仅用其中的 4 条来论述同性恋主题及其与"敢曝趣味"的关系。她声称同性恋群体是敢曝的先锋阵营，其"通过敢曝提升公众的审美能力，从而消解公众对同性恋群体的

---

[1] 台湾地区学界指出，同性恋这个称呼带有明显的污名色彩，随着同性恋群体的身份认同感的增强，更倾向于使用"同志"来表现这个群体拥抱自我的姿态。此外，男同志在同性恋群体中被提及最多，本文主要涉及以男同志为主体的同性恋群体。

道德义愤……即使不是同性恋群体发明了敢曝，也会有其他人发明"。① 桑塔格意在表明，敢曝早在文学领域登场（这一点从艾斯伍德的小说可知），同性恋者与敢曝阵营之间不存在必然联系，如果没有同性恋者也会有其他人发明敢曝。这段前后略显矛盾的论述激怒了部分同性恋学术和非学术研究人士，他们对桑塔格如此轻描淡写同性恋群体与敢曝的关系表现出强烈的不满。在他们看来，敢曝是同性恋群体最重要的支持者。而同性恋者，这个身处主流文化边缘的弱势群体则致力于敢曝的发展与壮大。为此，他们进行了报复，将敢曝彻底作为自己的风格、感性、性能和手段，以此来处理他们的边缘化处境。

此外，一些批评家认为桑塔格过度将敢曝与同性恋相联结，窄化了敢曝的意涵，忽略了敢曝的丰富性与多义性。如大卫·伯格曼指出，桑塔格并非真正对敢曝产生兴趣，而是出于文化建构的目的收纳敢曝②；桑塔格对敢曝与同性恋关系的论述，非但没有颂扬同性恋者，反而玷污了同性恋者。同时，辛西娅·莫里娅（Cynthia Morrill）在《修正男同志感性》一文中也指出桑塔格严重误读敢曝——忽略敢曝难以捉摸的特质，而将敢曝定义为一种稳定的美学模式。③ 莫里娅批评桑塔格片面处理敢曝与同性恋的关系。她论述道："桑塔格猜测同性恋者借由敢曝实现与社会同化的手段，但桑塔格完全排除了敢曝的另一种可能性，即敢曝是同性恋者能够在恐同环境中得以生存的自我保护策略。显然，桑塔格拒绝深究敢曝与同性恋之间的'独特'关系。"④ 在莫里娅看来，同性恋借用敢曝，非但不是与社会同化的"俯首就范"，反而是在恐同氛围

① Susan Sontag. Notes on "Camp". Fabio Cleto ed. . *Camp*：*Queer Aesthetics and the Performing Subject—A Reader*, University of Michigan Press, 1999：64.

② David Bergman. *Camp Grounds*：*Style and Homosexuality*, University of Massachusetts, 1993：9.

③ Cynthia Morrill. Revamping the gay sensibility. Moe Meyer ed. . *The Politics and Poetics of Camp*, Routledge, 1994：115.

④ 同①：117。

中积极地"自我炫耀"。

20 世纪 70 年代到 90 年代期间涌出大量文章和评论,涉及敢曝与同性恋关系的内容陆续出现在电影杂志、社会学性别研究和易装展演中,同时在英语文学、文学批评、妇女研究及电影批评和理论中也出现热议敢曝的现象——其中许多正处在处理同性恋激进主义和同性恋研究的初级阶段。值得注意的是,许多文章都将"敢曝"当作一个透镜,透过它来批判同性恋文学、电影和社会;部分学术文章和非学术作家更直接将敢曝与同性恋单一联系,把敢曝当作一个彻头彻尾的同性恋风格。正如法比奥·克莱托(Fabio Cleto)所说的,将敢曝定义为适当的同性恋意味着定义一个同性恋集体身份认同。其中最著名的论文和研究成果如下:以斯帖·纽顿(Esther Newton)的《先驱者》(Role Models, 1972),杰克·巴布丘(Jack Babuscio)的《敢曝和男同志感受力》(Camp and Gay Sensibility, 1977),理查德·代尔(Richard Dyer)的《它是如此敢曝驱动我们继续前进》(It's Being So Camp as Keeps Us Going, 1977),安德鲁·布里顿(Andrew Britton)的《为了阐释:反对"敢曝"的札记》(For Interpretation: Notes Against Camp, 1978),史考特·朗(Scott Long)的《敢曝的寂寞》(The Loneliness of Camp, 1989),大卫·伯格曼的《敢曝策略:同性恋修辞的艺术》(The Art of Gay Rhetoric, 1991)。尽管这些文章论述敢曝的角度不同,却一致赞同这样一个真理:敢曝与生俱来与同性恋感性或体验有联系。下文将具体梳理这些重要文献。

20 世纪 90 年代后期至 2000 年期间,学术领域呈现出演变趋势,同性恋研究让位给研究领域更广阔和更具包容性意识形态的酷儿。自此之后,敢曝不再单纯指涉同性恋(尤其是男同志感性)的风格和表演模式,而是参与到性别和表演风格更为丰富的酷儿次文化建构中。莫尔·梅娅(Moe Meyer)发表了《敢曝话语的再生》(Reclaiming the Discourse of Camp, 1994);随后法比奥·克莱托(Fabio Cleto)收录于论文集《敢曝:酷儿美学与表演主题》(Camp: Queer Aesthetics and the Performing Subject——A Reader》中的第一篇《酷儿与敢曝》（Queering the Camp,2002）是论述最具挑战性的酷儿主题的重要文章之一,正式论述了敢曝疆域的转换与变迁。克莱托声称"酷儿思维""打破了长久以来资产阶级的认知和本体论下的各式二元类型非此即彼(阳刚/阴柔,原作/摹本,同一/差异,自然/人工,私人/公共等)的对立局面"。①

事实上,敢曝借用固着的二元结构,转以另类的表述行为策略颠覆着传统文化趣味与性别范式。

1972 年纽顿（Esther Newton）的《母性气质敢曝》（Mother Camp）一书,是 20 世纪 60 年代后期第一部探讨亚文化视野下男扮女装主题的研究专著。其中"先驱者"（Role Models）一章讨论了亚文化中男扮女装者（Female Impersonators）和易装皇后（Drag Queen）两种男扮女装的表演形态与敢曝之间的关系。男扮女装者通常都是由专业的男性表演者模仿女明星的扮装表演,但他们不全然都是男同志,还包括结婚的异性恋男性。而易装皇后往往都由男同志来模仿女性,甚至是达到彻底抹除男性特征、以假乱真的表演。纽顿更为肯定易装皇后对性别范式的强烈颠覆性:"易装皇后与男扮女装者最大的不同在于前者足以以假乱真。"② 事实上,同性恋被当作一种性别偏差,由两个相关但又截然不同的部分构成:"错误"的性对象的选择和错误的自我性别角色的展示③。男扮女装者与易装皇后通过扮装表演颠覆固着的性别气质,证明了性别气质可以通过表演实现,并不存在固有的性别气质。显然,对同性恋者持有性别偏差成见显示了传统性别范式的荒谬与脆弱。在纽顿看来,不论是男扮女装还是易装皇后的扮装表演,都具有一种颠覆异性恋文化中固有的性别气质的游戏性。更换传统性别的外表阳刚/内在阴柔的二元对立位置,这种透过扮装颠覆性别气质

① Fabio Cleto. Introduction:Queering the camp. Fabio Cleto ed.. *Camp:Queer Aesthetics and the Performing Subject—A Reader*,University of Michigan Press,1999:15.

② Esther Newton. Role models. Fabio Cleto ed.. *Camp:Queer Aesthetics and the Performing Subject—A Reader*,University of Michigan Press,1999:98.

③ 同②。

的特性就是敢曝。①

因此,这里需要深入探讨以同性恋为主体的易装皇后与敢曝的关系。事实上,易装皇后与敢曝都显示出"不一致"的特质,但有所不同。纽顿指出"易装皇后的扮装行为主要关注阳刚/阴柔两种性别气质的转换",而敢曝却是一种关心"不一致"与"转换"的哲学。② 显然,敢曝不仅仅关注性别气质的转换,也关注其他的不一致。

纽顿认为敢曝不是某物,而是描述一种"人和物与行为之间的关系,或同性恋与其品性之间的关系"。③ 这种关系表现为事物呈现出的不一致,某人或某事因自身与内容的不一致营造了一个极具张力性的空间,敢曝不是某人或某事,而是隐匿于这个空间中得以发现自我的特征。

纽顿概括了敢曝的三个特征:不一致(Incongrous Juxtapostions)、戏剧性(Theatrical)、幽默(Humor),这三个特征与同性恋者的困境与生存策略密切相关。"不一致是敢曝的主题,戏剧性是风格,幽默则是策略。"④ 敢曝致力于消除社会边缘者所持有的负面情绪,敢曝的幽默就是在面对自身的不一致时用笑声取代哭声的积极转换。⑤ 敢曝不仅是种扮装文化,更是根植于同性恋族群里的一种"亚文化意识形态"。同时,纽顿呼应了桑塔格的观点:不是所有的男同志和男扮女装者都是敢曝者,但可以肯定的是,敢曝为同志群体提供了一种正面建立身份认同的策略,一种主动拥抱同志身份的幽默与智慧。由此可知,纽顿正面肯定了敢曝是男同志自我积极现身的策略,同性恋者不再需要"伪装成异性恋"隐匿身份以此消解公众的恐同义愤。敢曝存在于任何地方,只

---

① Esther Newton. Role models. Fabio Cleto ed.. *Camp*: *Queer Aesthetics and the Performing Subject—A Reader*, University of Michigan Press, 1999:102.

② 同①。

③ 同①:102 – 103。

④ 同①:103。

⑤ 同①:106。

要有"能够欣赏敢曝的人"①,那些能真正欣赏其廉价而俗丽的魅力和"真正"同性恋特性的人。

杰克·巴布丘(Jack Babuscio)在《敢曝和男同志感受力》(Camp and Gay Sensibility,1977)一文中整理了庞杂的敢曝定义,首次探讨男同志感性与电影的关系。在巴布丘看来,敢曝作为一个男同志感性的形容词表现在法斯宾德(Fassbinder)和斯特恩伯格(Sternberg)的电影及田纳西·威廉斯戏剧的电影版本中。巴布丘指出男同志群体透过敢曝对抗自然/非自然、正常/异常、同性恋/异性恋等二元对立的极端关系。换言之,巴布丘用敢曝作为同性恋生活方式的隐喻手段。

事实上,在异性恋文化中,正常社会文化使得深受社会压迫的"另类者"理所应当地学会自我压抑,只有通过隐匿自我或伪装成异性恋才能摆脱压迫。然而,"另类"群体更试图通过这种自我压抑的方式为公众提供某种特别的见解或提高公众兼容并包的意识。而"男同志感性"正是自我压抑形成的新见解。巴布丘指出,敢曝"根本上就是一种关于表达方式最高级的感性形式"。② 与纽顿一样,巴布丘也认为敢曝指涉某种重要的关系,一种观者与所关注的对象、电影、文学、视觉艺术之间的对话关系。巴布丘首先找出了敢曝的4个重要特征:讽刺(Irony)、美学形式(Aestheticism)、戏剧性(Theatricality)及幽默(Humor)。③

首先,巴布丘认为敢曝特质中的"讽刺"是种暗示行为不一致的隐喻手段。两个对比物之间呈现出冲突与不协调,这种不协调是"男同志感性"的核心概念。敢曝处理各种不一致,即人或物在内容与意指之间透过夸张的形式呈现出的极度不协调,如阳刚/阴柔、崭新/陈旧、神圣/世俗、灵魂/肉体及高/低(社会经济地位)。

① Esther Newton. Role models. Fabio Cleto ed.. *Camp: Queer Aesthetics and the Performing Subject—A Reader*, University of Michigan Press, 1999: 103.

② Jack Babuscio. Camp and the gay sensibility. David Bergman ed.. *Camp Grounds: Style and Homosexuality*, University of Massachusetts, 1993: 20.

③ 同②。

如透过扮装颠覆男性气质与女性气质,而对性别气质进行嘲讽。例如,电影女明星嘉宝在电影中透过扮装呈现出雌雄同体的气质,讽刺了异性恋文化的霸权性别范式。

其次,"美学形式"是敢曝反对道德束缚的重要方面。巴布丘认为敢曝通过三个方面表现这种美学形式:一种艺术观、一种生活观、一种处理人与物的实践行为。实际上,敢曝者透过敢曝透镜来观看世界,透镜下呈现出各种不一致的审美体验。敢曝是种强调夸张、人工化和表演性的风格,普通之物透过敢曝可转化为壮观的场面。那么,承载着创作者的灵感与幻想的电影又是如何表现敢曝的美学形式的呢?巴布丘指出:"在电影中,敢曝的美学特性体现在人工化的铺排上,刻意营造出一种异国情调、主观幻想、怀疑或怀旧的氛围,透过各种人工化的修辞装置唤起某种情绪,不仅满足情节需要,更使人沉醉其中。"①敢曝的美学形式提供了一种嘲讽那些驻留在社会边缘处令人不快的"怪异"事物的方式——不动声色、超然事外的审美体验。

"戏剧性"是"生活如戏剧"这一隐喻在敢曝中最远的延伸。核心在于"扮演",颠覆被视为理所当然的一切真实。敢曝将所看到的一切都当作表演,巴布丘认为人在社会日常生活中每天都在扮演社会规范的角色,而"戏剧性"则是同性恋者通过"伪装成异性恋者"模仿社会性别结构,而借由夸张的角色扮演嘲讽与揭露既定的性别范式。

"幽默"是关于讽刺"对象与其内容"极度不一致而产生的结果。这意味着敢曝的幽默诞生于喜剧式的讽刺中,以喜剧取代悲剧,以欢笑取代痛苦,以笑声取代泪水。同性恋群体正是透过这种幽默方式对抗社会压迫和敌对的环境,并对主流社会进行嘲讽与颠覆的。敢曝的幽默特征并不意味着敢曝不严肃,对于同性恋群体而言,敢曝是种用以反抗异性恋霸权性别范式的手段,这种手段

---

① Jack Babuscio. Camp and the gay sensibility. David Bergman ed. . *Camp Grounds*: *Style and Homosexuality*, University of Massachusetts, 1993:20 – 29.

极具严肃的政治意味。

有必要指出,透过电影而呈现出具有敢曝特质的那些明星并不都是男同志,巴布丘发现了非男同志者也能成功展现敢曝的特性。他以好莱坞歌舞电影大师巴士比·伯克利(Busby Berkerly)及 20 世纪 30 年代电影大师斯特恩伯格(Sternberg)为例[1],他们并不是男同志,但在他们的电影中,具有男同志感性的行为和情境俯拾皆是,电影中展示了敢曝充满"戏剧性"效果、豪华壮丽的人工化排场和夸张的视觉元素。此外,巴布丘也注意到,在斯特恩伯格的电影和田纳西·威廉斯的戏剧中,导演借用女性人物伪装自身的"男同志感性"特质,女性人物也成为了敢曝形象。此后女性主义研究者卡罗尔·安妮泰勒(Carole-Anne Tyler)等人将对性别戏仿与扮装的深入探讨。

1977 年,理查德·戴尔(Richard Dyer)在《它是如此敢曝驱动我们继续前进》中发表了一篇非学术而偏向日常生活讨论敢曝的文章。文章伊始,戴尔就指出敢曝是一个关于表达和确认男同志的事实。同时它具有包容性与排斥性,是存在于同性恋群体的行为和关系中的一个非常独特的方式。同时,戴尔提出"将好的敢曝联合起来"可以增强敢曝者的集体归属感和身份认同感,而敢曝就是"拥有唯一的风格,独特的语言和文化的男同志"。[2]

此外,类似巴布丘将敢曝当作一种"应对机制"来帮助同性恋者对抗规范化的异性恋主流文化,戴尔也将敢曝描述成一种"自卫形式"。他论道,"在过去,男同志能够如此剧烈而鲜明地取笑自我这个事实意味着真正可怕的处境可能已经得到牵制……敢曝使得许多男同性者继续前进"。[3]

不容忽视的是,敢曝会产生颠覆性的结果,敢曝透过表演来颠

---

① Jack Babuscio. Camp and the gay sensibility. David Bergman ed. . *Camp Grounds*: *Style and Homosexuality*, University of Massachusetts, 1993:29 - 36.

② Richard Dyer. It's being so camp as keeps us going. Fabio Cleto ed. . *Camp*: *Queer Aesthetics and the Performing Subject—A Reader*, University of Michigan Press, 1999:110.

③ 同②。

覆意识形态,同时也可能会通过表演来加固既有的主流范式。同时,戴尔还注意到,使用敢曝的人在自我批评与自我嫌恶中呈现出一种尖酸刻薄的味道。在戴尔看来,敢曝感性成了永恒不变的同性恋群体受社会压迫的产物。① 然而,当敢曝成为某种模型提供了某种意义上的归属感时,这种源于敢曝的意识形态也可能限制其实践者。

《为了阐释:反对"敢曝"的札记》是 1979 年安德鲁·布里顿(Andrew Britton)正面表达反对敢曝的一篇文章,对同性恋群体用敢曝批判性别范式的行为表达了强烈的质疑,特别是当敢曝成为同性恋文化中一个潜在的政治代理人时。无论是标题还是写作形式,布里顿显然是借用了桑塔格谈论敢曝的札记,其文章也采用了十三条札记展开反对敢曝的论述。

布里顿指出,一方面"敢曝行为正是通过与主流范式有所偏差得以确认,倘若没有主流范式,敢曝也就无法存在……它也就不可能有任何一瞬间能对主流范式提出激进的批判"。② 另一方面,敢曝处理不一致仍处在传统的性别范式中,如男同志表面上拒绝遵循性别气质范式中"阳刚气质",却仍普遍接受"一个男人"的身份。对布里顿而言,敢曝仅仅是在玩弄既定的传统性别范式,通过模仿女性气质而重新编码男子气概反而能够加强既有的性别范式。

布里顿特别批评了巴布丘将敢曝视为男同志感性的观点,他认为巴布丘提出一种统一的同性恋意识显然是种本质论论调。布里顿高度怀疑敢曝并声称,尽管敢曝"在特定的环境中作为一种资产阶级形式有其自身价值……然而,被敢曝的乐趣所惊呆的公众不应将其与激进主义相混淆"。③ 布里顿同时提出,不应像戴尔那样拥戴且保护敢曝,将敢曝当作同性恋群体抵抗社会压迫的一种

---

① Richard Dyer. It's being so camp as keeps us going. Fabio Cleto ed. . *Camp*:*Queer Aesthetics and the Performing Subject—A Reader*,University of Michigan Press,1999:114.

② Andrew Britton. For interpretation:Notes against camp". Fabio Cleto ed. . *Camp*:*Queer Aesthetics and the Performing Subject—A Reader*,University of Michigan Press,1999:138.

③ 同②:142。

手段的同时,也要不断对敢曝自身提出批评与质疑。敢曝只是一种宣称自己同性恋特性的幼稚行为,"在当代文化背景下,同性恋敢曝的出现似乎更多是一种麻醉剂,使得仍处于压迫关系的那些人同时享受着某种被貌视的虚幻信心"。①

同巴布丘与戴尔一样,1989 年史考特·朗(Scott Long)的《敢曝的寂寞》(The Loneliness of Camp)也提出了敢曝是男同志受社会压迫的产物,文章的主题就是重新公正地评价那些被蓄意命名的轻浮琐碎之物。在朗看来,同性恋群体正以"道德偏差"的罪名而遭受着无处不在的嘲笑,同性恋群体透过敢曝来嘲讽文化压迫装置的荒谬,将其无足轻重的琐碎身份变得严肃。②

史考特·朗声称敢曝正是基于这种"高度严肃与极度荒谬"之间的不一致。敢曝试图重新定义"高度严肃"与"荒谬(可笑)",颠覆两个术语的悬殊地位。③ 敢曝与主流范式保持距离而对其进行批判与审查。"敢曝反对社会关于什么是、什么不是严肃的假定,暴露了这种貌似权威的定义形式的扭曲与不恰当……它不仅颠覆'严肃'与'琐碎'的对立关系,更提倡了某种距离,即一种反对派的立场对社会权威及附庸的术语进行重新感知与判断。"④ 那些能够觉察主流文化里"可笑荒谬"之物和特殊的讽刺的群体,通过敢曝的符号系统可以认出彼此。朗还指出,敢曝不仅是对文化规范进行倒置和颠覆,同时它也是一种与生俱来的表述行为。敢曝,"不断对外展示,倘若没有观众满意的反应,敢曝就是不完整的,也就不是真正的敢曝"。⑤ 对于朗来说,观者透过敢曝视角重

---

① Andrew Britton. For interpretation: Notes against camp. Fabio Cleto ed.. *Camp: Queer Aesthetics and the Performing Subject—A Reader*, University of Michigan Press, 1999: 142.

② Scott Long. The loneliness of camp. David Bergman ed.. *Camp Grounds: Style and Homosexuality*, University of Massachusetts, 1993: 90.

③ 同②:80。

④ 同②:79 - 90。

⑤ 同②:80。

新评价严肃与琐碎,观者创造了敢曝。此外,朗还指出敢曝有意识地回应着弥漫在大众文化中的刻奇现象,这是一种面对刻奇的态度。①

大卫·伯格曼在《敢曝策略:同性恋修辞的艺术》(1991)一文中指出,敢曝不仅是供同性恋群体使用的风格,同时它还是种"代码",通过一系列的标识符号来识别男同志身份。正如伯格曼所说的,"敢曝是一种最出类拔萃的后结构主义模式",动摇主流社会的范式与结构。伯格曼如此形容敢曝的存在,"特定的历史文化环境下的产物,同性恋艺术家和读者不得不使用它"。② 尽管敢曝玩弄着"外部/内部、阳刚/阴柔"等概念,但它并未在这两个极端中做出取舍,而是处在两个对立接口的空间里,以一种游戏其中的态度批判和质疑长期占主导地位的非黑即白的成规。

伯格曼提出的"敢曝策略"将敢曝与"狂欢"(Carnivalesque)有趣地连接起来,而最常用来形容这种狂欢节式快乐的正是"同性恋"。狂欢节式快乐特别青睐同性恋群体挑衅性别之举,而同性恋亚文化也通过传统狂欢节"四旬斋前的狂欢节"(MardiGras)及"万圣节"(Halloween)来庆祝自我。尽管敢曝与狂欢有许多共同点,但仍存在差异。狂欢式公开拥抱那些被遗弃的、自然的、生殖崇拜的和怪诞的身体;而敢曝的奇异风格在于,不公开拒绝狂欢节中"酒神节"和"春之祭",而对这种自然保持距离进行批判,进而模仿这种自然。怪诞的民间风格是一种社会对抗自然的分割,而敢曝旨在说明社会与自然皆同艺术势不两立。敢曝,一种非常自觉的现代意识,充满了对中世纪式节日的怀旧情绪,不断质疑着各种既有的范畴。为了进一步阐明敢曝与"狂欢"的不同,伯格曼指出,"狂欢式行为总是可见的,公开地挑衅主导文化……敢曝则时

---

① Scott Long. The loneliness of camp. David Bergman ed.. *Camp Grounds*:*Style and Homosexuality*,University of Massachusetts,1993:86.

② David Bergman. The art of gay rhetoric. David Bergman ed.. *Camp Grounds*:*Style and Homosexuality*,University of Massachusetts,1993:94.

常将同性恋文化从异性恋文化中剥离出来"。

（二）酷儿话语

莫伊·梅耶（Moe Meyer）的《改造敢曝话语》（1994），在敢曝原件（Original）与敢曝产物之间提出一种二元对立的关系。如"流行式敢曝"（Pop Camp）正是在流行文化浪潮中诞生的新敢曝产物。梅耶第一个指出敢曝根植于酷儿话语中，而不仅仅只是一般意义上的"男同志感性"。酷儿，一个像敢曝一样难以定义的术语，在梅耶看来，它批判了白种人、资产阶级等身份模型，"酷儿是一种反对姿态，不仅仅只是同性恋群体（男同志、女同志）身份认同的本质主义，而是更广泛地应用于各种身份的深度模型上，资产阶级认识论及维护其主导权"。①

与先前将敢曝视为"非政治"、美学形式、轻佻的"风格"或"感性"的说法不同的是，梅耶极力主张敢曝是种关乎政治的酷儿话语，是非酷儿者尚未访问的领域。② 流行文化与异性恋群体对敢曝的任何肆意挪用都不再是敢曝本身，而不过是对酷儿嘲讽形式的拙劣模仿。梅耶指出，桑塔格在《关于"敢曝"的札记》一文中就曾声明"取消敢曝与同性恋群体的绑定引用"，敢曝不是同性恋群体发明的话，其他人也会发明敢曝。敢曝可以被解读成一种表述行为的修辞与策略，诸如反讽、讽刺、滑稽模仿及歪曲，还有流行文化（波普艺术）的文化运动。③ 在梅耶的定义中，敢曝是"用于制定一种怪异的身份而进行表述行为的实践和策略，争取社会可见度"。④ 梅耶坚信酷儿身份认同的事先与敢曝密不可分。显然，梅耶的论述与设想漏洞百出，其中最显目的就是他拒绝接纳所有过去有关这一课题的文献，几乎包括在桑塔格札记之后发表的所有论文。但不可否认的是他打破了敢曝局限于同性恋感性的狭窄局

---

① Moe Meyer. Reclaiming the discourse of camp. Moe Meyer ed.. *The Politics and Poetics of Camp*, Routledge, 1994:1.

② 同①。

③ 同①:7。

④ 同①:5。

面,为探讨酷儿话语与敢曝的纠葛赢得空间。

事实上,梅耶的论文发表在桑塔格札记的 30 年后,他不仅参考了桑塔格的札记关于敢曝主题的重要论述,还参考了手头上大量关于解构、定义和研究该问题的文献资料。但他无视之前关于敢曝的定义,而坚持认为敢曝纯粹是政治性的,否认了之前所提出的"敢曝作为一种风格和感性,能够将严肃之物转化为琐碎之物——一种'失败的严肃'"的看法。梅耶认为真正的敢曝具备一种纯粹的政治意图,极具陈腐腔调。梅耶显然增加了敢曝在另一个维度的难题,正如他所指责的那些阐释敢曝而制造出各种敢曝产物的人一样,他也制造了新的敢曝产物——这一次,敢曝是种"酷儿政治"。

尽管科莱托在《酷儿化敢曝》(2002)一文中开宗明义地声称定义敢曝"可能仍驻留在……敢曝的某种模式和定义的极大阻碍中,或一种由难以捉摸的物质构成的隐喻"①,但他仍然是第一个为试图定义和固化敢曝特质的诸多失败尝试进行辩解的评论家。敢曝被提及的每个地方都会遇到同样的情形,但"过度的表达,异质性及是毫无根据的参照物……是形成敢曝如此有趣与独特特征的最主要的理由"。②

受英国戏剧大师肯尼斯·威廉姆斯(Kenneth Williams)在一段采访中关于"敢曝是一颗有 22 克拉巨大珠宝"这段话的影响,克莱尔也提出了一个出色的隐喻,将敢曝视为一颗珍贵的钻石。换言之,克莱尔认为敢曝是建构实践中的副产品,敢曝这颗钻石"面向越多,也就越珍贵与别致",因此如 22 克拉钻石一般的敢曝自身是极其丰富与有价值的。在详尽论述敢曝是钻石这一隐喻过程中,克莱托指出一颗钻石表面丰富多彩的光束"恰恰归功于那些穿过多面向的表面而折射进来的外部来源"。同样,敢曝的建构取决

---

① Fabio Cleto. Queering the camp. Fabio Cleto ed. . *Camp*:*Queer Aesthetics and the Performing Subject—A Reader*,University of Michigan Press,1999:6.

② 同①:3。

于其放置的特定时间和空间,以及它为亚文化提供的某些所指意义。①

对克莱托而言,用"钻石的多面向"作为隐喻和效果,以此激发不断完善敢曝棱镜的重要努力,敢曝呈现出多样性与异质性,各种分歧与漫无边际的争论,知识层面与政治层面都折射着敢曝的多面向价值,一种网状结构中的批判性反思。

克莱托认为敢曝是一个酷儿问题,直接涉及性别操演,还有扮装、拼凑和戏仿。敢曝和酷儿可以视为同源,古怪的酷儿像敢曝一样,藐视言语中任何拥有固定语法和功能的词类,而是可以用作形容词、动词和名词。同时他还指出,酷儿的词源指向一个短暂和漫游的历史,"似乎是18世纪伊丽莎白时代下层社会所使用的带有弯曲、扭曲的价值的英语"。② 由此可知,酷儿具有游牧民族的天性——依赖于具体时间与空间的特点——酷儿结构呈现出一种瞬时状态。在克莱托看来,敢曝与酷儿共同"分享着他们的秘密,大量的伪造,不稳定与难以捉摸的处境,共同对'异性恋'和'对立面'感兴趣,以此质疑异性恋正统说法中的道德偏离说"。③

克莱托详尽论述了敢曝主题的相关知识,通过全方位观察敢曝:意图、来源、一个代码、一种表演、一种风格或美学形式。克莱托声称敢曝的"终极目标"仍可能驻留于其不稳定性的特征中,它拒绝一个固定和所谓有效的参照标准。在提出敢曝为钻石的隐喻之外,克莱托还指出,敢曝提供了一个供酷儿表演展示的短暂舞台。

尽管敢曝继续抵抗被定义,但克莱托仍将敢曝想象成"一种身体姿态的怪异风格,分布在社会空间的各种形态,存在于社会经济

---

① Fabio Cleto. Queering the camp. Fabio Cleto ed. . *Camp: Queer Aesthetics and the Performing Subject—A Reader*, University of Michigan Press, 1999:6.

② 同①:12。

③ 同①:16。

契约中的一种交流方式"。① 然而,敢曝并不意味着每个团体或每个人都会使用它。克莱托连接了敢曝与酷儿,揭露了存在于文化实践、时尚业中的敢曝话语,以及之前学者所提出的那些根植于严格的同性恋框架中的表演形式。

桑塔格、纽顿和巴布丘的敢曝观点大多还是围绕着男同志与敢曝之间的关系的。梅耶与克莱托则是从更广义的酷儿视野中发现敢曝,但仍强调同性恋框架下以男同志为主的扮装表演形式。总的来说,敢曝更多地被视为男同志的次文化现身策略,鲜少提及女人或女同志的敢曝。事实上,巴布丘早就提醒要关注女性,所论述的电影中就已经显现了"女性气质"的敢曝形象。② 敢曝并不只是男同志的专利,同时也存在女性敢曝的空间。如莫里欧就在论述敢曝与同性恋之间的关系时,提及女人在敢曝阵营中的缺席,但未能深入探讨与研究。接下来,笔者试图把敢曝从酷儿理论的窠臼中解救出来,结合朱迪斯·巴特勒"性别操演"理论来分析女性气质的敢曝形象,尤其是被视为异性恋客体的弱势群体"女性"的敢曝特质。

二、女同志身体美学、女性主义敢曝(Feminist Camp)

(一) 女同志(T/婆)身体美学

巴布丘等人提出,剧场中的男同志扮装文化(Female Impersonators)是敢曝颠覆性别范式的重要武器。实际上,在剧场中也有许多扮演男人的女性扮装行为(Male Impersonators),其中不乏女同志的 T/婆角色扮演。

以往的研究者谈论敢曝大多从男同志的观点出发,而苏·艾伦·凯斯(Sue-Ellen Case)在 1989 年发表的《论女同志的 T/婆美学》一文中首次从女同志的观点谈论女同志身体美学与敢曝之间

① Fabio Cleto. Queering the camp. Fabio Cleto ed.. *Camp：Queer Aesthetics and the Performing Subject—A Reader*, University of Michigan Press, 1999：30.

② Jack Babuscio. Camp and the gay sensibility. David Bergman ed.. *Camp Grounds：Style and Homosexuality*, University of Massachusetts, 1993：28.

的关系,是敢曝研究的脉络中极其重要的一篇文章。事实上,长久以来女同志的主体性就存在着双重缺席,它被排挤,处在异性恋主流文化的边缘位置。早期的法国女性主义在争取女性主体性权利的时候,也未收纳女同志。学界讨论也鲜少关注女同志的主体性问题,自桑塔格以来的学者都只强调男同志与敢曝的密不可分,长期忽略了女同志的敢曝。换言之,女同志无论是在异性恋文化抑或同性恋文化中,其主体性都长期处于双重缺席。① 凯斯认为,女同志的主体需要从主流话语与女性主义框架中剥离出来独立讨论。凯斯根据女同志特殊的扮装风格,将阳刚与阴柔气质的不同扮装成为 T/婆身体美学(Buth-femme Aesthetic)。② "80 年代中期,女同志恋者以剧场为中心形成的社区,T/婆身体美学来挑战性别二元论",显然,女同志在剧场中的角色扮演与颠覆性别范式的敢曝特质有所关联。凯斯查阅了琼安・里维业(Joan Rivière)的扮装理论和玛丽・安・唐娜(Mary Ann Donae)关于女性扮装的重要文章,里维业提出女性气质是一种用以对抗父权体制的扮装,而唐娜呼吁女性观者在观看电影时应将女明星的矫揉造作的女性气质视为一种扮装。③ 在凯斯看来,她们的观点仍不自觉地陷入了异性恋话语的框架中,所谈论的女性仍然是异性恋体制中与男性对立的女性主体,并不包括女同志。因此,扮装理论显然无法完全诠释女同志扮装,但她们提出的"女性气质是一种扮装"(Womanliness as a Masquerade)带有自觉操演的主动意味,为女同志主体建构 T/婆不同气质的身体美学与敢曝之间建立起紧密的联系。

---

① Sue-Ellen Case. Toward a butch-femme aesthetic. Fabio Cleto ed. . *Camp: Queer Aesthetics and the Performing Subject—A Reader*, University of Michigan Press,1999:186.

② T/婆就是女同性恋关系中的 Buth-femme,即男性角色/女性角色。

③ Mary Ann Donae. Film and masquerade:Theorizing the female spectator. Patricia Erens ed. . *Issues in Feminist Film Criticism*,Indiana University Press,1990:41 –57.

　　凯斯以纽约的"开裆裤剧团"（Split Britches）①1982 年的女同志版本《美女与野兽》为例，进一步展示女同志 T/婆之间的气质扮装所蕴含的敢曝潜力。凯斯指出，舞台上的 T/婆美学经由表演者所扮演角色的独特的风格与言辞展露出来，在装腔作势地对主流文化中的刻板形象和性别符码戏仿中，暴露性别范式的建构性真相。女同志版的《美女与野兽》在扮演者的身份上就区别与异性恋文化版，带有极其强烈的政治意味。女同志版的《美女与野兽》在原故事框架下，挪用通俗文化（如好莱坞电影女星）及亚文化（男同志扮装），使用戏谑（Parody）和拼贴（Collage）等剧场风格渗入女同志的双重情欲，嘲讽原作中异性恋性别范式中的婚姻模式。父亲、野兽与美女的表演者夸张造作地咬文嚼字，吟诵着华丽台词。对话中穿插着大量插科打诨的辛辣俗语与笑话，不时打破观众对童话的浪漫期待。如剧中扮演父亲的女同志同时也饰演美女，在与野兽邂逅时则是在黑西装上系上一条白色纱裙，与野兽共舞，笨拙滑稽的舞姿粉碎了观众对传统爱情模式中帅哥美女的想象。一人分饰多角使得美女与野兽的不同气质不停地替换，表现出敢曝雌雄同体、追求不一致的特质。凯斯认为，女同志的剧场表演不仅是扮装，处处都显示着对主流性别范式的挑战，无论是挪用流行文化与亚文化元素，抑或使用"嘲讽""夸张"等手段，都是一种自觉的性别操演手段，具有丰富的敢曝潜力。T/婆女性的雌雄同体，游走于阴阳气质之间，蓄意操弄性别认同之暧昧而进行性别逾越的操演，拒绝性别范式和假设，再现了具有多重情欲的女同志主体的复杂性。需要说明的是，有论者提出，凯斯认为扮装是中性

---

　　①　"借着对通俗文化偶像（cultural icons）的挪用、性别符码（gender codes）的戏耍、挪揄式的装腔作势（mannerism）、情色化（eroticized）的身体表演，再融入纽约东村的女同性恋社区文化各种及时性的社会议题，来进行性别扮装的表演。她们的表演，意图挑战异性恋机制中的男/阳刚/主动、女/阴柔/被动等等性别符码的刻板印象，并被某些女性主义者如苏·爱伦·凯斯（Sue-Ellen Case）认为是再现了集 T/婆于一身的多重性别、流动情欲的女同性恋身体美学。"张霭珠：《纽约女同性恋表演的城市空间与身体美学——析论"开裆裤剧团"的性别操演》，《上海戏剧学院学报》，2009 年第 2 期。

的,但事实上,T/婆的不同扮装仍然很可能被误读为模仿男性或夸大女性气质。①

凯斯的文章促使更多的研究者关注女同志与敢曝的关系。1992 年,凯特·戴维(Kate Davy)在《女/男扮装者:敢曝话语》一文中进一步观察敢曝架构下的男同志扮装与女同志扮装之间的差异。戴维以纽约著名的女同志剧场"WOW"(Women's One World)为例指出,这个剧场为女同志提供了一个公共的展演空间,主要的观众群也是女同志。戴维论道:"在异性恋文化世界中,女同志根本无法在公共领域被呈现,而'WOW'恰好为女同志群体提供了可以表达与表演的场所。"②戴维特别强调 WOW 与随后出现的其他女同志剧场最大的不同在于:它只以女同志的角度进行剧本创作,拒绝采用异性恋文化机制中的任何观点。我们可以发现,女同志显然与异性恋体制中的女性区隔开来。在戴维看来,女性扮装(Male Impersonators)与男同志扮装(Female Impersonators)在本质上都是从男性角度出发的,女性的主体性在扮装中再次隐匿。戴维认为凯斯的"T/婆"的性别气质仍然被分割为截然不同的两种性别气质,T 代表阳刚的男明星气质,婆则是阴柔的女明星气质,显然又复制着异性恋文化中的性别气质范式。在戴维看来,男同志扮装与女同志扮装不过是在男性阳刚气质的程度上有所差异,实际上仍都以男性为参照标准,女同志的主体性更是被忽略。戴维看来,凯斯采用的异性恋文本不可能真的呈现女同志的主体欲望,只有像 WOW 剧场这样从女同志角度创作的文本才能真正建构起女同志的主体性位置。在文章最后,戴维给出这样一个结论,"敢曝没有好坏之分,它只存在是否有效地使用之差"。③ 台湾地区学者张蔼珠呼应了戴维的这个观点:"'装腔作势的扮演'取决

---

① 张霭珠:《纽约的酷儿表演美学与文化策略》,《戏剧艺术》,2010 年第 2 期。

② Kate Davy. Fe/Male impression:The discourse of camp. Moe Meyer ed.. *The Politics and Poetics of Camp*,Routledge,1994:130 – 148.

③ 同②:145。

于文化实践策略有效与否,必须视表演者是否抓住其所在(Site)的特殊具体性,有效地在文化再制过程中,巧妙地操弄身体语言与文化符号,呈现出女同性恋文化的复杂属性,并进行文化批判。"①

凯斯与戴维最大的贡献在于,当敢曝过多地停留在男同志领域的时候适时地提出了女同志的敢曝,拓展了敢曝的主体空间。但她们仅从女同志的角度谈论敢曝,以期发现女同志的主体位置。那么,异性恋文化中长期处于弱势地位的"异性恋女性"是否也是敢曝的主体? 随后,罗伯森(Pamela Robertson)的专著《罪恶快感:从梅·韦斯特到麦当娜的女性主义敢曝》(Guilty Pleasure:Feminist Camp from Mae West to Madonna,1996)一书指出,女性敢曝例子的范围不只局限于女同志,异性恋女性也可以成为敢曝的主体,进一步拓展了敢曝的主体空间。

（二）扮装、性别表演和女性主义敢曝

长久以来的敢曝研究大都聚焦在男同志的文本中,男同志挪用女性美学,如女性服饰、时尚、词汇和女性气质进行扮装。然而在罗伯森看来,女性与敢曝的关系早已存在,其书中所讨论的文本都是主动表现敢曝特质的女性形象,说明女性无须借用男性气质也可以主动地展示敢曝特质。"敢曝不只是一种男同志亚文化产物,也可以是一种女性主义式实践"②,可以说,敢曝为女性主义者提供了一个重新探讨性别建构、女性角色和气质的工具。

在《那些模仿我的喜剧:梅·韦斯特的女性主义敢曝》(1993)一文中,以女明星梅·韦斯特为例,罗伯森指出韦斯特如何透过主动性的表演成为敢曝的生产者与表演者。此外,她还谈及韦斯特的女性表演与女性观者之间的关系。罗伯森指出,韦斯特的扮装表演"并非挪用男同志扮装风格,而是刻意以一种更夸张、嘲讽的

---

① 张霭珠:《纽约的酷儿表演美学与文化策略》,《戏剧艺术》,2010 年第 2 期。

② Pamela Roberston. Introduction. What makes the feminist camp. *Guilty Pleasure:Feminist Camp from Mae West to Madonna*,Duke University Press,1996:10.

模仿方式将刻板的女性形象展示出来"。① 然而有论者却认为韦斯特是将女性当作一个笑话来展演的。罗曼娜·科里（Romana Curry）批评韦斯特的表演形塑了一个"有阳具的母亲"（a Phallic Mother）。女性扮装下呈现夸张的男性阳刚气质，使女性成为一个笑话。罗伯森则认为韦斯特并非是再现男同志扮装（易装皇后）的女性形象，而是从女性立场对女性气质进行夸张戏仿的扮装表演。"她并非只是单纯地展示女性气质，她清楚地知道这种女性气质是多么的刻板"②，罗伯森认为韦斯特刻意展示这些刻板化的女性气质，成功地成为敢曝的生产者与表演者。同时，罗伯森指出韦斯特的表演在 20 世纪 30 年代的女性观者与男同志观众中产生了极大的影响。对于女性观众来说，韦斯特不只是个性感的女人，她极具夸张与讽刺意味的扮装表演帮助女性认清父权社会中的刻板女性形象，提供女性一种超之度外的自由。

罗伯森还以 20 世纪 80 年代以夸张扮装问世的流行歌手麦当娜为例。麦当娜在早期的音乐作品中塑造了处女（Virgin）、芭比娃娃（Barbie）、性玩物（Boy Toy）等女性形象，许多批评家认为麦当娜刻意物化女性，有辱女性。③ 1985 年，麦当娜在专辑《爱慕虚荣的女孩》（Meterial Girl）中模仿好莱坞性感女性玛丽莲·梦露（Marilyn Monroe），将其电影经典语录"钻石是女人最好的朋友"改为"我本来就是爱慕虚荣的女孩"。罗伯森认为麦当娜并非单纯模仿梦露的性感尤物形象，而带有自觉的意味。这点在麦当娜的很多歌曲中都可以看到，如《展示自己》（Express Yourself）、《打开你的心》（Open Your Heart）都鼓励女性主动展示自己。无论是韦斯特刻意表演刻板女性形像，还是麦当娜自嘲女性物化的事实，都

---

① Pamela Roberston. The kinda Comedy that imitate me: Mae West's identification with the feminist camp. David Bergman ed.. *Camp Grounds: Style and Homosexuality*, University of Massachusetts, 1993: 162.

② 同①: 159。

③ Pamela Roberston. Talk about when we talk about madonnaa. *Guilty Pleasure: Feminist Camp from Mae West to Madonna*, Duke University Press, 1996: 123.

可以看作一种女性主义式的敢曝实践。①

我们可以发现,如今活跃在荧屏上的世界各国女明星都有"麦当娜"的影子,或夸张女性气质(如 Lady GAGA 的各式"恨天高"),或刻意男性装扮(女星胡子妆容等)。梁咏怡和饶欣凌就对香港女星梅艳芳塑造的各种银幕形象进行了分析,称梅艳芳为"百变妖女",指出梅艳芳多变的性别造型,其中更不乏反串演出。梅艳芳的造型或是红唇烈焰的阴柔气质,或是夸张醒目的短发和西装,呈现出亦男亦女、亦刚亦柔的形象扮演。② 显然,越来越多的女性开始有意识地跳脱男性欲望客体的位置,更多地展露出一种女性主体欲望,或刻意夸张阴柔气质,或游走于阴阳气质的雌雄同体美感,展示着女性主动的自我表达力量。

罗伯森认为,敢曝本身具有的操演特质对既有价值观具有颠覆性力量。女性借由刻意操演刻板化的女性气质来嘲讽性别范式的建构事实,也是一种敢曝主体。此外,罗伯森还提出异性恋男性也可以透过敢曝来表达对异性恋文化所建构的性别范式的不满。

---

① Pamela Roberston. Talk about when we talk about madonnaa. *Guilty Pleasure*: *Feminist Camp from Mae West to Madonna*, Duke University Press, 1996: 142.

② 梁伟怡、饶欣凌:《"百变""妖女"的表演政治:梅艳芳的明星文本分析》, http://www.douban.com/group/topic/4762071/, 台湾《电影欣赏》季刊,冬季 1 - 3 月号, No. 118.

平潭综合实验区的视觉景观

刘小新　　陈舒劼

平潭岛与大陆陆地一衣带水的区位关系决定了其风景名胜的独特性。平潭海天融汇一色,名胜星罗棋布,按照 2008 年出台的《福建省风景名胜区体系规划》的设想,平潭将建成为以独特的海滨地貌为特色的世界级观光度假胜地。平潭境内的风景名胜可大致分为自然景观和人文古迹两大类。

一、平潭的自然景观

平潭号称"千礁岛县",由海坛岛等 126 个岛屿和近千个岩礁组成,从高空俯视宛如一只麒麟浮现于海面之上。平潭四周海水环绕,受地质构造和海水侵蚀的影响,自然景观中的海蚀地貌形态发育得尤其充分。

平潭的自然景观可以从"地理形态"和"景观内容"两方面加以认识。"地理形态"主要是从地质学的角度出发,将平潭的自然景观分为"蚀余景观""象形山石""沙滩"和"洞穴"四大类。"蚀余景观"主要指长期受海水侵蚀和风砂磨蚀后,花岗岩体形成参差不齐、形态各异的奇岩怪石群。受海水侵蚀而形成的海蚀沟槽和海蚀拱桥,以奇险、粗犷为特色,分布在坡度大、断裂发育的基岩海岸一带,更是"蚀余景观"的典型代表。"象形山石"顾名思义就是经风砂磨蚀和岩体风化后形成的形似物象的岩体。"沙滩"和"洞穴"的含义不难理解,平潭沙滩滩面广阔、坡度平缓、沙质洁净,拥有约 70 公里长的海滨沙滩,而有特色的洞穴景观则主要集中于海蚀崖下部或岩石密布的山头上。

"景观内容"的角度将自然景观与文化想象相结合,更易于为普通民众所接受。据记载,古时平潭有"十景"之说,为:"君山插云""崇台观日""仙井吼涛""片瓦仙踪""八阵石营""半洋石帆""木猴探水""美女照镜""沙冈月色""石壁荷香"等。清末,拔贡施天章辑录《名胜总目》,增补"道彰古岩""小练义斋""钟门石纽""梯云石磴""老媪孤石""王母双礁""三十六脚湖""九松书舍""金峰林坞""豁开精舍""峻岭烟墩""片瓦石室""龙峰丹灶""东庠蜃楼""烈女芳坟""周公疑冢""呼云岩洞""小雄石坪""罂山晓岚""竹屿晚霞""空潭印月""片石卧云""绝巘钟声""长江渔火""坛街灯市""射圃道场"等为"二十六景"。以上 36 个景观中,部分景观或因时过境迁,或因长期风雨剥蚀及人为破坏,已不复存在。① 那些已经消失的景观,只能在先民的文字记载中寻觅了。

人们根据景观分布的区位特征、集聚状况及中心地规划的需求,将现有的平潭自然景观,划分出既互相联系又相对独立的景观功能区。这些景观功能区可以细分为"半洋石帆观奇探胜区""东海仙境探险览胜区""海坛天神风景区""三十六脚湖自然保护区""南寨山石景野营博览区""青观顶景区""龙凤头海滨度假游乐区""坛南湾度假疗养区""敖东黄金海岸郊野公园""君山览胜区"和"牛绩山景区"11 个景区。景区内的"海坛天神""双帆石""君山插云""大小龟山""龙屿"等景点都各自拥有生动的传说。

(一)半洋石帆观奇探胜区

"半洋石帆"俗称"石牌洋",是旧时"平潭十景"之一。它位于苏澳镇看澳村以西约 1.4 公里的海坛海峡北口,有两块形如船帆的海石矗立于洋面之上,这就是闻名遐迩的"石牌洋"。两块石帆体量巨大、形象伟岸,一呈长方体,一则略近方形,皆由粗粒灰白色的花岗岩组成。东侧的石帆高达 33 米、宽 9 米、厚 8 米;西侧的高

---

① "福建省情资料库"《平潭县志》卷三十三"旅游"·"景观",2000 年。

17米、宽15米、厚8米。二者底部都近似四方形,直立在礁石之上。据考证,这是世界上最大的花岗岩球状风化海蚀柱,与平潭的"海坛天神"并称平潭岛奇石"双绝"。

"石牌洋"曾被建设部和中科院认为是"垄断性的世界级旅游资源"。明代旅行家陈第在其《入粤纪略》中称赞"石牌洋"为"天下奇观"。清末民初时,平潭平原乡的林淑贞曾作有《石帆绝句》三首,专咏"石牌洋"之景:"共说前朝帝子舟,双帆偶趁此勾留。料因浊世风波险,一泊于今缆不收。""双帆饱尽古今风,刻石为舟总化工。十二万年同此渡,渡残日月转西东。""千寻耸拔大江中,树立遥知造化功。谁谓末流无砥柱,且看障得百川东。"

"石牌洋"也曾经是当地渔民的祭拜之所,寄托了渔民对生活的朴素愿望。古时出海捕鱼虽风险较大,但却是大多数沿海百姓的谋生之道。在自然科学并不十分发达的时候,看澳村渔民们自然十分愿意相信"石牌洋"有护佑渔民的神秘能力。他们在出海前都会到石牌洋上祭拜,祈求出海打鱼能一帆风顺、满载而归。久而久之,这种行为逐渐成为一种民俗。

在"半洋石帆"风景区内,还有一尊与石帆遥遥相对的弥勒佛坐像。弥勒佛像坐落于看澳村海滩的小丘上,由花岗岩体长期湿热风化而成,坐像面朝正北,高12米,肩宽12.1米,脖径4.5米,脖高5.3米,袒胸凸肚,形神惟妙惟肖。沙滩上还保存了许多圆形石蛋,具有重要的观赏价值和科考价值。景区内的景点还有"神龟上柱""青蛙鸣天""双龟拱桥"等。

(二) 东海仙境探险览胜区

"东海仙境"也是旧时"平潭十景"之一,这一风景区的名字就显示了它的景观带有神秘色彩。"东海仙境"位于海坛岛东北沿海的突出部,范围包括流水镇东海村的4个自然村,以及俯瞰台湾海峡的王爷山、白犬山及其滨海屿礁,面积为7.5平方公里。"东海仙境"区内的基岩岸坡,在长时间遭受海浪拍击冲刷后,演变出许多形态各异的海蚀地貌景观。这些景观造型分布在王爷山东麓1400余米的海陆边际线上,可以归纳为两个较为集中的景点集聚地。北边的景观聚集区以"仙人洞"景点和"金观音"景点为东西两端,在两者之间约 500 米的地段内分布着"三彩崖""仙人台""神兵谷""通天柱""仙人指路""仙人泉""雄狮石"等景点。南边的景观聚集地以"仙人井"景点为中心,有"仙人峰""仙人阶""仙人谷"和"仙人井"4 个景点,分布在约 200 米长的地段内。南北两处景观聚集区相距约 700 米。

"东海仙境"内的主要景点有三处:"神兵谷""仙人谷"和"仙人井"。

"神兵谷"位于流水镇王爷山主峰东南侧,实为海沟地貌。它全长 200 余米,顺着山坡中段一直延续到低潮位之下。海沟两侧皆为高达数十米的峭壁,两壁间隔仅 6 米。如果从两侧的峭壁上向谷底俯视,就能隐约看到谷底乱石错落的幽险奇观。"神兵谷"谷口水深浪急,当北风起时若有海潮澎湃而来,就可以听到海浪抚石的潮声。

"仙人谷"与"神兵谷"同属海蚀沟地貌,位于流水镇王爷山南麓东坡,呈东西走向,全长 70 多米。谷南壁有洞通向"仙人井",而在沟谷高潮位附近,有极似"神龙抢珠"的石景。

"仙人井"位于仙人谷之南,是一个海蚀竖井。井口呈椭圆形,直径 50.4 米,井深 41.7 米。井壁直立,有如刀削斧劈。"仙人井"东壁底部有 3 个洞穴可以通海,中洞可容纳小舟出入。风浪起时,潮水顺洞涌入拍击石壁,其声壮如洪钟,令人遐思无限。此景旧称为"仙井吼涛",美名远播。

(三)海坛天神风景区

"海坛天神"位于南海乡塘屿岛南端,是平潭有代表性的景点之一,与"半洋石帆"一起形成了平潭岛奇石"双绝"。它的体积超过乐山大佛 4 倍,被称为世界上最大的天然花岗岩巨型象形石,堪称世界罕见的自然绝景。

"海坛天神"从远处望去就像一位正躺在沙滩上休息的巨人。这位休憩中的"海坛天神"身长 330 米、体宽 150 米、胸高 36 米,头枕银沙,足浴碧海,呈东西向仰卧。"天神"的头部由球状花岗岩体组成,躯干两侧呈低平条状,形同双臂。顺着"天神"的右臂爬上他的胸膛,就可以仔细鉴赏被海风海水共同塑造出的"天神"形体的细节——头、眼睛、喉结、左耳、右耳,甚至"天神"的右手五指都能分辨出来。"天神"躯体的中部爬满天然的海蚀裂纹,像是一幅生动的人体经络图。

这块巨岩之所以被尊称为"海坛天神",不仅仅是因为它与人体的比例极为近似,更重要的是在"天神"的下腹部还存有一块斜斜上翘的风化岩体。这块风化岩体高约 4 米,周长也有 4 米多,远远望去酷似雄奇的男性性征,而近观却像一只倒放的靴子,因此又被称为"倒金靴"。当地渔民普遍认为,"海坛天神"下腹的这块巨岩具有神秘的生殖力量。古时久婚未孕或者期望生男孩继承家族血统的女子,如果抚摸这块巨大的石岩,就会顺利地生下一个称心如意的宝宝。这种朴素的生殖崇拜观念不仅为平潭岛居民所信奉,甚至还吸引了台湾地区和海外的信众,香火袅袅不绝。

关于"海坛天神"的来历还有一个传说。当年孙悟空大闹天宫,玉皇大帝震怒不已,派出多路天兵天将捉拿他。其中一位天将追击到平潭岛上空时已经疲惫不堪、手足疲软,此时他无意间低头望见下方有一片碧海银沙,自然是大喜过望,于是就按下云头,想在此处休息片刻再行追赶。没想到,这位天将在徐徐海风的轻抚中竟然陷入了酣睡。当所有天兵天将都回朝之后,玉皇大帝才发现这位天将尚滞留凡间。他不忍心让神仙唤醒这名天将,就让他驻守人间,佑护平潭百姓。

在"海坛天神"的附近还有众多石质景观,较为出名的有"风动石""锣鼓石""八仙围棋石""木鱼石""香炉石"等。这些石景共同形成了以"海坛天神"为主景的造型山石群,丰富了"海坛天神"的观光层次。

（四）三十六脚湖自然保护区

三十六脚湖位于北厝镇东部,北距县城 2.5 公里,面积 190.52 公顷,总库容量 1641 万立方米,是福建省最大的天然淡水湖。三十六脚湖自然保护区为低山所环抱,区内山石错落、林木葱茏、山水映衬，美不可言。清末闽侯县举人俞廷萱曾作诗三首，专门赞美三十六脚湖的自然风光："波光如画碧如油，日落风清好泛舟。三十六湖烟水阔，不知领得几多秋。""故乡几见此湖山，绝好风光水石间。若得醉眠岩上月，白云翻笑我身闲。""攀岩扪石上层巅，侧立高冈别有天。下视群峰皆俯伏，此身如在白云边。"

三十六脚湖的主要景点有："观音岩""大小龟山""老鹰守湖""舍身崖""白鸽展翅""巨象涉湖""飞来石""铁拐岩""龙屿""钓鱼台""神龙石刻""媳妇背婆婆""石犬出浴""鹅头叠盘"等。三十六脚湖及其中许多景点的名称都来源于一个动人的传说。相传在远古时代，东海苍龙与鲤鱼公主带着鱼精蛇怪等一干部众来到平潭岛附近游玩。见此处风景远胜龙宫，苍龙就意欲驱逐百姓，独占此地。它们甚至施妖法残杀了许多渔民，海边一片哀声。一位名叫"笔架"的年轻渔夫一心想为民除害，却苦于无力与海妖抗衡。八仙之一的铁拐李化身跛脚老头，意欲助笔架一臂之力。两人合力移筑沙堤堵住海角，困住了海妖。笔架竭力杀死众海怪，自己也死于苍龙喷出的烈焰之中。铁拐李悲愤不已，斫断了苍龙的脊梁骨。苍龙堕入水中死去，露出水面的龙首化为今日的"龙屿"，龙脊则变成了"竹排"，又叫"钓鱼台"。龟精蛇怪的尸首变化成了龟山、蛇山，鲤鱼公主化身为"鲤鱼礁"，而笔架则化为湖滨的"笔架潭"。由于笔架和海妖都化作了湖中景物，恰好有 36 只脚，因而得名三十六脚湖。

相对于"传说"的想象力而言，民间习俗的流传有时更能折射出百姓民生的需求和愿望。平潭当地百姓围绕着"龙屿"所形成的民俗，就提供了一种更有历史性的景点文化解读。先民的民生需求使"龙"的形象在古代频繁地与求雨相联系，即使是在靠海的平潭，求雨的愿望也使如苍龙昂首般的"龙屿"附上了神秘的色彩。据旧本《福清县志》记载，在三十六脚湖深处的"龙屿"有湖神居住："湖神甚灵。相传有捕鱼人曾闻水中作人语声。"乡民自然敬以为神。清乾隆年间，福清县丞岑尧臣曾建"龙宫"于"龙屿"之上，并作《龙宫词》曰："三十六脚湖深处，中有一礁号龙屿。绿玻璃涌碧莲花,波光云气相撑挂。传言此下有潜龙,水底时闻作人语……"从此,"龙宫"就成为平潭县百姓祈雨的地方。俞廷萱的诗《龙屿吟》反映了当时人们对龙神的民俗信仰与尊崇:"安然稳睡在深潭,不作浮沉同脍鲤。昔闻祷雨最有灵,立沛滂沱动人喜。须臾愿足慰三农,大有年丰遍邑里。长吏鸠资报神功,庙貌尊崇隆享祀。"

(五)南寨山石景野营博览区

南寨山石景区有"石景大观园""石头动物园"的美誉,坐落于北厝镇山利村东南,北距县城 6 公里,规划区面积约 0.8 公顷。南寨山石景区冬暖夏凉,境内植被覆盖率达 85%,最高峰海拔 103.2 米,是典型的海蚀地貌景观。

南寨山全区石景可以概括为"五峰一谷",即鳄鱼峰、仙女峰、绵羊峰、神雕峰、青蛙峰和神龟谷。景区内有奇特景观与象形山石景观 40 余处,典型景观有"悟空迎宾""鸳鸯理翅""骆驼岩""花豹巡山""神龟石""桃园三结义""阿凡提"等。南寨山石景拟人状物往往形神具备、栩栩如生:唐僧虔诚合掌,孙悟空回首探望,桃园三英并肩屹立,阿凡提头缠纱巾,鸳鸯梳理翎翅,鹭鹚似方回巢,骆驼四足下跪,花豹探首巡山。更可贵的是,南寨山石景还随着行走线路和观看角度的不同而有变化:"横看竖看,近视远望,景随步移,常常收一石数景,一景数看之效果,变幻无常。石猴的侧面又像一只振翅欲飞的鸽子;'青蛙跳跃'从西北方向看去便成'澳洲袋鼠';一侧看是'唐僧问路',另侧看是'观音送子',正面看是'三官拜会',转身看又是'西域头陀'……凡此种种,不一而足。"①

南寨山自古就是海防重地。明清时,为防倭寇侵扰,当地军民依山筑寨。现在仍有部分寨墙残基存留,散发出悠远的古战场气息。鳄鱼峰著名的景点"一线天"之所在就是明代戚家军的"藏军洞"。"藏军洞"又贯穿山顶的"将军洞""五仙洞""三角洞""丫鬟洞",洞洞连环,美其名曰"南寨八卦阵"。

---

① 《中国有个平潭岛》,"平潭之窗"网。

（六）青观顶景区

青观顶景区位于敖东乡大福村的东边山，区内主要景点有"一片瓦""九龙洞""仙井""仙人脚印"及"九使宫"等。

据相关资料记载，"九龙洞"洞深数百米，有宽有窄，有高有低，环环相扣，曲折幽静。有的洞顶片石当瓦，大可容数十人；有的双石争锋，中存一线蓝天；有的两侧陡峭，而顶上洞开，令人有坐井观天之感。洞内清凉干爽，内有三个分岔，一洞可至"一片瓦"，一洞可达山后青观顶村，另一洞直通山巅。[①] 至于为何洞名"九龙"，已难寻缘由。

"一片瓦"是九龙洞南侧下方一块横卧的大石，石长 12.8 米、宽 10 米、厚 5.8 米，底部平坦。大石下方三面有壁，整体上形成了一个约可容纳百人的天然大厅。清末文人林振采在其诗歌《片瓦石室》的开篇也曾描绘过这番奇景："一片石名一片瓦，巍巍高覆岩之下。不须寸木与抔土，石壁天然成广厦。"青观顶景区主要景点中的"一片瓦""仙井""仙人脚印"，在旧"平潭十景"中合称"片瓦仙踪"，得名于一则与铁拐李有关的传说。

铁拐李在南海龙宫赴宴结束后，顶着烈日驾云回家，路上口渴难耐，就在平潭东边山上"一片瓦"落下寻找水源。不料此地水虽然多，却都是咸涩的海水，难以解渴。铁拐李失望至极，情急中重重地跺了山岩一脚，就留下了"仙人脚印"。铁拐李突然灵机一动，在脚印附近平坦的岩石上念起了咒语。只见他拐杖一点，岩石就被钻出了一个窟窿，这个窟窿就是"仙井"。"仙井"底部涌出一股清冽的泉水，铁拐李掬水入口，凉彻心扉，甘甜不已。他连声笑道："好水！好水！"仙人高兴地驾云归去，而"一片瓦"却就此留下了这口千年不竭的"仙井"。清代文人林琪树曾撰诗赞叹道："浑然石瓦盖名山，别有洞天在此间。踪迹去来人不见，只看峰上白云还。"

---

① "福建省情资料库"《平潭县志》卷三十三"旅游"·"青观顶景区"，2000 年。

（七）君山览胜区

君山览胜区位于海坛岛北部中段的区域。君山主峰插云峰海拔434.6米，是平潭的最高峰，可以俯瞰全岛和无际的大洋。插云峰东面的突出部分是"观日台"，"观日台"之旁有几块特殊的方石，击之则有锣鼓声，故得名"锣鼓石"。每逢春夏之交，君山中岚气缭绕、云霭吞吐，山景朦胧而迷人。"君山插云""崇台观日""翾山晓岚""绝巘钟声"诸景声名远播。

君山美景历来是平潭文人雅士吟咏唱和的绝佳题材，林琪树、陈方策、施天章、何连城等人的诗歌都描绘了君山的美景。林琪树、施天章、何连城都曾登上君山顶峰纵观全岛，而三人诗作的气象韵味却大相径庭。①

关于君山的来历，传说与一位擅长剪纸却不能说话的小孩子有关。很久以前，海坛岛还十分贫瘠，常年风沙大作。有一个哑巴小孩与兄嫂相依为命，兄长却因收成欠佳而死于地主老财的逼迫之下。正在孩子绝望时，一位仙人送给他三张纸，告诉他剪出任何东西都能变成真的。孩子大喜过望，刚想给自己剪出房子、衣服和粮食时，却想到了同样在受苦受难的乡亲们。于是他决定先剪出一座山，挡住芦洋埔北面的大风口，让乡亲们能不受风沙之苦。当小孩正用草绳拉着纸山的山头移动时，邻家的一位好心肠老汉端来一碗番薯汤给他充饥。哑巴小孩心头一惊，法术就失灵了。山头拉到北党村东边后再也不动了，便形成了君山。时至今日，君山

---

① 林琪树的《登君山绝顶》："危峦绝顶俯苍邱，远压全潭近枕流。石乱有泉皆见陈，地寒无雁不知秋。龙冈雾散群峰雨，鱼屿潮冲一叶舟。谁谓游踪观已尽？东岚此去是瀛洲。"施天章的《登君山插云峰》："何处飞来岫一丛？森然直树浪花中。往来云气天离合，荡漾岚光昼溟蒙。万壑俯临谁作障？一声长啸欲乘风。游人不信蓬莱岛，尚在大江东更东。""峰插云霄气势豪，登临不厌首重搔。长风破浪来千鸥，孤障乘边驾六鳌。两度种桃仙观静，廿年攀桂碧天高。愧无谢朓惊人句，帝座遥遥问讯劳。"何连城的《海坛山观日》："万顷波涛一镜开，彩云涌处接天台。敢夸身在层峦上，引得晴光拂面来。"陈方策的《君山山门即景》："此中佳处绝尘哗，亦种桑麻亦种花。去后顿忘松几岁，来时尚记路多叉。长江浪破三千水，碧树春围数十家。我欲卜居从白傅，绿杨明月共清华。"

和北党山东西对峙,两山之间的十里海滩,就是那位善良的哑巴小孩尚未合拢的风口。

(八)龙凤头海滨度假游乐区

海坛湾龙凤头海滨沙滩在平潭城区以东约 1 公里处,沙滩岸线长达 4.5 公里,宽约 500 米。整片海滩坡度平缓,沙质洁净。从高空中俯视,"龙凤头"沙滩成月弧形状,滩面上有数个小岩礁突兀其间。海滩向洋一面可以看到散落在海中的数十个小岩礁,而与陆地相连接的地方则是一片宽约 1 公里的林带。与南寨山石景区保持着较为原始的生态环境相比,"龙凤头"沙滩较适宜于开发为海滨旅游度假场所,尤其适合开展海水浴、日光浴、沙浴及沙滩体育项目。整个沙滩区域估计可同时容纳 10 万名左右的游客,可满足游客从观日、垂钓、拾贝到滑沙、射箭、赛球、潜水等多种需求。总体而言,"龙凤头"沙滩具有观赏、游乐、度假、疗养、避暑、科研考察和教学实践等多层次、综合性的旅游功能。龙凤头海滨度假村已被辟为国家森林公园。

作为景区,龙凤头海滨沙滩主要包含"龙凤头沙滩""雷劈石""龟蛇相会""青屿伏鼠"等景点,其中又以"龙凤头沙滩"为主景点。"龙凤头"又称"龙王头",名称来自于当地民众中流传的龙公子和凤仙子的爱情故事,这个故事中也包含了对"雷劈石"名称来历的解释。古时候,一位姑娘在海边等待她的心上人时,被海中几个由章鱼精变化而成的假和尚看到。假和尚见姑娘貌美,就暗中使妖法激起排空的浊浪,企图将姑娘掠走。正在此时,小伙子赶到,大声怒斥。章鱼精认出了小伙子的真身是龙公子,而姑娘原本是凤仙子的化身,吓得连忙下跪求饶,并纷纷咬断自己的腕足以示悔恨。然而狡诈的章鱼精根本不是真心悔过,他们利用了龙公子和凤仙子的善良与宽容,趁二人不备时,地上的腕足突然间变成绳子,将龙公子和凤仙子紧紧缠住。无法再与章鱼精搏斗的龙公子和凤仙子最终被活活绞死。这对含恨而亡的情侣随即化为龙头、凤头二山,但只能永远相望。这幅定格的场景,就是现在的"龙凤头沙滩"。龙公子和凤仙子的遭遇激起了天庭和海域的愤怒,在天兵天将和水族军队的两面追杀下，章鱼精们无处可逃。正在此时，雷神爷按捺不住自己火爆的脾气，挥起手中的巨斧猛砍一通，假和尚们的脑袋纷纷开了花。这就是现在龙凤头沙滩北端的那堆有的对半裂开的椭圆形巨石——奇异的"雷劈石"。

（九）坛南湾度假疗养区

坛南湾位于海坛岛东南部。"坛南湾"北部和西部有低山环抱，湾内沙滩岸线长约 10 公里、宽约 200 米，是海坛岛规模最大的海湾之一。与龙凤头海滨沙滩相似的是，坛南湾同样面朝大海，背靠林带，也适宜于开辟海滨浴场和多功能的度假休闲疗养区。坛南湾内还有观音澳、下玉井澳、小澳仔里澳、田美澳、澳仔里澳、斗垣头澳、潭角底澳、洋中澳、畚箕澳、大小北澳、企沙澳等 20 多个大小澳口景点，以及"雄鸡报晓""小鸡啄米""梦山野猪石""乌坛下"等景观。

观音澳水深 16 米，港域辽阔，已经被批准为国家一级渔港，也是国务院批准的全国第一批台轮停泊点。早在 1979 年，这里就经国务院批准之后兴建起了"平潭县台胞接待站"，成为台湾地区渔轮停泊点。两岸贸易获批之初，这里曾是与台商交易最为频繁的地方。现今，观音澳已经成为福建省重要的渔船集结点和鱼产品集散地，也是中国沿海重点渔港之一。鱼汛季节的夜晚，观音澳港内渔火如繁星点点，将半个夜空染得通红。此时观音澳全港宛若"不夜城"，"夜海灯市"胜景就此传播开来。

观音澳原名澳前澳，澳名的更改与民间的观音信仰有关。相传，古时澳前澳这个地方风涌浪急，时常翻船。有一头来自远方的神牛，常用脊背为当地渔民作临时码头，民众深受其恩。而附近一只长年为非作歹的野猫对神牛嫉恨不已，挑拨东海苍龙向神牛挑衅。被逼无奈的神牛为保护渔民大众的平安，只得奋起反抗，但却在恶战中渐渐落入下风。此时恰好观音菩萨经过，就挥起尘拂将苍龙斩成数段。龙角、龙尾漂到岸边化成小山丘，分别形成现在的"坛角底""坛角尾"。作恶多端的野猫则被禁锢在"梯猫崎"，让过路行人踩踏。神牛护民有功，被封为"牛山王"。澳前澳地方自此风平浪静。渔民百姓感念观音菩萨循声救苦的恩德,就将此澳口更名为"观音澳",并在澳口建起"澄澥寺"供奉观音菩萨,香火日盛。

（十）敖东黄金海岸郊野公园

敖东黄金海岸郊野公园坐落在敖东乡南端山岐澳腹地。北侧有鼎山、凤凰山、蝙蝠山等小山环绕,澳口面对海域,其西部的"建民沙堤"呈长条状斜伸海面,总长约 4690 米。此处沙质与龙凤头海滨沙滩、坛南湾沙滩相仿,沙粒均匀晶莹,沙质纯洁细腻,适宜开展沙滩体育项目。此处主要景点有"凤凰山沙坡""凤凰山风动石""凤凰山擎天石柱""蝙蝠洞"等。

凤凰山因是传说中凤凰相恋相栖的地方而得名。曾有人这样描写过凤凰山的美景:"凤凰山一山突兀,巨岩横亘。山虽不大也不高,却似张开巨大的手臂面海而抱,山的背北面巨岩崔嵬层叠而起,陡峭险峻,整个山体浑然岩石结构,山体西出段有一缺口,缺口正对西北面从山脚斜弧飞出的十里沙滩,风从海滩上挟沙而来,自山口爬过山坡,顺山体巨岩纠缠飞舞,众沙在沙坡和海滩腾空飞舞成迷离的沙雾带,长年累月,在山的南面形成一片茫茫沙坡。沙坡宽阔高峻,在山岩的怀抱分两脉而下,中部分界坡低缓南伸一跃入海,在东西沙坡脚各形成一箭之地的平坦沙滩,拥簇在一湾碧海之内。"[1]

驻足凤凰山顶中部的石台之上,正北面就是"擎天石柱"景观。"擎天石柱"实际上是两块相叠的石头,一块为基座,另一块矗立其上,整体造型高大伟岸,当地百姓将其称为"金棺材"。这是因为每当斜阳夕照,"擎天石柱"这块沐浴在晚霞中的巨石周身就会散发出金黄色的光彩。景区内的蝙蝠山巅还有一块巨型风动石也可资欣赏,这块石头周长约 18 米、高约 3.2 米,每次摆动幅度约在 2 厘米左右。

---

① 《中国有个平潭岛》,"平潭之窗"网。

（十一）牛绩山景区

牛绩山景区位于敖东乡安海村，面积约1公顷。牛绩山原名"牛脊山"，因整座山由长约500米的岩体形成、状如卧牛而得名。传说这牛脊山是古时一头黄牛精变化而成的，那头闽南的黄牛精十分贪吃，常常跨海跑到台湾地界偷吃风味不同的美食。但有一天，正当它吃得兴起之时，天空突然响起晴空霹雳，黄牛精受到雷电惊吓跑错了方向。跑到海坛岛时，黄牛精的四条腿深深地陷入了海滩，无奈之下它化成了巨岩，即现在的"牛绩山"。

牛绩山景区内集中了许多自然景观和人文景观。自然景观有"金蛇十八洞""巨鳄石""老鹰望天""母鸡抱窝""虎回头""济公帽""老人坐凳""镇海石柱""巨狮猛吼""牛脐洞""一步登天"等。人文景观有始建于元代的"镇海寺"，以及山上明朝抗倭时留下的古营寨及摩崖石刻等。

二、平潭的人文景观

平潭境内人文古迹资源的基本类型有16种，景物有45个，以古文化遗址、古建筑、石刻碑刻和军事文化景观为主要类型。这些人文古迹是平潭岛文化发展和对外交流的历史缩影。平潭古人类遗址包括8处新石器时代遗址和6处商周时期遗址，海域内的沉船及遗址包括"碗礁一号""碗礁二号"等，古墓葬中的琉球驸马墓是清王朝与琉球国交往的见证。平潭古建筑主要由寺庙和古民居两大类构成，而摩崖石刻以"道彰岩石刻""龙屿石刻"等较为著名。军事文化景观中"海防文化"主题突出，古代军事遗址多为明代以后抗倭抗清的古营寨及烽火台。"苏澳石碉堡"见证了平潭解放的历程，"将军山"联合演习期旧址标志着我人民解放军保卫主权领土完整、打击分裂势力的坚定决心。

（一）古文化遗址

平潭境内的古文化遗址包括古人类遗址、古墓葬和海域内的沉船及遗址等部分的内容。

1. 古人类遗址

平潭历史悠久,保留着多处古人类遗址。其中,新石器时代遗址有平原乡南垄村的壳丘头遗址、敖东乡南厝场村的西瓷园头遗址、北厝镇北厝村的祠堂后遗址等 8 处;商周时期遗址有白青乡伯塘村北的马鞍山遗址等 6 处。

平原乡的壳丘头文化遗址是迄今发现的最早的福州先民聚居和栖息的地方,距今大约有 7000 年,是现在能被确定的福州人类文明的滥觞之地。遗址地处山麓坡地,背风向阳,东、北面均离海很近。福建省考古队于 1985 年对壳丘头文化遗址进行了考古发掘,发掘面积 800 平方米,共清理出新石器时代贝壳堆积坑 21 个和幼童残墓葬一座,并出土了一批石器、骨器、玉器、贝器、陶器等文化遗物。

壳丘头文化遗址的主要特点可以归纳为 5 个方面。[①]

第一,该遗址背山面海沿岸,山上的先民以采集狩猎、海边的先民以捕捞采贝为主要生存方式。这种较大程度上依赖自然赐予、没有稳定食物来源的生活方式,无法形成较大规模的聚居地,所以遗址面积相对较小,文化堆积层不厚。从考古中仅发掘出一座幼童墓葬而不见成人墓葬的状况来推测,该遗址有可能是季节性遗址,即此处仅是先民游动性的住址之一。当有利于觅食的季节或条件发生变化时,先民们自然就放弃此地,迁往他方。

第二,发掘出的生产工具主要是石器,包括打制石器和磨光石器两个种类。从出土的打制石器看,打制的技法比较熟练,器类简单但器形规则,已经有石锛、砍砸器、刮削器、石斧、石刀、石杵等品种。石锛以小型梯形弧背为最多,也最富特色。磨光石器仅为粗磨或刃部磨光,通身磨光的极少。

第三,骨器制作水平已较先进。发掘出土的骨制品有凿、匕、锥、镞等几种,都是利用水鹿、梅花鹿、赤鹿、野猪等陆生动物肢骨加工而成的。

---

① 《中国有个平潭岛》,"平潭之窗"网。

第四,日常生活用具类的陶器器皿种类不多,仅有釜、罐、盘、碗、壶、豆等几种。这些器皿大多为"夹砂陶"质地,胎质多厚薄不均,质地松脆、火候较低、呈色不均,圜底器、圈足器以及蘑菇状支脚的造型较为普遍。

第五,陶器装饰形式多样、独具特色。陶器装饰物中,除少量施红衣外,主要有拍印、压印、戳点和刻划纹饰。拍印纹饰中以麻点纹最为常见,其次为绳纹,条纹最少。压印纹多为贝齿压印,有连续亦有分段。戳点纹一般是连续的,其形状有方形、圆形、椭圆形和三角形等。刻划纹多由双线或多线平行转折、交叉组成纹样。这些纹饰各具特色,形成壳丘头文化遗存的独特风格。

闽台区域最早的新石器时代文化,以平潭的壳丘头文化和台湾地区大坌坑文化最有代表性。二者之间相同或相似的文化因素表明,平潭的壳丘头文化在考古人类学的学术意义上证明了闽台区域文化的同一性。

2. 古墓葬

平潭的古墓葬以琉球国驸马墓和江继芸墓最具文物价值。

琉球国驸马墓位于苏澳镇钟门猫头墘村。墓朝南方,背山面海,面积约 60 平方米,呈台阶式,分上下两层,每层长约 4 米、宽 7 米,三合土封顶。墓前粗石砌墙,墙上立碑,墓体保存较好。据说原来墓碑有 20 多块,现仅存 3 块,保存在县文化馆文物室。

根据对中日有关资料的梳理和考证可知,埋葬在平潭琉球国驸马墓中的并非琉球驸马,而是清嘉庆十二年(1807 年)在平潭钟门遇难的琉球接贡船上的人员。

明清时期中琉之间交往密切。根据琉球政治惯例,国王去世之后,继位者虽能执掌国事,但不能称王,只能称为"世子"或"世孙"。只有经过中国皇帝册封之后,才能成为真正意义上的琉球国王。中国作为宗主国所给予的册封,不仅可以增加琉球国王的威望和统治权力,也有利于提高琉球国在国际上的地位与影响力,所以琉球国对接受中国册封之事始终非常重视。新王即位之后,都先仔细地做好请封的准备,才向中国派出"请封使"。"请封使"将搭进贡船到中国,向朝廷呈送"请封奏章"并购置"册封大典"所需的物品。嘉庆十二年,为了迎接次年的册封使臣及接回耳目官杨克敦、正议大夫梁邦弼等人,琉球国中山王世孙尚灏专门派遣接封正议大夫蔡邦锦、在船都通事阮文光等官员,带领所需事物和役仆人员共 105 人,驾海船前往福建。这只接贡船在福州附近的马齿山海域遭遇风暴,船体部分受损,基本丧失自主行进的能力。十月初三,接贡船终于漂流到平潭"观音澳",得到了清朝当地政府的接待和补给。但在整修完备之后,琉球官员见有顺风,不等清朝的护兵船赶到护航,也拒绝了中国地方官员拦阻和挽留,径自将接贡船开出港口,结果不幸在海上再次遭遇风暴。在狂风巨浪中飘摇的琉球接贡船最终在钟门洋面触礁沉没,船上 105 人仅有 30 名获救,包括接贡都通事及使者在内的其余人员全部死难,文书、物件、银两等也全部沉入海底,捞获的尸首就地备棺殓埋在平潭钟门猫头墩村,这就是琉球国驸马墓的由来。事后,清朝政府对琉球难民极力予以赈济赏恤,对失职的官吏则加以严厉的惩罚,这些对加强中琉政治、经济和文化的联系,巩固中国对琉球国的宗主国地位,起了重要的作用。① 琉球国驸马墓也成为中外文化交流与友好往来的一个历史见证。

除琉球国驸马墓之外,江继芸墓也具有重要的文物价值。江继芸是平潭人,清道光年间任金门镇总兵。道光二十一年(1841年),江继芸在抗击英军入侵厦门的战斗中壮烈殉国。为表彰其英勇忠烈,朝廷下旨赐葬。江继芸墓位于北厝镇田美村,占地面积约1240 平方米,呈"凤"字形墓式,三合灰土封顶。清道光二十三年(1843 年)建成,于 1987 年、1992 年两次复修。墓向西,计有五圹两拜,石供案上立抹脚青石墓碑。墓前分内、外三埕,分立石翁仲、石马、石虎、石羊各一对。墓前 100 米处原有的一座石构忠烈坊毁于"文化大革命"时期,现仅剩遗址。1991 年 3 月,江继芸墓被列为福建省文物保护单位。

---

① 吴怀民:《平潭琉球国驸马墓与中琉关系》,《福建史志》,2004 年第 3 期。

3. 海域内的沉船及遗址

现已发现的平潭海域内的主要沉船及遗址有如下几处："碗礁一号"古沉船、"碗礁二号"古沉船、五代沉船遗址、西南屿宋代沉船遗址、九梁明代沉船遗址等。

"碗礁一号"古沉船船体的位置位于平潭县大练乡和屿头乡之间的古航道。2005年6月由当地渔民发现后，国家水下考古队经过4个月的抢救性打捞，共从"碗礁一号"古沉船中打捞出清朝康熙年间的青花瓷16000余件，创造了中国历史上最大的水下文物发掘记录。

2009年，在福建沿海水下文物普查工作中发现了"九梁明代沉船遗址"。该遗址位于平潭屿头岛东面航道的东侧坡上，遗物分布范围较大，部分遗物如一些青花大盘、罐及碗的残片已散落到坡底。从现场勘探情况来看，九梁明代沉船遗址遭破坏较为严重，大部分遗物曾被翻动。船体残骸表面可见六道隔舱板，最长的一块长约4米，舱底部分存有质地较粗的青白釉罐。

2010年5月6日，福建沿海水下文物调查队又发现3处水下遗址，分别是五代沉船遗址、西南屿宋代沉船遗址和"碗礁二号"。五代沉船遗址是平潭海域首次发现该年代的沉船，是目前该海域发现的年代最早的遗址。西南屿宋代沉船遗址主要遗物为龙泉窑青瓷，器形有碗、碟等，遗址表面还可以见到沉船的残骸。科考人员在"碗礁一号"附近的"碗礁二号"发现了产自清朝康熙中期江西景德镇民窑的青花瓷，这些青花瓷保存相对完好，在欧洲、东南亚等地也曾发现过它们的身影，是古中国海上丝绸之路的见证。此次科考活动所打捞起的瓷器文物以碗和盘为主，另有少量碟、盏托等，共约200件左右的珍贵文物得以浮出水面。据介绍，出水青瓷碗是浙江越窑的产品。

（二）古建筑：庙宇与旧式民宅

平潭境内的古建筑主要包括"庙宇"和"旧式民宅"两大部分，也有部分天主教教堂和福音堂存留。平潭佛教庙宇从宗教信仰方面印证了平潭文化交流和文化发展的历史，旧式民宅则是平潭民俗民生传统的反映。在全国第三次文物普查中新发现的"林富余民居",堪称平潭民居的典型。

1. 佛教寺庙

现存的平潭古寺庙多是明清时期的建筑物,材质以石为主以木为辅,风格粗朴简约,较少藻饰。这些寺庙多建在乡村附近的山头或海滨之处,环境清幽,也易于村民往来。平潭境内的主要寺庙有:始建于元代的霞海寺(位于敖东乡苍霞村)、龙兴寺(位于中楼乡田中村),建于明代的五福庙(又名威灵公庙,位于潭城镇),以及建于清初的霞屿天后宫(位于岚城乡霞屿村)等。由于儒释道在中华文化的演进中日益融为一体,因而民间宗教信仰中对佛道两教并没有严格的区别,许多寺庙神佛并祀,将原属于道教范畴内的神灵如关羽、岳飞等加封为"护法伽蓝菩萨",并入十八尊者行列。因此,严格意义上的佛教寺庙在平潭为数不多。

霞海寺和霞屿天后宫是平潭现存寺庙中的县级文物保护单位。而位于潭城镇五福庙街西侧、已经是福建省级文保单位的五福庙,是平潭较有特色的佛教寺庙。五福庙历史悠久,历经多次整修。它始建于明代,清康熙、乾隆年间续建,道光、光绪时重修,1985年至1994年再次复修。寺院中轴线从北至南依次为戏台、天井、城隍殿、小天井和太岁殿。寺庙中的城隍殿内奉祀着一尊1米左右的台湾城隍神像,其身后是一尊高约两米的"都城隍"。这种"一庙两城隍"的罕见现象,是闽台一体的历史佐证。五福庙"一庙两城隍"的现象,有两种流传较为广泛的解释,但它们都缘起于平潭与台湾地区独特的历史关系。一种解释认为,清代轮流的戍台军士中多有平潭籍出身,他们的家眷心系家中亲人的安危,而那时台海之间又难通音讯,这些戍台军士的家眷因而将台湾城隍供奉于平潭五福庙内,祈求神明保佑,同时寄托对亲人的思念。另一种解释则认为"一庙两城隍"的现象发生在清末。1895年台湾地区不幸沦为日本的殖民地,奉命驻守台湾地区的官兵迫不得已撤离宝岛时,特地将台湾城隍的神像带过海峡,供奉于平潭五福庙中,又塑福建都城隍神像于其后,以示对台湾地区的缅怀和对祖国统一的期盼。五福庙"一庙两城隍"的信仰也得到了台湾地区人民的认同,每逢农历的初一、十五,都有包括台湾同胞在内的大批香客前来祭拜,祈求风调雨顺、国泰民安。

五福庙西辕门石匾刻上"五福境",门内楣处书"平潭古迹",据说即是"平潭"地名的来源。

2. 旧式民宅

平潭旧式民宅风格朴素大方,多以当地花岗岩和海砂为主要原料。门前空地上建有一排屏墙以堵住外来视线,是平潭旧式民宅的一大建筑特色。多数民宅还将"石舂臼"作为民宅的附属物安置在屋前或客厅中,这种习俗是全国罕见的。从建筑模式上看,平潭民宅单体主要分为"竹篙厝"和"四扇厝"两种。

竹篙厝这种构筑形式起源于唐初,最早是驻军营房的建构模式,后来逐渐流传到民间,成为平潭旧式民宅的主要模式之一。竹篙厝之得名,是因为这种建筑以数十间连成排厝,依次是前天井、厅堂、住房和后天井,直进直出,极似笔直的竹篙。作为民居,竹篙厝依然保留了当时的军旅特色,采用"硬山屋顶,石墙结构,鱼眼天窗"的形式,注重通风和采光,讲究出入方便。

四扇厝为平潭旧式民宅中常见的模式,主要是单进四扇房,即两房一厅。左右两房可以分为前后房,中间的厅也可以分为大厅与后厅。农家百姓如财力不足,往往先建起左房和大厅,而将右边的厅墙筑成"虎齿墙",等日后资金充裕再行续建时将其补齐。这种方便但并不美观的"虎齿墙",是平潭旧式石构民宅的一大鲜明特色。

从广义上说,名人故居也属于旧式民居的一种。平潭的名人故居主要有清代的詹功显宅第、孙大刚宅第、古松斋、十可知斋,以及民国时期的刘尧宸故居和荫庐。清道光年间浙江水陆提督詹功显的故居占地面积最大,达到 1728 平方米。在名人故居旧址中,要数新近发现的林富余民居较有代表性。

在 2007 年 4 月开始的全国第三次文物普查中,平潭新发现一处名叫林富余民居的明清时代建筑。林富余民居坐落在平潭平原镇红卫村的白沙拢自然村，与邻近的民居建筑相比，特征明显不同。林富余民居整体布局为并列的三大院落，每院落有两进，深有30米左右，宽有10多米左右，中间有两个天井相隔，沿街的一座为当铺。该民居建筑年代跨度从明朝中期一直延伸到清朝末年，建筑风格的沿革也清晰可辨，保留了大量精细美观的建筑细节及构件。林富余民居以其规模之宏大、历史之悠久和雕琢之精美，被文物普查专家和科考人员公推为"平潭民居瑰宝"。

林富余民居显然不是普通百姓所能搭建和拥有的，它宏大的规模、悠久的历史和讲究的雕琢都表明它的主人必定拥有丰厚的家产。这座古民居的主人林富余是当地的大财主。林富余原本就是平原镇白沙垅人，在清朝中后期曾显赫一时，当地百姓传说林富余的发迹归功于他的老祖母。据传，有一天林富余的祖母发现家中的鸡不见了，她随即上山寻找，不料在路上一脚踏进了一个深坑。林家老太太觉得这个深坑有点蹊跷，就深挖了下去，居然在坑底部发现了一大罐银圆，这罐银圆也就成了林家发家致富的"第一桶金"。林家老太太就此开始置办家产，在村里买地、开当铺，还雇人种地。经过细心的经营，林家的财富如滚雪球般迅速积累起来。到了林富余这一代，林家资产已颇为可观。据传当时林家的5个兄弟，已经把整个平潭的港澳沙滩都买了下来，甚至将店铺开到了福清，成了福清长乐一带最大的地主。在这样雄厚财力的基础上建成的林富余民居，其精美华丽自然不是一般百姓人家所能企及的。

林富余民居之所以能成为"平潭民居瑰宝"，是因为它既有富贵气息，也保有明显的沿海民居特色。林富余民居的建筑装饰富丽华美，在雀替、卷棚、垂花柱、柱础等雕饰之外，还保留了大量的楹联、灰塑、壁画、窗花等，民居内的楹联及斗拱等木石构件都具有很高的鉴赏和文物保护价值。

民居里的对联数量远远超过了民居内的惯例，福建省博物院文物专家楼建龙认为这是林富余民居最有特色的地方。在整座房子内，只要有柱有窗有门的地方都有对联，总数可达百副之多。在林富余民居保存最为完整的居中院落第二进，几乎窗窗都篆刻有一副楹联,其中至今仍可辨认的就有20余副。楼建龙认为,"林富余民居"内的对联是用厚厚的石灰仿木匾雕刻而成的,非常具有文物保护的价值,而这种刻法他此前从未见过。更出人意料的是,房内大厅的黑底木柱上还凹刻有镀金的"金联"。这些"金联"中每个阴刻大字的长度都超过了一个手掌,内容多为励志向上之意,如"醴泉无源芝草无根人贵自立　户枢不蠹流水不腐民生在勤"等,从中可以看出林家发家致富的信念所在。

除对联之外,林富余民居中还保留有许多精致的木石构件,如石柱上雕刻的"冬梅秋菊",暗窗上雕刻的"菱格纹"和"万字纹",以及门口按平潭民俗传统摆放着的"石舂臼"等。这些木石构件中以斗拱的装饰最为精致动人,挑梁重檐上雕刻有芝草、如意、花朵、书卷等传统的吉祥纹饰,而最外端4个方向还错落有序地雕有形态各异的各式人物,经历风雨而仍旧栩栩如生,令人赞叹不已。在海风较大的平潭,木式建筑的构件容易遭遇腐蚀,能保存到像林富余民居中木质构件这样较为完好程度的,十分罕见。

要成为"平潭民居瑰宝",单靠富丽堂皇显然不足以服众,具备海岛特色也是一项重要的指标。有着丰富文物工作经验的楼建龙对林富余民居的海岛特色感到"十分吃惊",声称"从来没见过这么有特色的海岛建筑"。该民居的海岛特色主要体现在"单层石木混砖结构""户型低矮,窗户小,开窗少",以及"房屋一般不出檐或半檐"等方面,而这些建筑特色都与平潭岛"多台风、多海风、风沙大"的自然环境相关。用花岗石或鹅卵石等石材所砌成的民居立面墙有近2米高,远远高出一般建筑,使建筑物的抗台风能力得到了很大的提升,对平潭及其他海岛建筑的发展都具有较大的研究意义。从兼具富丽堂皇的建筑美学风格,以及抗风抗沙的建筑物实用效能这两方面的意义来看,林富余民居是当之无愧的平潭古民居文物大发现。

（三）摩崖石刻与碑刻

1. 摩崖石刻

平潭最早的摩崖石刻是镌刻在苏澳钟门山上的"梯云岭"三

字,《平潭县志》中如此记载:"径数尺,规画苍古,未载年月。"平潭摩崖石刻中较有名的有道彰岩石刻、明镜石刻、观成万亩石刻、龙屿石刻、垄仔底石刻和军路底石刻等。

道彰岩石刻位于平原乡白沙垅村西北山麓。石刻所在的巨岩重叠斜靠,构成上下两处狭窄的洞穴,洞内宽敞如屋,夏凉冬暖。北宋熙宁二年(1069 年),怀安县籍僧人璋公募缘到此,在此地建庙定居,并在上洞西壁横刻"道彰岩记"4 个字,直镌"岩本元有,道假人弘。熙宁己酉,兴自璋公"16 个字。下方有注释直书:"本贯怀安,受业仰山,遇兹岩穴,堪为寂止,遂用兴修,已逾一纪,乃至夙昔耳。时元丰五年(1082 年)岁次壬戌冬十月刻于石。"清光绪年间,副贡游腾辉在下洞东壁横书题刻"洞天一品",又在西壁竖刻"岩本天成,道彰其名,兴自宋代,迄我大清"4 行 16 字。洞外东侧巨岩上另外刻有二尺见方的楷书"福"字,字体丰满刚劲,但不知出自何人手笔。1988 年,道彰岩石刻被列为县级文物保护单位。

明镜石刻位于北厝镇小湾山顶的一块椭圆形巨岩之上。这块巨岩高约 5 米、宽约 3.4 米,上刻楷书"明镜"二字,每个字约 0.64平方米。"明镜"二字是 1915 年 6 月福建巡按使许世英巡视平潭至此时所书,上款"中华民国四年",下款"秋浦许世英"。次年 6月,平潭知事戈乃康将此二字刻于巨岩之上,附上记事石刻 10 行,每行 12 字,每字直径约 12 厘米。1988 年,明镜石刻被列为县级文物保护单位。

观成万亩石刻位于北厝镇湖南村东侧山上,是清光绪三十三年(1907 年)平潭县县丞宋廷模为"竭湖为田"而作的。观成万亩石刻分为两处,一处刻于山巅巨岩上,楷书"观成万亩"为两行直下布局,每字直径约 1.2 米,落款为"宋廷模",并有篆书"宋廷模印"和"子山"印鉴。另一处刻于距观成万亩石刻东南约 500 米处的卧石岩面之上,为"沙开涵固,水涸田增,农欢国裕,岁乐福臻"4行 16 字,楷书字体,每字直径约 25 厘米,落款上款为单行"子山驻工谨题",下款为双行"时光绪三十三年二月初十立",落款均为楷书直下布局,每字直径约 10 厘米。1988 年,观成万亩石刻被列为县级文物保护单位。

2. 碑刻

平潭碑刻中较为出名的有龙兴寺碑刻、增福寺碑刻、东庠宫碑刻、金峰寺碑刻、澄瀚寺碑刻、三节孝碑刻和双节碑刻等。这些碑刻或存身于寺庙中,记载了寺庙的兴起和修整的历程;或矗立于村落中,为表彰封建时代遵守传统道德的人物。

平潭碑刻中较重要的现代碑刻有两处:玉楼堂防波堤题碑和竹屿工程纪念碑。前者位于澳前镇玉楼堂村东,花岗石碑高1.43米、宽0.66米,为纪念玉漏堂防波堤建成而立,1988年被列为县级文物保护单位。后者1962年立于北厝镇竹屿码头处,碑高8米,呈四方梯形,阴刻楷书直下,主要内容是记述了围海建堤的经过,同于1988年被列为县级文物保护单位。

（四）军事文化景观

平潭军事文化景观主要由明王朝时抗倭抗清的古军事遗址、"苏澳石碉堡"和将军山军事演习旧址构成。

军事文化景观中"海防文化"主题突出,这与平潭特殊的地理区位和历史有关。平潭位于两岸之间,自古为兵家必争之地。嘉庆三年(1798年)二月二十七日,清政府即在平潭设"福州府平潭海防分府"(简称"海防厅"),原县丞所辖区域归属福州府。这一行政建制的变化无疑突出了平潭海防文化的特性。直至民国元年(1912年)10月14日,平潭"海防厅"才重新改回为"平潭县",平潭"海防厅"的行政建制存在了110余年。新中国成立初期,从1949年至1979年,平潭始终是"海防前沿,全岛皆兵","海防第一"成为平潭当时建设的指导思想。

1. 古军事遗址

平潭境内的古代军事遗址多为明王朝时抗倭抗清的古营寨及烟墩、烽火台。

平潭古营寨有10余处,分布于平原、苏澳、北厝、敖东等乡镇,历经风雨之后多数已毁,仅存残址。主要遗址有龟山古营寨、芙蓉寨、百花寨、南寨、桃花寨、小雄寨和寨顶寨等。1988年被列为县级文物保护单位的龟山古营寨,位于三十六脚湖中的大龟山上。明朝灭亡之后,明水军都督周鹤芝率部坚守海坛、抵抗清军时,筑起此寨。龟山古寨占地范围约 6800 平方米,以块石、乱毛石垒砌寨垣,计有里、中、外三层,每层等高差约 1.5 米。里层半环状,背山临海,直径 20 余米,残长 40 余米,残高 1.5 米。由里层外扩 8 米为中层,呈半环状,残长 60 余米,残高 1~1.5 米。由中层寨垣外扩 12 米为外层,依山势环绕,残长 100 余米,残高 1~1.5 米。[①]周鹤芝矢志抗清,其武装抗争一直坚持到顺治十年(1653 年),岛陷兵败,其本人也不知下落。平潭敖东乡大福村的临海山冈上有一坟,相传即为周鹤芝之墓。

平潭的烽火台、烟墩均坐落于临海山头,用作海防报警,主要遗址有凤髻山烟墩、五皇山烟墩和大寨烽火台等。

2. 苏澳石碉堡

苏澳石碉堡坐落在苏澳镇民主村的一座小山丘上,是当年闽浙赣省委福建城工部闽中游击队平潭支队所搭建的军事建筑物,是平潭解放的历史见证。

1948 年底,为适应全国解放战争迅速发展的态势,中共闽浙赣省委于计划将分散在各地区的游击队统一整编,以更有力地推动武装解放的进程。1949 年 2 月,闽中游击队 1800 多人分批到莆田大洋进行整训,在此基础之上,闽浙赣人民游击纵队闽中支队司令部成立。同年 7 月,各县均成立游击大队或支队,平潭支队从此成为闽中支队司令部领导下的一支重要的武装力量。

苏澳石碉堡是平潭支队军事活动的遗址之一。整座碉堡由石头垒成,呈圆柱形插入山丘中,高约 5 米,直径与高度几乎等同。堡体周遭按照军事射击的要求设置了 22 个射击孔,火力覆盖面广泛。进出碉堡的门也按照军事标准的要求设置在地下,进入碉堡必须通过由矮墙围住的螺旋形走道斜插进去,这样的设置无疑使碉堡更加易守难攻。

[①] "福建省情资料库"《平潭县志》卷三十二"文物"·"营寨",2000 年。

解放战争时期,平潭支队重大的武装军事行动共有两次,第一次为"中正堂战斗",第二次为解放平潭的战斗。1949 年 5 月 5 日晚,平潭 117 名游击队员利用夜色作掩护,突袭伪县长林荫武装所盘踞的中正堂。驻守中正堂的伪"县自卫中队"是林荫苦心经营的主力部队,装备远胜于我游击队。6 日凌晨 1 时左右,我平潭支队在敌我装备悬殊的情况下,奋勇突击,浴血奋战,2 个小时即攻占了中正堂,并于上午 8 时左右控制了平潭县城。在城郊的林荫闻讯后即亲率全部私人武装反扑县城,我平潭支队在城郊将其击溃。7 日,我平潭支队再次将林荫所部击败,迫使林荫最终逃往白犬岛。5 月 13 日,经中共闽浙赣人民游击纵队闽中支队司令部党委批准,省内解放战争时期第一个县级红色政权——平潭县人民政府成立。

一个多月后,国民党 73 军、74 军的残部整合为 73 军,共 1 万余人逃窜至平潭岛,进犯平潭县城。我平潭武装力量面临着敌军在兵力和武器质量上的巨大威胁。在与敌军交战之后,我平潭支队主力于 6 月 29 日主动撤离平潭,转移至长乐等地区,再次开展敌后游击战争。也正是这次主动撤退,拉开了第二次解放平潭的战斗的帷幕。在抗击敌 73 军、保卫平潭县城的战斗中,苏澳石碉堡起了重要的军事防御作用,碉堡的石壁上至今还留有累累弹眼,记述了当年我平潭支队英勇奋战的历史。1949 年 9 月 12 日,人民解放军发起解放平潭战役,经 5 日激战,9 月 16 日攻占平潭本岛,17 日攻克东庠岛,收复平潭全境。这次战斗共歼灭国民党 73 军 8132 人,平潭得以最终解放。

3. 将军山军事演习旧址

将军山原名老虎山,老虎山得名于一个奇妙的传说。据传300 多年前,"海国龙王"托梦给一位平潭的渔夫说,"华南猛虎"将封神立地于"三山"的峻岭之中,此虎神可以保佑这片海域风平浪静、民生安乐。渔夫大喜之下从梦中惊醒,便上山寻找虎神下凡的痕迹,果真发现一座虎踞雄奇的山岭,"老虎山"之名从此流传开来。

如果说老虎山得名于口口相传的传说的话,那么它更名为"将军山"却缘于一次演习。平潭县委、县政府为纪念1996年初春三军联合演习期间时任中央军委副主席张万年将军带领128位我人民解放军将军登山指导、观摩军事演习之盛况,于同年4月1日做出决定更改山名,改"老虎山"为"将军山"。

将军山海拔104米,山势临海而起,风景绝佳。该山与东边山连成一脉,以丘陵石景、岬角海湾、寺庙建筑为主要特色景观。从青观顶村沿着蜿蜒的山路爬坡而上,就可以直达山中一块平台,抬头就可以望见一座高33.88米的三军联合作战演习纪念碑。纪念碑侧面是时任军委副主席、演习总指挥张万年将军的题词:"统一祖国,振兴中华。"纪念碑共有三面,碑下礼台是当年众位将军的观礼台。纪念碑下岩石上还留下了战士们的石刻或标语:"祖国统一,战士心愿""江山永固"及"捍卫统一,是我天职"等。在1996年初春三军联合演习中,老虎山作为演习的重地,见证了我人民解放军的雄厚实力和打击分裂分子、捍卫国家主权利领土完整的坚强决心。这次演习留下的观礼台、飞机场、战壕坑道等规模宏大的军事设施,兼具爱国主义教育和观赏价值。

老虎山更名为将军山,不仅仅意味着地名的更改,也意味着风景区向集风景游览、人文观赏、思想教育为一体的综合性人文名胜区的转变。将军山已经被列入"海坛风景特别保护区"和"海坛岛国家风景名胜系列",将成为平潭有影响力的国家级风景名胜区和爱国主义教育基地。

威廉斯对"基础与上层建筑"理论的批判和反思

韩瑞峰

　　"基础和上层建筑"理论是马克思主义理论的重要基石,也是理解马克思主义思想的基本入口,在马克思主义理论中占有重要的地位。在马克思的理论阐述中,作为一种隐喻的"基础和上层建筑",更多是一种关系式的结构。然而,在从马克思的理论阐释到西方主流马克思主义理论的演变过程中,"基础和上层建筑"理论逐渐被转化为一种僵化的机械主义和经济主义式的理论①——把文化、政治、艺术和宗教等所谓"一定的社会意识形式"领域从社会物质生活中分离出去,划分为上层建筑,并认为物质生产决定这种次生性质的上层建筑。② 威廉斯对这种转换是无法认同的。正

---

　　① 威廉斯在后期承认他对于西方马克思主义——尤其是英国马克思主义——在20世纪四五十年代的发展认识不足,坦言其对当时马克思主义理论的理解受到马克思主义经济学家和政治学家朋友的影响。Williams, Raymond. Notes on Marxism in Britain since 1945, *Culture and Materialism*, Verso, 1980:244. 战后英国文化马克思主义理论已经与主流马克思主义传统,包括斯大林主义、机械主义和经济主义,划清了界限。[英]丹尼斯·德沃金:《文化马克思主义在战后英国》,人民出版社,2008年,第5页。但是,笔者认为这并不影响威廉斯对于"基础和上层建筑"批判的价值,对"基础和上层建筑"庸俗化的理解仍旧广泛地存在于马克思主义理论研究中,正是这种理解削弱了马克思主义原本的力量。

　　② 比如克里斯托夫·考德维尔在《幻象与现实:对诗歌根源的研究》中,把15世纪后的英国诗歌定义为"资本主义诗歌",在《垂死文化中的研究》中把英国文艺复兴之后的思想和文化描述为奄奄一息(dying)的"资产阶级文化"。这种文学研究方法是一种典型的僵化式的马克思主义文学研究方法。[英]雷蒙德·威廉斯:《文化与社会》,高晓玲译,吉林出版集团,2011年,第297页。

是在这个背景下,威廉斯强调"任何针对马克思主义文化理论的现代探讨从一开始都必定要考虑到具有决定性的基础和被其决定的上层建筑这一前提"①,并对"基础和上层建筑"理论模式展开批判和反思。威廉斯到底怎样批判"基础和上层建筑"理论模式的?这对于理解文化又有怎样的意义?这可以从威廉斯对基础与上层建筑、"决定"的内涵、生产与文化生产的物质属性等论题的阐释中得出。

一

物质基础和上层建筑的划分是马克思主义理论中一个重要的命题,也是辩证唯物论的基石。关于物质和意识之间的关系,马克思最早在《德意志意识形态》中就有过表述:"思想、观念、意识的生产最初是直接与人们的物质交往,与现实生活的语言交织在一起的。……我们的出发点是从事实际活动的人……不是意识决定生活,而是生活决定意识。"②这种物质和意识之间的关系在随后1852 年出版的《路易·波拿巴的雾月十八日》中得到了进一步的详细说明:"在不同的占有形式上,在社会生存条件上,耸立着由各种不同的、表现独特的情感、幻想、思想方式和人生观构成的整个上层建筑。整个阶级在它的物质条件和相适应的社会关系的基础上创造和构成这一切。通过传统和教育承受了这些情感和观点的个人,会以为这些情感和观点就是他的行为的真实动机和出发点。"③这个说明相较之前的表述已经复杂了许多。早期马克思的论述中更多是对于物质生活和实际活动的人的重大作用进行强调,进而指出唯物论的内涵,而在《路易·波拿巴的雾月十八日》中对上层建筑则进行了更为细致的说明:(1) 通过隐喻的方式,对

①　Williams, Raymond. *Marxism and Literature*. Oxford University, 1977:75. 部分译文参考雷蒙德·威廉斯:《马克思主义与文学》,王尔勃、周莉译,河南大学出版社,2008 年。
②　[德]马克思、恩格斯:《马克思恩格斯选集》第 1 卷,人民出版社,1995 年,第 72 页。
③　同②,第 611 页。

物质生存和社会意识进行区分,"社会生存条件和不同的占有形式"是物质基础,与之相对应的则是上层建筑,其构成包括独特的情感、想象、思维方式甚至人生观等社会意识方式。(2)这些社会意识方式或者说社会意识形态具有阶级属性,同时可能是一种虚假意识,社会成员通过传统习俗和教育继承一定的社会意识而丝毫不曾觉察。这种幻象式的社会意识并非他们自己的真正动机,而是一种抽象虚假的思想。紧接着,马克思在对黑格尔法哲学的批判性分析过程中发现法的关系不能从所谓"人类精神的一般发展"理解,而是根源于物质生活关系。因此,马克思在 1859 年《〈政治经济学批判〉序言》中指出:"人们在自己生活的社会生产中发生一定的、必然的、不以他们的意志为转移的关系,即同他们的物质生产力的一定发展阶段相适合的生产关系。这些生产关系的总和构成社会的经济结构,即有法律的和政治的上层建筑竖立其上并有一定的社会意识形式与之相适应的现实基础……随着经济基础的变更,全部庞大的上层建筑也或慢或快地发生变革。在考察这些变革时,必须时刻把下面两者区别开来:一是生产的经济条件方面所发生的物质的、可以用自然科学的精确性指明的变革,一种是人们借以意识到这个冲突并力求把它克服的那些法律的、政治的、宗教的、艺术的或哲学的,简言之,意识形态的形式。"①在这里,马克思强调了物质生产及与之相适应的生产关系才是社会发展的根源;同时,再次阐明物质基础(更多的是经济基础)和上层建筑的结构关系。更重要的是,在《序言》中,马克思赋予了意识形态更多的内容,不仅仅包括各种社会意识形式,也包括"政治和法律"等制度机构和"法律的、政治的、宗教的、艺术的或哲学的"政治和文化实践。上层建筑本身在马克思的理论中就是这样复杂地交织在一起的,基础和上层建筑结构的关系隐喻也只有在社会进行分析的时候才能成立。

---

① [德]马克思,恩格斯:《马克思恩格斯选集》第 2 卷,人民出版社,1995 年,第 32 - 33 页。

但是,在西方马克思主义庸俗化的发展过程中,上层建筑的概念发生了一个重要的变化。"上层建筑"在马克思的阐述中作为一种隐喻式的概念,本身非常复杂。马克思对其内涵更多是一种关系性的理解。而随着这一重要概念的发展和普及,"原初论述所使用的这些词语首先被当成精确的概念,其次又被看成针对可考察的社会生活领域的描述性术语"。① 威廉斯认为,正是这种变化,产生了严重的问题。上层建筑由此变成"相对封闭的范畴",抑或"相对封闭的活动领域"。这导致的直接后果就是"这些术语要么成为暂时关联在一起(首先是物质生产,然后是意识,然后是政治和文化),要么促使那个隐喻在空间上关联在一起(按照可见的、能区分的'水平'或'层次'——上面是政治与文化,接下来是各种意识形式等等,再往下一直到'基础')"。② 无论是哪种关联方式,上层建筑与物质生产及生产关系都被剥离开来,成为一个相对封闭的范畴,甚至在某种程度上被固化成一个所谓的社会领域。普列汉诺夫针对基础和上层建筑之间的关系做出的 5 个顺序性因素的总结即是非常典型的剥离基础和上层建筑的例子。普列汉诺夫分出 5 个顺序性因素,即生产力的状况、被生产力制约的经济关系、社会政治制度、社会中的人的心理和反映这种心理特性的各种思想体系,以此来细化基础与上层建筑的关系。③ 这种理论固然拓展了基础和上层建筑关系理论的内涵,并且对原理论进行了复杂化和丰富化的处理,但是其代价则是把原本是关系性的、不可分离的结构性范畴转变成了独立的领域和因素,从而变成一种实体性的描述,进而把本应重视的现实实践过程中互相关联的因素抛在了一边。

对于马克思主义"基础和上层建筑"理论的这种发展,威廉斯

---

① Williams, Raymond. *Marxism and Literature*. Oxford University, 1977:77.

② 同①。

③ [俄]普列汉诺夫:《普列汉诺夫哲学著作选集》第 3 卷,生活·读书·新知三联书店,1962 年,第 195 页。

认为非常具有反讽的意味,因为"马克思的批判原本一直就是针对着那种把思维'领域'与实践'领域'分离开来(比如把意识同物质生产分离开来)的做法的,也一直是针对着那种以强加的抽象范畴排斥现实人类生活具体内容的做法的。因此可以说,这种常见的、对'基础'和'上层建筑'加以抽象的做法,正是在顽固地坚持那种早已被马克思抨击过的思维方式"。① 具体在哪些方面应该克服这种思维方式,从而恢复一种威廉斯所说的"物质生产、政治和文化的制度机构及活动同意识之间不可分割的联系的充分认识"?威廉斯认为,首先是应重新认识实践过程本身,不是实践中抽象的关系,而是实践过程的构成性,或者说"构成性的过程"。其次,无论是仅强调上层建筑的"复杂性、实体性、自律性或自主价值",还是仅仅"寻求一种关联性,强调复杂性和相对的自主性",都是远远不够的,这只是抽象范畴的一种复杂性演化,丝毫不能解决实际问题。在威廉斯看来,"观察'基础'中的这种外延的特质比起观察那总是多变的和可变的'上层建筑'的外延更重要"。②

针对这种僵固的西方马克思主义中"基础和上层建筑"关系的理解方式,威廉斯给出的答案是重新认识"基础"范畴,重新理解"基础"的复杂内涵。这里重新认识的"基础",不是抽象的基础,不是某种具有同一性质的基础,也不仅仅是生产力和与之相适应的生产关系,或者经济结构与特定的生产方式。马克思在具体的分析社会发展过程中做出的种种分析不能被当作某种一致的、静止的概念。现实的"基础"永远是大量的活动同时涌现,富含着深刻的矛盾,各种力量之间蕴含着复杂的关系,此消彼长。同时,"基础"也是一个处于运动之中的过程,不是静止的,而是在持续不断地发酵、演变。威廉斯指出,"只有当我们意识到'基础'本身就是一种动态的、充满内在矛盾的过程——包含着现实人们和由他们构成的阶级所进行的种种具体活动,以及一系列从协作到敌

---

① Williams, Raymond. *Marxism and Literature*. Oxford University, 1977:78.
② 同①:81。

对的活动方式——的时候,我们才能把自己从这种带有凝固性质的某一'领域'或某一'范畴'的观念中解脱出来,从而推导出'上层建筑'的多变过程"。① 换句话说,就是只有认识到"基础"中复杂的、相互关联的因素,并把这些因素放到实践过程中去理解、辨别和分析,而不是简单地把"基础"抽象为某一个领域,比如经济和生产方式,才能辨认出所谓"上层建筑"中文化、制度机构及各种意识方式,才能深入理解其功用和构形。所以,威廉斯指出"与马克思主义中的某种发展相反,需要加以研究的并不是'基础'与'上层建筑',而是具体的、不可分割的现实过程"。② 只有打破僵化的凝固性的对基础和上层建筑的理解,才有可能把焦点重新聚集到社会实践中复杂因素互动的过程中来。

二

在"基础和上层建筑"这个结构模式中,"决定"无疑是一个重要的语词。在西方马克思主义庸俗化的使用过程中,"经济基础决定上层建筑"已经被处理为抽象的定律而广泛地接受,甚至被认为是社会发展的"真理"。在这样一种理解下,文化就很容易被简单化约为支配性的经济基础所决定的次要的内容,很容易被认为只是经济基础或直接或间接的一种表现,其本身并没有重要的意义。在威廉斯看来,正是对"决定"这个术语的歪曲化理解弱化了马克思社会理论原本的思想力量。

在马克思本人的使用中,"决定"是一个异常复杂的过程。其中,"决定"(determine)既有英文词义中原有的"设定边界,设定限度"之意,例如马克思在《德意志意识形态》中所说的"人们所达到的生产力的总和决定着社会状况,因此,始终必须把人类的历史同工业和交换的历史联系起来研究和探讨"③,也有主动地"为了一

---

①　Williams, Raymond. *Marxism and Literature*. Oxford University, 1977:82.

②　同①。

③　[德]马克思、恩格斯:《马克思恩格斯选集》第 1 卷,人民出版社,1995 年,第 80 页。

个目的而行动"之意,例如恩格斯《致布洛赫的信》中提到的"我们
自己创造着我们的历史……,历史是这样创造的:最终的结果总是
从许多个单个的意志的相互冲突中产生出来的……,因为任何一
个人的愿望都会受到任何另一个人的妨碍,而最后出现的结果就
是谁都没有希望过的事物"。① 同时,"决定"本身即有其历史客观
性,"在任何特定时刻,当人们发现自己出生时所面对的条件(状
况),也就是他们'进入'其中所'能达到的'条件",也有其抽象客
观性,"按照这种客观性,正在'决定'的过程是'不以他们(人)的
意志为转移的'"。② 所以,"决定"本身镶嵌在复杂的社会实践过
程中,既是受客观社会状况和社会发展规律制约的被动过程,也是
社会实践中的人的意志的冲突和总和推动的主动过程。

　　但是,在西方马克思主义庸俗化演变过程中,这种"决定"的
客观抽象性逐渐成为一种主流的阐释,而忽略了其历史客观性。
也正是出于对这种客观抽象性的理解,"经济主义"观念逐渐成为
主流的话语模式。社会发展过程即被理解为是受其自身经济规律
支配的过程,比如封建社会的生产力和生产关系支配了封建社会
的发展过程,这个发展过程超乎人(包括统治阶级)的意志和愿
望。把"决定"理解为客观抽象的过程也有其深刻的历史原因,更
多是出于对资本主义崛起的历史经验的观察。他们认为实践中个
人是无力的,资本主义发展过程是受其本身经济规律所控制的,这
种资本主义发展过程无法按照个人或阶级的意志和愿望进行控
制。对"决定"的这种庸俗化理解隐含着一种历史宿命论,和马克
思的革命观是格格不入的,忽略"决定"的历史客观性无疑是一种
重大的损失。威廉斯认为,"决定"内涵的这种发展"带有一种极
大的反讽意味",造成的结果就是"一种批判的、革命的学说不仅
在实践中而且在学理的层次上,堕入了消极的、物化的形式当

---

① ［德］马克思、恩格斯:《马克思恩格斯选集》第 4 卷,人民出版社,1995 年,第
696－697 页。

② Williams, Raymond. *Marxism and Literature*. Oxford University, 1977:85.

中……在某种意义上必须把这种抽象决定论看作是被决定的。它是一种以它的那种现实的历史限度的经验为条件所做出的反应或解释。'决定性'的自然规律与'决定性'的历史过程二者之间重大区别被忽略了"。① 那应该怎样重新理解"决定",从而恢复"决定"内涵中所包含的历史客观性？怎样才能恢复"决定"在社会发展过程中的主动内涵，而不是拘囿在其被动的涵义之中？

在威廉斯看来，"决定"不仅仅意指"设定限度"，更重要的是要恢复"决定"中主动的"施加作用力"的内涵，进而恢复一个完整的"决定"过程。只有恢复"决定"中这种积极的意义，把"决定"中主动的内涵和被动的内涵结合起来，我们所认识到的社会发展才不仅仅是一种被动的、受物质生产拘束而僵硬的形式，而是一种由个人和社会意志带动的具有巨大作用力的构形过程。威廉斯对此指出，"完整的决定——由设定限度和施加作用力共同构成的、复杂的、相互关联的过程——就存在于整个社会过程之中，而不是在别的什么地方……对决定论的任何抽象，不过是把那些具体的、总是相互关联的决定因素变得神秘化而已，而这些决定因素全都是现实的社会过程——既是一种能动的、自觉的历史经验，又是一种由于不履行责任变得消极了的、客观化了的历史经验"。② 所以，"决定"的完整过程即是复杂的实践过程；既是人受制于社会发展状况和社会发展规律的过程，又是人带着主观意志能动性的实践过程；既是一种被动的、消极的历史经验，又是一种主动的、自觉的实践经验。

三

物质生产是"基础和上层建筑"关系理论中一个极其重要的概念，也是马克思主义描述人类物质生活方式的理论基石。在马克思本人的阐述中，"生产"的概念经历了一定的演绎变化。从分

---

① Williams, Raymond. *Marxism and Literature*. Oxford University, 1977：86.
② 同①：87。

析特殊的资本主义生产形式过渡到不同历史时期的物质生产时,马克思对社会"生产"进行了一定程度的抽象。这种抽象是一种具体的抽象,"生产一般是一个抽象,但是只要它真正把共同点提出来,定下来,免得我们重复,它就是一个合理的抽象。不过,这个一般,或者说,经过比较而抽出来的共同点,本身就是有许多组成部分的、分为不同规定的东西。其中有些属于一切时代,另一些是几个时代共有的"。① 但是马克思对于抽象的"生产"并不是没有警惕,而是充分地意识到"生产"既作为一种抽象,又具有其特殊性。如《〈政治经济学批判〉导言》中所说:"一切生产阶段所共有的、被思维当作一般规定而确定下来的规定,是存在的,但是所谓一切生产的一般条件,不过是这些抽象要素,用这些要素不可能理解任何一个现实的历史的生产阶段。"② 所以,"生产"的概念在马克思那里既是一种必要而合理的抽象,同时"生产"也是一种具体的形式,因而必须把它放到资本、产品、流通、工资、劳动、商品交换等具有关联的因素中才能得到理解。

生产概念在其发展过程中逐渐被抽象化,物质基础或经济基础被分离出来成为一个抽象的领域,这种观念在马克思主义庸俗化发展中逐渐占领了主导地位。在威廉斯看来造成这种现象有两个重要的原因:第一,受资产阶级哲学思想观念独立性的影响产生的反向论断。20世纪三四十年代,与马克思主义产生争论的资产阶级哲学思想理论把作为整体的社会过程分离并抽象出若干领域和部分,"正是这种把各种政治形式、各种哲学的和一般的观念断定为、解释为独立于物质的社会过程之外的说法,造就了一种必然的反向论断。在争论的过程中,这种反向论断常常被过分强调,以至于它在术语的简单颠倒中重蹈了它所抨击过的那种谬误"。③第二,受制于资本主义的时代发展,生活在资本主义体系之内的人

---

① [德]马克思、恩格斯:《马克思恩格斯选集》第2卷,人民出版社,1995年,第3页。
② 同①,第6页。
③ Williams, Raymond. *Marxism and Literature*. Oxford University, 1977:92.

很难跳出其逻辑,在资本主义形式和语言的影响下,"生产"很容易被描述成普遍的、一般的规律或真理。生产、生产力、工业等词汇在描述资本主义体系过程中被分离,抽象成理论话语,而个人的、审美的、文化的活动却被保留下来,仿佛成为分离的领域。威廉斯认为,真实的情况则是马克思主义的这种庸俗化发展恰恰削弱了唯物主义的力量,"任何一种'自足秩序'观念所隐匿的恰恰是生产力的物质属性……它常常以这种方式抑制人们对这样的社会性质的充分意识"。① 真正要做的是要恢复生产和生产力的物质属性。

在威廉斯看来,对生产的分离和抽象造就了更多的误解,比如政治和文化,正是在这个过程中被隐匿起来的。其实,社会秩序和政治秩序的建立也应该是物质生产的一个部分。统治阶级建立社会秩序和政治秩序,包括法律、学校、教堂、监狱,都是用不同的方式介入物质生产的。无论是哪一种方式,都是一种物质性的活动,都"必然是物质生产"。从这个角度而言,那种把物质生产同所谓的上层建筑分离开来的做法恰恰是一种庸俗的唯物主义,反而削弱了唯物主义的力量,无助于理解社会发展过程的复杂性和关联性。一种真正的唯物主义的态度应该充分把握社会秩序和政治秩序的物质属性,包括文化秩序生产的物质属性,而不是把这些方面从物质生产中分离出来,简化为"上层建筑"。

从对生产的反思中,威廉斯得出一个结论:"更为理智的做法则应该是重新两足立定,在看待我们的实际生产活动时,不再预先假设其中只有一部分是物质性的。"② 不难看出,威廉斯对"基础和上层建筑"理论模式的批判和反思的意义无疑在于恢复一种对实践的认识,从而能够在历史实践场域中理解"基础和上层建筑"的关系。

四

威廉斯对"基础和上层建筑"理论的批判和反思是其重新认

---

① Williams, Raymond. *Marxism and Literature*. Oxford University, 1977:92.
② 同①:94。

识马克思主义理论的一个重要步骤,对厘定文化的物质属性,确定文化在马克思主义理论中的位置非常关键。

首先,对于上层建筑的批判指向的是西方马克思主义者在理论发展过程中将这个概念抽象分离成一个社会范畴或社会领域,从而成为一个封闭的领域。这种抽象化只会导致理解社会发展实践过程的社会秩序、政治秩序、文化、艺术、宗教等"上层建筑"因素的僵化。相反,对上层建筑的关注更应该把注意力投向多变复杂的实践过程。只有把实践中文化和各种复杂的因素建立关联,辨别其具体的、动态矛盾的过程,才能更好地理解文化乃至"上层建筑"的多变过程。其次,对于决定论的批判则是针对"决定"在其发展过程中逐渐堕入一种消极被动的模式。在社会发展中,物质生产的"决定"不仅仅是对"上层建筑"来设置界限和限度,在物质生产过程中同时应该存在着个人和社会意愿带来的施加作用力。只有在一个完整的"决定"过程中——既包括设定限度,又包括施加作用力;既是主动积极的历史经验,也是被动客观的历史经验——才能充分理解社会实践过程。对于文化过程的理解亦是如此。而对于"生产"概念的批判指向则是其抽象性在马克思主义中的发展。物质生产及再生产是一个重要的概念,只有在物质生产及再生产活动中,人才能满足存在条件,并生产出新的需要,包括社会秩序和文化秩序等需求。在这个过程中,物质基础变得越来越多样,众多因素互相关联,复杂互动,形式多变。然而,对于生产和生产力的抽象和分离,直接导致的却是"上层建筑"的分离,在这个过程中,社会秩序、政治和文化秩序的物质属性被遮蔽,反而削弱了唯物主义的力量。"生产"的批判重新认识了文化的物质属性。威廉斯对于"基础和上层建筑"理论的批判和整合无疑重新确立了文化在马克思主义理论中的位置,这对于理解文化和社会实践复杂多变的过程无疑具有重要的意义,同时,也给英国文化唯物主义研究划定了一个更加成熟而又富有穿透力的研究方向。

俄国形式主义理论视域内的"形式"概念

郑海婷

一、俄国形式主义的"形式"概念：线索的清理

20 世纪初，象征派统治着俄国文坛，传统学院派的文艺学更是一路奉行着折衷主义，方法驳杂，没有一块专属于诗学本身的净土。文学看起来什么都是，可以是文化史，可以是社会学，可以是历史学，却独独不是"文学"。巴赫金描述了这种不着调的状况："多少年来，无论什么东西都可归之于文学史，从最深邃的哲学家，直到研究普希金是否吸烟，用什么工厂的烟草。"①一些年轻人不满于此，带着一篇篇"讨伐檄文"，以战斗的姿态登上文坛，向以波捷勃尼亚为首的象征派发出挑战宣言。这些人以维克多·什克洛夫斯基为首，包括罗曼·雅各布森、尤里·特尼亚诺夫、鲍里斯·艾亨鲍姆等，被他们的对手叫作"形式主义者"。他们的理论观点不尽相同，且单个人的观点在前后也有变化，将他们统一在一起的，是他们共同关注文学作品的"形式"问题，关注"文学性"，也就是使文学之为文学的那个东西。

雅各布森说："文学性是文学的科学对象，亦即使该作品成其为文学作品的那种内涵。各种科学也都可以利用作为有缺陷的第二手资料的文学文献，但是文学科学必须认定'手法'是它研究惟

---

① ［苏］巴赫金：《巴赫金全集·周边集》，李辉凡等译，河北教育出版社，1998 年，第 4 − 5 页。

一的'主角'。"① 这一表态概括了俄国形式主义学派的主要追求,诸如作家的生平、作品中描述的时代生活等都不是文学独有的东西。那么,要建立一门独立的文学科学,就必须以文学性为基点,研究作品的结构手法。于是,文学研究要排除一切历史、政治等意识形态内涵,文学就是形式,与城堡上空的旗帜色彩无关。

因此,"形式"概念是俄国形式主义的核心概念。首先,这个概念在形式主义这里是非常多变和自由的。俄国形式主义学派宣称自己"赋予'形式'一词以作家赋予它的意义"。② 也就是说,尽管俄国形式主义也会使用"形式"术语,但是这个术语可以完全看成他们自己创造并赋予其意义的新词。在他们看来,这是一个充满了创造可能性的词语,就像作家杜撰的故事一样,它与传统意义上的"形式"已经大不相同了。这个词语在俄国形式主义的理论脉络中大致经历了"形式——手法③——功能"这样的沿袭。

1. "形式"

当什克洛夫斯基在最早的宣言性论文中说"'艺术的'认识……感觉到的是一种形式(可能不只是形式,但形式是必定的)"④的时候,他是用来说明艺术一旦丧失形式便不成其为艺术,说明艺术中形式的重要性的。此时,这里的"形式"已经不同于旧义(承载内容的容器,其外壳)。形式分为可感的形式和不可感的形式两类。不可感的形式是没有生命力的形式,不能吸引人的目光驻留。要改变目前词语僵化、死气沉沉的现状,可感的形式才是艺术应该努力的方向,一切艺术手法的目的都是为了使人感觉到

---

① [美]P. O. 雅各布松:《现代俄罗斯诗歌》,[爱沙尼亚]扎娜·明茨、伊·切尔诺夫编《俄国形式主义文论选》,王薇生编译,郑州大学出版社,2005 年,第 321 页。

② [苏]维·什克洛夫斯基:《散文理论》,刘宗次译,百花洲文艺出版社,1997 年,第 101 页。

③ "手法""程序""技巧"源自同一个俄文单词,中文译法不同而已,本文采用"手法"一译。

④ [俄]什克洛夫斯基:《词语的复活》,李辉凡译,《外国文学评论》,1993 年第 2 期。

形式,感觉到"词"。这篇《词语的复活》让人把目光从"内容"转移到了"形式"上。

此中,俄国形式主义采用"形式"这个词完全是旧瓶装新酒。"在艺术中不存在没有得到形式体现即没有给自己找到表达方式的内容。同理,任何形式上的变化都已是新内容的发掘……""如果说形式成分意味着审美成分,那么,艺术中的所有内容事实也都成为形式的现象。"①日尔蒙斯基进一步论断说:形式和内容的传统划分不仅苍白无力,而且含混不清。在被形式主义不断深化扩充之后,他们笔下的"形式"与旧的"形式"概念愈行愈远。一方面,"形式"是一个陈旧的术语,在活动初期,这样的移用可以使形式主义学派的主张比较容易为外界接纳;另一方面,"形式"也是一个沉重的术语,这个词给人的外围联想总是太多,在形式主义的理论里逐渐丧失了其阐释效力,更深刻影响到人们对形式主义理论的接受。专门的、更纯粹的理论术语的出台显得迫在眉睫。

2. "手法"

在这个意义上,形式主义更倾向于以"材料/手法"的区分来取代之:"在确定'文学性'本身的情况下,内容(我们非常特殊的完整的感受)的成分基本上来自观察;与此同时,'形式'这一术语便失去了自己主要的最初的意义(共同表现形式的方法和方式的总和)。与其这样,区别无意识的中性材料(情节、情况等等)和图式的手法倒是完全合理的。"②

他们认为"材料"是不变的,或者至少说是作家不能作为的领域:"形象几乎是停滞不动的;它们从一个世纪向另一个世纪,从一个地方向另一个地方,从一个诗人向另一个诗人流传,毫无变化。

---

① [苏]日尔蒙斯基:《诗学的任务》,什克洛夫斯基等《俄国形式主义文论选》,方珊等译,生活·读书·新知三联书店,1989 年,第 211、212 页。

② [苏]斯米尔诺夫:《文学的科学方法和任务》,[爱沙尼亚]扎娜·明茨、伊·切尔诺夫编《俄国形式主义文论选》,王薇生编译,郑州大学出版社,2005 年,第 131 页。

形象'不属于任何人','只属于上帝'。"①与此相反,"手法"才是作家应该关注的重点:"手法是将非审美材料转变为艺术作品、并赋予其以形式的那种东西。"②于是,作家的创作过程展现出来的事实就是"材料"必须统一进"手法"里,服从"手法"的调配。这样,形式主义顺理成章地提出"形式"克服或者取消了"内容"。③不难发现,这里"手法"的语义重点在作品的结构和组织方式上,不同于传统上作为容器的静止和死气沉沉的"形式"概念。

一方面,材料/手法的区分仍然是基于内容/形式的传统认识所做的解释,没有跳出原始概念的藩篱;另一方面,也更为重要的是,这种区分的提出并没有解决问题,因为从根本上来说,形式主义的关注点是在"手法之间的关系",而不是单纯的"手法",只有这种"关系"才是他们认可的"形式"。什克洛夫斯基就此问题曾有论断:"文学作品是一种纯形式,它不是东西,也不是材料,而是材料之间的一种关系。"④

3."功能"

特尼亚诺夫和雅各布森在他们合作的重要论文《文学和语言学的研究问题》⑤中,提出了"功能"和"共时的文学体系"的概念。"共时的文学体系"包括同一时期的文学作品,亦即时间上接近的作品与被吸收到这一体系中的国外作品或过去的作品。其中,不同作品的地位是不同的,这取决于它们各自的功能。也就是说,它们在同一个时期内具有不同等次的意义。对文学作品的"材料",

① [俄]B. B.什克洛夫斯基:《作为手法的艺术》,[爱沙尼亚]扎娜·明茨、伊·切尔诺夫编《俄国形式主义文论选》,王薇生编译,郑州大学出版社,2005 年,第 212 页。

② [苏]维·什克洛夫斯基:《马步》,张冰《陌生化诗学》,北京师范大学出版社,2000 年,第167 页。

③ [苏]维·什克洛夫斯基:《情节编构手法与一般风格手法的联系》,维·什克洛夫斯基《散文理论》,刘宗次译,百花洲文艺出版社,1997 年,第 35 页。

④ [苏]维·什克洛夫斯基:《汉堡账单》,张冰《陌生化诗学》,北京师范大学出版社,2000 年,第 278－279 页。

⑤ 二人在文章中没有区分地使用"体系"和"结构"的概念,这时的"体系"更多承袭了索绪尔的某些观点,与后来结构主义所提的"结构"还有一些距离。

同样也应该从功能的角度来考量,即考察它的活性,无论它在结构中的活动能力有多强,"我们只有从功能的角度来考虑文学中所利用的材料,不论是文学的材料或是文学之外的材料,才能把这些材料引进科学研究的领域"。① 这也就不难理解何以材料也成为形式的东西了。于是,系统中的"材料"真正地成为结构中的要素,摆脱了原先中性"材料"的死气沉沉和不作为。

这种观点不仅被用于文学史的考察,同样也适用于单一文学文本的考察。如果将艺术作品中的各种艺术手法比如节奏、韵律甚至情节等认定为要素的话,那么功能就是要素在艺术作品这个系统当中所处的关系网络,即一要素与它要素的相关性。"功能"这个概念总是基于关系来谈的,甚至功能本身就是关系。简言之,功能就是作品的结构原则因素,是将作品中所用的各种手法统合在一起的东西。"文学性"决定了文学作品中居于主导地位的功能永远是审美功能,作品结构中的任何一个要素都要服从于审美功能的需要和调配。并且,审美功能也将对每一个进入结构中的元素如"材料"等,通过各种艺术手法进行变形。这是一种"相关和统合的法则",是在功能统领下的相互斗争、相互生发。如果斗争不再进行,结构中的各种要素不再活跃,那么,文学也就走向了自动化。

由此,特尼亚诺夫对"形式"概念做了归纳:艺术中,所有因素都要服从于结构因素(功能),并被结构因素所变形;同时,各种因素之间又是相互作用的,它们之间并不相等,也不是简单地相加,而是以"相关和统合"的法则(或译作"动态的类比和整体化符号")联系起来的,这就是艺术的动态形式。②

形式——手法——功能,形式主义最终为他们的理论追求找

---

① [俄]尤·迪尼亚诺夫、罗曼·雅各布森:《文学和语言学的研究问题》,[法]茨维坦·托多罗夫编选《俄苏形式主义文论选》,蔡鸿滨译,中国社会科学出版社,1989年,第116页。

② [俄]尤·迪尼亚诺夫:《结构的概念》,[法]茨维坦·托多罗夫编选《俄苏形式主义文论选》,蔡鸿滨译,中国社会科学出版社,1989年,第98-99页。

到了定位。文学形式是动态性的、结构性的,有强大的"文学性"功能做主导,形式便不惧历史、社会因素的攻击,这些因素一旦企图进入文学形式内部,就必定被形式所收编。用形式主义者的话说,诗中的血都不再是血淋淋的了。形式在这个意义上,成了独立自足的东西。

自然,这样的论述远远不能满足马克思主义者的胃口,形式主义后期对社会历史因素的吸纳被认为是不彻底的,且是没有诚意的。

二、文学与社会:形式主义的界限

1."功能"的提出:形式主义对社会历史的接纳

俄国的形式主义在前期将社会历史一概排除在文学的考察之外,信誓旦旦、自信满满。形式主义者认为,应该始终坚持"原则",坚持真正"有意义的东西",聚焦文学形式,其他一概无关紧要。简言之,放逐"内容"是建立文学学科必须偿付的代价。随着"功能"概念的引进,社会历史也被形式主义适当纳入视域了,更大的空间向形式主义打开。

不可否认,除了理论上的需要之外,这种吸纳亦有着政治上的需求。另外,以马雅可夫斯基为首的未来派对文学社会功用的强调对形式主义的这种变化也不无启发。

宣扬文学独立自主无疑是天真的幻想,历史总是在不断地给出意识形态影响文学的鲜活案例。在中国,"妆罢低声问夫婿,画眉深浅入时无"的小心翼翼是文人对当权者的臣服;在欧洲,美蒂奇家族的审美偏好影响了佛罗伦萨一个时代的艺术风格。形式主义者自身的遭际向他们证明了意识形态的不容忽视。20世纪20年代后,逐渐完成自身建设的苏联共产党开始重点关照文学领域,形式主义不再是面临着毫无阻拦的"穿堂院"了。1926年,什克洛夫斯基写道:"我生活得不好。日子过得黯淡无光,像是在避孕套里……没有力量反抗,可能也不应反抗。可能时代是对的。它正按自己的方式改造我。"①

这时,形式主义向历史做出了让步:"只有把文学的演变看作是一个系列,看作是和其它系列或体系进行类比并受其制约的体系,我们才有可能研究文学的演变。……文学演变的研究并不摒弃社会主要因素的主导意义,相反,只有在这个范围内才能全面地阐明意义……"②

2. 被收编的历史:形式主义止步于此

形式主义对历史的收编是有限度的,他们声称:"凡是生活进入文学之处,它就成了文学,并且要像文学那样进行评价。"③ 这一观点集中体现了在这个问题上形式主义到底走出了多远。一方面,形式主义承认社会历史对文学形式会有影响;另一方面,对其影响的程度却有所保留——社会历史总是通过被文学形式改造的方式进入文学的,并且,形式一定是在内部自我完成的。形式主义认为,日常生活是与文学最为接近的系列,其他如经济、政治等要进入文学都必须通过日常生活的中转,只有首先成为日常生活,才有可能进入文学。文学与日常生活之间可以发生位移。换言之,日常生活中涌动着不安分的因子,时刻都在试图进入并冲破文学的现有结构。这是形式主义的界限之一。

前引特尼亚诺夫的话还包含:(1)各种非文学因素只有进入文学结构之后,才能够发挥它对文学的影响,在文学之外,则无法作用;(2)文学中的每一个因素都有其价值,发挥着或大或小的结构作用。就此,巴赫金指出:"他们在承认日常生活可以进入文学、可以'提高到文学事实的高度'的同时,认为它因此不再是日常生活了,它是靠放弃自己的日常生活意义而获得文学结构意义的;日

---

① [苏]维·什克洛夫斯基:《第三制造厂》,维·什克洛夫斯基《散文理论·译者前言》,刘宗次译,百花洲文艺出版社,1997 年。

② [俄]尤·迪尼亚诺夫:《论文学的演变》,[法]茨维坦·托多罗夫编选《俄苏形式主义文论选》,蔡鸿滨译,中国社会科学出版社,1989 年版,第 115 页。

③ [俄]尤·迪尼亚诺夫:《结构的概念》,[法]茨维坦·托多罗夫编选《俄苏形式主义文论选》,蔡鸿滨译,中国社会科学出版社,1989 年,第 95 页注 1。

常生活意义被取消了。"① 这是形式主义的界限之二。

必须承认,进入文学中的日常生活确实放弃了它的日常生活意义。但是,形式主义同时也指出:在文学结构中的每个因素都具有不同等次的意义,都有着不同的功能,也正因为有着不同于其他因素的功能,它才能得以进入文学结构。相同或相似的因素被认为是模仿,不算是结构中的新因素,不产生新的作用,但它可以加强原先那个相似因素的力量。此外,过多的模仿也促成了自动化。从这个意义来说,文学中的日常生活仍然有着相对于其他因素的日常生活意义。更进一步说,形式主义对文学中的社会历史因素倾向于形而上的接纳,这接近于索绪尔的看法。

索绪尔认为,我们思考时或者使用语言时所说的概念和现实中的实际事物并不一样,我们用的只是实物所对应的观念,语言正是通过这样的各种观念组织起来的,从而并不直接与现实相关。

同样,在形式主义看来,艺术是由语言构成的独立世界,是"与因果性现实、暂时性及心理无关的自足的、连续的过程"。② 文学中的日常生活只能以文学的结构意义来考察。文学结构内部的各要素之间时刻进行着极其复杂且永无休止的博弈,同时又不断有新的因素加入战场,结构总是处在不断的建构过程中。在文学的强大魔力之下,各种进入文学体系内部的非审美因素都被改造为审美因素,从而在文学体系内部发挥或大或小的作用。日常生活正是这样被吸纳进文学的。文学与日常生活之间常常发生位移,今天的日常生活中可能就包含着明天文学的主流,昨天的日常生活经常闯入今天的文学事实,日常生活的要素经常冲入文学的结构,毫不客气地占领腹地。不仅仅是文学内部的边缘因素,还包括文学外部的因素,都有可能在某天跃上文学的中心位置。

---

① [苏]巴赫金:《文艺学中的形式主义方法》,巴赫金《巴赫金全集·周边集》,李辉凡等译,河北教育出版社,1998年,第315页。

② Victor Erlich, *Russian Formalism*, The Hague: Mouton Publishers, 1980:201.

三、从形式层面切入社会：让形式主义走得更远

1. 形式主义的理论贡献

可以从术语的演变简单概括形式主义学派的工作。首先，形式主义摒弃了"内容/形式"这对传统的根深蒂固的二元对立，表明这种认识是过于简单化的、含糊不清的，也是没有效力的。其次，用"手法""功能""结构"这样的新术语来吸引眼球，深刻地记录下他们的思想转变。后来的历史也证明，这种转变后的思想成功留下来了。从形式主义开始，20世纪相当长的一段时间内，语言形式的问题一直是文学研究的中心。

总结形式主义的理论贡献：一是他们在建立独立的文学学科上的坚定工作；二是他们确定了文学研究的中心——语言形式的问题。

形式主义的许多观点事实上此前已经屡见不鲜。赫拉克利特认为好诗就是令人愉快的声音的组合；托马斯·阿奎那主张美是一眼见到就使人愉快的东西；更近一些的则有齐默尔曼在《作为形式科学的一般美学》中的主张：美在于由各种因素的相互关系所组成的形式，内容和素材不是美的因素……俄国形式主义致力于建立独立的文学学科，以科学的方法进行文学研究，与前人主观主义的考察区别开来。什克洛夫斯基表示："在文学理论中我从事的是其内部规律的研究。如以工厂生产来类比的话，则我关心的不是世界棉布市场的形势，不是各托拉斯的政策，而是棉纱的标号及其纺织方法。"① 在今天，几乎各高校中都有文学院或者中文系，独立的文学学科的存在已经是不言而喻的事情。虽然不能说这就是由形式主义学派建立起来的，但无疑他们具有开拓之功。在这个意义上，更多人倾向于将形式主义作为20世纪现代文学理论的发端，其上承索绪尔的语言学、胡塞尔的现象学，下启布拉格结构主

---

① ［苏］维·什克洛夫斯基：《散文理论》，刘宗次译，百花洲文艺出版社，1997年，第3页。

义,直至苏联的塔尔图学派及法国的结构主义,加上与之共同关注语言形式问题的新批评,共同成为 20 世纪文学理论一股声势浩大的潮流。

2. 形式主义与当代问题

俄国形式主义是 20 世纪文学理论语言学转向的第一个试验者和实践者,时至今日,包括后继的结构主义都已式微。究其原因,除了索绪尔带来的负面影响之外,来自理论之外的因素更是不可抗拒的力量。然而,始终无法否认的是,"形式主义所提出的不少命题与方法已经融入当下人文学术的综合视野之中"①,形式主义开启的理论建构在今天仍然不失其意义。

前文论及,形式主义对社会历史的吸纳是不完全的,他们坚定地认为文学就是语言形式,并且形式是在内部自我完成的。长期以来,形式主义的这些观点受到了许多学者的充分重视。更倾向于马克思主义的批评家,如米·巴赫金、弗·詹姆逊、托尼·本尼特等人一致认为形式主义一味地关注共时层面的分析,企图在社会历史之外建立一个独立自足的审美乌托邦,使得其论述站不住脚。追根溯源,来自索绪尔的遗产具有先天的不足,必然地阻碍了后来者的种种努力。不可否认,这种判断事先为理论优劣制定了一条标准——共时与历时两条线索的统一。但仅就理论而言,事实上不存在优劣与否,只存在适用与否的问题。也就是说,它能够解答哪些问题?能够打开哪些新的空间?从这种观点出发,我们可以对形式主义的理论遗产进行有限度的继承和大胆的发展。

(1)当代问题的提出

历史的发展几乎让人招架不住,100 年前,一批 20 岁出头的大学生以饱满的热情和绝对的自信要求文学脱离其他学科的附庸地位,通过对使文学之为文学的那个秘密的探索,建立一门独立的文学学科。100 年后,文学遭到资本的强力裹挟,消费主义、娱乐主义横行,大大侵蚀了文学的空间,理论"失语"了,人们在问的是

---

① 汪正龙:《从学术立场重新认识形式主义》,《文艺理论研究》,2006 年第 4 期。

"文学死了吗?",言下对文学在今天存在的合理性与正当性颇为疑虑。

我们固然可以轻易地举出各种例证,文学并未死去,只是更加狡猾地游动。从网络小说、电影剧本到商业广告,文学紧密地切入当代的日常生活。面对现实,文学改变了它的生存策略,不需要铁板一块,不需要高墙大院,而是与社会历史细密地交织。从这个意义上说,文学不再"纯粹",形式主义所建立的学科界限被打破了。20世纪初期形式主义的理论话语及其研究范式远远难以概括今天文学复杂的生存状态,到了结合新的现实对形式主义理论加以变通的时候了。

（2）形式层面的读解

形式主义将社会历史有限度地纳入考察视域,但仍然仅仅是在文学形式内部进行讨论。当然,文学与周边除了在文学之外进行考察外,还可以直接考察关系:文学与周边如何互动? 大众文化和电子传媒兴起之后,文学与社会历史越来越密不可分地结合在一起,这样的考察方式会更合时宜。如火如荼的文化研究印证了这种趋势。

形式主义将"文学性"定义为使文学之为文学的那个东西,亦即文学的区别性特征。在形式主义者看来,这是文学的本质。事实上,在形式主义的所有理论论述中,对于文学性始终语焉不详、含糊其辞。但是有两个观点十分重要:一是对文学形式和审美功能的关注,在当时,这就是文学性之所在;二是形式的动态性特征,文学性不是永恒不变的,在一定时期内它相对固定,但仍然时刻处于变动之中。第一种观点规范了近百年的文学研究,使文学摆脱了社会历史的幽灵,从科学角度建构了一套文学理论话语体系,许多文本以生动面目向我们展开。第二种观点启发我们思考今天文学的生存状态:既然文学就生活在与社会历史的交织之中,"文学性"是不是也在这个地方? 于是,对文学作品的结构分析就扩展到了整个文化层面。

很多学者倾向于认为现在的文学研究已经成为文化研究的一

个分支,但是,关键的一点必须把握:文化研究如果试图说明的是文学的问题就同样不能离开文学的中心。① 文化研究兴趣广泛,从商业广告、历史档案到日常生活的方方面面,形式主义所极力排除的社会历史内容再一次进入文学批评的视野。然而,与社会学不同,文化研究"提倡从形式层面而非内容层面回归社会历史"②,从某个方面来说,坚持形式主义的出发点,才是文化研究区别于传统文学社会学的根本。

传统的文学理论试图通过对文学文本"内容"(故事的讲述、场景的描写等)的分析还原历史的真相。诸如反映论、典型论等均是如此。历史在前,文学在后,文学始终低社会历史一等。比形式主义更进一步,文化研究坦然承认历史对文学起主导作用。但是,文学与历史的关系绝不是先前所想象的那样简单。历史作用于文学的途径常常是隐蔽的,文学中的历史经常是隐身的。特里·伊格尔顿转述了拉康的看法:"和所有书面文字一样,作品的洞见深深地植根于作品的盲点之中。作品没有说出的东西,以及它为什么沉默,与说出的东西一样重要。那些看起来不在场、边缘化或模糊不清的东西也许为理解作品的意义提供了最关键的线索。"③ 因为这种"不在场",我们就无法通过对文本"内容"的分析抵达历史,对文学形式的分析才是可行的途径。在这个意义上,文化研究将整个世界当成一个大型文本,分析各种外围的因素如何作用于文化,试图找出文化背后的意识形态策略。毫无疑问,我们发现,文学形式与社会历史的关系比形式主义的描述远为复杂。但是,形式主义的出发点——分析作品内外各个因素之间的复杂关系——始终都在。这是形式主义给予文化研究的宝贵遗产。

---

① 南帆等:《文学理论》,北京大学出版社,2008年,第335页。

② 周小仪:《从形式回到历史——关于文学研究方法论的探讨》,《北京大学学报(哲学社会科学版)》,2001年第6期。

③ Terry Eagleton. *Literary Theory: An Introduction*, Basil Blackwell, 1983:178.

理论是有生命力的,它从不过时。也许,晚年什克洛夫斯基对《词语的复活》所做的评价同样适用于整个形式主义学派:"这本书 70 岁了。但我觉得它没有老。它现在比我都更年轻。"①俄国形式主义在今天仍然能完善我们的认识,并启发新的思考,这就是理论的当下意义了吧。

---

① ［苏］维·什克洛夫斯基:《汉堡计分法》,维·什克洛夫斯基《散文理论》译者前言,刘宗次译,百花洲文艺出版社,1997 年。

台湾创意园区与新文化空间展拓

魏　然　黄育聪

　　创意文化产业已经成为世界经济的热点。在发展创意产业上,西方国家以产业聚集为核心创造出巨大的经济价值,全球著名的创意产业区如纽约的 SOHO、米兰的秀场(showplace)和日本三岛町文化创意产业园区等,无不是利用地方文化特色而发展成功的典型案例。各国创意产业发展的实践表明,创意产业往往是在创意园内集聚并得以发展的。近年来大陆开始大量发展创意园,"建筑面积 5 万平方米的广州创意产业园投入使用,建筑面积 10 余万平方米的深圳创意产业园二期工程启动,北京确立建设 10 个文化创意产业聚集区,上海将于今年年底建成 70 至 80 个创意产业园,投资 20 亿元的新加坡国际创意产业园三四年后将在武汉建成,投资 15 亿元的西部最大创意产业园三年后将在重庆建成,杭州拟建 10 个创意产业园,计划到 2015 年打造为世界一流的全国创意产业中心"。① 台湾地区的创意园区发展较早,在经营、管理、政策运用上都积累了较多的实践经验,对于大陆创意园区的建设有着很好的借鉴作用。而台湾地区创意园建设中暴露出的问题也可以让大陆在发展创意园过程中吸取教训,从而使创意产业得以更健康的发展。

创意园区:展拓经济活力的新空间

　　"创意园区"是台湾地区和大陆对创意产业集聚区的称谓,指

---

① 李韬:《让"创意园"名副其实》,《人民日报》,2007 年 12 月 6 日 004 版。

"创意产业在一定区域内集聚"。这个概念沿袭了"开发园区"的称谓,特别包括了行政当局主动创建的园区形式。台湾地区学者曾提出"文化育成区"的概念,即"在城市内的小空间中,透过密集的内部与外部互动、生活与专业紧密结合后交织形成的社会和空间胶合体,可进一步经由连续性消费空间、文化事件和联盟关系的发生,催生创作、生产与消费的网络,并孕育跨部门的活动和效益产生,是城市创意空间的体现"。① 虽然定义有所差别,但"创意园区"与"文化育成区"的重点都在于强调创意产业的空间聚合。

创意产业与创意园区却存在一定的区别。从本质上看,创意产业是在创意园内发展的,但并不是所有创意产业都必须要在创意园区内发展,如舞台表演、生产外包等;同样,创意园区内也不仅发展创意产业,还包括诸如中介组织等非创意产业部门。从产业角度来看,创意产业显然涉的行业范围更为广泛,它是一种以创新为主的新经济形态;而创意园区则注重产业的聚合与利用,更多是强调新经济发展中的空间使用与产业效应,但同时也关注创意元素对于传统闲置空间的利用与创新,关注创意产业地域性创新。在实践中,创意园区强调对一个地区的空间开发,而创意产业则是对于全部产业创新性思维的强调。

一、创意园区的发展历程

创意产业勃兴的根本动力是经济与文化的发展。人均 GDP 值稳步攀升,产业结构向第三产业主导转型,民众的文化需求增加,知识型人才大量聚集,科技发展日新月异,这些因素共同导致全球发达城市由工业时代向新经济时代或后工业时代转变。在这一转变过程中,城市的现代化进程由投资驱动向创新驱动阶段过渡,创意园区的出现可以视为这一转变的具体表征之一。在西方,创意园区发展最为突出的特点首先是它与城市闲置空间改造的密

---

① 　古宜灵:《如何启动一个成功的创意文化园区》,米庭逸《创意空间——开创城市新地理学》,台湾典藏艺术家庭股份有限公司,2004 年。

切关系;其次是因利用闲置空间创意产业聚落所形成的独特的运营模式;第三是行政部门对创意产业聚合作用的充分重视。按照这种发展思路,可以将创意园区的发展描述如下:

1. 闲置空间向创意园区转换

闲置空间的再利用在西方发达国家实践较早。20 世纪中期美国曼哈顿的"苏荷"(SOHO)是旧建筑文化改造的发源地。20 世纪 30 年代的社会动荡使许多艺术家移居纽约,世界艺术中心随之由巴黎迁往纽约。[①] 由于纽约大多数正统建筑租金昂贵,而艺术观念和创作方式的转变使艺术家必须找到巨大的创作空间,因而他们只能选择租用或干脆无偿占据城市中废弃的产业建筑作为创作场所。到 50 年代,纽约某些旧工业区就成了这些艺术家的聚集地,其中最典型的就是苏荷区。二战时期,苏荷曾经是美国著名的工业区;到了 60 年代,充满反叛精神的艺术家们占据了苏荷的破败产业建筑,并按照新的美学与人居理念将它改造为自己的工作与生活空间;1973 年,苏荷区被列为保护区。在这一发展时段里,艺术家们只是自发地利用并保护闲置空间,还没有充分意识到产业聚合的效果和将艺术经济化与产业化的可能。

20 世纪 70 年代后,西方国家已经认识到工业建筑遗址改造的经济和文化价值,并有意识地将其与各类创意产业相结合进行发展。从 70 年代到 80 年代末,伴随着对历史建筑认识的深入和建筑遗址保护思潮的兴起,在研究者、政府和民间的共同努力下,产生了大量闲置空间改造成果,并被证实在经济效益和社会效益上都成果显著。以德国鲁尔工业区为例,一座废弃的 40 米高的井架被改造成鲁尔煤矿公司总裁的现代化办公室;工业锅炉被改造成设计中心;150 年前的冶炼厂被再利用成为工业博物馆;104 年前建的炼钢车间变成了中央舞台。与此相似的,还有美国亚历山伦佐·皮阿诺事务所把某机电设备厂改造成了巴黎舒卢姆伯格电

---

① 陆地:《建筑的生与死——历史性建筑再利用研究》,东南大学出版社,2004年,第62页。

子设备园区等案例。

　　进入 20 世纪 90 年代,闲置空间的再利用已经成为一种世界性的潮流,政府也更多地介入这些建筑的利用与开发中,并出台了相关的政策以保障改造,创意产业由此获得了一个发展的经济空间。创意园区的纷纷成立既是闲置空间与创意产业的结合,同时也成功地带动了该区域的商业发展,推动了文化创新,促进了经济繁荣。1991 年,丹麦海军撤离了哥本哈根皇家码头的基地,从 17 世纪流传下来的大型空间建筑被空置。同时期,哥本哈根建筑学校在内城用地却十分紧张,发展艰难。校方抓住这个机会,接手了这个废弃的码头,利用码头建筑的大型空间将其改建成为学校的报告厅、礼堂、剧院、画廊及学生的绘图室。如此,学校节省了建筑费用,解决了用地紧张的难题,而有着几百年历史的闲置建筑也得到了有效的保护和利用,从而实现了双赢。同样进行整合的还有奥地利的斯默林市。该市共有 4 座欧洲最古老的大型煤气储气罐,这些煤气储气罐曾是维也纳城市煤气供应的主要来源,也是当时奥地利先进科技的象征。1978 年储气罐停止使用,1998 年开始,它们被逐步改造成了集馆所、展会、购物、居住和旅游于一体的多功能中心,也成为维也纳的标志性城市文化景观。其中,位于最东首的储气罐 D 座被改建为维也纳城市档案馆,B 座再利用成为办公、居住综合楼,A 座、C 座被改造成了休闲购物中心。档案馆的第三与第四层之间是大型商厦,直接与另三个煤气厂相连。该项目带动了整个地段的产业和文化复兴,该地段逐渐形成了维也纳的第二个城区中心。同样,工业生产遗迹的保护和再利用不仅让斯默林市区的历史风貌保持了统一的格调,更使其成为休闲娱乐的重要场所,2005 年有将近 380 万人来此参观、消费。①

　　在改造实践中,建筑风格开始更多地与艺术有机融合,建筑本身也逐步成为艺术的一部分。在伦敦塔附近由旧制革厂改建的

---

　　① 《国外购物中心面面观》,《中国市场》,2007 年第 4 期;http://qkzz.net/Magazine/1005－6432/2007/04/。

LOFT 中,设计者保留了完整的厂房空间、木屋架、铸铁柱子、暴露的砖墙体和大面积的玻璃窗,使其与新设计的玻璃砖隔墙、不锈钢扶手、柔滑的塔夫绸帷缦和现代简洁的家具共同演绎出新的艺术风格。在伦敦海克尼 LOFT 里,设计者通过"暴露美学",将原来的钢制防火门的表皮剥离,露出其内部的材质和制作的痕迹,将常见的防火门巧妙地转变成了一件创意十足的艺术作品。在安特卫普的一座 LOFT 里,设计者将工厂里用来存储谷物的贮藏塔排列成隔断,用来遮挡楼梯和厨房。锈迹斑斑的塔体表面、毫无修饰的焊缝,营造出一种怀旧的历史氛围。建筑本身所蕴含的历史文化意义与环境价值,开始参与当代艺术感的建构,这也是创意园区发展的一种方向。

2. 政府主导下的创意产业园区

创意产业逐渐成为一种经济发展的动力,政府也对这种经济模式十分关注,开始将一些成功的经验加以总结,并在适当的范围内进行推广。这就是政府主导下的创意园区的形成路径。政府推动创意产业发展,可以发挥政府宏观调控的积极作用,能够合理地进行产业布局和资源配置,在顺应自然萌发原则的基础上能够促进创意产业更稳定地发展。

韩国把发展文化创意产业正式纳入国家总体发展战略,认定为"21 世纪国家发展的战略性支柱产业",集中力量加以扶持。韩国政府十分重视创意园区的建设与发展,拟订具体规划支持和促进创意产业园区的建设。韩国在 2001 年至 2010 年十年间完成了以下园区建设项目:(1) 10 个文化产业园区;(2) 10 个传统文化产业园区;(3) 1～2 个综合文化产业园区,逐步形成了覆盖全国的创意园区空间布局和产业布局。国家计划依据园区规模和特点对每个园区投入 50 亿～300 亿韩元的资金支持。为支援缺乏资金进行设施建设的中小文化企业,2002 年,"文化产业振兴院"投入 32 亿韩元设立了"共同制作室",从资金、人才、产品研发和政策辅导等方面对有一定潜力的中小文化企业进行全方位的扶持。文化观光部则投入 450 亿韩元,规划和建设"数码广播共同制作室",

目标是把它建设成为集产品研发、生产、流通、推广和人才培训等多种功能于一体的文化生产运营中心。

到 2005 年为止,韩国已经先后建成一批富有特色的创意产业园区:(1) 大田尖端影像及多媒体园区;(2) 春川动漫业园区;(3) 富川电影漫画业园区;(4) 光州工艺设计及卡通业园区;(5) 全州数码影像及音像业园区;(6) 清州学习用游戏业园区;(7) 坡州出版产业园区;(8) HEYRI 创意艺术园区等。这些创意园区的设置完善了韩国文化产业的空间布局,全面带动了韩国文化创意产业的发展。

香港特别行政区政府也以较大力度推行创意园区建设。香港资讯科技的标志"数码港"项目耗资大约 20 亿美元,由特区政府全资拥有,是香港一个独特的创意数码园区,为 100 多家资讯科技公司和 1 万多名专业人才创造了激发创意和成就梦想的优良环境和交流平台。"数码港"设有"数码媒体中心""数码娱乐培育中心"和"数码港会议及展览中心"等。据"数码港"网的报道,"数码媒体中心"的任务是"以先进的多媒体制作设施及技术支持去推动信息科技与创意工业的发展。让不同的业内人士包括动画师、游戏发展商、多媒体创作人、广告、电视及电影制作人的创作意念得以充分发挥"。"数码娱乐培育中心"的任务包括:推动数码产品的商业化;促进富有创意和发展潜质的中小企业的聚集和成长;强化香港在数码娱乐的主导地位等。"数码港会议及展览中心"则为各种商业和文化娱乐展演活动提供理想的场地与设施,为"数码"港的会展业发展提供了良好的条件。

值得注意的是,这种由政府主导的创意园区并非都能达到良好的效果,英国政府的"聪明屋计划"就未能取得实际效果。在发展创意产业时,英国政府注重将高科技引入创意园区里,即所谓的"聪明屋计划"。政府一开始想把众多的"聪明屋"放在创意产业园内,强调智能和高科技的重要性。但实际上这些屋子最后都仅仅成为高科技产品的"陈列室",并没有真正达到推动科技运用和创新的目的。政府如果不从市场发展的要求和创意产业的特性出发,就任意规划创意角或企业角;或不管基础条件是否具备就任意设置创意园区,那么,不仅不能吸引创意人才与创意产业的进驻,而且浪费了宝贵的公共资源。世界各地不断产生的"蚊子园区"就是显而易见的例子,其经验教训显然不可轻视。

3. 文化聚合推动了创意园区的发展

人才是创意产业的核心,因此,人才聚焦的地方创意产业才有可能得到长足的发展。在伦敦、纽约、波士顿及东京的创意产业发展过程中,因为对知识(包括技术)、人才、环境的高度依赖,创意产业表现出了在城市中心区的空间集聚现象。特别是在城市中的大学周边地区,由于人才、知识的富集更容易,从而形成了城市中的大学周边创意产业集群。世界著名的国际大都市几乎无一例外都是创意产业最集中和最发达的地区。统计资料显示,在纽约,文化创意产业人才占所有工作人口总数的12%,伦敦是14%,东京是15%。在人才的推动与聚合下,大学周边较容易形成创意园区。在实际发展经验里,大学周边的创意产业能有效地实现区域经济的增长,积聚在一起的企业之间可以建立起有效的联系与互动,有利于创意产业的持续创新与发展。

网游和动漫是新兴的文化创意产业。新世纪以来许多国家和地区都十分重视培育网游人才开发网游产业。2003年,美国开设游戏专业的大学(包括学院)就有540所;日本开设游戏专业的大学也有200所,专业涵盖游戏开发、设计、管理、运营等;韩国则有288所大学或学院开设游戏相关专业,其中政府出资扶持的大学和研究院的游戏专业多达106个。英国文化、媒体和体育部门推动成立了创意产业高等教育论坛,将高校和创意产业界聚集到一起,充分利用高校资源为创意产业培养创新型人才。同时,高校也根据文化创意产业的发展需求,开设与创意产业全面接轨的新专业、新课程或新学程。英国的"产业技能委员会"在大学为影视产业和多媒体新兴产业开办为期三年的"人才再造工程",大学为这些文化创意产业从业人员提供了上百种相关课程的系统培训。经过系统培训。66%的影视产业从业人员、24%的多媒体产业从业人员达到了研究生水平。作为科技和文化创新孵化器,大学的深度介入及产学研合作的全面展开,卓有成效地推动了创意产业人才的培育和聚集,因此也大大增加了大学周边形成文化创意园区的可能性。近年来,以网游和动漫开发和生产为主题的创意园区大批粉墨登场,已经构成文化创意产业领域令人瞩目的现象之一。毫无疑问,高校在其中起着创意孵化器和聚集人才的重要作用。

二、大陆创意园区的发展现状

大陆创意园区的发展在吸收了西方经验后,在利用闲置空间的同时也力图实现建筑与艺术的融合。特别是在鼓励创意园区的聚合上,政府的积极参与推动使得创意园区得到十分迅猛的发展。创意园区与建筑结合发展较好的城市有北京、上海、杭州等拥有工业发展历史的地区,而一些高校对创意产业聚合功能的实现发挥了重要作用。与此同时,还出现了先有艺术聚合再向创意园区发展的案例。

(一)创意园区与都市建筑闲置空间结合的大陆城市

1. 北京

在中国也有一个类似于苏荷区发展轨迹的案例,即北京798工厂艺术区。从2002年开始,一批艺术家和文化机构开始进驻这里,他们成规模地租用和改造空置厂房作为艺术创作的场地,798工厂逐渐发展成为艺术中心、画廊、艺术家工作室、设计公司、餐饮酒吧等各种现代空间的聚合地,形成了创意产业聚集区。2006年,北京斥资5亿元人民币建设文化创意产业区,形成了"798艺术区"等6个文化创意产业集聚区。现今,"789"已经成为北京文化创意产业的示范园区之一。

2. 上海

上海是中国创意园区发展最为迅猛的城市。截至2005年年底,上海已有36家创意产业区挂牌成立;到2007年底已达到70~80家。上海市第一批授牌的18个创意产业园,多数是利用老仓库和旧厂房改建而成的。据统计,在36个创意产业基地中,有 28 个由历史文化要素催动而产生,占到总数的 78%。由个体自发向政府主导过渡是上海创意产业园区的发展趋势。在发展的初级阶段,自由创意者的选择有着决定性影响。创意产业聚集基地最早出现的地方都是由创意者自发推动的。如"田子坊""M50 创意园""八号桥""创意仓库"……多是由部分独立性强的创意者(如画家、摄影师、建筑师、雕塑家)自由选择,从而逐渐聚集形成的,属于多元化的综合创意基地,没有确定单一的主题,容纳了包括绘画、摄影、动漫、影视传媒、音乐、时装、展示、软件开发、规划建筑设计等在内的各类创意活动,发展方向也随市场、文化潮流的变化有较大的不确定性。这批自由创意者对他们"安身之所"的选择主要是根据自我喜好及支付能力来决定的,未拆毁的闲置历史建筑正是符合其要求的最佳选择。显而易见,在创意产业崭露头角的今天,特殊的刺激和引导因素尤为重要。在政府文化产业政策的主导下,上海文化创意产业园区逐渐走向成熟阶段。

3. 昆明

1999 年年初,艺术家叶永青在昆明市后新街的一所老别墅内开设了上河会馆,这是一个兼具餐饮、酒吧、茶室、画廊、美术馆等功能的空间。当代许多重要的艺术家都把自己的作品放在了那里。位于昆明机模厂内的"创库"艺术家村,拥有数十间艺术家工作室,是手工业创意人群的天堂,是中外艺术家创作聚集地之一。现今,昆明的"创库""麻园""文化巷"已成为艺术家集聚的群落,绘画、音乐、雕塑是这里的文化经济亮点。

4. 杭州

2003 年,美国设计公司中国区总经理杜雨波选中了废弃工厂的一个晴纶车间来打造自己的个性化办公楼,杭印路 49 号这个一度被遗忘的角落又重新开始获得人们的强烈关注。就这样,浙江首个创意园区 LOFT 49 诞生了。如今,这片运河边近万平方米的原杭州化纤厂旧厂房已经集聚了 17 家艺术机构,涉及工业设计、室内装饰设计、广告策划、服装设计、环境艺术设计、商业摄影、雕塑、绘画等多个创意产业领域。

5. 深圳

深圳于 2005 年建成的华侨城创意文化园,原是华侨城东部一片建于 20 世纪 80 年代的工业厂房。早在 2003 年,华侨城集团规划办在制订《华侨城集团公司 2006—2010 年发展战略》之际,考虑过拆除厂房转而开发房地产的方案。但基于对该地区历史价值的判断,华侨城集团决定把这个片区和文化产业联系起来,做成深圳的一个创意园区。该园区于 2007 年正式运营,现今已经成为融合"创意、设计、艺术"为一体的中国创意文化产业基地。

(二) 以高校为主的创意产业聚合——未命名的创意园区

高校是文化创意的孵化器。高校周边的创意群体集中体现了创意园区所需的创意精神与创新精神,更体现了创意园区所希望达到的产业聚合效应。聚集在高校周边的创意群体为高校创意园区的形成创造了条件。如中关村是我国著名高校和科研院所最集中的地区,尤其是改革开放以后,周边大学和科研院所的科技人员开始廉租空置宿舍或教室创办高科技小企业,筚路蓝缕,中关村逐渐形成中国第一个高新技术产业试验区,成为中国著名的高新技术孵化器,成为一个由软件开发等创意技术带动发展起来的创意园区。再如,上海杨浦区赤峰路的城市规划、建筑设计一条街则是依托同济大学规划建筑专业的人才技术优势而形成的创意产业基地。其中,赤峰路 63 号的"建筑设计工场"是赤峰路建筑设计一条街的产业发展核心,是上海市最为重要的创意产业园之一。现今,赤峰路集聚了 500 多家建筑艺术设计企业及其相关产业,年产值已经超过 10 亿元,吸纳就业人数已达万人。这些都是依托同济大学的人才资源和技术基础上发展起来的:入驻的企业中有 80% 是由同济大学的师生创办的,同济大学为现代设计产业提供了丰富的人才资源;在信息、交流资源上,高校的各种课程、讲座、设计竞赛、国际交流更是为众多的设计单位提供了便捷的交流机会。①可以预见,以高校为主体的创意产业聚合,将在今后的创意产业发展中扮演越来越重要的角色。

(三) 产业转换后走向创意产业的文化产业聚落

创意园区的发展过程中,大陆地区还出现了一种特殊的情况,即由已经成规模的创新类产业集中区逐渐向相关门类的创意产业园区发展。这类创意园区是在产业的集聚效应和规模效应影响下应势而生的,其目的性与产业性较为突出。

北京宋庄就是个很好的例子。宋庄艺术村始于 1994 年,栗宪庭和方力钧等牵头购房置业是其发展的序幕。由于圆明园画家村的解散导致许多艺术创作人员迁移等因素,宋庄艺术村接纳了这些创作人员,逐步从 10 多个艺术家发展到 2500 多人的规模;艺术家的构成也由过去单纯的架上画家、艺术评论家扩展到雕塑家、摄影家、行为艺术家、观念艺术家、独立制片人、音乐人和自由作家等多种类型。宋庄开始由自然的画家村向创意园区转变。近年来,宋庄举办了一系列有利于艺术产业聚集的活动,如在北京奥运会期间,宋庄共举办了 42 个创意展览活动,有效地展销了宋庄的原创艺术。小堡原生态村落艺术区集聚了 15 家美术馆和画廊,聚集了 3000 多位艺术家,年均艺术品交易额达到 2.5 亿元。宋庄艺术园区中心区建设全面展开,以宋庄美术馆为核心,汇聚了 9 家艺术场馆,多次举办油画、版画、书法和工艺等专题或综合型艺术展览。东区艺术中心区既举办中国当代水墨名画和宋庄画家传统戏曲作品展,也举办现代抽象艺术作品的展出活动。此外,宋庄文化创意园区还举办了"欢乐在宋庄"主题音乐会和"宋庄文化艺术节"等大型活动,进一步扩大了宋庄的知名度和影响力,同时也活跃了宋庄的文化气氛。值得注意的是,近年来,宋庄园区开始引入高新技术产业,使其核心艺术创意得到进一步的发扬,宋庄原创艺术与卡

---

① 厉无畏、于雪梅:《关于上海文化创意产业基地发展的思考》,《上海经济研究》,2005 年第 8 期。

通产业集聚区的成立就是一个例子。该集聚区在北京市认定的21个文化创意产业集聚区当中是面积最大的，正在形成集现代艺术作品的创作、展示、交易和服务为一体的艺术品市场体系及相关的配套产业和服务行业体系。2007年，原创艺术与卡通产业集聚区的总产值已经达到4亿多元。① 该集聚区现已成为北京当代文化艺术创意中心与文化制造业的重要基地。

台湾华山艺文特区的成长与转变

在2002年出台的"挑战2008：台湾发展重点计划"里，台湾地区相关部门首次提出发展文化产业的计划，并于2003年开始编列预算。文化创意产业各项预算中比例最高的是"创意文化园区"建设，每年都占总预算的40%以上。到了2007年，创意文化园区的财政预算更是高达70%（见表1）。台湾行政当局文化建设委员会（简称"文建会"）强调，要将创意文化园区建设成为文化创意产业发展的重点示范基地。这些都反映了台湾当局对创意文化园区的重视程度。

表1 文化产业及文化园区预算②

千元（新台币）

年度	2003	2004	2005	2006	2007	2008
文化产业总预算	700000	500000	378000	575500	580000	816842
文化园区预算	300000	274600	150000	350000	407800	359284
文化园区预算所占比例	43%	55%	40%	61%	70%	44%

在这种背景下，基于"创意文化专用区"能够发挥文化产业集

---

① 李岩：《宋庄：从画家村到创意园的蜕变》，《北京商报》，2008年8月17日第8版。

② 台湾行政当局文化建设委员会：《台湾总预算案，文化建设委员会及所属单位预算》，2003年至2008年度。图表引自汉宝德、刘新圆《漫无目标的创意文化园区》，http://www.npf.org.tw/post/2/4292，有修改。

聚、扩散、示范和提供文化设施服务等多项功能,台湾地区文化主管部门规划将台北酒厂、台中酒厂、嘉义酒厂、台湾省烟酒公卖局台南分局北门仓库群和花莲酒厂五处旧址再利用发展为"创意文化园区",力图建构各类型的创意文化发展平台,促进区域经济社会和文化发展。实际上,在创意文化产业政策尚未提出之前,"文建会"早已将闲置空间的再利用列为重要的文化政策,并且已推行了三年。在台湾地区,所谓的"闲置空间再利用"是指将一些原有功能已消失且暂时闲置的房舍或厂址,在不拆除重建的状况下,改作文化性的用途。在闲置空间再利用并且转化为创意园区的过程中,台湾行政当局尤其是文化主管部门起到了关键的作用。

值得注意的是,台湾地区的创意园区大都是在台湾当局文化政策的主导下发展起来的,行政当局扮演了园区建设的主角。但在台湾地区五大文化创意产业园区中,华山艺文特区所走的道路则有所不同。因此,总结华山艺文特区的经营情况及运作特色,对于了解台湾地区创意园区的发展有着特别的意义。

一、华山艺文特区的发展历史

华山艺文特区的前身是创建于 1916 年的台北酒厂。国民党接管台湾地区后,台湾省行政长官公署决定将"台湾省总督府专卖局台北酒工场"改名为"台湾省专卖局台北酒工厂",仍沿袭专卖旧制。1987 年台北酒厂完成迁建,但由于各方对土地使用存在着分歧,因而华山酒厂的再利用并没有在迁厂后顺利进行。直到 1997 年,台北都市发展局局长张景森提出空间交换议题,华山重新开发才逐渐浮出水面。当时为了寻找艺术创作和展演空间的艺术家汤皇珍、魏雪娥、张景森等也大力呼吁相关部门将台北酒厂作为"艺文特区",将厂区内具有特色的建筑物作为艺文展演元素加以保留。① 1997 年 7 月,部分台湾地区艺术工作者和学者筹备成

---

① 王墨林:《后华山的心理地理学》,《空间重塑简讯(四)——空间性创作》,台湾艺术文化环境改造协会,2002 年,第 5 页。

立了"华山艺文特区促进会",通过各种方式敦促文化主管部门加快"艺文特区"的建设,同时也向大众宣传台北酒厂再利用转化为艺文特区的文化潜力,争取获得当地民众的认同和支持。在民间组织和文化主管部门的反复对话、交流和协商下,由"台湾省文化处"管理的"华山筹委会"正式成立。1998 年,"华山艺文特区"挂牌成立。同年 10 月,"华山筹委会"改组为具有财团法人地位的"艺术文化环境改造协会"(简称改造协会)。自 1999 年 1 月始,改造协会受"文建会"中部办公室的委托,负责华山艺文特区的营运业务。① 这表明华山艺文特区开始以创意园区的身份正式面世。

改造协会全面负责华山艺文特区管理机构的组建和项目营运。改造协会试图把华山艺文特区建设成为当代跨界非制式的艺文空间。华山艺文特区的第一届理、监事成员由来自视觉艺术界、表演艺术界、建筑界、音乐界、雕塑界等诸多领域的艺术家与学者构成,目的就是为了展现华山艺文特区多元性的跨界艺术诉求。

二、华山艺文特区的运营特色

华山艺文特区的正式运营应该从 1999 年艺术文化环境改造协会取得代管权开始算起。那时的华山艺文特区已经有意识地结合城市更新与闲置空间改造来进行特区的管理与运营。2000 年,改造协会开始探讨华山空间利用的可能性与局限性,在此基础上,初步形成空间使用与规划方式的思路和轮廓。在经营过程中,改造协会也发现艺文特区的规划与建设与现行法规存在一系列不协调甚至矛盾之处。1999 年至 2002 年,华山艺文特区建设呈现出一个鲜明的特色,即艺术家的主导性。

1. 改造协会的权力分配与运营问题

艺术文化环境改造协会成立后,对艺文特区的发展方向提出了三点构想:(1) 开发为台北都会全民共有、共创、共享的艺文场

---

① 台湾艺术文化环境改造协会:《华山年鉴(1999—2001)》,2001 年,第 6-8 页。

所。(2)当代非主流的实验性艺术展演与信息交流场所。(3)由非营利组织团体来经营规划相关艺文事业,发展为复合式软件(各类艺术单位)经营场所,以奠定产业发展与艺文永续发展。① 从这个规划的基本思路来看,华山艺文特区的运营并不是以追求经济效益为目标的,而是努力建构成使广大市民与精英艺术都能获益的公共空间。2001年3月,台北都市发展局出台了华山地区的都市更新计划案,计划将华山艺文特区与其周边闲置的桦山货运车站整体规划为"'中央'华山艺文公园",并强调维持华山艺文特区的空间使用现况。此计划意味着华山艺文特区将成为设立于公园中的艺文空间。如此,华山艺文特区建设在客观上受到了公共空间规范的种种限制,也为后来艺文特区与大众媒介之间发生误解和争论埋下了伏笔。

理事会内部对艺文特区发展的定位存在不同看法:是营造市民和艺术家共同享有的公共空间,还是把艺文特区建设成为前卫艺术的实验空间和先锋文艺的展演场所?这一分歧在这一时期始终没有得到很好地解决,也不可避免地引起了艺文特区内部运营思路上的冲突。2001年文化环境改造协会开始转变华山特区的运营方向,认为在营运组织上应该建立起严谨的管理系统,并提出华山未来发展的两大方向:(1)作为国际艺术文化的窗口;(2)扮演台湾地区替代空间的信息与资源整合中心的角色。② 文化环境改造协会还将协会组织(决策单位)与行政部门(执行单位)的组织职权做了进一步的划分,增设了协会秘书和代管单位行政经理等管理职务,以便完善原有的管理制度。此后,协会组织与华山艺文特区的营运管理朝向更具制度性与合法性的方向转变。经过管理体制的变革,华山艺文特区逐渐成为前卫艺术的活动场所和具有特色的"另类"展演空间,塑造了"具实验性格、跨领域创作,与

① 《2000年华山艺文特区营运管理计划书》,2000年,第2页。
② 张肇麟:《将危机化为转机》,《典藏今艺术》,2001年9月,第93页。

孕育人才之实验性、当代性"的新型创意空间①,具备了汇集各种不同类型艺术群体进而形成艺术创意产业聚合的能力。

总体来说,华山艺文特区的早期发展更多地介入社区建设与公共场所性质的转变之中,而后期的运营目标则是尽量协调二者,侧重于向艺术独立方向发展。在华山艺文特区进入公共视野后,艺术的前卫性就与公共空间的共享性质不时地产生矛盾和冲突。2002年6月22日,华山艺文特区因举办大型前卫艺术展演活动"火鼓会"而被指为毒品与不良风气的"天堂"。艺术家们随即与清查的警察发生冲突,继而又发起"艺文界万人大验尿自清运动"等。前卫艺术与社会大众价值观的冲突暴露无遗。无独有偶,2003年,实验性表演团体"身声演译社"以全裸方式在华山艺文特区演出,同样引起了激烈的争论和种种质疑。这些事件都表明前卫艺术与公共规范之间存在着巨大的分歧。负责华山艺文特区运营的文化环境改造协会无法有效协调前卫艺术与公共、官方、政治的复杂关系,由此带来的一些管理缺失一度成为人们反对艺文特区的理由。

2. 从艺文特区向创意园区的转型

2002年,台湾地区相关部门提出"挑战2008——台湾发展重点计划(2002—2007)",文化创意产业被确定为台湾地区发展的重点产业。在这一文化政策的主导和推动下,华山艺文特区开始以产业链的概念转变产业形态。文化创意产业是文化与经济融合的产物,文化的产业化和产业的文化化是文化创意产业发展的必由之路。与文化事业不同,文化产业必须追求产值和经济效益。但这一理念与改造协会的经营理念存在巨大分歧,改造协会认为艺术创意的价值是无法以产值来估算的。2003年,产业化的经营思想取代了艺文特区的改造理念,"橘园国际艺术策展股份有限公司"在竞标中取得了艺文特区的经营权,在2003年年底将园区正

---

① 蔡美文:《英国的月亮——创意园区及其相关议题介绍》,李俊明《揭开英国创意产业的秘密》,2004年,第124页。

式更名为"华山创意文化园区"。橘园国际艺术策展股份有限公司在经营华山创意文化园区时,就为期一年的经营期拟订了一个经营方案:一是"鼓励当代前卫艺术,培植精致艺术";二是"活化文化资产,连结时尚设计";三是"文化投资与创意产业加值间的转化与信息交流平台建设";四是"塑造华山创意文化园区为一兼具艺文展演、设计创作研习坊、附属文化休闲消费性设施的场域"。① 在这次运营改变后,华山园区的产业性质得到了强化。文艺的商业性价值较前期受到更大重视,艺术创意更多地考虑如何与产业形态相结合。华山创意文化园区由此步入了企业化的经营道路。

2004 年 7 月,"文建会"提出华山创意文化园区"新台湾艺文之星"再生计划,引起了艺文界人士的疑虑,人们普遍要求政策制定与决策过程公开化、透明化。同年 9 月 20 日,时任"文建会"主委的陈其南宣布,价值近 300 亿新台币的新十大文化建筑与文化创意园区建设项目将特邀国际著名建筑师打造为台湾所谓"新文化地标",并且计划由英国爵士建筑大师诺曼·福斯特主持打造"华山新台湾艺文园区"。但该计划并未获得大多数艺文界人士的认同。2004 年年底,橘园国际艺术策展公司运营合约到期。陈其南宣布华山创意文化园区于 2005 年起进行大规模修缮,计划投入 1.9 亿新台币,并且决定不再把园区委托给民间团队经营管理。但这一思路也难以坚持到底。2007 年,"文建会"以 ROT 方式征求民间参与投资,出台"征求民间参与投资华山创意文化园区文化创意产业引入空间整建营运移转计划案"。ROT(Rent-Operate-Transfer)意思是"租用(或更新)—营运—移转",详细的解释是由当局委托民间机构或由民间机构向官方租赁现有设施,予以扩建、整建后运营;营运期满后营运权归还行政当局。华山创意文化园区的经营权由远流出版公司、国宾大饭店股份有限公司和仲观设

---

① 文化创意产业发展计划网站,http://web.cca.gov.tw/creative/page/main_02.htm。

计顾问有限公司所组成的"台湾文创公司"获得,华山园区之后的经营方向将以文化创意产业为主,具体包括展演中心、创意剧坊、文创新世贸等项目。① 然而,这种运营计划引起了文化艺术界的强烈反对。文化艺术人士或认为经营权过久,或认为租金太少,或认为契约内容不合创意园区的发展规划。当然,华山创意文化园区改由"台湾文创公司"经营后的效果,需要经过一段时间的审慎观察才能获得比较准确的判断。

三、华山艺文特区的问题与经验

华山艺文特区虽然已经成为台北创意园区的一个示范,但其在发展中还存在许多问题,特别是进入创意园区建设时期,园区运营方式选择、如何定位等问题越来越凸显。

1. 闲置空间的公共性与艺术精英化的矛盾

闲置空间改造成为艺文场所,所服务的对象不仅包括进驻园区的艺术家,更应包括周边的社会群体、社区居民及游客,这样便于把周边区域的历史记忆、文化认同等因素都视为园区建设和社群营造的公共资产。华山园区在旧建筑改造时考虑到了先锋艺术群体的需要,相对却忽视了当地社区民众的要求,导致园区的改造缺乏与周边社区、社群的交流互动,明显存在脱节问题。在实际发展中,华山特区注重满足的是有美术经验的艺术家和相关从业者,希望以前卫展演等形式吸引特定社群,展演内容也因此偏向前卫艺术。但是,先锋艺术创作需要的是自由、不受限的展演空间,而民众需要的是知名度大的、成熟的展演活动,两者对文化空间的价值预设存在着很大的差异。先锋性的艺术实验原本就是对大众稳定的艺术鉴赏标准的挑战与颠覆,这种展演对于普通民众甚至是其他行业的知识分子而言,都存在着难以迅速缩短的审美距离。因此,华山创意园区难以取得原先预设的"雅俗共赏"的审美效

---

① 李先凤:《经营华山 王荣文:让世界重新认识台湾》,苦劳网,http://www.coolloud.org.tw/node/22913。

应。对于普通观众而言,增加餐饮店、艺术类商店的数量可能与建设艺术创意空间一样重要。如何协调好前卫艺术家与普通民众在文化空间需求上的分歧,将是华山创意园区建设接下来必须解决的重要问题。

2. 艰难的商业性运营

虽然经营权的移交并未直接导致华山创意文化园区向重商轻文的方向转变,但如果要使华山园区真正走上兼顾保护和开发的发展之途,则产业化势在必行。而产业化的真正落实必须要解决以下两个问题:

首先是如何保证特区艺术创作必要的生存空间。华山创意文化园区在 2007 年的 ROT 中规定了主要的营运项目,包括"创意影像""创意市集""创意娱乐""创意演出""创意展售""创意教育"等。有人就提出如是质疑:"似乎所有事业仅需要加上创意二字即可在台北市黄金地段设点。"并进一步追问,"该函释中所允许项目居然包括产品展售,虽然此部分的整建营营运契约提到提供优惠租金,然而并非给艺术工作者进行展演,而是创意工作者进行商品展示或销售活动,完全以商业产品替代原先华山的艺术价值,完全凸显了商业主导的团体营运艺术文化展场的不合宜。"[1]也就是说,产业化将不可避免地造成商业因素对文艺因素的挤压。如何妥善处理商业和文化二者的关系,使其形成相互促进的良性互动,仍然是创意文化园区建设必须面对的一个重要课题。

其次是如何防止闲置空间的改造落入土地开发的经济圈套中而偏离预期的规划。对老建筑和老厂房注入"文化"因素,固然是一种新的发展思路,但老建筑和老厂房改建成艺术创意园区则需要大量资金。资金的大量注入势必引起出租成本的提高,这对创新文化和创新氛围的培育和发展的不利性显而易见,显然也违背了创意产业园区发展的规律和初衷。华山创意文化园区位于台北

---

① 《文建会 ROT 华山大解密 卖了!》,苦劳网,http://www.coolloud.org.tw/node/22913。

市黄金地段,如此优越的地理位置自然使其成为公共部门或企业团体争相开发的对象,再加上将其作为纯粹的文艺创作空间已经受到颇多质疑,以及政策和产权上的模糊不清,因而创意园区的开发思路与定位就无法明确,也就留下了被大规模商业化的隐患。

3. 产业趋同问题未得到有效解决

就台湾地区的五大创意园区来看,基本上都是利用酒厂旧址等闲置建筑进行开发的,且发展规划也极其相似。有学者就指出了这种定位的缺陷:"在没有正确方向的指引下,文化园区的发展策略自然问题百出,而且其中很多是拿产业的术语硬套入艺术政策里,显得牛头不对马嘴。例如在所谓'创作型创意文化园区'的'软件企画与经营管理策略',是'以驻地艺术家或创作者进驻或国外大师邀请方式,以年度主题设定,进行跨界或跨领域之交流、创作激发。进而透过年度艺术嘉年华之企划与举办,除展现驻地创作成果外,亦借此企划举办之操作过程,联结驻地艺术家与地方艺文团体,刺激本地创意生产能量,营销地方艺文团体创作成果。'既然是'艺术家或创作者进驻',那就与艺术村并无二致。"① 看来,产业结构趋同的问题已经不容忽视,几乎所有的创意园区都发展有几种相类似的产业。园区的产业定位不明确甚至趋同,势必使各园区出现竞争大于合作的局面,难以形成差异化发展。这对于各园区核心竞争力的形成十分不利,也可能导致城市文化产业综合竞争力的降低。

台湾其他创意园区的发展与思考

台湾"文建会"设置的几个创意文化园区中,台北的华山创意文化园区与台中的创意园区属于依靠大城市发展的类型,而嘉义创意文化园区、台南创意文化园区、花莲创意文化园区则与其差别较大。这三个地方的创意文化产业园区虽然也依托城市,但由于

---

① 汉宝德、刘新圆:《漫无目标的创意文化园区》,http://www.npf.org.tw/post/2/4292。

位置较偏,城市的人气聚焦与产业聚合效果不明显,因此它们的发展势态与台北和台中的园区不尽相同。

一、各园区的发展情况简介

(一)台中酒厂旧址①

台中市的旧台中酒厂由日本统治时期民营的大正制酒公司兴建,是20世纪20年代台湾地区工业建筑的典型代表。1947年5月,酒厂由台湾"烟酒公卖局"接管,改专卖制为公卖制,酒厂改称为第五酒厂。1957年又改回台中酒厂的旧名称。酒厂位处南台中闹区,用地极为紧张,又无法对废水、噪音、废气、生产残余物等进行妥善处理,只能于1998年迁厂。旧厂址随之弃用闲置。旧台中酒厂曾经被当地居民视为地方发展的一大阻碍。社区民众多次主张早日进行商业开发,希望重整后的酒厂以文化产业、艺文展演为主,并提供休闲、娱乐、餐饮和商场服务;除了保留七号仓库、锅炉室、礼堂、米酒半制品储酒库、酒类原料仓库、米酒酿造工厂等6栋建筑外,也要新建建筑物,形成新旧共构的局面。为了保护这座已有80多年历史的酒厂,台中市政府于2002年将整个厂区指定为历史建筑,使其以古迹的身份得以保留。随之,"文建会"也将旧台中酒厂规划发展为文化创意园区,并从40栋酒厂建筑中挑出8栋,规划为工作坊、展览空间、小型实验剧场和多功能会议展演中心等功能空间,使整个园区向设计创意领域倾斜,力图将其建设成为台湾地区第一个"建筑、设计与艺术展演中心"。近年来,"建筑、设计与艺术展演中心"成功举办了一系列重大展演活动,如2006年的"铁道艺术网络五站串联:铁定有艺术系列展""CAMPO生活狂欢艺术节""王大闳建筑回顾展""台湾文化协会八十五周年"特展,以及2008年的"TADA设计师联展"、2009年的"第7届

---

① 相关资料见台湾烟酒股份有限公司网站,http://event.ttl-eshop.com.tw/tc/about/01main.aspx,以及"文建会"《创意文化园区总结报告》,http://cic.cca.gov.tw/5p/document/main.jsp。

台湾设计博览会"等。该文化创意产业园区在"文化台中"和"创意台中"建设中已经开始扮演不可或缺的重要角色,在带动台中市文化创意产业发展中起着越来越重要的作用。

（二）嘉义酒厂旧址①

嘉义创意文化园区原为兴建于 1906 年的嘉义旧酒厂。酒厂建筑物和设备于二次世界大战时遭到严重破坏,后由台湾省专卖局接收并修护。酒厂虽已有百年的历史,仍保存完好。1999 年酒厂迁移至嘉义民雄工业区后,旧址闲置。2002 年,嘉义市政府将嘉义旧酒厂列为历史建筑,包含了"锅炉室""再制酒及包装工场""储酒室""再制酒及制曲工场""材料五金仓库""机器修理及木工场""中间事业工场(即原料仓库)"等 7 栋原酒厂建筑物,是台湾地区重要的制酒产业文化遗产。嘉义创意文化园区位于市区商业中心附近,建筑沿中央轴线两侧分布,形成了城市街道般的空间感。"嘉义市综合发展计划"表明,生化科技、艺文产业、观光产业等是未来嘉义市重点扶植的产业类型。嘉义创意文化园区建成后也策划了一些极具特色和影响的活动:2008 年,举办了"南方醉舒服"试营运系列活动,包括南方醉动听——音乐演唱会、园区装置艺术展演、"陆羽茶席""杜康酒席"展演、南方醉风烧——交趾陶多媒体工艺展、南方醉有趣——酒家具设计大赛、南方醉好玩——交趾陶 DIY 活动、"听见嘉义烧"地方特色鸡尾酒调制活动……2009 年又承办了"艺想天开——2009 传统艺术创新节"。从这些策展中可以发现,嘉义创意文化园区已经初步形成了不同于华山创意园区和台中文化创意园区的发展策略和经营思路。如果说华山园区是以经营和发展前卫艺术为特色,台中园区突出建筑、设计与艺术创意的话,那么,嘉义创意文化园区则偏向于发展酒文化、茶文化等传统文化的创意转化。

---

① 相关资料见"文建会":《创意文化园区总结报告》,http://cic.cca.gov.tw/5p/document/main.jsp,以及嘉义市文化局网站,http://www.cca.gov.tw/images/activity/2008/20081103/20081103_5.html。

（三）台湾省烟酒公卖局台南分局北门仓库群①

台南创意文化园区原为台湾"烟酒公司"台南营业处。2006年10月17日原营业处完成搬迁，一周后该园区被批准交付给"文建会"。台南创意文化园区以地区生活与文化特性为主体内容，规划为六大发展方向：艺文扩散中心、文化育成中心、知识整合中心、价值创新中心、利润管理中心及交通服务中心。其中，前三项属于"文建会"的管辖范畴，第三项至第五项属经济主管部门的业务，最后一项应区域需求而特设。在"创意文化园区推动计划"中，"文建会"明确地把该园区的发展方向定位为"台南创意生活媒体中心"，包括"食玩创意""游乐创意"和"技艺创意"。这一定位显然偏重于观光和创意生活产业。2009年，"国际动漫交流大展"在台南创意文化园区举办，大展邀请了日本动漫大师河口洋一郎、日本策展人森山朋绘、韩国动漫导演李成疆、迪斯尼华裔动画家刘大伟和好莱坞资深美术设计 Steve Scott Brown 等著名动漫和美术设计策展界领袖人物参加。按照"文建会"副主委李仁芳的设想，台南创意文化园区具备发展动漫产业的潜力和优势。台南市深厚的历史文化底蕴和南部大专院校完善的数字内容教育体系都为台南创意文化园区发展动漫创意产业提供了可能性。

（四）花莲酒厂旧址②

根据《台湾酒专卖史》的记载，花莲酒厂的前身可以追溯到1913年的"宜兰振拓株式会社"。1988年花莲酒厂完成迁址。2001年花莲县政府在花莲市都市计划第二次通盘检讨中，将花莲酒厂旧址变更为"历史风貌公园（二）"用地。2002年9月，台湾当局将花莲酒厂旧址交由财产局管理，同年"文建会"选定花莲酒厂旧址为五大文化创意园区之一。目前，园区开放部分原酒厂旧址，包括红酒仓库、绍兴酒工厂、半制品及原料仓库、米酒工厂、锅炉

---

① 相关资料见 http://vovo2000.com/phpbb2/viewtopic-27271.html。

② 相关资料见花莲创意文化园网站，http://hl-culture.17919.com.tw/about.html。

室、办公厅等。现在的花莲创意文化园区位于花莲县旧市区中心。

花莲创意文化园区具有成为国际性旅游观光区优势与潜力。花莲每两年举办一次的"花莲国际石雕艺术节",2003年参观人数就已达10万人次。2005年,由于"花莲石雕艺术季"同时被纳入"文建会""2005年福尔摩沙艺术节",因而参观人数超过12万人次。花莲具有十分丰富而独特的旅游资源,花莲的文化艺术产业与观光文化旅游资源充分结合。现今,花莲创意文化园区逐渐成为花东地区国际观光文化旅游的一个亮点。

花莲创意文化园区未来的规划主要有四个方面。第一,带动园区周边环境的再生。从1997年的"台湾东部区域计划"到2005年的"回澜2010——创造花莲永续发展愿景"计划,所有规划的核心理念都在于把花莲发展成为高消费、低污染的"观光旅游"城市。而就城市空间结构的重塑而言,创意文化园区提供了将花莲旧市区空间更新的契机和文化再造的模式。第二,营造人与自然和谐共生的场所。创意文化园区对废弃的旧厂设施的改建,有效缓解了旧址的环境污染问题,对可持续发展的环境塑造而言将起到某种示范作用。第三,建构创意生活与美学体验的新空间。花莲创意文化园区将致力于打造融合型园区,将以人与自然、新与旧、工业与生态之间的和谐融合建构出独特的空间体验,传达出一种新的生活态度和体验。第四,呈现地方文化特色与重新塑造花莲文化形象。规划展现出特有的在地精神与良好的文化形象,需要以文化、产业、空间及经营管理为基础。花莲创意文化园区在这方面将扮演重要的角色,既激发创意,带动地方经济发展,又成为花莲文化的展示窗口,对塑造良好的地方文化形象有所贡献。

二、台湾创意园区的启示与思考

台湾地区各个创意园区的建设有着不同的发展模式,考察它们的发展过程,可以总结出一些值得借鉴的经验。

(一)"产业"与"空间"相结合,发展地方特色创意产业

台湾"文建会"制订的创意园区计划参考了西方"创意中心"

的做法,让创意产业进入闲置空间。创意园区基本按照以下原则建设与规划:第一,创意文化园区的营造以文化艺术产业为核心,以地域特性为主;第二,要实现"文化创意产业"的聚合;第三,创意园区要被打造成文化创意产业展示的窗口。因此,"文建会"对各个闲置空间进行了改造,视其目前使用情况、各园区地域资源和文化环境特性进行各项规划,包括设立数字艺术特区、表演艺术场地、视觉艺术展场或创意生活艺术等交易平台等,并策略性地扶植文化创意产业,使其成为跨专业与资源整合的平台。

与欧美不同的是,"文建会"的发展计划注意到了都会型的创意园区与地域式的创意园区发展的不同。都会型的创意园区一般包涵三层内容:第一层是艺术与文化活动的基本空间,如博物馆、图书馆、戏院、艺术画廊、音乐厅、工作室及艺术精品店等;第二层是与文化生产相关的空间,如艺术或工艺工作坊、电影工作室、录音室、地方电视站及商业电视站等;第三层是吸引观光客的一些商业性空间,如餐厅、咖啡厅、礼品店等。在台湾地区的创意园区发展中,只有台北与台中较为充分地借鉴了西方经验。花莲、嘉义等地如果按照西方的模式来规划的话,将会面临缺少基本的艺术工作者队伍、缺少稳定的消费群体等问题。因此,结合当地特色产业进行规划的思路就显得尤为重要。如嘉义的文化创意园区在2008年举办了"南方醉舒服"开园系列活动。① 其活动与展演的方式与台北有较大差别。

(二)多种方式促进创意园区发展

华山艺文特区的发展经验使台湾地区相关部门在发展其他创意园区时,尤为注重对创意园区的引导。相关部门也积极参与,鼓励艺术家与企业合作,共同发展创意园区。首先,通过支持创意园区资助策展、补助艺文活动,相关部门可以促进艺术创作者和产业经营的有效融合,一方面为创作者搭建技术与设备平台,另一方面

① 嘉义创意文化园区网站,http://www.cca.gov.tw/images/activity/2008/20081103/20081103.html。

也为产业的产品营销增添了艺术价值。其次,注意利用高校的人才资源,用人才带动创意园区的发展。将高校人才引入文化创意产业,并为其提供相关的专业研究服务,使文化创意产业兼具研究发展基地的性质。例如嘉义的创意园区就是由树德科大来规划的,而台南创意园则由成功大学团队来规划。引入大学的人才与创意,一方面有利于拓宽创新视野;另一方面也有利于鼓励高校创意人才进驻创意园区,形成人才梯队建设的良性循环。最后,吸引非营利组织进驻。"文建会"对相关基金会、协会、学会等非营利组织制订有相关的人才培育计划,非营利组织——艺术团体、基金会或文教组织等进驻创意文化中心,可以凭借其专业能力和资源,参与到文化创意产业的建设中。

(三)运营方式的多种尝试

华山创意园区的运营方式代表了台湾创意园区的主要运营思路,虽然这些运营思路还未全面拓展到其他创意园区,但仍有其重要的意义。

1. 公办公营

兴建建筑、引进人才、规划设计、管理维护等事宜全部由官方承包下来。这种做法在早期的创意产业运营里是相当普遍而有效的,现在的一些公共文化空间如博物馆、图书馆等也还在采用这种方式进行运营。

2. 公办(产)民营

公办民营有三种不同的运营方式:即 BOT(Build-Operate-Transfer)模式、OT(Operate-Transfer)模式、ROT(Rent-Operate-Transfer)模式。以华山为例,早期是用 OT 形式进行管理的,即由官方投资新建完成后委托民间团体营运;营运期满后,营运权归还官方。OT 模式的详细流程是,首先由相关部门针对特定的公有闲置空间,拟订文艺发展方向;然后公开甄选资质优良的民间经营团队;再由民间经营团提出整体的规划构想,并经审查委员会审议通过后,由相关部门以契约方委托给民间团体并由其营运,该团体必须定期接受相关部门的监督考核。OT 模式的主要优点在于有效避免了行政部门因经营不善而导致亏损或效率低下的状况。但是从华山的实践效果来看,该模式的一些细节还需要进一步完善。

此后,华山园区还实践了 ROT 模式。该模式是由行政部门委托民间,或由民间团体向行政部门租赁现有设施并予以整建后进行营运的,营运期满后,营运权归还行政部门。它实际上是通过契约方式,由民间团体增修现有的公共设施,并取得一定时间的营运授权。ROT 计划通常适用于投资金额小、兴建期短、风险较小的情况。这种情况是否在其他创意园区里适用,还应该看其进一步实践后的结果。

(四)针对其他创意园区发展过程中的一些思考

首先,创意园区的发展,最主要的是促进创意产业的聚合,形成产业聚合的效果。台湾地区其他创意园区的发展计划基本上仅限于闲置空间的再利用,而真正从文化产业聚合效果出发的计划还未能看出实效。闲置空间的利用固然属于文化产业的一部分,但是如何从中跳出,以文化产业聚合的角度来重新规划创意园区,还值得进一步的思考。其次,产业的观念还不浓厚。创意产业的性质并不明确,既然它是一种产业,就必须有相应的产业观念。有学者指出:"其他园区似乎都看不出任何与创意文化产业有关的讯息,所有运作都没有跳脱文化行政单位习惯的思维与运作模式。试问,所谓的传统艺术创新中心、国际艺术村、艺术研习、创新与展示,哪一项与振兴文化产业有关? 而这样的规划,又有什么地方受到了产业观念的影响?"[①] 最后,产业观念的不足必然导致对经济效益估计的不足,也将带来运营实践上的许多困难。这些问题会随着创意园区的建设进程而逐渐浮现。而这些问题对于当下大陆兴起的创意园区建设热潮而言,有着很好的警示作用。

---

① 刘新圆:《创意文化园区,"产业"概念何在?》,台湾评论网站,http://www.npf.org.tw/post/1/4043。

2013 年闽台文化交流述评

刘小新

对于闽台文化交流而言,2013 年是不平凡的一年。这一年,闽台文化交流全方位展开,朝深度合作方向迈进。一方面,闽台文化合作逐渐形成协同创新的趋势;另一方面,闽台文化交流务实推进,巩固和扩大了两岸文化交流大繁荣大发展的新局面,取得了令世界瞩目的成绩。

创新引领交流平台建设效果显著

经过多年的精心经营,福建省已经建立了一批闽台两岸文化交流与合作的重要平台,如"海峡论坛""厦门文博会""两岸书博会""两岸茶博会""两岸工艺博览会""两岸林博会"和"两岸花博会"等文化交流平台。2013 年,福建省以创新引领、两岸协同合作促进交流平台建设,取得了令人瞩目的成绩。2013 年第五届海峡论坛突出"注重面向基层,打造交流平台;突出祖地文化,共叙乡情亲情;推动经贸合作,实现互利双赢;突出创新提升,不断增强论坛活力"等四大特色。世界闽南文化节、台湾特色庙会、两岸侨联和平发展论坛、乡村对接暨农民合作组织发展交流会、两岸城镇化建设论坛、海峡客家风情节、朱子文化交流、海峡两岸船政文化交流别具创意,在内容和形式方面都极大充实了海峡论坛的文化内涵,进一步提升了海峡论坛在两岸民间交流方面的影响力。2013 年第六届海峡两岸(厦门)文化产业博览交易会更富创新性,具体表现在以下方面：一是形塑"大文博"概念。第六届海峡两岸文博会与第九届海峡两岸图书交易会、第六届厦门国际动漫节、2013 海峡两岸民间艺术节、2013 中国厦门国际运动健身器材展同期举办，形成了"两会两节一展"的"大文博"格局。二是策划两岸数字内容产业展示和对接主题。两岸移动数字内容的六大巨头——中国移动、中国电信、中国联通及台湾地区的"中华电信"、台湾大哥大、远传电信将首次同台亮相，开创了两岸先例，有力地推动了海峡两岸在文化与科技融合方面的交流与合作。三是推出两岸工业设计合作主题展示活动，内容包括海峡工业设计大奖赛、亚洲六城设计论坛、两岸新一代设计展、全球设计奖作品展示等。四是前沿性。在本届文博会上，3D 打印机生产厂家、3D 打印机软件服务商、3D 打印上下游材料生产厂家、3D 扫描及相关 3D 的概念和产品群体登台亮相，展示 3D 打印技术的最新发展和创新成果。本届文博会还举办了"移动 4G，快人一步"展演活动，开启了 TD 时代和 4G 生活的新篇章。五是美学与生活紧密结合，闽台高端工艺精品展引领生活美学新潮流。六是产学研结合，提升文博会的人文内涵。两岸图书资源建设研讨会、新媒体创意文化微对话、女性写作与绿色生活论坛、"台海生活美学"主题沙龙、台湾作家张晓风专题讲座、两岸古琴名家交流雅集、2013 年首届海峡两岸文学笔会开幕式暨海峡两岸青少年阅读视频大赛颁奖会、《中国文化品牌评估报告》及《闽台文化交流报告》发布会等一系列文化学术活动丰富和充实了文博会的人文思想内涵，使厦门文博会不仅成为两岸文化产业合作的盛宴，也成为两岸文化传承和人文思想对话的盛会。

闽台文化产业迈向深度合作

在 2013 年度福建省文化产业十大重点项目新闻发布会上，福建省委宣传部副部长、福建省文化改革发展工作领导小组办公室副主任石建平分析指出："台湾的文创产业有着诸多优势，加之闽台文化的共通之处也比较多，我们想邀请更多的台湾文创企业家来福建各大园区、企业考察,扩宽合资、合作的渠道。深化闽台文化产业的交流与合作一直是福建省推动文化产业发展的特色和重要领域。"经过多年的探索和交流,闽台文化产业逐渐迈向深度合作时期。

第六届海峡两岸(厦门)文化产业博览交易会的成功举办就是闽台文化产业深度合作的重要例证。该届文博会由中共中央台办、文化部、国家新闻出版广电总局、福建省人民政府主办,由厦门市人民政府、台湾亚太文化创意产业协会承办,于 10 月 25 日至 28 日在厦门国际会议展览中心举行。2013 年 4 月,第六届厦门文博会开跑交流会在台湾地区召开,厦门市副市长黄强、亚太文化创意产业协会理事长陈立恒、实践大学副校长官政能、中华文创发展协会理事长黄肇松、基隆文化局副局长许梅真、台湾文创产业联盟理事长林盘耸、台湾科技产业联盟执行长杨东汉、太极影音科技股份有限公司董事长黄宝云、开成实业有限公司董事长高大任、台新银行文化艺术基金会董事长郑家钟等多位产、官、学界代表共同出席,探讨和协商如何办好本届文博会。台湾亚太文化创意产业协会致力于推动闽台两岸文化产业交流与合作,积极推动厦门文博会的宣传推广和组织招商,自 2008 年开始,已连续六年带领台湾文化创意产业业者在厦门展现异彩纷呈的文创风貌。理事长陈立恒高度重视厦门文博会,他指出:"厦门与台湾,文化、区域相近,一直以来都是两岸交流绝佳的起跑点。厦门文博会自 2008 年创办以来,已成为台湾文创工作者最期待的展会。今年主题定调为'一脉相承 创意未来',代表如何将传统的中华文化创新再生,并让两岸产业相互对接,携手合作,走向无远弗届的世界市场。"①台湾工艺研究发展中心则组织 15 位台湾地区顶级工艺家共同与会,超过1000 件展品参展,囊括石艺、陶瓷、漆艺、皮雕、玻璃等十大工艺领域,展出了迄今为止在大陆最大规模的台湾工艺精品,提升了本届文博会的文化创意价值,突出了"时尚新台湾"特色。中国互联网

---

① 《文创登"陆"最佳跳板 第六届厦门文博会盛大开跑》,http://www.ccia.org.tw/。

协会、台湾科技产业联盟、台北市电脑同业工会等的加盟合作,使两岸六大通讯运营商首次同时在大陆地区进行展览、展示和交流洽谈得以实现,开启了数字内容产业合作的新篇章。

海峡书局股份有限公司的成立是闽台文化产业迈向深度合作的另一重要例证。近年来,福建省在闽台出版业合作中先行先试,被列为海峡两岸出版交流试验区,先后建立了国家海峡版权交易中心和中国新闻出版研究院海峡分院等两岸合作平台。2013 年 3 月,福建海峡出版发行集团和台湾城邦媒体控股集团共同投资设立的"海峡书局股份有限公司"在福州和台湾两地同步启动,标志着两岸出版产业合作取得了重大突破。公司产品涵盖纸质图书出版发行、电子书刊销售与平台经营、杂志出版、分众 Apps 社群经营及内容 Apps 制作等,成为两岸首个全媒体出版合作平台。海峡书局股份有限公司"以打造华文市场的全媒体出版旗舰平台和深具影响力的优质品牌为发展方向。在图书板块方面,着力打造人文书坊、生活书坊、灵智书坊、台湾书坊出版品牌;在期刊板块方面,着力打造旅游、学习、孕育期刊品牌;在数字出版方面,着力电子书刊、原创数字出版、跨媒体出版、社群经营,打造数字出版旗舰平台"。①

在文化旅游业方面,2013 年闽台两地的交流与合作也有新举措。2013 年 9 月,福建省旅游局和台湾乡村旅游协会在厦门联合召开"闽台乡村旅游合作发展圆桌会议",闽台双方依托福建省农林大学和台湾亚洲大学挂牌成立"闽台乡村旅游创意指导中心",推出十大"闽台乡村旅游试验基地",探索建立"闽台乡村旅游 1 + 1 交流合作"模式:南平光泽县鸿建山庄与台湾游山茶访、莆田城厢区九龙谷生态风情园与台湾三茅屋民宿、漳州漳浦县东南花都与台湾头城农场、泉州南安市香草世界度假村与台湾华山禾园休闲民宿、宁德蕉城区上金贝村与台湾飞牛牧场、福州永泰县赤壁

---

① 张静雯、林娟:《海峡书局股份有限公司启动:闽台出版企业共建两岸全媒体出版合作平台》,《福建日报》,2013 年 3 月 25 日。

温泉景区与台湾信义酒庄、厦门翔安区小嶝休闲渔村与台湾金湖休闲农业区、三明沙县马岩山庄与台湾老英格兰民宿、漳州长泰县山重村与台湾福缘山庄民宿、龙岩漳平市九鹏溪生态园与台湾云也居一田妈妈餐厅等结对共建,闽台双方共同打造乡村文化旅游精品计划正式启动。

此外,在文化产业园区建设、文学艺术产业交流、文化产业教育与研究等方面,2013 年闽台两地合作也有新进展。闽台文化产业园福州和厦门两个板块建设速度加快,闽台茶文化创意园区规划出台,"福建省海峡两岸视觉艺术交流基地"在厦门大学挂牌成立,"2013 海峡创意周"在福州举办,2013 海峡两岸民间艺术节推出"两岸实验剧展","2013 海峡两岸民俗文化节"入选国台办2013 年对台交流重点项目,人文历史纪录片《闽台祖地》在中央电视台纪录片频道播出,第三届海峡两岸高校文化与创意论坛暨2013 两岸高校大学生文化与创意设计大赛在华侨大学举办,2013 "客家之歌 义薄云天"电视晚会在台湾新竹演出,漳州市芗剧团赴台参加"2013 福建文化宝岛校园行"演出,"2013 年两岸闽南文化生活产品设计试验营"在泉州开营,全国首届广艺剧场管理研习班在闽南大戏院开班,福建邮协打造"海峡两岸集邮文化交流中心"计划启动,"福建省美术馆馆藏台湾艺术家精品展"展出黄歌川、李锡奇、黄云溪等数十位台湾当代艺术家百件精品佳作,福建省文化产业学会和福建师大协和学院合作举办两岸文化产业人才培养与战略合作研讨会。由清华大学国家文化产业研究中心与福州市委宣传部联合主办、台湾创意经济促进会和台湾中华文化产业协会协办的首届"两岸文创汇"在福州举办,围绕"两岸文化创意产业合作的新契机、新思路、新模式""两岸文化创意产业理论与实践的前沿热点问题""两岸文化创意产业青年领军人物对话与交流""两岸文化创意产业的未来方向与国际拓展"四个主题展开深入交流……这一系列交流活动充分展示了闽台文化产业合作的活力与魅力,进一步拓展了文化创意产业的合作空间。

闽南文化交流持续活跃

从 2007 年文化部正式批准设立闽南文化生态保护实验区到台湾中华文化总会协同台南市、金门县、桃园县等共同举办"2012 世界闽南文化节",闽台两地几乎同时出现"闽南文化热"现象。2013 年,闽台两地的"闽南文化交流"持续活跃,成为本年度两岸文化交流的热点和焦点,令世界瞩目。在泉州举办的"第二届世界闽南文化节"无疑是 2013 年两岸文化交流的一大盛事。作为第五届海峡论坛的重要组成部分,"2013 世界闽南文化节"由文化部、全国侨联、台盟中央、全国台联、海峡两岸关系协会、中国广播电视协会和福建省人民政府共同主办,以"弘扬闽南文化,增进交流合作"为主旨,内容包括开幕式暨"闽南风 四海情"文艺晚会、第二届世界泉州同乡恳亲大会暨泉州市海外交流协会成立大会、世界闽南文化展示中心开馆、闽南文化论坛、南少林武术系列活动、第十届泉州国际南音大会唱、戏曲精品剧目展演等。"2013 世界闽南文化节"具有传统性、世界性和当代性相结合的特点:梨园戏《陈三五娘》、提线木偶《赵氏孤儿》、高甲戏《连升三级》等一系列传统经典戏曲展演,世界闽南文化展示中心展出海内外征集的 428 件珍贵文物,均记载着闽南文化传承与传播的历史;包括"闽南侨批"在内的"侨批档案"成功入选联合国教科文组织世界记忆遗产名录,彰显了文化节的文化传承与传播功能。文化节融入了世界性的多元文化元素,六大洲 38 个国家和地区的 3000 多名嘉宾参与盛会,泉州市和法国埃罗省的"茶酒对话","土耳其之夜"的特色舞蹈,德国学者恩勒特教授专著《走近泉州》中文版在泉州首发,东南亚各国弦友参与的"南音国际大会唱""国际南少林武术邀请赛",海峡两岸四地的武术高手和来自东南亚、日本、欧美的选手同台献技等,彰显了文化节的世界性和闽南文化的全球性影响。所谓当代性,包括两个互相关联的层面:其一是指闽南文化展示与研究中所具有的"现实视角""问题意识"和"当代方法";其二是对当代文化问题给予更多也更充分的关注。"2013 世界闽南文化节"传承与创新相结合，以当代视野展示闽南文化历史传承与发展，以再书写、再叙事的方式呈现出闽南文化节鲜明的当代性。

2013年，闽台两地高校积极推动闽南文化的交流与研究，获得了重大进展。4月，闽南师范大学闽南文化研究院与台湾成功大学人文社会科学中心签署了合作协议，共同扩大闽南文化国际影响。双方将进行有关闽南文化与两岸交流研究的学术交流，相互提供有关研究资料，联合出版学术研究成果，共同推进学科发展。两校还将互派学生进行专业考察、研修；相关专业教师将开展教学交流，提高教学能力和人才培养质量。6月，厦门大学、成功大学和金门大学签署了《金门、成功、厦门大学三校学术交流合作协议书》，以闽南文化的教学与研究为突破口，开展共同研究和承接大型研究计划。闽南师范大学举办"闽南文化寻根之旅"，台湾明道大学、屏东教育大学、朝阳科技大学和大叶大学等24名师生参加了闽南文化寻根体验活动。泉州师范学院在设立闽南文化生态研究中心的基础上，又设立了中国社会科学院文化研究中心闽南文化研究基地，并与成功大学开展了一系列闽南文化研究与交流活动。台湾地区的金门大学和成功大学致力于推动闽南文化的研究与交流。金门大学举办了"2013年闽南文化国际学术研讨会"，与会学者发表了"再论闽南文化研究的语言危机""闽南文化研究的学科建构""河内福建会馆的历史文献与时代意义"等专题演讲。成功大学联合闽台两地高校及海外闽南文化研究机构共同举办了"闽南文化国际工作坊"和"闽南文化产品设计营"，华侨大学、福州大学厦门工艺美术学院和成功大学、台南应用科大及树德科大等闽台高校学生参加了"设计营"。泉州市政府台湾事务办公室、泉州市文化广电新闻出版局和泉州市博物馆等也联合举办"2013年两岸闽南文化生活产品设计试验营"。2013年，闽台两地闽南文化交流在学术研究和创意开发两个层面都有所突破。

闽台教育交流合作扎实推进

教育交流是闽台文化交流的重要领域,也是最活跃的领域之一。据教育部门的统计,近 5 年来,来闽访问的台湾教育界人士有 2000 多批次,累计近 2 万人次;福建全省教育系统也有 2000 多批次、近 2 万人次赴台参加讲学、科研、学术交流、研修、学习等活动。目前,在福建高校就读的台湾地区学生总数约占大陆高校台生总人数的六分之一。截至 2012 年年底,福建省高校共有 6272 名学生赴台学习。"海峡两岸大学校长论坛""海峡两岸职业院校校长论坛"和"海峡两岸中小学校长论坛"三大论坛,"海峡两岸中学生演讲大赛""福建省高校港澳台学生普通话大赛"和"海峡两岸大学生辩论赛""三项大赛","闽台学生夏令营活动""闽南文化系列活动"和"闽台青少年文体交流活动"三大活动,已经成为闽台乃至海峡两岸教育交流的重要品牌。

2013 年,闽台教育交流合作扎实推进,成效显著。一是加强"闽台高校教育交流与合作改革"试点项目的检查与评估,总结经验,分析存在的问题,提出了"改革创新"和突出闽台特色的新要求。二是深化闽台教育合作交流问题的研究。福建省教育科学"十二五"规划设立"闽台教育交流与平潭实验区教育发展研究"系列课题包括:闽台基础教育交流研究、闽台职业教育交流研究、闽台高等教育交流研究、支持平潭综合改革试验区教育发展的相关研究、闽台教育交流合作实验区建设研究、适应产业发展做大做强实验区职业教育研究、实验区基础教育如何适应人口集聚及均衡发展需求研究、闽台高职教育交流合作创新模式研究、福建职业教育与海西经济建设发展的深度融合模式研究,以及各级各类教育适应"海西先行先试"进程与发展研究。福州大学启动第二批研究项目,涉及"闽台高等工程教育发展现状及趋势研究""闽台高等工程教育研究中心管理运行机制研究""闽台高等教育交流与合作项目的研究与实践"等。三是拓展教育合作领域。成立"海峡两岸学前教育交流合作中心",开展闽台学前教育交流与合作,福建幼儿师范高等专科学校与台湾木铎学社共同建设"海峡两岸学前教育培训中心";推动终身教育合作,福建省全民终身教育促进会、福建省中华职业教育社与台湾成人及终身教育学会共同举办2013海峡两岸终身学习世纪峰会,探讨闽台终身教育合作的路径;开启闽台海洋教育领域的交流与合作,福州大学与台湾海洋大学、铭传大学、东吴大学及台资企业联合制订海洋专业人才培养方案,合作培养海洋产业发展需要的人才。泉州师范学院和台北海洋技术学院开展航海学术交流,泉州师院航海学院的师生赴台湾航运高校开展学习交流活动。四是出台政策,进一步推进闽台教育的交流与合作。如设立"台生专项奖学金",福建省财政从2013年秋季学期起,专门为在福建省全日制高校就读的台湾学生设立专项奖学金。专科生(高职生)、本科生、硕士研究生、博士研究生每生每学年分别为4000元、6000元、8000元、10000元标准奖励。研拟制订《福建省促进闽台职业教育合作条例》,力图在工商、金融、财政等方面加大扶持力度,促进闽台职业教育全面合作与交流。福建省旅游局在厦门大学、福建师范大学、华侨大学、福建农林大学、集美大学等高等院校设立"闽台修学旅游基地",为持续推动两岸青年学子修学旅游搭建平台,开展"万名台湾青年学子来闽修学旅游"活动。五是第十七届九八投洽教育项目对接获得新进展。武夷学院与台湾嘉南药理科技大学校级合作办学项目、福建信息职业技术学院与台湾大华科技大学教育合作项目、福建江夏学院与台湾中原大学合作成立高等教育发展研究中心等项目对接洽谈成功。六是开展专科应届毕业生赴台"专升本"试点。福建船政交通职业技术学院、漳州职业技术学院、福建信息职业技术学院、福建林业职业技术学院、泉州医学高等专科学校、闽西职业技术学院被列为试点院校。

闽台青年文化交流充满活力

2013 年,闽台青年文化交流的重头戏当属"第八届两岸青年联欢节暨 2013 年海峡青年节"。活动由中华全国青年联合会、国务院台湾事务办公室、福建省人民政府联合主办,以"中国梦·中华情"为主题,实行"小规模、多场次、深交流"模式。青年节交流项目包括海峡青年峰会、第五届两岸青年社团负责人圆桌会议、两岸青年联欢会、"青春创想秀"暨两岸大学生社团活动策划大赛、两岸青年新闻实践活动营、"两岸青年交流中心"和"海峡两岸交流基地"挂牌等。"2013 年海峡青年节"对推动闽台青年文化交流具有重要意义:一是以"两岸青年交流中心"为契机,探索建立两岸青年文化交流的长效机制,进一步扩大两岸青年交流的深度和广度。二是以创新和创业引领两岸青年文化交流。本届青年节系统梳理和整合了台湾青年在闽创新创业的支持政策,具体涉及创业启动基金、科研经费的申报、入驻海峡青年创业基地的优惠、住房保障办法、特聘岗位设置与申请、专业技术职务任职资格申报、社会保险补助、企业注册等多方面。"青春创想秀"、青年文创汇、青年创业交流大会及"两岸青年文创精品展"等活动都突出了"青春·文化·活力·创新"的时代特色。

闽台青年文化另一项重要交流形式是文化研习营。2013 年福建举办了丰富多彩的闽台文化研习营,着力推动闽台青少年文化交流。如厦门市教育局举办、厦门二中承办"海峡两岸中学生闽南文化夏令营",营员可观摩南音、歌仔戏、答嘴鼓等闽南民间艺术表演及古厝娶亲民俗表演,直接"触摸"和体验闽南文化;福建中医药大学举办"中医药传统文化研习营",研习营以中医文化介绍、两岸本草传奇、中医针灸、中医推拿、养生药膳、太极拳等课程或讲座为主,并将安排闽都游学、妈祖文化寻根游学、杂技艺术欣赏、联欢会、K 歌大赛、球类对抗赛等丰富多彩的活动内容。台湾元培科技大学、大仁科技大学、嘉南药理科技大学 3 所高校的 30 名台湾地区青年学子,与福建中医药大学 30 名学生代表共同参加了为期 12 天的研习营活动。闽南师范大学开办 2013 海峡两岸闽南文化研习营,台湾东吴大学、成功大学、海洋大学、元智大学、台南大学、金门大学、中山大学、高雄师范大学等高校及闽南师范大学的部分老师及学生代表约 80 人参与了研习、互动和交流。闽江学院与台湾联合大学联办史学研习营,合作开展闽文化史研究学习活动。台湾成功大学和福建华侨大学联办"两岸闽南文化生活产品设计试验营"。福建师范大学举办"百名台湾大学生八闽行"夏令营,来自台湾 32 所高校的 100 名学生,在一周时间里走访福建高校,探寻名胜古迹,开展"八闽文化之旅"。中国海外交流协会主办,福建省海外交流协会、厦门市海外交流协会"中国寻根之旅"厦门营,让台湾地区青少年直接感受和体验闽台文化的亲缘关系。闽南师范大学举办"2013 闽南文化寻根之旅"和"海峡两岸闽南文化研习营",台湾明道大学、屏东教育大学、朝阳科技大学、大叶大学等 4 所高校共 24 位师生参与了活动,台湾东吴大学、成功大学、海洋大学、元智大学、台南大学、金门大学、中山大学、高雄师范大学等高校及闽南师范大学的部分老师及学生代表约 80 人参与研习营的互动和交流。2013 年福建省还推出闽台休学旅行计划,着力推动"闽台休学旅游基地"建设,为扩大闽台青年文化交流建立新的平台。

"协同创新"成为闽台两地的共同诉求

2012 年以来,"协同创新"逐渐成为闽台文化交流的关键词之一。闽台两地产、官、学、研界都认识到拓展文化交流与合作的深度和广度必须依靠海峡两岸的协同创新,探索建立两岸文化合作的"协同创新"平台和机制,是 2012—2013 年度闽台文化交流的一大亮点。2012 年 10 月,由福建师范大学牵头,中国社科院台湾研究所、福建社会科学院、中国艺术研究院、台湾艺术大学、台湾世新大学等单位参与的"海峡两岸文化发展协同创新中心"挂牌成立。中心汇聚闽台两地学者,以人才、学科、科研三位一体的建设为核心,推进与海内外各有关文化机构的协同创新。2013 年 5 月,福建师范大学传播学院、台湾世新大学新闻传播学院、《两岸传媒》杂志联合成立"两岸媒介文化发展协同创新基地"。2013 年 7 月，厦门大学、复旦大学、中国社会科学院台湾研究所、福建师范大学联合成立"两岸关系和平发展协同创新中心"，旨在与海峡两岸产、学、研、用部门通力合作，在"两岸经济一体化""两岸社会整合""两岸文教融合""两岸共同事务合作管理""两岸关系和平发展重大理论创新"等五大领域开展跨学科、跨部门、跨领域、跨地区的协同创新研究和实践。这些新型平台的建设对推动两岸文化交流与合作将起到积极的作用。

"海峡两岸文化发展协同创新中心"规划举办"两岸文化发展论坛"。论坛以"弘扬中华文化传统、增进两岸文化交流、扩大两岸文化共识、促进两岸文化发展"为主旨，力图打造两岸人文思想的对话平台、两岸文化交流政策的研讨平台、两岸文化发展研究的学术平台、两岸文化艺术教育的交流平台，为两岸和平发展夯实文化基础。2013 年 8 月，"第一届两岸文化发展论坛"在福州举行。本次论坛以"两岸视域中的传统文化与文化传统"为中心议题，国务院台湾事务办公室研究局、文化部艺术司及港澳台办公室、全国台联、中国社科院台湾所、中国艺术研究院、台湾艺术大学、世新大学、淡江大学、佛光大学、中山大学、台北教育大学等两岸高校和行政部门的学者专家参与了论坛，就"两岸共有的传统文化与文化传统""文化传统的当代意义与价值""中华文化的传承与发展""两岸文化交流合作的强化与深化"等议题展开了深入的研讨。人民网、新华网、中国新闻网、中国评论通讯社等多家媒体关注和追踪报道；《中国社会科学报》、新浪网、网易及凤凰网、中国台湾网等媒体也刊发了关于本届论坛的详细报道；《光明日报》刊登了两岸学者的发言要点，包括黄文涛的《两岸文化发展的共同使命》、王耀华的《"和"——中国传统文化思想的一个重要范畴》、田青的《中华传统文化是两岸共同的遗产》、南帆的《传统与时代精神》、谢颙丞的《中华文化的数字典藏与传播》、高柏园的《中国文化的悠久性与和平性》、陈支平的《闽台文化的国际性与乡族性特征》

等。该中心还推出"海峡两岸文化发展丛书",包括《中华文化与闽台社会》《闽台民间信仰源流》《闽台先民文化探源》《闽台教育的交融与发展》《闽台客家社会与文化》《闽台民间戏曲的传承与变迁》《闽台方言的源流与嬗变》等10种,力图系统地揭示闽台两岸文化的同根亲缘关系。

"两岸关系和平发展协同创新中心"成立后也开展了一系列两岸文化交流活动。7月,中心在漳平举行"两岸茶产业发展接轨论坛";10月,协办首届"两岸和平论坛"(上海),筹备设立"两岸协创中心平潭实验基地";11月,召开"第四届台湾研究新跨越学术研讨会:台湾文学文化双甲子"。会议开幕式由国台办副主任孙亚夫主持,来自海峡两岸文学、教育、文化等领域的专家学者60多人参加了本次研讨会,就台湾文学、两岸教育、文化产业等议题进行了深入讨论。

闽台生态文化交流逐渐兴起

20世纪80年代以来,台湾在生态文化建设方面取得了令人瞩目的成绩。近几年来,福建省委省政府已经把生态省建设纳入宏观政策之中,提出:"要在深入实施生态省战略的基础上,争取创建全国生态文明先行示范区。""大力培育生态文化,构建全民参与的社会行动体系,在全社会强化生态文明观念和行为养成。"闽台两地生态文化交流与合作空间十分宽广,意义深远。生态概念越来越嵌入闽台文化交流与合作活动之中,成为2013年闽台文化交流的突出特色之一。两岸联合举办、福建省相关机构参与的"2013第四届两岸竞争力论坛"探讨"文化认同"和中华文化的竞争力问题,科技与人性、环保与经济、自然与人造、传统与创新的结合,以及生产、生活、生态三生合一的价值理念成为论坛的一项重要共识。2013年6月24日,台北举办了"2013年两岸闽南生态保育研讨会",以因应全球环境变迁之经营管理及生态保育经验交流为主题,增进海峡两岸自然保护区与国家公园合作机制。"金门国家公园管理处"与福建闽江源及虎伯寮国家级自然保护区管理局签署生态保育合作备忘录。2013 年,"第九届海峡林博会",由国家林业局、福建省人民政府主办,全国台湾同胞投资企业联谊会、台湾工业总会、台湾工业协进会、台湾中小企业协会、台湾两岸农渔业投资协会等多个两岸协会组织参与联办,突出"发展绿色产业、建设生态文明"主题。福建省旅游局推出闽台合作乡村旅游实验项目,旨在打造"生态美、百姓富"的福建省乡村旅游新形象。闽江学院首届闽台专业毕业生作品展涉及旧城改造、生态旅游规划、校园空间利用等方面。福建省青年联合会、福建省学生联合会、华侨大学、台湾中原大学联合举办的第三届海峡两岸高校文化与创意论坛暨 2013 两岸高校大学生文化与创意设计大赛,规划了"推动中华文化传承与生态永续发展"的总主题,试图把生态文化和青年创意设计相结合。2013 年 12 月,福建省台港澳暨海外华文文学研究会、福建省美学学会、宁德师范学院等单位联合举办"两岸文化视域中的生态美学与生态书写"学术研讨会。研讨会分设"中华生态美学传统及其在两岸的传承与发展""两岸生态美学生态文学的发展状况与对话""地方与文化记忆:自然书写和生态美学的未来""生态美学、生态文学与美丽福建建设"等四大专题,邀请两岸生态文化学者参与,共同分析两岸生态美学和生态文学的发展经验,探讨如何加强两岸生态美学和生态文学领域的人文对话,进一步推动两岸生态文化的交流与合作。这些活动表明,闽台生态文化教育的交流与合作已初显成效。

综上所述,2013 年闽台文化交流精彩纷呈、美不胜收,在新领域的拓展和传统领域的创新方面都取得了令人瞩目的成绩。2013 年闽台文化交流呈现出协同创新和务实推动的两大特点。当然,闽台文化交流还存在进一步拓展的空间,如生态文化和海洋文化的合作与交流才刚刚起步,未来的合作空间巨大。闽台文化会展业的合作成绩亮丽,但就现场观察,一些会展的疲态已经有所表现,需要进一步推动闽台两岸的协作研究和协同创新,共同促进已有交流平台的可持续发展。尽管两岸文化协同创新被提到了议事日程,但究竟如何协同创新,闽台两岸产、学、研、官界迄今还没有形成明确的思路和框架,还处于比较模糊的阶段。唯有不断的探索和实践才能找到可行的路径。尽管 2013 年闽台教育合作出现了朝向高层次发展的趋势,但闽台教育交流大多还停留在职业技术层次的合作,高层次的交流与合作还有待闽台教育界和相关行政部门的探索。

超文本文学的新特质

陈　梦

在世界范围内,数字信息技术正在急速发展,比特传播方式开始迅猛崛起。文学,这一拥有将近五千年历史的古老艺术形式,与新兴超文本科技"联姻"、碰撞,生成了超文本文学。"超文本文学"主要是以比特编码产生的文本,在文本内部运用超链接技术将文本片段、图像、音频、视频按照一定语义法则相链接。读者可以多次选择不同的路径进行阅读。计算机技术为超文本文学提供了人机交互界面,超文本技术也为其提供了超链接(Hyperlink)。新兴技术手段的使用为超文本文学带来迥异于印刷文本的新特质。

一、人机交互界面带来的文学特质

"人机交互界面"(Human-computer Interaction)在维基百科中的定义是"研究、规划和设计人与电脑之间的交互行为的学科,常被认为是电子信息技术,行为科学、设计和一些其他领域学科相互交叉而成"。[①] 人机交互界面分为输入(Input)与输出(Output)两种。在超文本技术应用范畴下,输入设备主要是鼠标、键盘,而输出设备是计算机或其他电子设备的显示屏。麦克卢汉的"媒介即是讯息"的观点意味着新的技术将会给旧有的事物提供新的尺度。

---

① 　Human-computer Interaction 词条,见 http://en. wikipedia. org/wiki/Human-machine_interaction 2012 – 05 – 02。

计算机所提供的人机交互界面成为文学展示的新的平台和媒介，了解超文本文学与传统文学的基本区别，也应从超文本文学的输出方式——屏幕上的"视窗"和输入设备——鼠标、键盘开始。

（一）不同的文本载体——"窗口"与纸张

从羊皮纸、纸莎草记事到古腾堡发明现代印刷术，线性记事的历史渊源流长。传统印刷文本一般以纸张为载体，按固定顺序一页页印刷，十页或百页为一个章节，页与页之间标注页码联系，装订成册。书前多有目录，揭示其层级结构。读者阅读的时候，需遵照一定的逻辑顺序才能使阅读活动得以进行。语言被固定于物质载体上，可以供给读者反复咀嚼、品味。而"视窗"，也叫"窗口"，在超文本文学概念下，是用户与超文本程序产生的可视化界面进行交互活动的一个平台，呈现一个节点里的文本内容。比起纸质文本在规模上的一望既知，一部超文本文学作品没有页码也没有目录，就好比一座冰山，露出来的仅仅是其一角，即呈现在窗口中的一小部分，而水面以下（窗口以外）的文本世界浮动着的形色各异的"潜在文本"，读者却无法窥其全貌。

例：图 1 是戴恩（Dane）的超文本作品《他》（Him）的一个截图①，通过鼠标点击左侧一排圆形按钮进行"翻页"，没有返回键。圆形按钮大小一致、没有差别，读者只能根据随意性点击链接，无法获悉点击不同的按钮对小说情节的发展有什么影响。

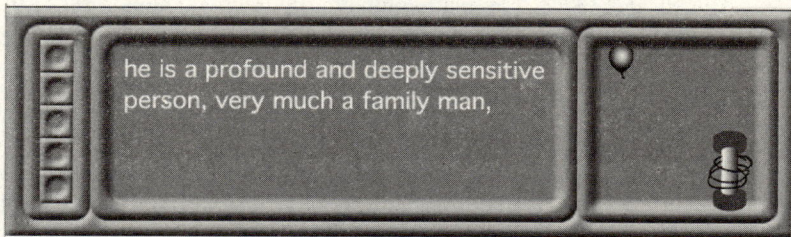

he is a profound and deeply sensitive person, very much a family man,

图 1　超文本作品《他》（Him）截图

---

① Dane：Him，http：//www. eastgate. com/him/him. html。

窗口这个界面,最适宜展示没有重量却结构繁复、体积庞大的超文本文学作品。大部分超文本作品页面的切换都是在窗口内部刷新得到的,而不是在显示器上平铺出一个个新窗口。每次阅读的"路径",如果没有导览图,实际上就是一种虚拟的、无形的存在。每次点击呈现在读者面前的,只有刷新后窗口内的文本,读者无法获知自己将走向"何方",或有几条路径与此页相连,自己点击选择的路径又和其他的有何不同。在大部分超文本作品中,由于窗口只是内部刷新而不是打开新窗口,因而导致阅读路径无法保存,甚至连"书签"①都无法保存。片段在每一次点击之后只能通过"返回"才能反向追溯自己阅读的历程。"窗口",正如这个术语本身带有的隐喻性一样,让人无法获知外面世界的全貌,不知道它遮蔽了什么又显示了什么,从它往外所见的永远只是部分的又瞬息万变的世界。这样未知的陌生的文本结构为读者提供了一种心理暗示:不知道自己在文本何处,不知道自己向文本何处,不知文本何时终结。读者像在迷宫中探寻。这也是超文本阅读中迷途问题的产生由来。

窗口及窗口背后的计算机储蓄的特质也带来了印刷文本不及的优势。在传统文本阅读上,窗口之间切换与印刷文本的翻页体验基本一致。而像《作品第一号》、图像诗、《芬尼根守灵夜》等具有超文本性的作品,如果将其合理电子化并以窗口呈现,那么窗口呈现的优势就能体现出来。窗口在实现交互性上有着显著的优势,主要体现为页面切换的无缝化转接及设置具有逻辑性链接的便利性。以《作品第一号》为例,小说本身充分挖掘了纸质载体所能提供的文本的多义性和阅读的开放性。与一般的超文本小说节点/窗口之间根据一定逻辑法则的连接相比较,《作品第一号》每个文本单元之间的组合几乎是任意的(通过随意洗牌、随意抽

---

① 在电子文档中,通过插入"书签"标记阅读到什么地方,类似于纸质书籍书签的用法。电子"书签"广泛运用于网页、pdf、caj、word 文档等。网页超文本作品和 CD 版作品几乎都无法保存书签,每打开一次都是作品的"第一页"。

取），因此它甚至以"纸质之躯"提供了比很多电子超文本小说更丰富的路径。但问题是，"丰富"并不一定带来"自由"，艺术的审美效果也不完全是由大量、充足的路径决定的。因为即便是电子超文本，也不可能不根据一定的意义逻辑而使每个字"都充当关键词成为潜入另一个文本的通道"，因为这样可能导致对意义的迷惑和质问——"不计其数的意义会不会等于没有意义"。① 当纸质媒体的文本片段完全随意地组合时，虽然可以得到不计其数的组合，但会不会极大地消解了小说的表意能力？虽然断裂的表意锁链在后现代艺术作品时常出现，但萨波塔对小说的表意也不是没有要求的，即仍然追求故事情节和因果发展。② 虽然萨波塔的这部小说具备了超文本文学一些重要特点，如交互性和开放性，但由于纸质文本自身体积的局限，因此提供给读者的选择链接的数量和质量（指文本的逻辑性、连贯性、可读性）有限。当数量和质量之间的平衡被打破了的时候，对文本表意的迷惑也就产生了。因此，作为超文本小说的媒介而言，电子载体——窗口，由于其链接的灵活性和计算机空间的凝缩性，相比纸质媒介占据比较明显的优势。当然，这种优势在短诗、短篇小说中体现得不是那么明显。一般说来，篇幅越长、多媒体材料越丰富、交互的链接越多的超文本文学，其运用超文本技术进行呈现而不是纸质载体呈现的优势就会更明显。

（二）不同的文本阅读方式——翻页与输入

与印刷文本中常规的翻页行为这样纯物理性的动作不同，使用鼠标点击链接或者键入单词后的跳页，实际上是一个向超文本阅读程序输入信息的过程。计算机接到指令翻译成算式后计算，得到结果后发送给控制部件执行指令，这个指令所联系的结果被翻译成自然语言呈现在显示屏上。用语言解释这一过程似乎非常

---

① 南帆：《双重视域：当代电子文化分析》，江苏人民出版社，2001年，第264页。

② ［法］马克·萨波塔：《致〈作品第一号〉的中国读者》，马克·萨波塔《〈作品第一号〉导读》，江伙生译，吉林出版集团，2010年，第19页。

烦琐,但计算机实际运作过程却极其迅速,乃至无法被人的意识所察觉。从印刷文本与超文本作品阅读"翻页"原理分析中可以发现,超文本作品的阅读实质上是一个输出信息然后获得信息的过程。这种读者与文本的交互性对文学阅读产生的意义主要表现为超文本作品的产生需要读者赋予其意义:读者通过按动鼠标点击或键盘操作进行翻页,调动自身的审美情趣或知识背景来与文本进行交互。当然,读者与文本之间交互并不是等到计算机出现了才开始的。早在口传文学和手抄本文学时期,文学的阅读者和传播者就会根据自己的理解、语言习惯或者价值偏好对文本进行改动,即便没有发生交互行为,文本也客观存在。而计算机时代,超文本中文本与读者之间的交互关系,是读者通过鼠标点击或键盘输入的行为提供信息反馈,参与作品进程,赋予文本片段意义,体验作品情境。可以说,超文本具体作品在阅读之前是不存在的,不像印刷作品即便没有读者的翻动也客观存在,具有基本的意义。超文本文学在未被阅读时,犹如一堆乱麻上的语言碎片,无法成为"作品"。

(三) 不同的文本写作方式——超文本写作

超文本写作这一新兴事物有两个参照系:一个是同为人机交互界面写作的网络文学,另一个是传统印刷文学。首先,从与超文本文学概念容易产生混淆的"网络文学"方面来思考。欧阳友权对网络文学进行了分类,他认为根据文体可以将网络文学分为三种:(1) 栖身于网络的文学,即所有进入计算机网络的文学作品[1];(2) 网络超文本文学;(3) 多媒体文学。[2] 而超文本文学与网络文学的区别主要表现为:(1) 超文本文学并不一定都存在于网络上,以 CD 为介质的超文本如果没有授权给网站,就不能在网络空间

---

[1]　欧阳友权认为将这类作品(包括印刷作品的电子化)归为网络文学,称其为"网络文学"只是习惯叫法,实际上这个分类受到很多质疑。国外对于"网络文学"的界定和划分与引文中欧阳友权的划分基本一致。

[2]　欧阳友权:《网络文学本体论》,中国文联出版社,2004 年,第 138 – 139 页。

读到。而网络文学，无论是网络首发还是电子化的传统文本，至少要满足在网络上能阅读这一条件。（2）虽然网络文学包括以上三个种类，但从中国乃至世界的"网络文学"作品和受众的数量来看，网络文学的主体应该是由分类中的第一种构成的，网络超文本文学在网络文学中占据的相对数量非常少。（3）超文本文学一般意味着具有多线性可选择的链接或能够通过网络更新产生动态文本，而数量最为庞大、人们日常最熟悉的第一类网络文学，一般采用的是同传统阅读方式一样的线性阅读的方式——通过"下一页"链接（对应于印刷文本的翻页动作）进行阅读。二者特性不同导致阅读方式和文学意义上存在巨大差别。（4）第一类网络文学的作者基本是在程序员搭建出来的技术平台上用鼠标、键盘来替代传统的用笔写作的功能的，对作者自身的计算机技术水平要求不高；而多媒体文学，"实际上已不再是传统意义上的文学，而是综合艺术"①，其部分与超文本文学交叉，需要创作者具有较高的计算机技术应运用能力。

辨析完"超文本文学"与"网络文学"这两个重要概念的差异，也应该重视在创作方面超文本与印刷文本的差别了。超文本文学创作的技术难度比人们最广泛接触到的那些网络文学和传统的印刷文本要大，其创作者要么需要掌握较高的计算机软件操作和网页制作水平，要么需要购买超文本专门的写作软件。超文本作品的"写作"软件主要有 HyperCard、Flash、Oracle Media Objects、Toolbox、Director 等。有的作者直接制作超文本作品网页，或者直接编写自己的写作平台，创建超文本的原始权利的代码。在超文本文学写作中常用到的"故事空间"（Storyspace, $295）是个价格不菲但在技术上却能化难为易的软件，对写作者的文化背景和技术应用水平要求不高，可以使写作者仅需掌握日常需要的输入技术，便可编辑出结构复杂、变化莫测、多线程发展的超文本。可以发现，超文本相对于印刷文学，不仅对写作者的文学创

---

① 欧阳友权：《网络文学本体论》，中国文联出版社，2004 年，第 139 页。

造力有所要求，对其计算机技术应用水平或是经济能力也有一定要求。

窗口呈现了文本内容，而超链接沟通了文本内容。"链接是超文本的特色所在。它本质上是两个或者更多文本单位之间的联系，允许读者从这一文本单位跨越到另一个文本单位。"①超文本作品实际上只是一堆文本片段的集合体，读者正是通过链接在一个又一个的文本片段中曳航，使文本意义得以彰显。超文本文学链接设置上大致有如下 5 种：(1) 链接词在文段内，以下划线或不同颜色显示，如图 2 的文字部分中的"doctor"和"mailbox"。(2) 文段内每个词都可以点击通往下一页，点击有的词通往默认路径。有的通过意义相关的路径。如图 3，截屏自理查德·霍尔顿的《芬德霍恩的癫狂菲恩斯基》(Figurski at Findhorn on Acid)②，除了添加下划线的单词可以点击翻页以外，页面上正文部分每一个单词、标点符号甚至空白处都是链接。(3) 链接词在文段外，作为不同路径的选项所存在，如图 3 和图 4。图 3 中有下划线的单词(作为标题和副标题)：在页面上可以通过点击"Figurski"(人名)、"The No-Hands Cup Flipper"(人名)、"Findhorn(地名)"、"Acid"(事件属性)、"August 1997(时间)"这些链接，通往不同的人物在不同的时间发生的故事。(4) 通过输入指令或词继续阅读(详见作品《下午：一个故事》)。(5) 在文本配图或文本结构地图中，图中事物作为超链接，如图 2 图片部分所示。超链接的加入给超文本文学带来了新的特质。具体来说包括：链接序列带来的能指链使超文本的意义不断漂浮，成为一个动态结构；链接技术的运用使超文本轻松、灵活地实现传统文本难以达到的多线性结构；链接所提供的文本与读者之间的动态交互使超文本的写作主体将叙事的权力和文本建构的功能部分让渡给了读者。

---

① 黄鸣奋：《超文本诗学》，厦门大学出版社，2002 年，第 118 页。
② Richard Holeton. *Figurski at Findhorn on Acid*，Eastgate Systems，2001.

This is your brain off drugs. Are you with me, <u>doctor</u>?

Alert... Oblivion... Spline... Gimmick... The <u>mailbox</u> as mailbox...

What if I were to ask you in intimate detail about the way your eyeballs move, or what muscles you use when you swallow, or how the air goes in and out of your lungs? I don't care what you call it... the difference makes a difference... Far beneath the city of Des Moines... Caution... Passing over Antarctica... Modally appropriate headgear... Limbic system error... Ergodics for the masses... Mmm, Mmm, Gutenberg...

图 2　史都尔·摩斯洛坡网络超文本小说《罗根图书馆》

注:图片上黑色圆圈为笔者所加。

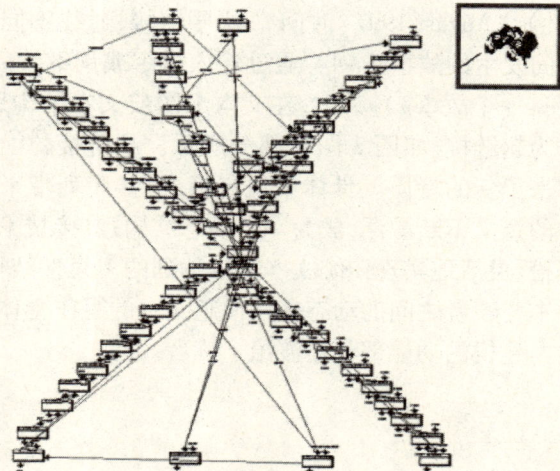

图 3　道格拉斯作品《我什么也没说》总结构图

```
I was unable to stop the washing machine
although I clicked on all its visible dials.
I clicked on the dryer,
and it too began        to cycle noisily.
In a neighboring room someone turned up a radio
that was playing a country western song
sung by a familiar sounding female.

"I can't say
that I didn't screw up.
Well you screwed up
        and then I screwed up
and the wrong two people got married."

        When a webmoo session goes this bad
there is only one thing to do.
Disconnect.
```

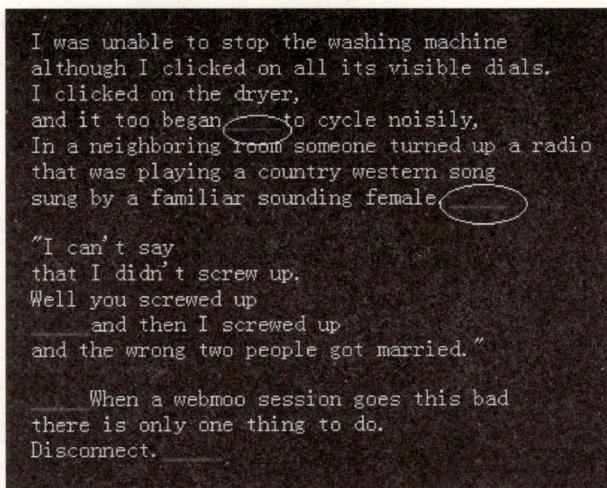

图 4　朱迪·马洛伊网络超文本小说《Love One》

注：图中圆圈为笔者所加。

二、超链接技术带来的文学新质

（一）链接成序：漂浮的能指

能指、所指这对概念是由现代语言学家索绪尔（Ferdinand de Saussure）创造出来的。他在著名的《普通语言学教程》中指出，语言符号是概念与音响形象相互连接产生的整体。所指即概念，能指即音响形象，如汉字"水"，发音（shuǐ）就是能指，所描述的那种物质实体就是所指。索绪尔认为能指和所指关系非常紧密，相互呼应，如同硬币的两面一样不可分割。然而从具体事物来看，能指和所指之间的结合却是任意的，如在不同语种中"水"这个事物的音响形象迥异。随着俄国形式主义、法国结构主义，以及罗兰·巴特、拉康、雅克·德里达等人对能指、所指这对语言学的概念进一步地探讨和延伸，能指、所指成为一对文学理论乃至哲学范畴的概念。"今人通常称文学作品的形式为'能指'，内容为'所指'，或者用'能指'与'所指'来区分作品的字面意义与隐含意义，有时'能指'是代表词语表意的可能性,'所指'则代表它的现实指向性。"①

　　拉康解构了所指/能指这对概念,他认为能指才是所指的基础,用 S/s 这个公式标识出能指与所指之间已经被割裂的关系。在拉康眼中,能指与能指构成的能指链(Chain Signifiante)才是语言的关键。他曾举过一个著名的例子,在公共厕所门上一般会标注"男""女"两个字(能指),如果单独来看这两个字,仅仅是两性的所指。而将这两个意义互补的字并列放在公共生活中两扇相似的门上,那么它们就成了男厕所、女厕所的能指。在这个例子中能指互涉产生了新一层意义。而超文本通过链接将一个个文本片段串成一个整体的表意链条,也就是形成一条能指链。单独的文段的意义是悬浮着的、延迟的,点击不同的链接使不同的片段相遇,原先单独文段的所指便开始滑动。如读者在道格拉斯(J. Y. Douglas)作品《我什么也没说》(I have said nothing)中选择了"你还记得雪莉?"这个链接后,页面上便出现了这个节点的小说内容(这段小说内容简称为 a):

　　你还记得雪莉么? 我弟弟卢克的女友:那个和卢克在哈姆川克的领薪处乱糟糟地闹腾的姑娘;卢克劝她戒酒,就把半空的"塔卫兵"牌琴酒瓶子往他头上丢去的那个姑娘;那个被卢克用肘击腹部就像旧棉袄被折叠一样弓起来跌倒在地的姑娘。

　　你想起她来了吧。

　　她死了。②

　　小说内容下方出现三条链接:"注定会发生""他正握住她的脚""我们必须断绝(念想)"。如果点击"注定会发生",接下来的故事大致是雪莉因为喝得烂醉导致车祸死亡,以及车祸中巨大的撞击带给人的恐怖伤害;若点击"他正握住她的脚",接下来故事的主人公则是卢克握住死去的雪莉的脚,一次又一次去车祸现场

---

① 欧阳友权:《网络文学本体论》,中国文联出版社,2004 年,第 70 页。
② 同①,第 70 页。

寻找遗物;而点击"我们必须断绝（念想）",则主要探讨"死亡"这个哲学话题后,转向其他人的故事。① a 这一文本片段本身,及其提供的对人物形象的基本印象作为所指:（1）雪莉、卢克都有些许叛逆不羁;（2）雪莉爱喝酒;（3）卢克会打雪莉。它的意义是不完全在场的,通过不同"链接"进行不同的选择,文本表现的意义也会发生改变。如链接"注定会发生",a 中文字所指的意义就会发生改变,雪莉是一个嗜酒并且屡教不改（男友劝戒酒还暴力回应）的"不良"的女人,她的死有些自作自受的意味;而链接"他正握住她的脚",a 中对男友卢克的能指就发生改变,他是粗暴的,会打女人,但事实上他很爱雪莉,连她的发卡都要枕在枕头下。正如拉康所言:"意义坚持在能指链中,但链环中的任何成分都不存在于它的某个时刻本身所能表示的意义之中。"②对于超文本文学而言,意义分布在每次阅读链接成序所带来的能指链上。当读者阅读超文本的一个文本片段时,意义总是悬浮着,那些像 a 一样的文本片段,它的能指只有通过其他片段的能指才能确定自己位置和意义。超文本通过链接技术实现了"一个能指把我转给另一个能指,另一个能指再将我转给另一个,后来的意义改变着前面的意义"③这样的语言的指涉结构。没有单个文本的意义是充分的、纯粹的,意义总是由一个能指漂浮向另一个能指,而被压在能指之下的所指则需通过一个个链接不断滑动、延伸。

（二）多线性文本结构

手抄本、印刷文本的时代,基本上是线性文本占据统治地位。在逻各斯中心主义的传统中,线性文本基本遵从从上到下、从左到

---

① Jane Douglas. I Have Said Nothing, http://www. wwnorton. com/college/english/pmaf/hypertext/ihsn/do_you_remember_Sherry. html。因为是超文本小说,在这个链接之后还有许多链接将故事不断发展、分叉开来,笔者举出的这三种是"你还记得雪莉?"这个节点后 5～10 个节点内的故事走向。

② ［法］拉康:《拉康选集》,褚孝泉译,上海三联出版社,2001 年,第 433 页。

③ ［英］特蕾·伊格尔顿:《二十世纪西方文学理论》,伍晓明译,陕西师范大学出版社,1987 年,第 141－142 页。

右的阅读法则，围绕主题按照一定的时间顺序对文本材料进行有逻辑的组织，有着开端、中段和结尾。这点在叙事文体中表现得更突出。而 20 世纪后半叶以来，一部分作家开始尝试将类似"碎片式""歧路""链接式跳跃"这样的结构形式引入文学写作，这些作品也就成了原型超文本。如罗伯特·库弗（Robert Coover）的《保姆》由 108 个微型章节构成，前后两个章节之间毫无时间和因果联系，文中电视画面如幽灵般时隐时现，成为小说形式和内容的隐喻。按常规阅读方式由前往后阅读，每个章节描写的内容就像电视频道一样迅速切换。又如科塔萨尔的《跳房子》，在一本书中包含"许多本书"，可以在章节之间"跳房子"——跳跃式阅读。用作者提供的两种阅读方式可以看出这本书包含的主要的"两部小说"，其余的阅读方式也能产生不同的小说，等待读者发掘。这些原型超文本正是印刷时代开掘多线性文本结构的尝试。

德里达在《论文字学》中肯定了这种非线性/多线性写作与阅读的价值："写作，扎根于非线性写作的历史。"①他还在"线性写作实际上是书本的终结"这个论断的注解中谈道："科学思想由于必须通过印刷渠道来表现而相当受限。毫无疑问，如果可以通过一些步骤使书本中各种向度的、不同章节的所有内容都能同时呈现，作者和使用者都能发现这带来的极大的优点。"② 随着超链接技术的发明，超链接能高效地辅助多线程、多向度的文本同时呈现，或使之作为关键词或图标供以随时调用这样的优势（相对于印刷文本）已经显而易见了。原型超文本及电子超文本等种种尝试，究其根本，正是人类思维本身以联想来组织信息的发散性与线性文本的逻辑性和层级化结构的冲突所导致的。传统线性思维对应人类思维中的逻辑性、多线性，非线性思维对应人类思维中的发散性。在长期印刷文化的统治下，多线性思维一直处于被忽视、被压抑的地位。但随着新科技手段的产生和利用，以及人类思维的不断变

---

① Derrida. *Of Grammatology*. The Johns Hopkins University Press, 1997: 85.

② 同①: 332 – 333.

革,丰富冗杂的现代性经验已经难以完全用线性文本来表现。随着计算机的渐渐普及,人类长久以来渴望跳出纸张束缚、追随思维漫游驰骋的愿望得以逐步实现。原型超文本的出现,以及布什在《正如我们所想》一文中对 Memex 记忆扩展器的呼唤正是这种愿望的表征。伴随着计算机和互联网产生的超链接技术也为电子超文本带来新质,其为超文本文学进行多线性的文本结构设置提供了强大的技术支持。

图 5 为谢丽·杰克逊(Shelley Jackson)作品《拼缀女郎》(Patchwork Girl)的认知地图①。

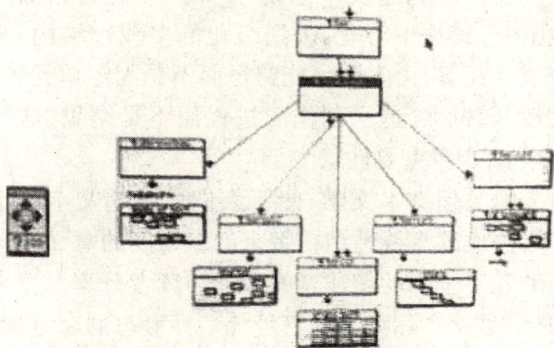

图 5 谢丽·杰克逊《拼缀女郎》认识地图

从具体的例子看,从图 6 和图 7 的超文本总结构图可以比较直观地感受到文本的阅读路径是多线程的。如图 6,箭头指向不同的方格图形,方格图形上标注节点的提示词。可以看出,小说有几个主要阅读路径,而不同路径内部还有众多节点,通过超链接来交织穿越。显而易见,超文本文学内节点之间不是单线连接的,节点可由多线、单/双向连接。这种结构既不完全是树形,也不完全是网状,从理论上来讲,类似德勒兹提出的"根茎"概念。德勒兹

---

① Shelley Jackson. *Patchwork Girl*. Eastgate Systems,1995.

在《千高原》中指出树状思维对东西方文明长久以来的支配,提出了"根茎"(Rhizome)式的世界形象。随着互联网的普及,"根茎"这一概念以其对互联网结构特征惊人的诠释力被理论家们所关注。"它(块茎)不是由单位,而是由维度(或确切地说是变动的方向)所构成。它没有开端也没有终结,而是始终处于中间,由此它生长并漫溢。它形成了 n 维的、线性的多元体,既没有主体也没有客体,可以被展开于一个容贯的平面之上……根茎是一种反谱系。它是一种短时记忆,甚或一种反记忆……根茎是一个去中心化、非等级化和非示意的系统……它仅仅为一种状态的流通所界定。"①赛博空间——这一巨型超文本系统与"根茎"极其相似。从超文本文学实践上看,其去中心化、去层级化的多线性结构,对作者叙述权力的分权和瓦解,由多种可能路径而不是固定单元组成,文本情节的短时性、随机性,追求创作的过程而不是结果,这些都证实其具有"根茎"的众多重要性状。

以根茎来隐喻超文本文学,便于人们思考超文本由于采用链接和窗口技术构成的多线性结构带来的多维度的意义。(1)将原先作者承担的几乎全部的叙述者的职能与读者分享。读者选择图案或单词,甚至是无实际意义的符号等多种形态的超链接的过程,就是一个把自身心理倾向输入超文本程序再调出相关文本信息的运作过程。读者在这样的信息交互过程中,将那些断裂、碎片化、重复的故事或诗歌句子拼贴在一起。读者得以建构自己的文本,进行自己的意义生产。如图 6 为苏绍连的超文本诗歌《纸鹤》截图。② 屏幕下方有一堆白色的纸鹤,点击到其中特定的 7 只纸鹤的时候,屏幕上会显示 7 句不同的诗,如图片中已经显示的"我们陪着无助的流星,一起掠过纷乱的世界"。诗意的建构需要读者不断点击、寻找这堆纸鹤中的诗歌链接,每位读者阅读时点击的链接

---

① [法]德勒兹、加塔利:《资本主义与精神分裂(卷 2):千高原》,姜宇辉译,上海书店出版社,2010 年,第 28 页。

② 苏绍连:《纸鹤》,http://myweb.hinet.net/home2/poetry/flashpoem/index.html。

不同,所呈现诗句的顺序也不同。"寻找"这一动作持续的时间不同(有的人可能刚好每次都点击到了有诗句的那几只纸鹤,有的人把每一只点击遍了才找到这 7 句诗,有的人找到两三句就没耐心继续寻找了),多个"不同"构成了短短一首诗的多线性结构。读者就在这结构中,在"寻找—错失""寻找—得到""寻找—放弃"这些建构抒情意义的动作中游牧,诗歌的多元意义便由此产生。

(2) 多线性结构带来去中心、碎片化的叙事、抒情方式。文本本身多线性的结构,瓦解了单线式中心集中和叙事聚焦的传统文学特质。多条故事主线,乃至碎片化、杂烩式的文本拼贴,这样的结构本身就无法找到一个固定的、稳固的中心和意义。超链接技术与超文本文学零散化、碎片化的风格特点是相辅相成的。当"无意识学说展现着人类思维的碎片化,宏大叙事被解构,形而上的思辨正瓦解逻各斯中心主义,竭力支持零散化、碎片化、无中心化的模式,而电脑网络的超文本正好为它提供了最好的载体与表达形式"。①一方面,超文本的写作主体利用超链接设置简洁、清晰的多线性结构,满足文学创作中实验性元素的实践,而不至于使杂烩式或没有稳定结局的文本零散、线索纠缠,使读者产生对文本无法把握的抵触和焦虑;另一方面,为了符合文本的多线性结构,超文本文学的写作主体在创作的时候,为了使作品满足在链接间肆意跳跃、游牧,在文本片段的写作上有意将文字处理得模棱两可,语态、时态不定,"以便放在任何一个时空场景都不至显得太突兀。"②此外,作者还将众多光影声色、不同文体的互文性的元素纳入文本结构,如图 7 为理查德·霍尔顿《芬德霍恩的癫狂菲恩斯基》小说中 4 个不同文体页面的截图。这部小说中充溢着人名与地名的注释、真实与虚拟界线模糊的报纸,以及书籍文摘、编程代码、横跨原始与后现代风格的插画、元小说式的语言等,这些都与文本的路径有着或隐或显的互文指涉。读者在阅读的时候不断被这些小说情节以

---

① 聂庆璞:《网络叙事学》,中国文联出版社,2004 年,第 105 页。
② 李顺兴:《非线性叙事议题》,http://benz.nchu.edu.tw/~garden/gardem.htm。

外的"岔路"引开又返回,不断从文本片段的罅隙中建构新的意义。在多线式结构中,这种拼贴消解了意义的深度,冲散了文本的聚焦,使文本逻辑和意义如星群般零散在总文本之中,最终达到去中心、碎片化的叙事、抒情方式。

图6　苏绍连超文本诗歌《纸鹤》

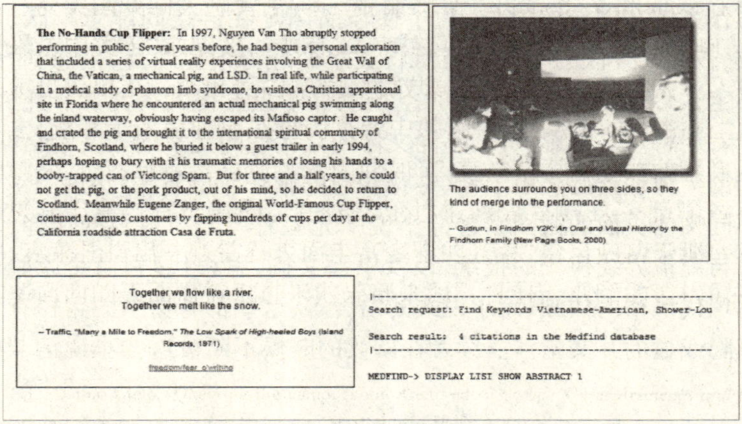

图7　理查德·霍尔顿小说《芬德霍恩的癫狂菲恩斯基》不同文体页面截图

（三）交互性阅读

读者与文本交互的活动自古有之。在口传文学、手抄本文学时期，文本在讲唱者、誊写者接受的过程中进行修改，即是一种交互活动。然而，文艺进入印刷、影视时代，书籍、电影、电视剧等文艺作品却因传播渠道的单向性，作者与读者、文本与受众而难以进行交互行为。网络时代来临，电子游戏，这个娱乐、艺术、技术的杂交儿优先实现了广泛的交互性叙事。而戏剧、诗歌、小说、电影方面，也有少量先锋的实践。如在戏剧方面，刘晓义的《11·即兴郭宝崑》，在演出中将著名戏剧家郭宝崑的17部作品浓缩、拼贴，在"史丹福艺术中心"这栋建筑的不同楼层进行展演（每个位置演出内容都不相同，所有的演出合起来为一部戏剧），观众可以自由选择不同楼层进行观看。这部戏一定程度上消解了舞台的物质形式，演员和观众像生活中一样站在一起，既是表演也是交流。演员的"表演"有很大的即兴成分，而观众的语言、表情、动作影响着演员对"剧本"不断进行改造。又如影视方面，国内已经有了几十部网络互动剧，如《电车男追女记》《宅男最后的120小时》等。互动电影主要由一系列3~15分钟的短片组成，每个短片末尾有两三个选项，点击超链接选项使故事继续。故事往往有一个明确的目的，或解救人质，或追到美女，或顺利逃生，结构与超文本小说非常类似。

除了视觉艺术方面交互叙事的尝试，随着超链接技术的广泛应用，超文本文学的交互性也得以实现。超文本文学的交互性与印刷文学读者的能动性的差别在于，超文本文学的读者不仅能像印刷文学读者那样根据自身的价值和情感参与文本意义建构，更能借助超链接技术直接参与到文本本身的建构。具体来说，读者/用户通过点击超链接来改变不同文段阅读顺序，或是通过选择/放弃点击页面上超链接而选择读取哪一个文本片段。有学者称超文本的读者为写—读者，因为读者也承担了叙事的功能。实际上，读者在阅读超文本小说与诗歌中交互的行为是有限的。俄国形式主义者提出了故事（Fabula）和情节（Sjuzet）的概念。故事是按所发生的时间顺序排列下来的事件的集合,是作品的原材料;而情节是被讲述出来的故事。在超文本文学阅读当中,读者实质上参与的仅仅是情节层面的动态交互。而对于故事层面,读者只能在超文本写作主体给定的内容中不断曳航,无法进行改动。正如博尔特在分析超文本小说《下午》的时候所说到的:"我们能说,这已经没有故事了,有的只是阅读。"①在读者未阅读之前,超文本文学只是用超链接串起的一堆文本碎片,只有通过读者的阅读、选择,才会产生情节或诗篇。

在日常生活中,常常听到人们看书或看电影时说这样的话:"真希望××和××能在一起""要是××不要死就好了"。而超文本文学中,读者第一次拥有了对情节发展一定程度的掌控权。用电子游戏这种交互叙事来稍加类比就能发现,在玩电子游戏的时候,玩家常常因为不小心走错了一步而扼腕叹息,或是碰巧险胜而喜不自禁。超文本文学阅读心理与游戏玩家心理有一些类似之处。前文已经提到,读者在5种不同形态的链接中选择的过程,就是一个把价值、情趣、瞬时的情绪、无意识等输入超文本程序再调出相关文本的信息运作过程。从读者的阅读心理层面来看,这不仅是信息的运作,更是理念的碰撞、情感的互动。②这种被完形的渴望驱动的交互式阅读使读者更能设身处地去体验人物遇到的困境、迷惑和追求,在文本结构中寻找动态生成的意义,体验解谜、"寻宝"和思辨的乐趣,而这样具体的点击链接和输入指令等动作则强化了读者/用户在心理体验层面上与文本的交融。有时,文本文学模仿生活的随机性给予读者碎片化、随机发生的事件,使读者与主人公一同进入限知视角。如在平板电脑上阅读的《小红帽的故事》(Little Red Riding Hood Jarnaby),是一个简单的经典文本的超文本化改编。故事根据人物小红帽、外婆、狼、猎人分为4条路

---

① Jay David Bolter. *Writing Space：Computers，Hypertext，and the Remediation of Print*,Lawrence Erlbaum Associates,2001:125.

② 这种情况指的是读者没有遇到迷途问题。

径,彼此之间可以交叉游历,每一个角色的视角都受限:如不知为什么猎人突然出现救了小红帽,外婆被关在衣橱里听到声音却不知发生了什么。读者在好奇心的驱使下会不断在线索间跳跃、解谜,积极参与文本建构。超文本小说《伪善者》(Holier Than Thou)也是运用全知、限知视角切换吸引读者参与叙事的。小说主要描绘的是纳尔逊(Nelson)这个"伪善者"的形象,既有纳尔逊的两个前妻、母亲、社工、继子等人谈论纳尔逊与他们发生的故事,又有第三人称叙述其家庭悲剧。读者仿佛成为一个记者或材料搜集者,逐次采访纳尔逊身边的人来形成对其形象的理解。"超文本程序鼓励读者把文本看作他或者她可以在其间创立自己的链接的符号域或符号网。"① 而读者正是积极地通过超链接进行交互阅读,穿越一个个悬念,把故事从胚胎孕育为情节、小说的。

仍应注意的是,并不是所有的超链接都可以给读者提供故事发展的提示,启示读者选择他们偏爱的情节走向。兰道和德兰尼都认为超链接的修辞需要做到为读者提供出发点或目的地的信息,如在《下午:一个故事》中,在"yes2"这个文段,点击 yes 或 no 都会指向默认路径"yes3"文段,而点击文段中"< I'll admit—he says—she hasn't been the same since she had her womb reamed. >"句子中的"womb"(子宫)或"reamed"(穿孔、扩张),则会指向一段隐喻子宫功能缺失的带有元小说意味的诗句。在这种情况下,链接本身提供的信息与链接的目的地是相关的。然而,有的超链接并没有提供太多对于读者选择效果的提示,或者即便经过超文本写作主体精心的设置,读者也可能因为"意图谬误"而不清楚选择点击不同链接会引向什么样的路径。比如,史都尔·摩斯洛坡(Stuart Moulthrop)的网络超文本小说《里根图书馆》(Reagan Library)(图2)。图的上方实际上是一个 3D 仿真全景交互媒体,

---

① [美]马克·波斯特:《第二媒介时代》,范静哗译,南京大学出版社,2000 年,第 99 页。

景物框有点类似窗口的功能,读者可以移动鼠标对文本中涉及的这一空间进行360°环视。用圆圈圈出的部分是链接,可以点击。底下加下划线的单词也是链接,读者可以自由选择。这些链接给的信息量较少,而且全小说采用意识流的写法,链接词、图与文段内容联系较为模糊,读者难以猜测圈中建筑物链接与单词链接将他们导向何处,因而只能随意点击。更典型的例子是朱迪·马洛伊(Judy Malloy)的网络超文本小说《Love One》(图4)。图中圈出的蓝色与红色的横线①就是通往下一页的超链接,除了位置不同和红蓝颜色的区别,读者没有任何信息了解点击后会产生什么选择效果。面对这样信息匮乏、不可预见性的链接设置,读者的交互选择则是随意的。因此,超文本的写作主体虽然将叙事的权力和文本建构的功能部分让渡给了读者,但是这也与链接的修辞与设置的指向性和明确性相关。

罗兰·巴特将文本分为两种,引人阅读之文(le Lisible)和引人写作之文(le Scriptible),又称可读性文本和可写性文本。超文本文学的出现避免了可读性文本阅读的缺陷,"读者因而陷入一种闲置的境地,他不与对象交合(Intransitivité)……不能把自身的功能施展出来,不能完全地体味到能指(Signifiant)的狂喜,无法领略及写作的快感"。② 相对于意义有限、结构封闭的可读性文本,超文本文学内涵和外延不断撒播、漂移,相互颠覆、自相矛盾。文本的意义不断动态增殖,成为永不终止的运作;而其多线性的文本结构,为文学带来非中心、无焦点的叙事和抒情,模拟了现实的随机性和人类社会的"碎片化模式"③,以多线程、非线性的结构载体实现了人类联想的自由恣意。其交互性革新了文学的阅读方式,激发起人本身能动性和追求自由、创造的本性,读者不再仅仅是消极

---

① Judy Malloy. Love One. http://www. eastgate. com/malloy/love22. html. 2012 – 6 – 15. 图中圆圈为笔者所加。

② [法]罗兰·巴特:《S/Z》,屠友祥译,上海人民出版社,2000 年,第56 – 57 页。

③ Berners-Lee,Tim:Hypertext and our Collective Destiny. http://www. w3. org/Talks/9510_Bush/Talk. html,2012 – 05 – 10.

的文本的消费者,更向积极的生成者靠拢。超文本文学通过人机交互界面技术及超链接技术,将文学由成品转化为过程,实现了巴特心中的"理想文本"。

三、多媒体技术带来的文学新质

读者在阅读传统文学的同时,也是文学作品向读者传播信息的过程。传播学的创始人拉斯韦尔在《传播的社会职能与结构》中提出了说明一种传播行为需要回答的 5 个问题:谁? 说什么? 通过什么渠道? 对谁? 取得什么效果? 由此而衍生出控制分析、内容分析、媒介分析、受众分析、效果分析五大研究方向。在前文,笔者论述了超文本文学的出现为文学提供了一种超文本传播媒介,由此带来的是传播方式由单向走向交互传播,使得信息在不断互换身份的传播主体与对象之间双向重复流动。除此以外,多媒体技术的采用使得文学符号系统从一维走向三维[1],改变了文学传播与接受的内容。印刷文学的传播方式主要是将信息进行一维(语言)、二维(平面图像)编码传播,而超文本文学的出现则扩充了文学符号系统二维传播(图像、背景色)的丰富性,同时实现了三维传播的可能。研究具有显著多媒体特色的超文本文学,需要考察文本中视听符号的大量增殖,以及这种增殖所带来的文体乃至不同艺术门类之间界限的模糊。

多媒体技术,是一种将文字、图像、音频、视频及交互式链接相结合得以呈现在电子屏幕上的技术。多媒体元素在文学领域的应用很早就开始了,早期的图画书、插画书就为文学提供了视觉媒体应用的雏形。而在视觉文化繁荣的当代,多媒体技术应用于文学也成了一种时代趋势。在通俗文学和儿童文学领域,平板电脑、手机、电脑上阅读的有声书、电子杂志、交互式亲子读物等已经蓬勃发展起来。在国外超文本文学中,多媒体的使用已比较丰富,既包

---

[1]　超文本文学符号系统传播分为三维的观点参见黄鸣奋:《超文本诗学》,厦门大学出版社,2002 年,第 15 页。

括简单的文字与图片的结合，也有包括文字、音响、3D交互景观的作品。在国内，台湾地区作家创作了一系列内容深刻、形式饱满的诗歌、小说发布在网络上，苏绍连的"Flash超文本"网站、向阳的"向阳工坊"、白灵管理的"象天堂"网站、李顺兴创办的"歧路花园网"站、曹志涟创办的"涩柿子的世界"网站都是台湾地区数位诗成果的集中体现。

在台湾地区的超文本作品中，诗歌由于篇幅较小，更便于进行复杂、充分的多媒体化。因此，台湾地区的数位诗作在光、影、声、色的设置上有着巧妙、灵活而饱满的演绎。这些演绎在与文字的互文中提升了诗歌的表达效果。如图10中苏绍连的《争食世间》，虽然画面精简，却在交互操作中产生了令人悚然的深意。当读者进入诗歌页面A时，黑底色上"蚁"字像蚂蚁般四处爬动，任意点击一下鼠标左键，鲜红的"尸体"二字便出现在点击处，"蚁"字蜂拥向"尸体"，抢食不止。这般场景已略为残酷血腥：无思维之群"蚁"被本能奴役，贪婪地抢食尸体。点击下一页B，出现诗作的文本，述以人、尸、名利、食之间的关系。再点击下一页C，则出现的是如蚁般繁多爬动的"人"追逐"名利"、吞噬殆尽的图景。再点击下一页D，人蚁混杂，饥渴地追逐点击产生的鲜红"尸体"。再往下页，再次出现B页诗作。每一页多媒体内容之间互文映射，将人对名利迫切地、如禽兽般地追逐，人为了私利不计手段地戕害彼此的残酷展露无遗。对于读者来说，每一次点击对名利和尸体的放置，都是制造一场小型的暴乱和凶杀，恐惧与震惊在对下一页的揭示中延宕而释放。这种亲身参与的悚然是以往单纯阅读诗作无法拥有的。从这个例子也可以看出，将多媒体运用于超文本，未必一定要做到像电影、动画一般精致地将读者的视觉引入虚拟环境的盛宴，仅仅使用文学隐喻、简单的勾勒也能使诗歌张力十足，使哲理在层层揭秘后释放。除此以外，苏绍连的《诗人总统》《对话》《小海洋》等、白灵的九首《乒乓诗》、"涩柿子的世界"网站上的《想象书1999》，都是提供人诗交互、多条路径的超文本诗歌。值得注意的是，多媒体诗歌现在已经发展比较

A

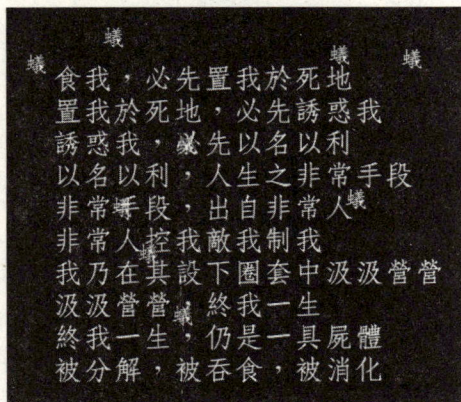

B

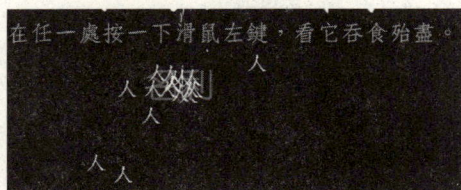

C

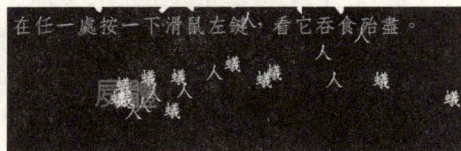

D

图 10 苏绍连作品《争食世间》

成熟,台湾地区的众多超文本诗人有着丰富的多媒体作品。这些作品画面流畅、优美,有的也包含构思巧妙的读者参与元素。如《敲打乐》诗句是由读者每次点击敲打呈现出来的,一次点击呈现的是一些支离破碎,四处分散的语言片段,随着一次又一次的敲击,分散的字词渐渐归位,诗歌才渐渐完整起来。然而在这首诗中,尽管读者也参与到了与文本的交互过程中,但文本只有给定的阅读顺序,并没有多线性结构和多种可能世界的并存。因此,这类诗歌只能根据其采用的多媒体技术称其为多媒体诗歌而不是超文本诗歌。

除了诗歌,台湾地区超文本的多媒体性还表现在众多超文本小说中。如《加里菲亚》,几乎每一页文本都伴随着丰富的插图,还提供了星座图、地理地图等导航方式;摩斯洛坡的《里根图书馆》《人像:一个工具》更是采用了可交互式 3D 图形;而《网际漫游》与《Grammatron》则在加入音频文件的同时更加入了自动跳页的设置。

然而,这些动画效果的多媒体设置并非那么容易就能创造出来的。苏绍连就分享过他的创作经验:"关键是要设计出整个作品的进行过程,包括图层配置,场景转换、铆链节点、时间控制等互动的搬移重组、多重路径功能。"① 多媒体效果意味着作者需要具备比以往作者更高的计算机技术水平,同时,也要将自己的创作精力和创造热情从过去作者的文本中,分散到精心设置的链接与和谐优美的多媒体构建中去。

而多媒体进入文学文本并不仅仅带来读者接受和作者创作的改变,它带来一个可能的未来——跨文体作品与跨界限艺术(Cross-Art)。这是学科整合(Interdisciplinary)的一种发展形势。一种大写的"作品"可能会取代"小说""诗歌""绘画""动画""摄影"这些概念成为新的杂糅型艺术成品。在这个"作品"中,不同文类拼贴赋形,文体界限不再明晰;多种媒材(Media)与类型

① 苏绍连:《与超文本经验链接》,《台湾诗学季刊》,2002 年第 2 期。

（Genre）——音乐、动画、色彩元素、交互游戏等——交织律动，人们无法用现有的分类方式来对其命名。或许有一天，文学这个名字不再独立存在，而成为一片花瓣，同其他艺术门类组成一朵完整的艺术之花。

广告叙事分析

——以电视商业广告为例

叶蔚春

随着后经典叙事学的兴起,广告作为一种包含叙述性的文化产品开始进入叙事学研究范围。广告叙事指的是在特定的社会文化语境中,广告主以盈利为目的,借助一种或多种媒介表述一件或一系列真实或虚构事件,传递产品、服务等企业信息的活动。电视广告以影像和声音作为表意系统。影像系统由景别、角度、字幕和色彩等构成;声音系统分为4类:画外音、人物语言、音乐和音响。广告学一般通过时序、时长、时频三个概念来探讨电视广告叙事时间。电视广告中多用顺叙,以保证其通俗易懂,避免理解错位。从时长上来看,最常见的是省略和概述,因其能在较短的时间内表述更多的信息。为了强调产品,时频上常采用重复性叙述。虽然内聚焦能让观众迅速了解情节、外聚焦能较客观地叙述,但每一则广告都需要使用零聚焦来介绍产品。原型是人类长期积累的心理积淀集体无意识的显现,运用原型使观众更易接受广告,而陌生化的手法既能吸引观众注意又能加深印象。

一、广告与广告叙事

广告一词来源于拉丁语 Adverture,其原意是引起注意、诱导和通知等。《简明不列颠百科全书》将广告解释为“传播信息的一种方式,其目的在于推销商品、劳务,影响舆论,博得政治支持,推进一种事业或引起刊登广告者所希望的其他反应。广告信息通过各种宣传工具,其中包括报纸、杂志、电视、无线电广播、张贴广告及直接邮送等,传递给它所想要吸引的观众或听众。广告不同于其他传递信息形式,它必须由登广告者付给传播信息的媒介以一定的报酬"。① 广告主通过某种媒介对受众进行某种与商品、劳务或者特定观念有关的信息传递,以期望产生某种效果。

广告是一种商业推销,但它常借助于修辞、叙述等技巧抹去推销的影子。越是成功的广告越不像广告。广告中常见的是意义的转移,就是把一种与产品无直接关联的意义转移到产品上,从而提高商品的层次,使得人们产生消费该种商品即消费这种意义的错觉,最终促进商品销售。例如,七喜雪碧广告而没有展示与雪碧直接相关的信息如生产、饮用过程等,而展示的是年轻人的活力与漫天的浪花。广告中的年轻人通过消费雪碧,加深彼此间的友谊并变得更加快乐,这就是典型的意义转移。与其说是在消费一种碳酸饮料,不如说是在消费一种归属感,这种归属感的价值远远超过雪碧本身的价值,这无疑提高了雪碧的意义。

电视广告以图像、声音、文字为构成元素,在最短的时间内表述最多的内容,是最简练的电视叙事形态。它掌控语境与文本的叙事权力,允许它将超现实的内容织入广告,同时高度模仿生活并以视听的方式展现给受众,因此具有高度拟真性。由于符号具有任意性,因此广告中能指与所指的任意联结就具有欺骗性。"在电视广告中,汽车象征着社会地位,腋下除味剂实现了革命抱负,复印机促进了上帝的劳作,乘飞机也成了狂欢经历;妇女的身体被贬损,健康的价值观遭到败坏,无辜的儿童成了贪婪的受害者。"② 广告中隐含的意识形态作用就在于"维护与强化个体与他/她的生活条件之间的想象性的、虚假的关系"。③ 广告将受众与自身生存间的关系再现为虚假关系,使受众产生幻觉的同时无法明白这种关

---

① 李思屈:《广告大创意》,四川人民出版社,1994年,第74页。
② [美]马克·波斯特:《信息方式》,商务印书馆,2000年,第148页。
③ 陶东风:《广告的文化解读》,《首都师范大学学报(社会科学版)》,2001年,第6期。

系的虚假性。

叙事的概念始于托多罗夫于 1969 年出版的《〈十日谈〉语法》。他认为叙述学是关于叙事作品的科学，由此可知叙事学的研究对象应是所有具有叙述性的作品。由于小说是最适合进行叙事研究的文体，因此在此后的研究中叙事学多以其为研究对象，加之结构主义叙事学研究的是文本内部，因而经典叙事学最终建立起了一整套叙事诗学。随着后经典叙事学的兴起，叙事学从文学叙事转向了跨学科、跨媒介叙事学等，音乐、绘画、电影、歌剧和建筑等许多包含叙述性的文化产品开始进入叙事学的研究范围。广告作为消费社会的产物，也进入了叙事理论研究的视野。

叙事"指的是承担叙述一个或一系列事件的叙述陈述，口头或书面的话语"①，故事指的是真实或虚构的事件。里蒙·凯南把故事定义为"按时间顺序重新构造的一些被叙述的事件，包括这些事件的参与者"。② 托多罗夫认为故事以四平八稳的局势开始，是从一种平衡被打破到另一种平衡被建立的过程。人物、背景和因果线索完整的事件等是组成一个完整故事的基本要素，因此我们可以将部分广告排斥在叙事之外，如恒源祥广告，由商标与羊群构成的画面静止不动，广告语也只有童声念的"羊羊羊"三个字。本文研究的广告叙事指的是在特定的社会文化语境中，广告主以盈利为目的，借助一种或多种媒介表述一件或一系列真实或虚构事件，传递产品和服务等企业信息的活动。

二、广告叙事符号：影像与声音

在电视广告中，商品并不以使用价值被推销，而是以符号所建立起的价值观来吸引观众。广告叙事以图像、字幕、人物语言、音乐和音响等符号来传递信息，不仅能直接诉诸感官，引起观众情感

---

① ［法］热奈特：《叙事话语·新叙事话语》，中国社会科学出版社，1990 年。
② ［以色列］里蒙·凯南：《叙事虚构作品》，姚锦清等译，生活·读书·新知三联书店，1988 年，第 5－6 页。

共鸣,而且能清晰地表达抽象概念,突出主题。电视广告以影像和声音作为表意系统,影像是电视广告最重要的表现方式,叙事的发展多以影像来完成,画面在电视广告中有着不可取代的地位。"人们通过视觉获得的信息占所获信息总量的83%,而从听觉获取的只占11%。"①本部分重点分析影像与声音两种表意系统,影像系统从技术上看可分为景别和角度等,内容上则由字幕和色彩等构成;声音系统分为4类——画外音、人物语言、音乐和音响。

(一)影像系统

1. 技术

(1)景别

景别是指被摄体和画面形象在电视画面中所呈现的大小和范围,一般分为5种,以人的体积为标准,由远到近分别是:远景(被摄体所处环境)、全景(人体的全部和周围背景)、中景(人体膝部以上)、近景(人体胸部以上)和特写(人体肩部以上)。远景和全景常用于介绍、交代情节发展的环境,用来渲染气氛、塑造人物等。在大红鹰集团的广告大海篇里,先是采用远景远观浩瀚的海洋,然后采用全景拍摄人物驾着摩托艇随着浪花飞跃的镜头,两辆摩托艇互相追逐着,刻画了人物拼搏进取的精神,片尾画外音响起——"大红鹰,胜利之鹰",展现了大红鹰集团的气势。近景和特写常用于拍摄化妆品的广告中,这样不仅可以介绍叙事情节,还能把观众的注意力集中到产品上。如欧莱雅唇膏广告,人物一进入镜头就采用特写展示其娇美的面庞,然后镜头慢慢靠近,从眼睛开始大特写直至嘴唇,镜头保持不动充分显示嘴部的晶莹美感,充分体现了产品的效果,激起了观众对唇膏的兴趣。

(2)拍摄角度

拍摄角度包括拍摄高度、拍摄方向和拍摄距离。我们主要讨论拍摄高度和主客观角度。拍摄高度分为平拍、俯拍和仰拍三种。仰拍时摄影机的位置低于视平线,从低处向上拍,使被摄体显得高

---

① 刘平:《电视广告学》,四川大学出版社,2003年,第35页。

大、强壮。在百威啤酒螃蟹篇中,由于螃蟹本身低于啤酒瓶,同时为了显示百威的魅力,因此采用仰拍。俯拍是摄影机由高处往低处拍,视野开阔可用来拍摄大场景,但会使人物变小,比较适合展示反面人物,在电视广告中极少采用俯拍。平拍时摄影机与被摄体处于同一视线,因此没有什么独特之处,也是广告中最经常使用的角度。

主观拍摄角度是指将摄影机放于人物的视点上,通过人物来向观众传递信息。观众将注意力集中在视点上,仿佛身临其境,因此容易认同人物的行为。采用主观拍摄角度的广告对人物的要求略低,拍摄成本也低。客观拍摄角度是从客观角度来表现内容的,较为理性,试图留给观众一种眼见为实的印象,"这种印象的营造通过镜头内叙述者的角色设定予以暗示,即通过镜头内同时存在叙述者与听众两种角色从而暗示观众在进行客观事件的旁观窥视"。[①] 如汰渍洗衣液广告,海清在超市偶遇衣服有污渍的小朋友,并拿出汰渍洗衣液给主妇们展示汰渍的去污能力。广告里既有人物又有观众,模仿了新闻叙事的视角,给观众留下了深刻印象。

(3) 运动摄影

运动摄影指的是在拍摄一个镜头时摄影机持续性的运动。"运动镜头以模拟人的视觉感受为主要形式,以推、拉、摇、移、跟等倾向性的运动传达情绪"[②],镜头运动方式和景别相结合能有不同的效果。推镜头是摄像机向被摄体方向推进,具有明确的目标,能产生视觉前移的效果。如上述汰渍洗衣液广告中,为了显示洗衣液的效果,使用了推镜头,随着镜头的前进,污渍区变大,使得观众能更清楚地看到去污效果。拉镜头则是摄像机逐渐远离被摄主体。在拉镜头中,景别不断变化,保持了画面空间的连贯。拉镜头常用于广告片尾,用于揭开悬念,常是点睛之笔。

---

① 耿璐:《我国电视广告的叙事研究》,郑州大学硕士学位论文,2009 年。
② 刘平:《电视广告学》,四川大学出版社,2003 年,第 212 页。

2. 内容

（1）色彩与光线

色彩是人眼感光刺激的产物，是人类视觉神经反应最快的一种信息。马克思曾说，色彩的感觉在一般美感中是最大众化的形式。绚丽的色彩能够吸引人们的注意力，"调查表明，黑白广告的注目率为 46%，彩色广告的注目率却能达到 84.1%"[①]，彩色广告能长时间吸引人的注意力，从而有足够的时间来传递商品的信息。从传递产品信息来看，色彩比文字和语言更能生动地表现产品的形象和特性。

色彩基调是品牌性格的一部分，"广告作品选择使用某色彩形式，都是根据商品的特征和目标受众的心理情感象征以及广告主题独特的表达需要的情感而决定的"。[②] 选择适合的颜色不仅能使画面更加饱满，而且能强化品牌印象。如绿箭口香糖广告选择代表清新的绿色，百事可乐广告选择冷静、包容的蓝色，可口可乐广告则选择朝气蓬勃的红色。广告作品常采用色彩对比的手段，其中冷暖对比最为常见。色彩的冷暖可以表现产品的特点，如女性化妆品常用柔和的脂粉色，倾向红灰色和黄灰色，代表女性典雅温柔的特点；男性化妆品如曼秀雷敦洗面乳则多用黑色展现男性的沉稳成熟。儿童用品的广告，如步步高点读机广告采用粉色等鲜艳的颜色，符合儿童活泼天真的特点。五金、机械类的广告常用黑色、蓝色和黄色来表现其耐用、精密的特点，科技含量高的产品也常使用冷色调，如相机、计算机、移动硬盘等几乎都采用黑、白、蓝等冷色。

对于广告中色彩体系的构建，除了利用所处的环境之外，最主要的就是人物的服装。广告中的一切都是为产品及其特性服务的。如潘婷洗发水广告汤唯篇，汤唯身穿白色服装，配合明度高的

---

① 钱朝阳：《广告色彩漫谈》，《上海大学学报（社会科学版）》，2007 年第 14 期 138 – 142 页。

② 同①。

金色背景,显得头发油亮光滑,突出了乳液修复系列的功效。另一种广告中的人物服装则特意使用与环境相同的颜色。如清扬洗发水广告小 S 篇,整个广告画面均以黑色为主,黑色的轿车、黑色的台子,小 S 穿的礼服也是黑色的。之所以没有色相对比,就是为了说明清扬洗发水去屑的效果。

此外,光线在广告中也是一种表意手段,指代传递着信息。如曼秀雷敦男性洗面奶 Rain 篇里,采用强反差、硬光线来塑造人物阳刚的形象,白色的背影、衣服与明亮的光线与黑色的洗面奶和包装形成了反差,强调产品的适用人群是年轻男子。欧莱雅唇膏广告,运用朦胧光、柔和光线处理女主角,在舒适柔和的光线里,人物的美感与产品的精致都体现了出来。

(2) 字幕

电视广告通过添加字幕对广告进行提示、表述和解读,字幕在强化观众对商品记忆的同时强调了商品的主要特性。为了传递产品信息和强调服务特点,广告中的字幕既可以在屏幕下方,也可以叠加到画面的任意位置。广告的核心目的是传递产品、品牌信息与品牌价值的介绍,这些抽象的信息难以用画面表达出来,因此字幕必不可少,但字幕也不宜过多。电视广告是动态画面,过多的字幕会造成观众解读的负担,也不利于观众记忆产品,因此必须使用简短的字幕。同样是洗发水广告,每个品牌广告的字幕均不同,飘柔广告字幕是“洗护二合一,让头发飘逸柔顺”“飘柔,就是这么自信”,突出了飘柔洗发水飘逸柔顺的特点;海飞丝洗发水主打去屑功效,因此它的字幕是“头屑去无踪,秀发更出众”“新海飞丝,就是说没头屑”;潘婷的字幕是“如此健康,焕发光彩”“三千烦恼丝,健康新开始”“再见,瞬间美丽;你好,永恒之美”,突出的是健康的长久之美。

字幕选择的色彩要能强化主体,美化画面,引导消费,因此字幕的背景色与字幕颜色的对比很重要。如上述潘婷乳液修复广告,产品的主要功效是修复发质、恢复光彩,因此字幕采用的是代表橄榄油的金色,营造出一种高营养的感觉。金色与白色背景色相差大,能够给观众视觉上的冲击。字幕不仅容易辨别,而且容易让人联想起收获、滋润等。

(二)声音系统

按照詹姆斯·费伦的观点,声音是叙事"为达到特殊效果而采取的(修辞)手段"。[①] 画面难以表达抽象的信息,声音的出现不仅消解了这种困扰,而且由于它使人产生身临其境的感觉,因而可以增加广告的可信度与受众的购买欲。电视商业广告中的声音系统由画外音、人物语言、音乐和音响组成。

1. 画外音

画外音是电视商业广告中最常见的声音,它常控制着叙事情节,表达广告中的核心信息。大部分电视广告的结尾都用画外音来点明广告语与产品信息的联系,在有限的叙事时间中,画外音起着导入叙事、连接叙事线索、彰显核心信息及过渡等作用。画外音可以是人物的内心独白,也可以以旁观者的姿态出现。

以德芙巧克力广告为例。广告从头到尾始终是轻柔的背景音乐,人物随着音乐舞动,画外音直至广告片尾才以一个柔美的女声很自然地道出:"德芙,此刻尽丝滑。"这样的画外音恰到好处,简洁明了地突出了德芙巧克力丝滑的这个特点,没有主观性的描述,也没有意识强加的嫌疑。电视广告有着自己的叙事流程,过多的画外音不仅会阻断叙事流程,而且在消耗受众兴趣的同时会使受众产生不信任感。湖南电视台"欢乐购"的所有广告基本是同一个模式,即画面中的人在使用产品时表现出的幸福感加上语速很快的画外音。在这样的情况下,画外音不仅没有突出核心信息,甚至消解了画面中人物的语言,让观众失去了对商品的兴趣,起到了适得其反的作用。

2. 人物语言

受到电视大众化、娱乐化的影响,含有人物和情节的生活片段

---

① [美]詹姆斯·费伦:《作为修辞的叙事:技巧、读者、伦理、意识形态》,陈永国译,北京大学出版社,2002年,第20页。

式广告愈来愈流行。通俗化、口语化的人物语言拉近了广告与观众的距离，观众也因此在情感上更加认可此种商品。早期的电视广告强调使用规范标准的普通话，但观众却把对标准普通话的距离感转移到了商品上，并对广告的可信度产生了怀疑。因此近期的电视广告为了呈现原型人物的真实，不再对普通话进行要求，如芬必得爱心学校篇中就如实采用了石老师的声音，质朴真实的声音为这个广告赢得了好评。名人代言广告大多重视展示自我消费感受，为了显示名人的号召力，广告中的也都采用真声。广告中人物语言不仅看重真实，而且看重时代感，近年来的广告就出现了"耶""给力"等网络新词。

人物语言可以分为对白和独白两种。对白既可以在人物之间展开，也可以在人物与观众间展开。人物在对白之间完成了叙事，如在大宝 SOD 蜜广告中，爸爸、妈妈和两个女儿、女婿之间的对话填满了整个广告，每一次对话都围绕着大宝，指出它的一个优点，多次的对白交代了整个叙事线索。人物与观众的对白也可以成为一种叙事线索，耐克有个广告采用的是各国孩子用本国语言面对镜头念出"我是一名运动员"的形式，各种各样的声音与多样的画面相结合，展现出的是积极向上的运动精神。人物独白则能扩展有限的叙事空间，如南方黑芝麻糊广告中人物内心独白"小时候，一听见芝麻糊的叫卖声，我就再也坐不住了"将画面拉回了过去，在怀旧的同时向观众说明芝麻糊美味的特点。

3. 音乐

在广告中，音乐多以背景音乐、主题歌曲和品牌标示音等形式出现，可以营造和烘托环境，表达人物情绪，补充画面叙事，也可设置悬念，吸引观众注意力，强化商品印象，最终起到促进消费的作用。由于广告时间有限，广告音乐必须截取精华，在最短的时间内突出核心信息，因此"影视广告音乐中的歌词，没有主、副歌的区分，一般多为一段体。音域也基本控制在 1 个八度之内，通常不会超过四个乐句，每个乐句中的歌词般不超过 8 个字节，这样才会通俗上口,易念易唱"。①

　　背景音乐是衬托广告氛围的无声源音乐,对广告气氛起着渲染与强化的作用。随着观众审美能力的提高,有些广告很少有人物语言和画外音,信息传递只依靠背景音乐和字幕完成,背景音乐也常选择迎合商品特征或人物情绪的音乐。广告叙事是否成功与背景音乐的选择息息相关,音乐与画面的统一是选择背景音乐的标准。如步步高音乐手机广告,广告长达 33 秒,在这 33 秒中,人物伴随着一首轻快的音乐游走于大街小巷,最终来到海边散步……广告结尾才打出"步步高音乐手机"的字幕。这样自然的解说和完美的音质给观众留下了深刻的印象。

　　广告主题曲的应用给品牌性格提供了更强的张力,曲风和歌词起到连接叙事线索的作用。主题曲可以在名曲的基础上自创歌词,加深观众的印象,也可以是原创歌曲。周华健在东风风神 A60 的广告里将自己的歌曲《有没有那么一个人》的歌词改成"有没有那么一辆车",借用歌曲的高传唱率,将 A60 推至观众眼前,观众也因对此歌信任熟悉而开始对商品感兴趣。原创的广告歌曲是将广告信息用歌词表达出来,如"不必担心什么,尽情享受生活,怕上火,喝王老吉"就使用歌词串起了画面场景,取代了人物对白,理清了逻辑的同时又清楚明白地将产品消火的特征显示了出来。

　　品牌标示音常在广告末尾出现,起到画龙点睛的效果。一些具有前瞻性的大品牌都会建立独特的听觉识别系统,将声音与品牌结合,当广告中不变的标示音乐和商标同时出现时,音乐和歌曲的积累效益会增加消费者的购物欲望。根据一项调查,麦当劳的"I'm lovin'it"音频标识,在消费者中的认知率居然达到了 93%。自从带有这一标识的广告运动在全球拓展以来,麦当劳的销售额就

---

①　耿璐:《我国电视广告的叙事研究》,郑州大学出版社,2009 年,第 18 页。

一路强劲攀升。① 还有一个很出名的例子是英特尔处理器的标示音"等灯等灯"(谐音),英特尔的每一个广告都会在片尾加入这个3秒的标示音。它凝聚了品牌形象,并与品牌整体标示融为一体;它作为一个叙事符号,识别度甚至比广告语还要高。

4. 音响

音响指的是"除语言与音乐之外,自然界产生的或物体运动、人物行动产生的声音"。② 音响是自然客观的,更加生动真切,富有表现力和感染力,因此一段音响常胜过数十字的解说。音响还可以拓展叙事空间,"让观众通过想象力的发挥,将画外空间的音响部分与画内空间的影像连接,从而形成一个连贯的故事空间整体"。③

碳酸类饮料广告中经常出现开启瓶盖、泡沫溢出等音响效果来说明饮用的动作,薯片广告中也常使用这样的手法。如乐事薯片孙燕姿篇中,人物跑向泳池边休息,朋友拿出一包原味乐事,孙燕姿看到后开心地放入嘴里,薯片破碎发出"咔叽、咔叽"声的同时,孙燕姿闭眼慢慢回味。如此简单的一个音响效果比画外音的解说好得多,既不突兀也不做作,准确地将薯片的特征展现了出来,激发了观众对薯片的品尝欲。音响还可以推进叙事情节,如芬必得灯泡篇,灯泡故障发出的"呲呲"声与椅子发出的"嘎吱"声,暗示人物正被病痛折磨得无法成功换灯泡,当人物开启带有"芬必得"字样的开关时,"叮"的一声,灯泡亮了,人物的疼痛也缓解了。"呲呲"声、"嘎吱"声与"叮"一声形成了鲜明的对比,通过声音的转换完成了换灯泡的情节,也向观众说明了芬必得止疼的特点。

---

① Noel Franus:《声觉营销的威力》,李维晗译,《市场观察——广告主》,2007 年第 11 期。

② 周蜜、林海:《声声入耳,字字传意——电视广告声音叙事的特征研究》,《西华师范大学学报(哲学社会科学版)》,2005 年第 3 期。

③ 宋家玲:《影视叙事学》,中国传媒大学出版社,2007 年,第 107 – 109 页。

三、广告叙事策略:时间与聚焦

(一) 叙述时间

电视广告制作成本高,媒介播放费昂贵,广告叙事不同于其他叙事的一大特点就在于缺乏充足的时间篇幅。因此,制作者必须在有限的时间内完成无限的叙事,在最短的时间内吸引注意力,强化观众记忆。一则广告播出的时间是固定的,但观众在看广告时的心理时间却可以不断拓展。广告作品同其他叙事作品一样具有双重时间,即故事时间和叙事时间,通过蒙太奇这个技术手段可以表现出二者关系的多样化。蒙太奇原为法语建筑名词,有安装、组合的意思,借用在电影中可以简单理解成镜头的拼接。使用蒙太奇可以集中展现叙事情节,有效节省广告时间,也可拓展观众的想象空间,延长广告心理时间。以下借用时序、时长、时频来探讨广告叙事中的几种时间形态。

1. 时序

时序关注的是故事事件的自然线性与事件在叙事文本中时间排列的对比,即"对照事件或时间段在叙述话语中的排列顺序和这些事件或时间段在故事中的接续顺序"。[①] 故事时间指的是事件从发生、发展到结束的自然时间;叙事时间指的是叙事文本中事件所呈现出来的时间状态,是作者对事件重新排列的人为的时间。二者的对比形成了顺叙、倒叙、预叙等排列方式。

大多数的电视广告都采用顺叙,即按照事件发生的先后顺序进行的叙述。采用顺叙使得时间的发生清楚明白、脉络分明,这对叙述者而言是最便利的叙述方式。广告时间大多在 5～30 秒,在有限的时间内采用顺叙通俗易懂,避免了观众理解的错位。采用顺叙时势必要处理详略关系,在最短的时间内传递最多的信息,既有利于强化产品功效,也有利于降低成本。

---

① ［法］热拉尔·热奈特:《叙事话语·新叙事话语》,王文融译,中国社会科学出版社,1990 年,第 14 页。

也有一些广告故意打乱故事的时间顺序,这就涉及了倒叙和预叙。倒叙也叫闪回,是指叙述以前发生的事件,包括追叙和回忆。广告中的倒叙可以起到对缺少的情节进行补充的作用。如百年润发广告周润发篇,在他故地重游时插入了过往的回忆,补充了恋爱的情节,既说明了故地重游的原因,也延缓了二人的相遇。倒叙可以通过语音和画面来完成。如南方黑芝麻糊广告,一开始画外音"小时候……",通过语言的过去式过渡到了过去,同时还配以昏暗幽黄的画面来强调闪回。影视广告中还有一种闪回比较特殊,俗称倒镜头。倒镜头并不是回到过去的某个时间点进行顺时叙述,而是通过技术手段把画面倒放。如多芬沐浴露广告,一颗水珠从人物手臂滑至手指,画外音"是什么让我的肌肤如此柔软细滑"给观众留下了悬念,这时画面开始倒放:水珠从指尖回到手臂,围上浴巾,花洒水回流,镜头一直倒到了使用多芬沐浴露的情形,然后再顺叙播放画面。画外音此时又补充说道——"秘密是使用多芬柔肤乳酸沐浴露",解开悬念,让观众恍然大悟的同时也让人惊叹其创意。

预叙又称闪前,是指文本提前叙述未来的时间。它虽然消解了后续事件的新鲜感,但由于观众会对产生此结果的过程有好奇心,因此它同样也能吸引观众,激发观众去获得求证的快感。"影视广告叙事中的前叙一般都是将广告片中将要发生的故事情节进行提前预告,它可用于开端对广告故事的情节梗概进行介绍或是对广告故事的结局进行预言。"[1]

技术不断进步,现在还产生了一种新的叙事时序——同步叙述,即叙事时间和故事时间的平行,是"各种现在的间歇、片断或是阶段连成的序列共同组成持续的或正在进行的叙述过程,它可以是不同空间同一时间的共同展示"[2],因此更客观、真实。由于电

---

① 傅修延:《讲故事的奥秘》,百花洲文艺出版社,1993年,第136页。

② 张筱文:《中国电视广告的叙事学研究》,江西师范大学出版社,2008年,第19页。

视广告是以间断的动作、多组镜头等组成的叙事,因此镜头随意的剪裁、交叉会影响到时序的选择。同步叙述则解决了这种尴尬,它可以在一个时间段里同时完成两个空间的叙述。通过镜头的剪切和拼贴,以平行的位置展出画面,同步叙述弥补了叙事时间因为前后安排而无法跟上故事时间的缺陷,也缩短了广告时间,在同样的时间内扩大了信息量。如余文乐、潘玮柏等人出演的可口可乐广告,将画面一分为二,在不同的空间内分别叙述,叙述内容相互对应,毫无突兀感。这种叙事时序在话剧《暗恋桃花源》里发挥得淋漓尽致。

2. 时长

在小说文本叙事中,叙述时长只能体现在字数上,影视叙事文本中的时长则是明确的时间,通常是 5 秒、10 秒、15 秒、30 秒。时长主要研究故事时长和叙述时长的对比关系,根据热奈特的划分主要有 4 种:停顿、场景、概要和省略。这 4 种关系并不对称,缺少了扩述,因为热奈特认为虽然某种慢速场景似乎超出假设占满了故事时间的长场景,但小说的大场景"主要被叙述外的因素拉长或被描写停顿打断,并不完全放慢速度。况且纯对话不言而喻是不能放慢的。还剩下行为或世界的详尽叙述,讲述这些行为或事件比完成或承受这些行为或事件的过程更慢"[①],叙述时长大于故事时长没有真正在文学传统中实现,因此他排除了这种关系。但本文研究的电视广告实现了叙述时长大于故事时长,因此无法排除。

扩述又称延缓,指叙述时间大于故事时间,用较长的时间来叙述较短时间发生的故事。延缓使得事件被叙述的速度慢于事件本身发展的速度,强调了事件的重要性。比较常见的延缓是在观众期待某种行为发生前插入一段先前发生的故事或者对未来的意识活动。如百年润发广告,在男女主角相遇前插入了周润发的回忆,延宕了故事高潮。还有一种延缓并非插入情节,而是通过技术手

---

① [法]热拉尔·热奈特:《叙事话语·新叙事话语》,王文融译,中国社会科学出版社,1990 年,第 60 页。

段放慢动作,也就是俗称的慢镜头。这种手法常用在体育明星拍摄的广告中,拉长扣篮、跳跃、潜入水底的瞬间也拉长了观众观赏动作的时间,强调动作之美的同时常给产品以大特写突出产品特性。如 Acer 宏基奥运篇广告,孙杨、焦刘洋等游泳明星潜入水底、换气等动作都被放慢数倍,推迟了冲出水面的那个瞬间,使得宏基有足够的时间来说明产品性能。

停顿是指故事时间为零,叙述时间无限大于故事时间,像是在拍摄静物图一样。在电视广告中,停顿多是为了描写、说明和评论,虽然打断了时间进程,但有助于介绍产品。大多数的洗发水广告中,都会把画面定格在头发上进行特写,同时画外音简略介绍洗发水功效。考虑到广告成本,停顿在其他类广告中较少使用。

场面又称等述,是一种故事时间和叙述时间等时的情况,是对故事的再现与记录。镜头本身是对行动的对等记录,在没有进行任何处理的时候即是一种等述。因此任何一则电视广告中都有等述的存在,即便是很短的等述。最典型的等述是对白,因为对白如果使用快慢镜头就无法被理解。如周杰伦和江语晨在优乐美奶茶中的对话,通过等述表达出来增加了广告的真实性,也吸引了观众的注意力。

出于成本考虑,概述和省略在广告中运用得最频繁。概述即概要,是故事时间大于叙述时间,将长时间的故事用较短的时间叙述出来,多表现为用几句话概括一个较长的故事,具有加快节奏的作用。电视广告常选用典型的人物或环境来辅助叙事,这样有利于观众迅速理解广告。如海王金樽张铁林篇就运用了辨别度高的皇帝形象作人物,皇帝介绍的海王金樽似乎也具有了权威性。此广告就是利用观众对张铁林的记忆和好感使得广告更易被理解,同时将观众对人物的信任感转移到产品上。电视广告还常用若干代替整体的手法,如智联招聘广告盖章篇中,人物在几次重复的盖章中老去,用盖章这个动作囊括了人物的一生。还有一种表现手法是使用快镜头,如步步高无绳电话小丽篇中,时针在快镜头的运用下快速转动,表现了人物焦急等待时间的飞逝。

省略是叙述时间无限小于故事时间,即没有对故事进行叙述。省略在电视广告中是最常见的,因为故事时间长,广告时间又有限,因此必须省略某些部分。蒙太奇的运用说明了镜头的剪贴不会对观众理解叙事造成困难,这也就在技术上支持了省略。电视广告常把不重要的信息隐藏起来,如湖南台欢乐购里的化妆品广告,人们先是看到一个脸部有痘痘、色斑等问题的女子,在使用某某化妆品后焕然一新,与之前判若两人,几周的使用过程都被省略,只有字幕和画外音提示时间的流逝。当然,省略的并非都是不重要的信息,有时是为了节约成本而省略,有时是为了达到某种效果。如可口可乐姚明篇,姚明把可乐递给小孩自己投篮时镜头省略了小孩溜走的部分,正是这种省略,让观众在结尾时感到惊讶,同时也惊叹广告的创意。在百年润发中只用几十秒表现人物间的爱情则是为了节省广告时间。

3. 时频

时频是指故事发生的次数与其被叙述次数的关系。故事可以发生一次或多次,相关的叙述也可以有一次或多次。根据二者的关系,托多罗夫总结了三种可能性:"单一性叙述,即用一遍话语叙述只发生过一次的事实;重复性叙述,即用多遍话语叙述同一个事件;综合性叙述,即用一遍话语表示(类似)事件的反复发生。"[①]

单一性叙述就是叙述一次发生一次的事件或叙述多次发生多次的事件,这是广告叙事里最基本的方式。但由于电视广告时间短、成本高的特殊性,广告制造者常使用重复性叙述加强印象。重复性叙述又叫多重叙述,由于世上没有两片一模一样的树叶,也没有两件完全相同的事件和动作,因此重复性叙述在广告中是指同一类似画面的反复出现。如麦当劳广告宝宝篇,宝宝面朝窗口荡秋千,随着秋千的升降忽笑忽哭,观众对这一重复的动作不仅没有感到反感,反而十分好奇,直到广告结尾摄影机移动机位拍到了窗

---

① [法]兹维坦·托多罗夫:《文学作品分析》,张寅德编选《叙述学研究》,黄晓敏译,中国社会科学出版社,1989年,第63页。

外的麦当劳商标时悬念才解开。画面的重复出现很明显地提示了广告的核心,大多数的广告都出现两次以上的重复,护肤品广告中人物使用产品的效果图也会多次出现。重复性叙述可以是被多个聚焦者从不同视角进行叙述,如黑泽明电影《罗生门》;也可以是对同一个动作从多个角度拍摄而成的重复,如球赛中对一个进球的多机位拍摄,这两类的广告都比较少见。电视广告还有一种重复是连续几次播出一则广告,但这就与叙事学无关了。

综合性叙述也称概括叙述,对于多次发生的事件只叙述一次。在广告叙事中,制作者用一组镜头来代表反复发生的事件,减少广告时间的同时还能简化故事。如统一奶茶野蛮女友篇,女友发脾气疯狂地摔雕塑、花、水、瓶子等物品。摔东西这一动作是重复的,不同的只有摔的物品,与之对比的是正在喝奶茶的男友怡然自得的表情,这样的重复对比用较少的镜头强调了产品带给人物的体验。由于画面不具有时态,因此有时需要语言来弥补这一缺陷。如南方黑芝麻糊广告语"小时候,一听见芝麻糊的叫卖声,我就再也坐不住了"表明故事发生了很多次。电视广告可以通过"以少代多"来表示重复,如中华英才网中用超人碰壁三次来指代每次碰壁。

(二)聚焦

聚焦是指"描绘叙事情境和事件的特定角度,反映这些情境和事件的特定感性和观念立场"[1],研究的是观察者(聚焦者)与被观察事物(聚焦对象)间的关系。热奈特将聚焦分为零聚焦、内聚焦和外聚焦。零聚焦是指叙述没有固定的视角,叙述者如上帝般全知全能,即叙述者大于人物。内聚焦是叙述者只从某个人物的视角进行叙述,叙述者与人物知道得一样多,即叙述者等于人物。外聚焦是叙述者从外部展现客观情节而不对人物进行叙述,叙述者比任何一个人物都知道得少,即叙述者小于人物。

零聚焦中的叙述者不参与事件,却可以从任何角度和时空来

---

① 罗钢:《叙事学导论》,云南人民出版社,1994年,第174—175页。

叙述,他"熟悉人物内心的思想和感情活动,了解过去、现在和将来,可以亲临本应该是人物独自停留的地方,还能同时了解发生不同地方的几件事情"。① 如上文提到的百年润发广告,先是用外在聚焦者的身份来观察周润发故地重游,当他即将开始回忆的时候,聚焦者通过近景镜头和蒙太奇来提醒观众以下均为回忆。在回忆的这段影像里,聚焦者变成了周润发,通过他的视角回忆了两人的相知、相恋与分别。广告结尾两人再次相遇时,通过正反打镜头来转换聚焦,即先是通过聚焦者周润发的眼睛看到人物江美仪,再通过聚焦者江美仪来看周润发。

内聚焦在广告中的应用通常与零聚焦分不开,最常见的是先通过内聚焦使观众迅速了解情节,明白人物的行为与心理,然后再以零聚焦的方式用权威的声音来介绍产品。情节愈是跌宕起伏,人物表演愈是夸张,愈能给观众留下深刻的印象。在中国移动2002年的全球通篇广告里,画面先是出现"10.6"船难获救者邓先生回忆船难,然后镜头使用蒙太奇再现船难发生的情景,在使用完内聚焦叙述后,画外音是一个沉稳的、普通话标准的男音:"打通一个电话能挽回的最高价值是生命。关键时刻,信赖全球通。"这时的聚焦变成了零聚焦,画外音如上帝般权威,为观众留下了客观的印象。上述广告是通过回忆来展现内聚焦的,有时内聚焦可以通过景别来表现。如海王银得菲彩票篇,前景是对一只持彩票的手进行特写,背景是一位正在等人的女子,移镜头的使用说明人物在奔跑,这也说明了这里使用的是内聚焦。人物的一个喷嚏使得中奖的彩票吹走,这时画外音"关键时刻怎能感冒"响起,画面也出现了同步字幕。这则广告里聚焦转换与全球通的广告有异曲同工之妙。

外聚焦是相对内聚焦而言是一种放弃,它意味着对叙事的掌握达到最低的限度,叙述者不比任何一个人物知道得多。如果说内聚焦仅限于借助人物的意识来感知、叙述,那么外聚焦则是绝对

---

① [以色列]里蒙·凯南:《叙事虚构作品》,姚锦清等译,生活·读书·新知三联书店,1988年,第171页。

排斥叙述者介入故事中任何人物的意识中去。严格来说,没有一个广告是绝对采用外聚焦的,因为广告的目的在于传递产品信息,对事物的严格描述不利于推销产品。但由于电视广告是由镜头拼贴组成的,外聚焦能让观众产生客观公正的印象,因此电视广告仍有部分镜头采用外聚焦。如前文提到的南方黑芝麻糊广告,聚焦者没有介入小男孩的内心去表现其对芝麻糊的喜爱,而是通过舔碗边和渴望再吃一碗的眼神表现出来,这对观众来说更有说服力。在智联招聘广告中,外聚焦的运用算是比较成功的,摄影机位保持不变,较为客观地记录人物在盖章中慢慢变老的过程,既没有解释人物的行为,也没有介入人物的内心。广告结尾画外音的出现打破了外聚焦的方式,提醒观众"没有激情的工作,会荒废你的一生",然后再给出看似客观的建议"上智联招聘,发挥你所长,找到你所在",成功地将智联招聘推销给了观众。

四、广告叙事原型

(一)原型理论与电视广告

原型(Archetype)由"初始的(Arche)"和"类型(Type)"这两个词构成,是瑞士精神分析学家荣格在研究大量神话的基础上提出的一个概念。"原型是人类长期的心理积淀中未被直接感知到的集体无意识的显现……作为潜在的无意识进入创作过程的……在远古时代表现为神话形象,然后在不同的时代通过艺术在无意识中激活转变为艺术形象,在漫长的历史进程中不断地以本原的形式反复出现在艺术作品和诗歌中。"① 集体无意识是对人类世世代代传承下来的普遍心理经验的积累,它不产生于个人经验与后天习得,而是一种由遗传保留下来的普遍的精神机能。集体无意识是个体无法意识到的,它将所有的经验与情感积聚,通过外化表现为原型。由于经验的不断重复,它凝聚的力量足以构成心理结

---

① 刘伟:《想象与关怀——弗莱神话理论研究》,南京师范大学出版社,2006 年,第 5 页。

构的一部分,它可以出现在神话、宗教、梦境、文学意象中。弗莱认为,原型是典型的反复出现的意象,是一种模式化的物质或思想。由于这种模式是人类社会长期积累而形成的,因此大多数人对此都很熟悉,电视广告中使用原型正是利用这一点。

从叙事学方面来看,普洛普的《民间故事形态学》归纳出了 31 种叙事功能,这些情节功能基本都是由主人公被任命——各种磨难、艰险——取得成功三个环节构成的。虽然环节之间常有变故发生,人物也时有增减,但最终的叙事情节并没有被打乱。以《西游记》为例,师徒四人因不同的原因被委以重任,途经九九八十一难,受难过程中不管施害者如白骨精、蜘蛛精如何阴险狡诈,受难者唐僧永远都能被成功解救。孙悟空时常扮演的是援助者的角色,帮助唐僧及师弟们脱险,但在第二十回"黄风岭唐僧有难 半山中八戒争先"中,孙悟空也成了受难者。但即便是这样的波折中,整体的叙事情节仍没有破裂,当文殊菩萨收回黄鼠狼后,师徒四人继续向西取经。在阅读这种模式化如此明显的作品中,读者会产生同样的心理期待——希望落难者能快点走出困境,期盼施害者受到应有的惩罚。

电视广告中同样存在原型期待。健康积极的人物形象能让观众对产品产生好感,因此广告代言人的挑选十分注重明星形象。这里的形象不仅是指荧幕中的形象,也包括明星生活中的形象。明星生活中出现丑闻时,其所代言的产品质量也难以让人信服,因为观众脑海中存在着"物以类聚,人以群分""近朱者赤,近墨者黑"等的惯常经验,娱乐新闻常报道的某明星因生活形象的破坏而失去了代言某产品的机会也正是这个原因。当某个荧幕形象深受观众喜爱时,明星便不再是仅仅以个人的身份代言产品,而是更加突出荧幕上角色的身份。如上文提到的海王金樽张铁林篇,就是利用了当年红极一时的《还珠格格》里塑造的乾隆形象来推销产品的。

在电视广告中我们常常见到英雄原型,这种原型体现的是人们内心对变革的渴望及突破常规的欲望。英雄往往能做到常人做不到的事,具有在危急时刻力挽狂澜的本领,能够捍卫人民和国家的尊严。英雄这种挑战权威挑战自我的冒险与付出赢得了尊严和肯定。现代社会的英雄多了理性主义和科学主义的因素,叙事里不再强调英雄本身具有的超能力,他们通常是利用先进的科技手段来实现目的的,这就意味着通过一定的努力人人都能成为英雄。因此在现代英雄原型里,引起人们共鸣的不是对天生神力的崇拜,而是对成功的渴望,这在一定程度上激励着人们不断努力缩小与成功的差距。电视广告中使用运动员和明星来代言广告就是对英雄原型的应用。如上文提到的宏基笔记本电脑奥运篇用孙杨、焦刘洋等游泳运动员为代言人,意在表现宏基与这样的运动员一样不断地挑战自我,宏基的发明和他们一样对世界有着重要的影响,他们都有着明确的竞争对手,并且最终都通过努力战胜了对手。电视广告的观众则与赛场里的观众一样,是一群有责任感和公平心的公民,他们见证了产品的成功。在七匹狼男装广告中,通过狼这个意象来表现英雄原型,狼的残暴、凶狠、嗅觉敏锐和攻击性与英雄人物身上的善于捕捉机会、富有进取心和团队精神有着相似点。狼的原型让人想到一种野性的拼搏精神,而拼搏精神正是英雄人物所必需的,因此七匹狼男装就与英雄原型联系了起来。

　　智者原型反映了人类内心自我实现与独立的渴望,智者通过智慧来增加自己的力量,使自身形象具有独特的魅力和权威性,从而极具信服力。在电视广告中,使用智者原型的数量较多,这些智者往往是以学者、教师的形象出现的,他们通过介绍一些与产品相关的知识来突出产品的针对性和科学性。比如舒肤佳沐浴露养护二合一篇,通过广告语介绍了皮肤类知识("细菌可以引起五大肌肤问题:痘痘、皮肤粗糙、发痒、痱子、汗味"),从而介绍并推出产品("养护二合一的舒肤佳沐浴露不但除菌还能给你第二次肌肤般的保护,防止细菌再回来,需要健康肌肤,洗个养护二合一的澡吧")。类似的还有高露洁牙膏广告,细致科学的讲解和中国牙防组织的权威认证使得观众更加信任高露洁。另一种智者原型广告是通过展现高科技带来的便利来推销产品,如苹果手机广告,屏幕中只有一只手在操作苹果手机,画面背景则是空白的,通过操作显示产品的各种性能和对上一代产品的改进,加之画外音对产品的介绍,观众很容易对这种客观的广告产生好感。

爱人原型来自于他人对自己爱的欲望,这种爱并不局限于情人间,而是包括了朋友、粉丝、鉴赏家等各种感情,是在生活中追求浪漫恋情、追求所爱之物、向往自我被接纳的爱。爱人原型符合广告中的 3B 原则,即 Beauty,Baby,Beast,因此常用于化妆品、饰品、饮食等广告中。这类广告常使用与原始女性崇拜有关的母亲原型和少女原型,母亲象征着生育、保护、富足,少女则象征着美丽和愿望的实现等。女性表象在以男人为权威的广告世界里极大程度地发挥了母亲、少女原型的精神抚慰作用,母亲与少女共同构成了男人的家庭,而家恰是集体无意识中最密集的原型之一,因此女性原型能唤起极大的力量。在欧莱雅唇膏广告中,女主角精美的妆容是为了得到男主角的爱,她追求的是男人对她的接纳与赞美。观众在观看广告时,心里对爱的原型渴望就会被唤醒,产生使用欧莱雅唇膏就能得到爱情的感觉。虽然这种导向具有一定的迷惑性,但这并不影响观众对产品的接受。在电视广告中经常出现的原型除了上述几种外,还有凡人原型、赤字原型和王者原型等,本文不再一一阐述。

根据上文对广告中三种原型的阐释,我们可以发现原型的运用使得电视广告信息的传播速度加快,传播效果也更好。广告的传播过程是一种信息符号编码到解码的过程,只有使用观众对其能指和所指都十分熟悉的符号,才能使观众清楚解码者的意图,顺利明白广告的表面信息和内在意义。正如要强调产品的高档次和权威性时常使用皇帝原型和金黄色为背景一样,如果要表现温情和舒心则常用的是家这个原型。从传播的效果上看,原型作为人类共同拥有的心理资源,当人们情感得到共鸣的时候,它就会在观众身上产生内传播行为,在观众的意识和无意识层面间相互传递与反射,增加传播效果,激发出无限的能量。正如荣格所说:"一旦原型情境发生,我们会感到一种不寻常的轻松感,仿佛被一种强大的力量运载或支配,在这一瞬间,我们不再是个人,而是整个族类,全人类的声音在我们心中回响。"① 需要指出的是,如果在广告中过多使用观众熟悉的原型符号,那么广告则缺乏新意,观众亦会丧失观看的兴趣,因此在使用原型时还需要注意表达上的创新,这就是电视广告中的陌生化。

(二) 陌生化手法应用

陌生化是俄国形式主义流派代表人什克洛夫斯基提出的概念,指的是在形式上违反常情、打破机械的感知方法,从而造成新的视觉冲击、超越艺术常境的一种手法。特伦斯·霍克斯将其解释为:"颠倒习惯化的过程,使我们如此热爱的东西陌生化,创造性的损坏习以为常的标准的东西,以便把一种新的、童稚的、生机盎然的前景灌输给我们。"② 千篇一律的表现方式容易使观众失去观看的兴趣,使用陌生化的电视广告则能吸引观众的目光,因此广告制作者对情节、语言和题材的选择与处理至关重要。

陌生化与原型并非对立,二者在叙事接受上的作用是相同的。原型是人类心理长期积淀的产物,旧原型里衍生出了新原型,新原型里的内容不断被填充、替换,因此更具时代特征和吸引力。陌生化是对惯性思维的颠覆,惯性思维在一定程度上能够加快观众对事物的认同,而陌生化则强化了这种效果。如在感冒药广告中,我们习惯性地认为感冒药均有嗜睡的副作用,"白加黑"感冒药就着重宣传其"白天不瞌睡,晚上睡得香"的特效,因此让人耳目一新。陌生化的效果固然能吸引注意力,但如果一味地强调新奇而忽视原型,只会让人感到突兀,如脑白金广告中两个穿着草裙边跳边唱"今年过节不收礼,收礼只收脑白金"的老人则让人感到无所适从。观众之所以对某个广告感兴趣,不仅是因为其陌生化的效果,还在于观众对原型的发现,他根据蛛丝马迹猜测到了即将发生的

---

① [瑞士]卡尔·古斯塔夫·荣格:《心理学与文学》,生活·读书·新知三联书店,1987年,第121页。

② [英]特伦斯·霍克斯:《结构主义和符号学》,铁鹏译,上海译文出版社,1987年,第61-62页。

故事,进而激发了验证的欲望。

电视广告中常见的陌生化是使用奇字。这里说的奇字并不是指偏僻字,而是指字形上异于惯性思维中的那个字。因为奇字和普通字不同,替换一两个字就能造成视觉上的新奇感。如"盖中盖"钙片,该产品主要是为了给老年人、儿童、孕妇等缺钙人群补钙,按常理应该叫"钙中钙",但它使用的是同音字"盖",在引起观众疑惑的同时也吸引了观众的注意,达到了广告的效果。同样的情况还有哈药六厂的"朴雪"口服液和"护彤"感冒药。类似的情况还有"三辉麦风"法式香奶面包,"麦风"与"卖疯"谐音,利用谐音不仅说明了品牌的特性,还突出了其畅销度。中国联通的广告词"让世界一切自由连通"也是出于同样的目的,不仅利用谐音带来联想,还强调了其作为手机运营商连通世界、缩短世界距离的目的。

另一种陌生化是对产品定位的陌生化。同类产品的广告要突出特点就必须强调特殊性,这个特点必须是人无我有、人有我优的。如同为牙膏广告,高露洁强调的是"帮助减少细菌滋生",佳洁士强调"让自信的笑容挂在每一张脸上,健康自信,笑容传中国",冷酸灵重在体验"吃嘛嘛香"的自由。雕牌牙膏新妈妈篇讲的是:"我"有了一位后妈,尽管她给"我"织毛衣、送伞,"我"仍对她没有好感,直到她为我挤好雕牌牙膏,"我"便喜欢上了她。画外音是"真情付出,心灵交汇——雕牌牙膏传递真情",这则广告强调的是真情,将产品定位为真情产品,打着温情牌的雕牌最终在情感上赢得了一些观众。

还有一种陌生化是对情节的陌生化。电视广告时长有限,在极短的时间内叙述的故事通常不具有很强的感染力,因此有些广告则采取连载的方式,通过分集广告共同叙述一个完整的故事。如由罗志祥、曾恺玹主演的飘柔广告真爱之旅是由《遇见心动篇》《咖啡厅篇》《清晨柔顺篇》《寻觅垂顺篇》《见家长篇》和《柔顺新婚篇》组成的,讲述的是两人从相识相恋到结婚的爱情故事。这个爱情故事符合了爱人原型,迎合了观众验证结果的要求,同时广告分集连载的方式与众不同,足以让观众产生深刻的印象。

多元化发展的台湾 20 世纪 80 年代文学

朱立立　刘小新

"重认传统、关怀现实"的文学精神

经过 20 世纪 70 年代乡土文学大论战和 1979 年发生的"美丽岛高雄事件",80 年代台湾地区的文学开启了新的一页,进入一个重要的历史转型时期。以往那种某一流派占据文坛主导地位并形成文学主潮的现象不复存在,各种流派竞相发展,台湾文坛众声喧哗。这种文学多元化局势的形成是与台湾地区政治经济文化的转型紧密相关的。从政治形势来看,和平和发展的世界潮流和祖国大陆的改革开放形势对台湾地区社会产生了深刻的影响。台湾当局面临大陆"一国两制"、和平统一政策和岛内日益高涨的民主运动的双重挑战,不得不推行民主化和本土化政策,逐渐实行政治改革,如解除"戒严法"、开放"党禁"和放宽言论自由度等。30 多年一直处于严密禁锢状态的社会政治控制开始出现松动。在经济形态上,都市化程度越来越高,台湾地区逐渐从工业文明过渡到后工业文明。从文化环境来看,主流意识形态文化和文人精致文化相对消退,大众消费文化流行并成为 80 年代台湾地区审美文化的主要成分。正如陈映真所言:"在大众消费下,作家急功近利,求名利先于求自我风格的形成;'消费人'的形成,使作家'单向度化',无从有更丰富的人生更多样而深刻的对于人及人与自然的关系多作体验和思考。"①总之,80 年代台湾地区社会呈现出繁复多变的多元景象。

与社会的多元化相对应,20 世纪 80 年代的台湾地区文学也出现了多元化发展的新趋势和新特点,这主要体现在如下几个方面:(1)文学思潮的多元化,如现实主义的深度和广度进一步拓展,70 年代衰落的现代主义也出现复苏甚至有新发展的迹象,随着后工业社会的到来后现代主义文学开始崛起等。(2)文学题材和主题的多样化,出现了"政治文学""都市文学""新女性主义文学""山地文学""软性文学"等类型。(3)表现技巧的多样化。如诗歌方面出现了后设诗、推理诗、录影诗、广告诗、视觉诗、科幻诗、图象诗和漫画诗等多种表现形式;小说方面既有魔幻写实、后设小说、黑色幽默、新闻小说等前卫性艺术探索,又有科幻、侦探、历史传奇、志奇述异等通俗艺术形式的多种尝试。

20 世纪 80 年代的台湾地区文学在多元化发展的同时,还出现整合化趋向,各种文学思潮和艺术流派在思想和艺术上相互吸收、彼此融合。1981 年 9 月,台湾文坛主要阵地之一的《联合报》副刊发表了《风雷三十年》一文,总结了台湾地区当代文学发展的历史经验。在该文的第三部分"文学的省察、论争与成熟"中,提出了关于 80 年代文学发展的导向性意见:第一,继承中国传统文化和古典文学精神,站在振兴民族文学的立场,向传统归宗,进一步丰富台湾地区的文学传统;第二,采纳世界性现代文学的技巧仍是中国文学的重要滋养和借鉴,在向西方学习借鉴过程中,必须具备选择性,针对国情,把握特点,力求适切运用;第三,掌握台湾本土的文化环境与现代意识,强调文学不仅须表现一己之个性,且需进而刻画整个时代的社会特色,强调在台湾脚踏实地的立足点上的一切人、事、物都是台湾文学表现的重要题材。80 年代的台湾文学确实是沿着这样一条将传统主义、本土主义和现代主义三种

---

① 陈映真:《大众消费社会与当前台湾文学诸问题》,《陈映真文选》,生活·读书·新知三联书店,2009 年。

文学精神从对立到整合的道路发展的。"立足于台湾现实,将传统融合于现代,将西方融汇于中国"已成为台湾地区 80 年代的文学精神和历史特质。

20 世纪 80 年代的台湾地区文学绍续和发展了 70 年代所倡导的"重认传统""关怀现实"的文学精神,并且使之成为这一时期的文学基调。

20 世纪 80 年代的台湾地区社会处于从工业文明到后工业文明的转型期,一方面现代文明潮水般地冲击着传统的价值观和生活方式;另一方面全球日趋同一的生活方式的出现,使人们对更深层的价值观即宗教、语言、艺术和文学的追求也越执着。"在外部世界变得越来越相似的情况下,我们将愈加珍视从内部衍生出来的传统的东西。"(约翰·奈斯比特语)因此,80 年代的台湾地区作家对传统的体认和追求比以往显得更自觉更成熟。重认传统在文学创作上具体体现在以下几个方面:

第一,对传统的审美意识和艺术审美方式的承传与变革。在诗歌创作领域,不少诗人坚持承续中国传统诗歌的抒情风格,将古典素材与抒情文体相杂糅,呈现出婉约典丽、含蓄蕴藉的审美特征,包容进丰富的民族文化内涵。如翔翎的《岁暮一则》等诗表达了传统的闺怨主题;叶翠萍的《山痴》《茶与温柔》等诗亦抒发一种具有传统特色的爱情理想。除了一些以爱情为主题的女诗人的作品外,80 年代还出现了一些崇尚传统抒情、塑造空灵超逸诗歌境界的年轻诗人的作品。这些诗作在意象营造、修辞手法等方面表现出浓郁的古典气质和传统抒情的韵致。如诗人杨平,一直追求王维诗的空灵静远的意境,他的诗集《空山灵语》分为"坐看云起时""山居琐记""梦江南""大地""桃花源外记"等 5 卷,皆以乡野田园为题材,试图跨越都市的喧嚣去寻找新田园,其诗呈现出现代人对传统审美意识的强烈体认和回归倾向。陈义芝也自觉地从意念、词句、修辞等方面取法于古典,如《蒹葭》等诗作就表现了诗人对历史传统的深切体认。另外,不少老诗人也努力追求诗歌抒情风格的民族化,采纳和化用中国古典诗词的意象、典故和意境,借鉴民歌形式。如郑愁予的《宁静如此》中袭用暗香西窗、水湄月色、捣衣丽人等古典意象;余光中 80 年代出版的《隔水观音》《紫荆赋》等诗集表现出恬淡圆融、平白通俗的艺术风格,不仅在题材上常常咏史怀古,形式上亦体现出"新古典主义"特征,同时他还借鉴民歌的语言、节奏和韵味,其诗作《民歌》《乡愁四韵》带有明显的民歌特色。小说创作方面,80 年代也涌现出不少具有传统审美意识和艺术审美方式的作品。如 1980 年获《联合报》小说奖的萧丽红的小说《千江有水千江月》,内容上表现传统的大家庭中的生死婚嫁与悲欢离合,体现了传统道德和古典情感;形式上则借鉴了《红楼梦》的总体构思和意境营造,具有浓郁的古典韵味和审美情趣。

第二,对于传统人格精神与伦理情操的认同、发掘与重新审视。在人格精神方面,80 年代文学延续了感时忧国与爱乡爱民的人文传统,如陈映真、王祯和、黄春明等乡土小说家,此阶段创作了不少作品,以反抗西方殖民经济及文化侵略、质疑和批判西方物质主义价值观念为主题。根据黄春明小说改编的影片《莎扬那拉,再见》《我爱玛丽》就抨击了美、日对台湾地区的经济掠夺,流露出强烈的民族精神和爱国主义情感,也表现出作者忧国忧民的传统文人品格。80 年代诗坛以古代圣哲为题材的诗作蔚然成风,如余光中的《寻李白》、彭邦桢的《屈辞义》等诗篇,或缅怀古代诗人的人格魅力引以自喻自勉,或咏史抒怀借洞察历史来表达现实关怀。叶翠萍的诗《接你回家》中有"推窗便是滔滔的历史/闭门便是隐痛"等诗句,深切地表现了诗人对悠久的历史文化传统遭受巨大冲击的忧患心态。在伦理情操方面,80 年代不少作品探讨了传统伦理道德浸染中的亲情、友情、乡情,塑造了一系列善良纯朴、勤劳坚忍的具有传统伦理人格力量的人物形象,奠定了血脉相承、仁爱和谐的传统精神。如乡愁诗常抒发对故土的怀恋、对亲友之情的遥念,辛郁的《石头人语》《家书》、张默的《白发吟》、沙牧的《扣不到的门环》等,都表现出中国传统文化中重故土、重亲情等伦理情感。

第三,对于民俗文化的深入发掘和悉心探讨,成为 80 年代台湾地区文学重认传统的另一特征。不少作家从丰富生动的风俗民情中体察中华文化传统和民族情感,发掘充满野性活力的民间思想,如方瑜的《过年,在乡间》、心岱的《永远的鹿港》、吴晟的《农妇》《店仔头》等作品,都对古老的人文风习做了动人的描绘。80年代的山地文学中更是处处可见对古老习俗的表现,如李乔的《巴斯达矮考》便叙述了高山族关于矮黑人的传说故事,田雅各的《最后的猎人》描写了布农族的种种奇异的生活习俗,古蒙仁的《黑色的部落》更以报道文学的形式细致地反映了泰雅族人的生活形态和传统习俗。这些作品对台湾地区各少数民族风俗文化的多面探讨具有社会学、人类学及历史学等多重意义。

20世纪80年代的台湾文学在重认民族传统、弘扬民族精神的同时,也继承和发展了70年代乡土文学的关怀现实的精神,具体表现在如下几个方面:

其一,对台湾地区政治现实的反映和批判。80年代以来,由于民主运动的高涨,许多政治禁区被突破,出现了反映政治现实、批判政治黑暗的文学作品。叶石涛在"美丽岛"事件后创作了《有菩提树的风景》,揭示了政治事件结束后人人自危的心理状态;80年代中期他又写了反映50年代当局政治控制的小说《台湾男子简阿淘》。施明正1980年发表了《渴死者》,随后又创作了《喝尿者》,直接描写政治犯的牢狱生活。此后,"牢狱小说"不断涌现,如吕昱的《狱中日记》《婚约》《画像里的祝福》、杨青矗的《给台湾的情书》、陈映真的《赵南栋》、王拓的《牛肚港的故事》、李乔的《泰姆山记》、方娥真的《狱中行》等都揭露了台湾当局利用特务机关和监狱压制民主的罪行,以及对政治犯甚至整个社会造成的精神创伤。随后又出现了描写"二二八"事件的小说,如林双不的《黄素小编年》、陈映真的《铃铛花》、叶石涛的《红鞋子》、林文义的《将军之夜》、杨照的《黯魂》、王湘琦的《黄石公庙》和陈烨的《泥河》等,有的直接描写"二二八"事件本身,有的揭示事件对台湾地区人民造成的深远的影响和历史的创伤,具有很强的政治批判色彩。

在"戒严法"的严密控制下,台湾地区人民的公民权利受到侵害和剥夺。80年代的台湾地区文学揭露这种政治专制,"人权文学"开始勃兴。杨青矗的《选举名册》首开其端,揭露台湾当局对公民选举权的剥夺;吴锦发的《消失的男性》和李勤岸的《一等国民三字经》,则对干涉和侵害公民赏鸟、写诗、呼吸新鲜空气、通信自由等人生基本权利的现象进行了深刻的批判。李敏勇的《暗房》、侯吉谅的《听不到的说话》、白荻的《广场》、商禽的《用脚思想》等诗作,都直接揭露台湾当局对公民言论和思想自由的禁锢。另外一些作家则采取嘲讽的态度来批判台湾地区的政治现实,如黄凡的《赖索》和《梦断亚美利加》、张大春的《将军碑》,嘲讽台湾当局宣扬的政治理想;朱天文的《十日谈》、黄凡的《一块干净的地方》《示威者》、张大春的《四喜忧国》和七等生的《我爱黑眼珠续记》等,把台湾地区的竞选活动和群众介入的政治运动写成令人啼笑皆非的闹剧,揭示政治生活的虚伪和荒诞。宋泽莱的《废墟台湾》和《抗暴的打猫市》,以寓言小说的形式更鲜明、更深刻地揭露和批判了黑暗的政治现实。总之,"政治文学"的勃兴最突出地体现了台湾地区80年代文学"关怀现实"的精神。

其二,对弱小者不幸遭遇的反映和关注。台湾地区学者彭瑞金曾指出:"用高亢的语调为被欺压的弱势族群发音,是80年代台湾文学现实感尖锐化的重要指标之一。"[①] 20世纪80年代的台湾地区作家仍怀着深广的忧愤和人道的悲悯,关注着弱小者的苦难生活,农民、工人、渔民、老兵、雏妓、老人和原住民仍是作家关怀和表现的对象。如钟铁民的《祈福》《田园之夏》《洪流》《约克夏的黄昏》对农村生活受工商文明冲击所面临的困境的描写和揭示,陌上尘的《思想起》《梦魇九十九》和《造船厂手记》对600万劳动工人生活和命运的广阔反映,钟延豪的《金排附》、吴锦发的《兄弟》、苦苓的《柯斯里伯伯》、宋泽莱的《海与大地》等作品对老兵生活的窘困和感情创伤的悲悯,李乔的《蓝彩霞的春天》、吕秀莲的《莲》等作品对台湾妓女苦难生活的反映和同情等,都体现了80年代台

---

① 彭瑞金:《台湾新文学运动40年》,台北自立晚报出版社,1992年,第198页。

湾地区文学强烈的现实精神,特别是"山地文学"的崛起更突出地表现了台湾地区作家对现实的批判精神和对弱小民族苦难的悲悯情怀。

其三,环保意识的增强。20世纪80年代台湾地区的"环保文学"形成潮流。1981年初《联合报》副刊开辟了"我们只有一个地球"专栏,后陆续推出马以工和韩韩关于生态保护的文章,引起台湾地区文坛对环境问题的关注,产生了一批具有强烈的现实批判性和忧患意识的环保文学作品。在报道文学方面有杨宪宏的《哭泣的教室》《翡翠水源面临污染危机》和《走过伤心地》、心岱的《大地反扑》和高信疆主编的报道文学集《体验美丽岛》等;散文方面有刘克襄的《随鸟走天涯》、陈煌的《人鸟之间》、洪素丽的《海岸线》、陈冠学的《田园之秋》等;诗歌作品有洪素丽的《港都行——哀爱河》、斯人的《猎鹰》、陈斐雯的《地球花园》《养鸟须知》、白樵的《白鹭鸶的抗议》、陈秀喜的《溪鱼的话》等;小说方面有郑俊清的《黑色地龟的呼唤》、王幼华的《广泽地》、宋泽莱的《废墟台湾》等。台湾地区的环保文学不仅反映环境污染问题,而且把环境污染和人心污染、政治污染结合起来思考,具有十分强烈的批判性。正如台湾学者彭瑞金所言:"环保文学的特质在于从一个平实、具体的细微角度,窥探了攸关人的生活,大地生命的严肃课题……透过环保文学,文学的现实关怀主张也找到了更踏实的立足点。"①

此外,20世纪80年代台湾地区文学的关怀现实精神还表现在龙应台和柏杨的杂文对社会弊端和国民弱点的尖锐批判、都市文学对都市人生存困境的揭示,以及女性文学对女性在现代社会中真实人生的反映等方面。

女性文学及新女性主义文学的发展

女性文学,通常指的是由女性作家创作的描写女性生活、揭示女性生存境遇、表现女性精神体验的文学作品。20世纪50年代

---

① 彭瑞金:《台湾新文学运动40年》,台北自立晚报出版社,1992年。

以来,女性文学在台湾文坛日益发展,到 80 年代更是形成蔚为大观的潮流。台湾的女性文学,或反映男权社会中女性的悲剧命运,或表现女性为追求个性解放而畸形抗争的悲情遭遇,或编织纯情浪漫的爱情乌托邦。这些作品从各个侧面真实细腻地展示了台湾女性的生存状态和情感世界,常常以曲折起伏的女性命运和细致委婉的女性体验达到感人的效果。应该说,女性文学已在台湾文坛占据了重要地位,成为台湾文学中生机勃勃、独具品格的一支。相应地,台湾文坛也产生了一批又一批活跃的女作家,50 年代有钟梅音、林海音、谢冰莹、孟瑶、繁露、蓉子、张秀亚、琦君等;60 年代出现了一批风格前卫的现代派女作家,如聂华苓、陈若曦、於梨华、欧阳子、施淑青等;60 至 70 年代则涌现了以琼瑶、三毛为代表的言情小说家;80 年代以来,台湾地区女作家的创作力及其作品达到了新的高峰,李昂、廖辉英、萧飒、杨晓云、苏伟贞、袁琼琼、许台英、萧丽红、朱天文、朱天心、朱秀娟、吕秀莲、冯青、罗英、夏宇、龙应台、简媜等年轻女作家,以横溢的才情、敏锐的观察力和非凡的胆识,来反映急剧变动的时代里女性的命运,表现价值失范的现代社会中女性尴尬、窘迫的生存处境和她们的价值选择,从性、性别、社会伦理道德、政治、文化等多重角度进行女性的自我观照,反省并启蒙女性的自我意识。许多作品在深度和力度上超越了以往的女性文学,而新女性主义文学正是 80 年代女性文学中最有锐气、最有代表性的一部分。

20 世纪 70 至 80 年代以来,台湾社会结构发生急剧变化,工商业和经济突飞猛进,女性受教育及就业人数激增。经济独立和思想解放使台湾女性获得很大的解放,西方女权主义思想对台湾女性亦产生较大影响,台湾女作家对于后工业社会中女性角色和地位问题,对于道德体系崩溃后女性的困境,以及女性的自我意识等方面进行了自觉的审视反思,出现了一批颇具社会影响力的新女性主义文学作品。

20 世纪 70 年代末期,青年女作家曾心仪首先发表了带有新女性主义特色的小说,《彩凤的心愿》和《朱丽特别的一夜》等作品,尝试着表现女性自主、自强、自尊、自爱的思想意识,但这种对新生活的企盼和追求仍被笼罩在男权主义的阴影中。到了 80 年代,新女性主义文学作品中的女性形象逐渐从原来的从属状态转向主体觉醒状态,在求生存、求平等、求发展的过程中表现出新女性的现代意识。

1980 年获得《联合报》小说奖的《自己的天空》,是 80 年代女性文学的一个良好开端。作者袁琼琼,1950 年出生于台湾新竹。这部作品塑造了静敏这个有一定典型性的台湾女性形象,她善良、本分,在婚姻生活中处于从属地位,然而有一天她的有外遇的丈夫突然提出要与她分居,打破了她"做稳了奴隶"的可怜梦想。沉重的打击促使静敏觉悟并毅然退出这桩婚姻,坚强地面对人生。她由一个软弱无助、依赖性强的弃妇成为"自主、有把握的女人",取得了经济独立、情感自主及精神的自由。"自己的天空"已成为男权枷锁下的女性摆脱困境、追求新生的广为引用的代名词,它启示当代女性切勿成为婚姻生活中的附庸,通过坚韧不息的自我奋斗就能获得自主自立的那一片天空。袁琼琼的不少作品都对台湾地区社会中的婚姻家庭状况做了强烈的抨击,《小青与宋祥》中的小青甚至认为家庭是女人的地狱,她痛恨婚姻,以同居不结婚作为对现存婚姻制度的反叛,她这种自由任性的现代做派首先依仗于经济的独立。这类作品涉及了随着女权运动的高涨两性间日趋复杂的关系。

然而在台湾地区现实社会中,真正观念新潮、思想解放、独立自主且无后顾之忧的女性毕竟还是少数。在一个依旧是男性主导的社会中,大多数女性面临残酷的生存竞争,同时又受到根深蒂固的传统伦理的制约,她们仍将人生归宿寄寓在相安无事的婚姻家庭中。可悲的是,婚姻家庭在道德解体、喧嚣骚动的当代社会再也难以保持昔日的稳定和谐了。于是,表现"婚外恋""外遇"等题材的作品在台湾地区便具有了普遍性意义。萧飒的作品就大多从女性角度体察当代工商社会中两性间复杂的情感纠葛。萧飒,1953年生于台北,70 年代跻身文坛,其作品多次入选台湾年度小说奖,

《小镇医生的爱情》《霞飞之家》《唯良的爱》是她的代表作品。
《小镇医生的爱情》叙述了畸形社会中畸形的人物关系,也可窥出
台湾地区女性模糊的价值观及夹在传统与现代之间的尴尬处境。
小说描写了少女刘光美与60岁的医生王利一之间畸恋的故事,王
利一旧式婚姻的妻子因此气病而死。作者对小镇医生的婚外恋情
抱着不置可否的态度,王利一的移情别恋并未遭到有力抨击,而少
女刘光美对自己插足畸恋的行为亦无法辨明是非,作品中其他人
物对此事也是任其自然。作品可贵的是借这段小镇故事反映转型
时代道德沦丧、价值失范的社会现实,借旧式婚姻家庭的危机来探
讨当代社会两性共同的困境,尤其是女性的困境。无论是旧式妇
女,还是受新潮观念影响的年轻女性,只要她们依赖于婚姻,或一
味耽溺于男女感情而不计形式,她们都会同样置身于尴尬、窘迫的
处境中。萧飒的中篇小说《唯良的爱》同样写婚外恋,更深入地探
讨了新时代的女性在婚姻情感生活中的可悲境遇。小说里唯良的
丈夫伟业移情别恋上新潮女性范安玲,唯良力图维护变了质的婚
姻,而范安玲对自己破坏他人家庭的行为则毫无愧疚。可悲的是
两个女性恰好都被伟业所利用,他利用唯良对婚姻的依附而保持
家庭的体面,又利用范安玲的新潮、开放满足自己寻欢作乐的心
态。这个故事在台湾地区具有一定的代表性,反映了传统女性和
新女性在转型社会进退两难的悲剧处境。同时,作者也努力让笔
下的人物冲出困境,如作品描写了一个为抚慰离婚女性受创心灵
的自发组织"离婚女人俱乐部",令人联想起大陆女作家张洁在
《方舟》中描写的"寡妇俱乐部",两者都凝聚了失去感情依托的女
性深沉的落寞悲伤和努力走出困境的期盼。萧飒众多的短篇小说
同样执着于表现各层面、各行业的女性生活,她笔下的女性或以美
色追逐金钱、地位(《盛夏之末》里的女明星),或崇尚"财气"而忽
略人格追求乃至自食其果(《意外》中的欣柔),或耽于物欲迷恋享
受(《浮光镜影》里的牟月英、《酒宴》里的季珊)。萧飒在分析造成
这些女性悲剧的社会因素之余也反省了女性自身的原因,对部分
当代女性虚荣、逐名利、丧人格的行为和心态进行了描摹和讽刺。

相比之下，她在《浮光镜影》中塑造的杜欣这个女性形象更有深度。杜欣正直、平易、有事业心、有自制力、不为物欲所控，但是事业的成功、经济的独立却无法弥补情感受挫造成的缺憾和空虚。

廖辉英是 20 世纪 80 年代异军突起的女性作家，1948 年生。1983 年，她以中篇小说《油麻菜籽》而一举成名，此外还出版了中篇小说《不归路》《今夜微雨》《红尘劫》、长篇小说《盲点》、探讨两性问题的专栏结集《谈情》《说爱》等。她以擅长写"饱受传统例行与现代专有的双重磨难之煎熬"①的现代男女而闻名。《不归路》以李芸儿的人生路程为线索，剖析了芸儿的软弱个性及依附心理，通过芸儿的悲剧否定了依附男性、缺乏自主性的女性心态。作品还塑造了妙玉和丹莉两个经济独立、事业有成的女性形象，她们不寄幻想于婚姻，亦不受传统道德观念的束缚，表现出现代女性自信、自立的风范。《红尘劫》中的黎欣欣是广告界女强人，爱情的失败促使她觉悟，摆脱了"经济动物"的枷锁，寻求自我内心的安宁，作品令人深思。《今夜微雨》通过杜佳络在情感、婚姻上的不幸遭遇，揭示了婚姻情感生活中男女不平等的现状及其实质。1986 年出版的《盲点》是廖辉英的代表作，小说描写了当代台湾地区社会中产阶级的家庭生活，通过日常事件表现台湾女性身处危机四伏的家庭困局和险象环生的社会之中的切身体验和艰苦遭遇。与作者的其他中篇相比，《盲点》进一步探索了女性独立自强之路，主人公丁素素在旧家庭桎梏下痛苦不堪，最终走向社会，积极创业，经营"丽姿"健身中心，寻求自我的价值和尊严。《盲点》还写了另外两个女性的遭遇：陆萍摆脱了不幸婚姻而走向自由超越，齐子沉被顶头上司始乱终弃而走上绝路。作者以小说中的三个女子代表三类女性，形象地概括了台湾地区当代社会女性的社会地位和人文处境。显然，丁素素、陆萍等人物形象启迪着女性从自尊、自重、自立和自强中确立真正的自我，找到真正的精神支柱。

---

① 廖辉英：《今夜又微雨——序》，《今夜微雨》，台北皇冠文化出版社，1995 年，第 3 页。

　　1954 年出生的台湾年轻女作家苏伟贞注重探讨社会变迁中的女性角色问题。她的作品《红颜已老》《有缘千里》《陪他一段》等，都曾引起较大反响。她擅长把握知识女性的复杂心态，1983 年的作品《世间女子》以事业型的女编辑唐宁的经历，反映知识女性在事业、情感及人际关系网中的艰难处境，更表现了现代女性勇于面对人生投身于竞争的积极人生态度，体现出新女性主义的亮色。1943 年生于北平，后长于台湾的女作家杨小云，创作了具有鲜明的新女性意识的作品《等待春天》（1981）。小说讲述了两个来自乡村的姑娘的故事。林玉外表柔顺纤弱，却有顽强的毅力和坚强的个性，由一名女工成长为服装设计专业人才，这个人物寄托了作者的理想和对女性的期待；何美华因享乐心理驱使走向堕落，最终回归向善与正义。此作和众多的新女性文学作品一样，倡导女性应在困境中独立自强地面对现实。

　　更多关注女性社会地位的女作家意识到，当代女性必须在充满竞争的社会中追求自己的事业，绝不能像传统女性那样满足于家庭。走出家庭、投身社会，是女性获得社会解放的必由之路。苏伟贞、廖辉英、杨小云等人的创作正反映了她们的共识。而步秀娟和吕秀莲更是明确、热诚地主张新女性意识，以与传统闺阁文学迥异的雄健、明朗的笔调讴歌女性自我奋斗精神，追求女性的社会解放和自我解放。朱秀娟生于 1936 年，作品有《女强人》《丹霞飘》《那串响亮的日子》等长篇。她以塑造"女强人"形象而著称。在其代表作《女强人》中，主人公林欣华大学联考落榜之后，奋力拼搏、艰苦努力，最终当上了一家贸易公司的总经理，成了叱咤风云的商界女强人。《丹霞飘》则描写尹桂珊含辛茹苦最终成为国际时装表演明星的故事。朱秀娟笔下形形色色的女强人身上投射了作者对现代女性的良好愿望，多少带有些乌托邦色彩，但在充满了机遇和陷阱的社会里，不懈努力、艰苦奋斗、把握时机、追求事业，的确是女性求得社会解放和自我解放的重要道路。吕秀莲由从事法学研究到倡导新女性主义，再到投身于文学创作，是 80 年代台湾女性文学中的异军作家。她著有《新女性主义》《新女性何去何从》等书,发表了《贞节牌坊》《这三个女人》等新女性主义文学作品,从理论和实践两方面阐释新女性主义思想。她的作品带有较强的理念色彩,《贞节牌坊》歌颂了舞女蓝玉青纯洁的爱情观,批判了腐朽的贞操观;《这三个女人》通过三个不同的女性形象弘扬新女性人格的光辉:许玉芝不甘于富裕平静的家庭生活而重新求学深造,高秀如保持独身生活致力于社会工作,汪云在丈夫去世后勇敢挑起了创业重担。从这些女性形象的塑造过程中,不难看出作者对当代女性如何走出困境所持的严肃而有效的思考。

如果说上述女作家大多从婚姻、家庭、社会、自我意识等层面讨论了当代女性的处境及出路等问题的话,那么李昂则习惯于从性这个角度大胆敏锐地探索不合理现实中女性的存在境遇。在众多台湾女作家中,李昂算是最具现代意识和批判性的作家。1952年生于彰化的李昂以揭示性主题而闻名海内外,她站在女性主体意识上对台湾地区社会漠视女权的现象进行了批判和质疑。20世纪80年代她出版了中篇小说《杀夫》和《暗夜》、短篇小说集《爱情试验》和《她们的眼泪》。《杀夫》叙述了林市母女两代的悲剧:林母为了几块充饥饭团而与士兵睡觉,为此被族人毒打而失踪;林市被卖给屠户陈江水为妻,长期遭受非人的性虐待,在肉体和精神上受到极大的摧残,在幻觉中她举起了反抗的屠刀砍杀了屠夫,后被判死刑。小说以非凡的勇气控诉了封建伦理规范和男权主义阴影对女性的戕害,以林市耸人听闻的性反抗来警醒世人。《暗夜》描绘了台湾现代都市社会畸形、变态的性关系,作者以犀利的笔触撕开都市男女虚伪的外衣,暴露他们无视道德操丧尽人格良知的丑恶行径。《暗夜》中的男女是一群奔逐于金钱与肉欲间的都市动物,对于女记者丁欣欣而言,性不过是物质功利的交易品而已。李昂以性为主题的作品,常以性心理的描写折射当代人异化孤独的处境。如《昨夜》写一对远离世俗的男女在雨夜偶遇时发生性爱的故事,昭示现代人孤寂的心灵,性成为抚慰心灵的慰藉;《雪霁》中,性更被提升到劳伦斯式的观念层次,具有救赎的象征意义。李昂因其反传统的性观念和大胆的性描写而被称为台湾地区的劳伦斯。尽管她的部分作品过于追求奇情异事或流于偏狭,但总体而言,李昂对性主题的开掘和表现是富有革命性和社会文化意义的。

20 世纪 80 年代的台湾女性文学,从婚姻、家庭、性爱、性别、社会文化等多重角度对转型期台湾地区社会各层面的女性生活进行了细致深入的观照,探讨了置身于传统与现代间的当代女性的生存处境和精神境遇,塑造了一大批形态各异的女性形象。尤其是一些具有新女性意识和现代意识的作品,更明确地张扬了新女性自我奋斗的自强精神,创造了一系列鼓舞人心的“女强人”形象。但女性文学也存在着一些缺陷,如人物形象的雷同化、作品主题的相似性等,这也影响了作家不同风格的呈现。此外,部分作品或流于理念化,偏重于情节性,或表现出思想的浮泛化,因而影响了作品的表现力。

新世代作家的小说创作

台湾希代版《新世代小说大系》(林耀德、黄凡主编)的前言指出:“所谓‘新世代’在未被确切定义前,是一个因时空转移而产生相对诠释的名词,在此我们以生序在 1949 年之后的小说家作为编选的主轴,并以 1945—1949 年间出生者为弹性对象,换言之,就是一般而言‘战后第三代’以降的小说作者群。”① 新世代作家的成长背景是 20 世纪 60 年代以来的台湾地区社会的急剧变化,因而他们自然置身于工商业社会和现代资讯网络中,并且拥有世界多元的知识系统,因此他们既“完全不同于拥有大陆经验的作家,也有别于受日式教育的前行代台湾作家”。台湾文学史家叶石涛先生曾准确地概括了新世代作家小说的特征:“80 年代以后的作家超越了乡土文学观点,较能迎合资讯媒体,渐趋于世界性的、巨视

---

① 林耀德、黄凡:《新世代小说大系》总序,台湾希代出版社,1989 年,第 4 页。

性的观点。"①80 年代中期以后,台湾文学呈现出与以往文学完全不同的崭新风貌,这种崭新的文学面貌就是由这些新世代作家创造的。黄凡、张大春、林耀德、东年、林双不、李永平等新作家已成为"80 年代的文学旗手"。(叶石涛语)

黄凡(1949—　　),本名黄孝忠,出生于台北万华的一条小巷子里,毕业于中原理工学院工业工程系。从 1979 年发表成名作《赖索》至 1990 年,他已出版《赖索》《大时代》《自由斗士》《上帝们》《曼娜舞蹈教室》《都市生活 a》《都市生活 b》《你只能活两次》《冰淇淋》《黄凡集》等 10 部短篇小说集和《天国之门》《伤心城》《反对者》《解谜人》《财阀》《上帝的耳目》等多部长篇小说,以深刻的思想内涵和独特的艺术风格引领 80 年代台湾文学新潮。从内容上看,黄凡的作品大体可分为两类:一类是新政治小说,80 年代前半期偏重于这类小说的创作;另一类是都市小说,80 年代后半期则注重于这类作品的营造。

黄凡的政治小说广泛地揭示了台湾地区政治生活的各种丑陋现象,对台湾 30 年来的政治、社会、人性和文化做了一番深刻的反省和批判。如《赖索》《反对者》《伤心城》《一个干净的地方》《示威》《自自由斗士》《将军之泪》等作品,或揭露某些政客的虚伪,或描写被卷入政治漩涡而遭受迫害的知识分子,或刻画街头运动等政治闹剧。黄凡政治小说的特点是:一、作者站在各种政治派别之外对台湾地区 30 年来的各种政治派系都进行了嘲讽和批判。这种对历史政治纠葛的新评价反映出新世代作家社会人生价值取向的变化,并由此开创了台湾政治小说的新类型。二、黄凡的政治小说最关注的是政治机器运转中人的命运,特别是小人物的悲剧命运,描写他们的卑微、被动、幻灭和荒诞感受。《赖索》和《反对者》是学界公认的优秀的政治小说。

《赖索》中的韩先生是个极虚伪的政客,因从事"台独"活动而

---

① 叶石涛:《谈王幼华的小说》,王幼华《两镇言谈》序,台北时报文化出版企业股份有限公司,1984 年,第 2 页。

流亡海外,后摇身一变,返台成为大众媒体的大红人,在电视上重现风采。韩的政治变节辛辣地嘲讽了政客的虚伪及其意识形态的荒谬可笑。为"政治理想"追随韩多年的赖索则是一个被政治摧毁了的卑琐的小人物。他一生浑浑噩噩,唯一的"精神支柱"最终因政治偶像的变节而崩溃,从而重新回到了属于他自己的卑琐而又真实的生活中。发表于1985年的长篇小说《反对者》描写了学术界的政治斗争。白先勇认为它是写知识分子最成功的小说,而王德威则认为"《反对者》是一部令人耳目一新的政治小说。它一方面承续了近代中国政治小说(《老残游记》《子夜》《重阳》)的传统,探索知识分子与实质政治间的关系,同时也企图打破这类小说以往仅就时事作表面文章的局限"。① 这部小说的主角,大学教授罗秋南被一女生指控涉入性骚扰事件而陷入政治漩涡,背后的原因则是高层的权力之争。作者揭示了政治对各个领域和人们生活无孔不入的渗透,每个人都会有意无意地成为政治机器运转中的一环。王德威指出,"《反对者》既有欧维尔式草木皆兵的压迫感,也不时流露卡夫卡式(被)迫害狂的荒谬讯息"。黄凡通过罗秋南这一形象的塑造,表现了知识分子在政治生活中的被动、自卑、懦弱无力和痛苦。

黄凡在《我的文学旅程》一文中谈道:"我们这个社会正在慢慢成型,一种纽约、东京、加尔各答的混合。旧有的一些东西即将抛弃殆尽,林立的新社区呈现了可怕的神似,'公寓人'整批整批地出现在街道上,报纸把全球危机浓缩在第四版上,人们则在现代化进步的标志下横冲直撞,在电视、收音机、广告牌、娱乐版中饱吸了各种'非智'的气息……这个时代正在转变,物质文明飞跃进步,心灵正日渐枯萎。"②黄凡的都市小说集中刻画的就是生活在都市中的空心的"公寓人",描写他们孤寂焦虑的精神世界和疏离

① 王德威:《凸现了一则政治神话》,《联合文学》,1985年第4期,第203页。
② 黄凡:《尊严与信念——我的文学旅程》,《我批判》,台北联径出版社,1986年,第210页。

隔绝的人际关系。这在《慈悲的滋味》《曼娜舞蹈教室》《都市生活》《财阀》等作品中都有深刻的呈现。《房地产销售史》是黄凡最具代表性的都市小说,主人公卓耀宗是个五短身材、卑微猥琐的房地产销售经理,经手了数十笔大厦的买卖,但他最后的成就感却建筑在一座畸形的公寓上,"我的房子最令人骄傲的地方是:它能充分发挥我的自卑感。它的一切都是小号的,小客厅、小卧室、小桌小椅,完全适合幼稚园大班尺寸。所以,如果你来拜访我,请随时留心头顶,勿让吊灯或门楣伤害你。而且不要介意我自负的大哭声"。这种畸形楼房荒诞地呈现了现代都市文明对自然人性的压抑。黄凡对现代都市人人性扭曲和挫败的揭示极生动传神,深刻地批判了都市文明。

黄凡小说视野宏阔、技巧纯熟,融汇乡土派的社会关怀精神和现代派及后现代主义的形式探索于一体。他是台湾地区 20 世纪 80 年代文学新潮的旗手之一。

张大春(1957—),祖籍山东,出生于台北,辅仁大学中文研究所毕业,现为《中时晚报》选述委员、辅仁大学中文系讲师。他是台湾地区当代最受瞩目的新世代作家之一,自《公寓导游》始便以敏锐的洞察力和不断变幻的艺术风格在台湾文坛赢得了"当代台湾文学里程碑"的赞誉,著有《鸡翎图》《公寓导游》《四喜忧国》《大说谎家》《病变》《刺马》《大云游手》《欢喜贼》《我妹妹》等短篇小说集和长篇小说。张大春的文学成就主要在于小说形式的探索和实验,他不断"创造新的类型,提供新的刺激"。《四喜忧国》采用黑色幽默的手法,《将军碑》《从莽林跃出》《饥饿》《最后的先知》则采用魔幻现实主义技巧,而张大春最富特色的是后设小说技巧的应用。《公寓导游》描绘一群居住在 12 层公寓大楼的现代都市人的劳碌虚妄、疲惫冷漠的人世面相,揭示都市"公寓人"的空心性。这点与新世代其他作家并无区别。其不同之处在于检讨语言和真相的关系,凸显小说的虚构性进而质疑虚构和真实的关系,以自我消解的后设小说形式来表达对人类用语言拥有的历史和现实的怀疑。如台湾学者詹宏志所言,张大春"用了魔幻写实的技巧和面貌,可却没什么'写实'的企图……其中甚至还包括一个命题:'天下没有写实这一回事'"。①

后设小说的另一个重要形式是文类混杂和拼贴。张大春认为要延续文学的生命,必须要注入新的生命力,而类型的杂交便可以增强生命力。他说:"文学家的类型如果不杂交的话,就生不出创造性的东西,类型只有通过杂交,才有新的变化,产生新品种。"②他创造出《大说谎家》等新闻和小说杂交的新品种"新闻小说"。另一部小说《母仪天下——武则天》,则把自传、学术论文、历史小说、史料等混杂拼贴在一起。《我妹妹》也是一个汇集了多重声音众声喧哗的混杂文本。张大春还采用了后设小说暴露写作过程的形式,最具代表性的作品是《写作百无聊赖的方式》。读者和作者一起玩文字游戏,编者和小说人物也一起出现在小说中,大家一起讨论作品的角色和情节。

张大春是位永不疲倦的艺术探索者,他的艺术实验开拓了台湾小说新的艺术空间。

王幼华(1956—　　),原籍山东,毕业于台湾淡江大学中文系。1979年开始发表作品,现已出版短篇小说集《恶徒》《狂者的白白》《欲与罪》和长篇小说《两镇演谈》等。台湾文坛称他为"怪才"和"台湾的杜斯妥也夫斯基",海峡两岸学界均称他为新乡土派小说的开拓者,代表新世代作家小说创作的另一个重要走向。台湾评论家林耀德指出:王幼华的小说《热爱》"拨开了乡土时期(70年代后期)的田园怀旧、城乡对应等疲惫的意识形态,沉默的自然提供了新的回答。王幼华对文明与原始并置的当代一直保持高度的兴趣,近代《龙凤海滩》透过挖掘古物的情节,质疑了中介原始和文明两者的先民史。乡土起于对现代主义、晚期资本主义及政治独

---

① 詹宏志:《几种语言监狱——读张大春近作》,张大春《四喜忧国》序,台北远流出版社,1988年,第5—10页。

② 李瑞腾:《创造新的类型,提供新的刺激——与张大春对话》,《文学尖端对话》,台北九歌出版社,1994年,第145页。

裁的反动，而王幼华这一类可视为'新乡土文学'的作品，又重新拾回中产阶级的自我批判，以流动不居的主体意识再度赋予'现实'全新的界定"。王幼华的成就在于突破了旧乡土文学的意识形态藩篱，拓展了乡土文学的艺术空间，他在谈到脚下的土地时说："在台湾我们可以看到：政治上、经济上、文化上的投机者纵横于各个层面，大大吃香。骄其妻妾者、暴发户、狭隘的民族主义者、失意者、不满者形成多元的标准和竞争。它丰富复杂，像介于河海与大地之间的沼泽一般，充满生机。"[①] 王幼华的小说不仅具体地呈现出台湾地区社会的复杂面相，而且更注重挖掘出生活在"沼泽"中的人的变态"精神心理"，"透视人类心灵的各种折曲"（叶石涛语），刻画他们灵魂的扭曲和分裂，并深刻剖析产生变态心理的社会文化根源。这是王幼华作品的主要内容和突出特征。王幼华是位独创意识很强的作家，他说："由自身原始、直觉去感受并创作的东西，才是人类真正需要的东西，而不是由别人的方式、管道去思考。"[②] 其小说艺术形式上的独特性在于共时性地展示人物事件和生活场景，并融入大量的历史、民俗、宗教、经济、政治方面的材料和哲理，宏观地呈现台湾地区社会的历史变迁和复杂面貌。王幼华被台湾学界视为具有"可怕的才华"和"伟大的资质"（叶石涛语）的新世代作家，是 20 世纪 80 年代台湾小说新动向的一位重要的探路人。

除黄凡、张大春、王幼华外，颇具特色的新世代小说家还有林耀德、李永平、东年、杨照等。林耀德的小说集《恶地形》被视为最能说明新世代作家摆脱意识形态创作方式的个案之一，其特点是无情冷酷地描述事实的真相，表现都市社会自我的丧失和人性的异化。他的《双星浮沉录》则是一部优秀的科幻小说，通过虚构六七百年后人类的生存状况，寄托对人类命运的深切忧患。李永平著有《拉子妇》《吉陵春秋》《海东青》等长、短篇小说集。《拉子

---

① 张深秀：《有乱石之巨川——王幻华访问记》，《新书月刊》，1985 年第 20 期。
② 同①。

妇》是传统的乡土小说。1986 年出版的《吉陵春秋》文字细腻、寓意深刻,颇受文坛注意,被视为"小规模的奇迹"(王德威语)。其若隐若现的情节布局,乔伊思《都柏林人》、安德森《小城畸人》式的结构的有机拼接,在台湾小说界颇为独特。长篇作品《海东青》"笔法新颖、格局恢宏",是一部"寓讽喻于象征,奇象征于写实的小说",以寓言方式讲述了古老的道德箴言。东年著有长篇小说《失踪的太平洋三号》《模范市民》和《大火》《落雨的小镇》《去年冬天》等短篇小说集。《失踪的太平洋三号》被台湾文坛称为"数十年来真正开展了中国海洋文学风貌"(林耀德语)的小说之一。这部作品和其他一些小说都描写了海洋生活,在人与自然的搏斗中刻画人物的性格,展示真实的人性。东年最关注的是现代人焦虑不安的精神世界,在长篇小说《模范市民》的代序《飙车的精神分析》一文中,他对这种普遍存在的精神变态做了较为深刻的分析。《模范市民》揭示的就是这种焦虑不安的社会整体精神状态,小说通过因生存危机和理想挫折而犯罪的廖本群这一形象来剖析产生人物精神分裂的深层原因。总之,东年以台湾"海洋文学"开拓者的身份和对当代人普遍存在的焦虑状态的揭示与分析,在 20 世纪 80 年代的台湾文坛占有特殊的位置。

"山地文学"创作

"山地文学"从狭义来讲是指台湾地区高山族作家的文学创作,广义的"山地文学"还包括汉族作家以高山族社会生活和文化历史为题材的作品。最早描写高山族的是台湾日据时期的日本作家的作品,如佐藤春夫的《雾社》、大鹿卓的《野蛮人》、中村地平的《长耳国漂流记》等。台湾作家开始描写高山族是在第二次世界大战后。钟理和的《假黎婆》塑造了一位山地妇女形象,在台湾文学中可视为山地文学的先驱之作。20 世纪 80 年代山地文学创作呈现出较为繁荣的局面,许多作家开始关注和表现山地生活。其中较出色的高山族作家有布农族小说家田雅各和娃利斯·罗干、排湾族诗人莫那能、雅美族散文家波尔尼林、泰雅族作家柳翱等,他们为山地文学的崛起做出了不懈的努力。汉族作家钟理和、钟肇政、李乔、胡台英、吴锦发、林耀德、古蒙仁等也致力于山地文学的耕耘。经过高山族和汉族作家的共同努力,山地文学创作取得了令人瞩目的实绩。正如1989年创刊的高山族首张报纸《原报》所言,台湾文学"创造山地文学已不再是梦"。

1987年晨星出版社首先推出吴锦发主编的台湾山地小说选《悲情的山林》之后,又连续出版了台湾山地散文选《愿嫁山地郎》,以及山地作家田雅各的《最后的猎人》、娃利斯的《泰雅脚踪》、莫那能的《美丽的稻穗》等作品集。其他出版社出版的山地文学作品还有:钟肇政的《马黑坡风云》《川中岛》《战火》、林耀德的《1947高砂百合》、王幼华的《土地与灵魂》等。此外还有发表高山族言论和作品的刊物《高山青》(1983年创刊)、《原报》(1989年创刊)和《猎人文化》(1990年创刊),这些都对山地文学的茁壮成长起了重要的作用。

总体来看,台湾地区20世纪80年代山地文学的内容和特色有以下几个方面:

第一,描写高山族传统的生活习俗、民族心理和文化特性。钟肇政的《猎熊的人》、田雅各的《最后的猎人》、陈英雄的《雏鸟泪》等短篇小说,以及娃利斯·罗干的小说集《泰雅脚踪》、柳翱的散文集《永远的部落》等,对高山族的民俗风情和文化心理都有生动的描绘。

第二,反映高山族社会文化变迁及目前面临的政治、经济、文化困境。吴锦发编的山地小说选《悲情的山林》中的《假黎婆》《我的朋友住佳雾》《燕鸣的街道》《碧岳村遗事》,都揭示了山地传统文化遭受平地工商文化入侵后造成的传统价值观的瓦解及经济和精神的衰颓现象。山地散文选《愿嫁山地郎》中8位高山族作家的作品更直接地反映高山族目前面临的各种现实问题。如编者吴锦发先生所言,他们的作品"都比较偏向议论性,而且对山地现存的各种问题恒作热烈的、抗议的呐喊,这自然也是因为他们身为原住民籍,对己身问题的迫切性,有比汉族系作家更痛苦的感受,所以压不住心中的怒火，发而为抗议的声音"。① 而其他 16 位汉族作家的散文则对高山族现实处境寄予了深切的关怀和同情。

第三，对高山族历史和神话的新阐释。如胡台丽的《吴凤之死》、田雅各的《马难明白了》《侏儒族》和李乔的《巴斯达矮考》等小说，或传达高山族人对汉族人歪曲他们历史的抗议，或重新阐释高山族神话。

最具代表性的高山族作家是诗人莫那能、小说家田雅各和娃利斯·罗干，以及散文家柳翱。他们的创作集中体现了严格意义上的山地文学的创作实绩。

莫那能（1956— ），汉名曾舜旺，排湾族，生于台东县达仁乡的阿鲁威部落。中学毕业后因眼疾无法继续升学，做过采矿工、捆扎工、搬运工等多种劳力工作。20 岁眼疾恶化后来完全失明，曾以按摩为生。1989 年 3 月出版了他的第一本诗集《美丽的稻穗》，这是台湾高山族的第一部山地诗集。台湾诗界有人称他为"原住民民族解放运动的第一个诗人"。

莫那能饱尝了个人和家庭的不幸和苦难，而且深切感受到民族的苦难和屈辱。因此在他的诗歌世界中，诗人个体的生命史往往凝聚着民族和历史的悲剧经验。其作品大多抒发民族心灵深处深广的忧愤，为高山族的生存而呐喊抗争。《遗憾》一诗中，诗人在新婚之夜祈求妻子忘掉一切痛苦和不幸："当你依偎在强壮/厚实的胸肩/请你要听见/这失明的躯体内/正横行着癌/当你满心分享着/喜乐的情缘/请不要想起/那荒远的高山上/残破的家园/作妓女，失去子宫底/妹妹的哀怨/患肺结核底/父亲的心酸/百岁老祖母的愁颜……"只有忘掉这一切"会败坏爱情的苦难"，用力握紧美满的瞬间，才会有宁静的幸福。但诗人明白这只是真诚的谎言，"现实的利剑要/划破美丽的梦幻"。诗人清醒地体认到自身存在的悲剧性，自觉背负起民族苦难的十字架，面对残酷的现实，"孤寂地持守/祖先的 ili 脉/纪念/那甜美的遗憾……"。《流

---

① 吴锦发：《愿嫁山地郎》序，台中晨星出版社，1992 年。

浪——致死去的好友撒即有》一诗充分反映了台湾地区战后资本主义社会对高山族青年的欺压和摧残。撒即有短暂的一生到处流浪,在焊枪厂"忍受恶臭/长期禁足/不准外出/没有报酬",在砖窑厂"得到最少、付出最多",最后死在阿拉伯的工地上。诗的结尾写道:"我懂了,流浪是无奈的压迫/死亡才是真正的解脱……/流浪到未知的世界/或许那是一个和平的地方。"无奈、悲哀和愤慨流溢于字里行间。《钟声响起时——给受难的山地雏妓姊妹们》一诗,通过遭受蹂躏的山地女孩的控诉和哀求,直接表达了诗人的人道悲悯和深广的忧愤:"再敲一次钟吧,牧师/用您的祷告赎回失去童贞的灵魂/再敲一次钟吧,老师/将笑声释放到自由的操场/当钟声再度响起时/爸爸、妈妈,你们知道吗?/我好想好想/请你们把我再重生一次……"

莫那能在诗集《美丽的稻穗》的序言中说:"我的诗最大的衷愿便是:在绝望中找到希望,在悲愤中获得喜悦。"莫那能的诗作真实地表现了山地民族的创伤和苦难,以及他们对丑恶现实的愤怒、诅咒和申诉,也表达了为民族的生存和尊严而呐喊抗争的战斗精神及坚定的信念。"只要太阳还升起/只要高山还耸立/只要大河还奔流/被迫离乡背井的/失散颠沛的民族/终要愤然崛起。"(《为什么》)莫那能的诗质朴率真、自尊庄严,情感强烈富有力量,激励着山地民族为改变自身命运而奋斗。

田雅各是高山族最优秀的小说家,1960年出生于台湾省南投县信义乡,布农族人,原名拓拔斯·搭玛匹玛。他在高雄医学院学习期间开始创作,1983年发表处女作,1987年出版作品集《最后的猎人》,曾获吴浊流文学奖。田雅各的出现曾经被誉为台湾文坛的大事件,钟肇政赞赏地说:"读他的作品,令人产生强烈的不可思议的感觉,觉得这才是真正的台湾小说。"

田雅各的小说集中反映了台湾地区现代社会发展与高山族传统生活方式之间的矛盾冲突,揭示了在现代文明冲击下,山地民族面临的种种危机和困惑。处女作《拓拔斯·搭玛匹玛》情节简单,叙述的是到平地读书的布农族青年"我"在返家途中的客车上听到的族人的对话,含蓄地传达出在现代文明冲击下他们的苦恼和迷惘情绪。农民笛安为儿子娶媳妇做床去砍伐林中榉木而被法院传讯罚款,但笛安始终不明白那些人为什么说他是小偷而轻易加罪于他。猎人乌玛斯以传统的狩猎为生,与自然和森林有着天然的依存关系,但现代文明破坏了这种天然关系,而传统的生活方式受到的冲击使他难以适应。年青农妇王珊妮难以适应城市生活方式,并对老板剥削工人不满而发出"如果要平平安安过日子,就必须回到土地来"的感慨。作为部落唯一大学生的"我",心情是复杂和矛盾的,一方面同情他们生活的艰难和贫困,另一方面又认识到他们的狭隘和愚昧。小说通过几种类型人物的对话,深刻地揭示了在现代文明冲击下高山族人的种种困惑和危机,也表达了作者对民族命运和前途的深切忧虑。

《最后的猎人》进一步深入地挖掘了有关山地民族命运和前途的主题。小说主人公比雅日是个固守布农族传统信念的猎人,对森林有着深厚的感情:"如果女人像森林多好,幽静而壮丽,从森林内,从森林外,尤其从高处俯瞰,森林的美丽是绿色和谐的组合,像牧师讲道词中的伊甸园。"有时甚至存有肌肤之亲:"我那女人如果有一天变得令人讨厌,我还有个森林。"但森林在开发的名义下遭受破坏而日渐减少,猎人们丧失了他们赖以生存的条件。比雅日这机敏的猎人竟两日狩猎而一无所获,只好抓鱼充饥。工业文明的大规模入侵摇撼了传统生活方式和观念。田雅各透过"最后的猎人"的悲剧形象寄寓了作者对本民族命运的忧虑和思考。

《马难明白了》是田雅各的又一篇重要作品,其主题是抗议平地汉族人对高山族历史的歪曲和社会生活中存在的民族歧视。小说描写被编入小学教材的"吴凤传说"对小孩心灵的影响。"吴凤传说"叙述清朝出任阿里山通事的吴凤为了劝阻台湾地区少数民族猎人头的习俗而献出自己人头的故事。这个故事对台湾地区少数民族的风俗习惯进行歪曲性渲染,使高山族小学生被嘲笑为"黑肉蕃,蕃仔蕃,眼珠大,皮肤黑,杀人头,吃人肉,真残忍,是蕃仔"。小说揭示了社会生活和历史中存在的民族歧视现象,也表达了高山族人民追求民族尊严和平等的强烈愿望。田雅各以小说创作表达自己民族的感情和心声。

娃利斯·罗干是泰雅族青年作家,1992 年出版短篇小说集《泰雅脚踪》,集中描写了泰雅族人丰富的情感世界、独特的生活形态及在社会文化急剧变化中的危机和抗争。《哦!侯列马烈》《小雨来得正是时候》等生动地表现了泰雅族人之间朴素而真挚深厚的感情。《大狭红格落》通过泰雅人独特的游戏和歌谣来表现他们的民族气质和性格。《泰雅脚踪》中最深刻的作品是《城市猎人》,作品描写年青猎人打努偈为现实所迫到城市谋生却无法放弃对狩猎生活的向往,与城市生活格格不入,在抑郁中酿成了悲剧。小说深刻地揭示了文化冲突中泰雅人面临的危机。

汉族作家的山地文学创作在 20 世纪 80 年代有了很大发展。古蒙仁、吴锦发、师琼瑜、张大春、林辉熊、钟肇政、林耀德、胡台丽等作家都投入山地文学创作,反映高山族的现实状况,同情他们的不幸遭遇并揭示其历史命运。其中,吴锦发、钟肇政、林耀德成绩最为突出。

吴锦发(1954—),高雄县人,中兴大学社会系毕业。吴锦发对山地文学的贡献有两个方面:其一,大力倡导山地文学创作,编辑出版了第一本山地小说选《悲情的山林》和第一本山地散文选《愿嫁山地郎》,并向读者推介高山族作家。他指出,田雅各和莫那能的出现是台湾文坛近几十年来不得了的大事,"他们优美的文字描写,丰富的诗的节奏感,以及有尊严的人性呐喊,对日渐腐朽、堕落、浮华、肤浅的台湾文学,无疑是一记暮鼓晨钟,他们的文学是真正的'人的文学'"。他的论述准确地把握了高山族文学的特质及其在台湾文学中的意义。其二,在创作中着力反映高山族面临的生存困境,如《燕鸣的街道》和《有月光的河》都反映了高山族少女受到平地男人的欺凌和侮辱,抗议民族歧视带给高山族人的精神折磨。吴锦发在《悲情的山林》的序中说出了他的心声:致力于山地文学是他对台湾地区少数民族的回报与赎罪的实践。他的努力显示出台湾文学对历史的自省意识。

钟肇政着力于对高山族悲壮历史的描绘。20 世纪 70 年代,钟肇政创作了以高山族历史和故事为题材的长篇小说《马黑坡风云》和山地民间故事《马利科弯英雄传》。80 年代他一口气写了《战火》《川中岛》《卑南平原》三部《高山组曲》。在《山地文学的尝试——谈〈高山组曲〉写作的经过》一文中,钟肇政说高山族居住地"是全台湾最美、最宁静,恐怕也是最富于灵气的所在。那里有最纯净的山之子民们。他们之中,男的勇敢而富正气感;女的美丽而柔情。他们该也是最罗曼蒂克的族类吧"。对高山族人民性格的热爱是钟肇政一而再地创作山地文学的根本原因。

《马黑坡风云》和《高山组曲》描写的都是高山族人民反抗日本侵略者斗争的历史。小说塑造了众多的高山族民族英雄形象,充分表现出高山族人民顽强的民族精神和英雄气概。

新世代作家林耀德于 20 世纪 80 年代末也推出了一部描绘高山族历史命运的史诗性长篇小说《1947 高砂百合》,小说被台湾地区学界誉为"洋溢着新气象、大气象,境界阔大而壮丽"的划时代巨制。小说展现了泰雅族一个家庭的兴衰史,老一代泰雅族祭司拿布·瓦涛和瓦涛·拜扬笃信"祖灵",擅长狩猎,很有权势,代表了土生土长的高山族山地文化,其特征是勇敢、剽悍,具有神秘的原始色彩。但随着历史的变迁,这个家族终于日落西山了,拿布·瓦涛在一次狩猎时被日本巡警当成黑熊而误杀,瓦涛·拜扬也败在到山地传教的西班牙神甫安德胁手下,其地位被神甫取而代之。瓦涛·拜扬的儿子拜扬·古威沦为神甫的仆从,孙子古威·洛罗根则离开山地,成为城市的流浪汉。小说深刻地揭示了山地文化遭受西方宗教文化和日本军国主义的冲击、破坏而面临的生存危机。《1947 高砂百合》具有阔大壮丽的史诗性格,小说以 1947 年 2 月 27 日即"二二八事件"发生的前夕为故事的焦点,通过意识流、倒叙、插叙和拼贴等技巧宏观地呈现台湾地区的社会历史变迁。作者还运用神话和魔幻手法展示高山族的历史生态,歌颂他们战胜种种自然灾难,抵抗外来侵略的英雄业绩。

通俗文学的发展

通俗文学是具备大众审美文化品格的流行文学,其崛起和兴盛是台湾地区当代文学的一个重要现象。早在 20 世纪二三十年代,台湾地区就流行大陆的武侠小说。50 年代台湾当局对民众采取政治控制政策,推行"反共文学",整个社会笼罩在政治重压的阴影中。一些知识分子为了逃避现实而走向了纯粹个人的内面世界,倡导晦涩的充满"末世情绪"的现代主义文学。这时以言情和武侠为代表的通俗文学悄然兴起,通俗文学以其特有的梦幻境界给大众提供了逃避现实的精神天地。六七十年代,台湾地区开始逐渐进入商业社会,一切社会活动都具有明显的商业目的。作为满足人们精神需要的文学艺术也必然从小圈子走向市场,成为大众的一种消费品。商品生产原则的普遍化使文化变成了无烟"工业","文化工业"的出现促进了台湾地区六七十年代通俗文学的兴盛。80 年代,台湾地区进入了以科技和信息为基础的后工业社会,严肃文学和通俗文学的界限逐渐变得模糊,二者从分离走向了整合,于是出现了通俗文学高雅化和严肃文学通俗化的复杂现象。台湾地区的通俗文学大体有言情小说、武侠小说、秘史小说和科幻小说等类型。

（一）通俗文学之一：言情小说

言情小说以琼瑶、张曼娟为代表,此外还有华严、姬小苔、玄小佛等人。琼瑶本名陈喆,湖南衡阳人,1938 年生,1949 年到台湾地区。自 1963 年发表《窗外》后,琼瑶连续出版了《几度夕阳红》《幸运草》《烟雨蒙蒙》《月满西楼》《庭院深深》《彩云飞》《在水一方》《我是一片云》《月朦胧鸟朦胧》等 40 余部中、长篇小说,流行于台湾地区、大陆及东南亚的华人社会。

琼瑶小说铺陈的大都是痴情男女的爱情故事,揭示造成爱情悲剧的历史根源和现实及性格因素。琼瑶那"想把我所知道的那个充满了'爱'的、'好'的人生写出来"的文学信念,使这些爱情故事幻化成充满理想光泽且浪漫多姿的人生图景。琼瑶倡导青年男女要大胆而真诚地追求真正的爱情。《我是一片云》中的宛露便是一个例子:"我只知道一件事,我要和孟樵在一起。他是强盗,我爱他;他是土匪,我爱他;他是杀人犯,我也爱他。"同时琼瑶又认为大胆的爱亦要遵循传统的伦理,即"发乎情止乎礼"。她说:"许多(不是全部)悲剧都是自己的性格造成的,聪明人驾驭感情,愚笨的人为感情所驾驭;而愚笨的人总是比聪明的多。"如《我是一片云》中的宛露终因没有处理好情和理的关系而酿成悲剧。琼瑶似乎更推崇《在水一方》中杜小双美丽而忧伤的等待或《几度夕阳红》中李梦竹的恪守妇道。难怪有论者说:"琼瑶的作品渗透了中国式的人生、伦理道德,中国的人情味,特别是在她的作品中表现出来的中国女性的智慧、生活的涵养、灵秀的思维、柔美的情调。"情、理、梦三者巧妙结合使琼瑶的小说承担了一般大众的情感寄托和恋爱指南的双重功能。为了满足大众情感消费的需要,琼瑶用曲折离奇的情节和古典诗词的意境艺术地包装了爱情故事,强化了作品的戏剧效果和艺术韵味。琼瑶小说的意义或许在于使一些人受"美"和"好"的情感的感染,而从政治和商业的污染中逃离出来并获得一种精神的升华。另外,其作品也在一定程度上折射出20世纪五六十年代台湾地区的社会现实。

张曼娟、姬小苔和玄小佛是台湾地区20世纪80年代言情小说的代表人物。张曼娟的主要作品有《永恒的羽翼》《落红不是无情物》《海水正蓝》等,其特点是营造一个现代都市社会中的"古典城堡"。张曼娟思考的是现代人如何面对日益恶化的人际关系,如外遇、畸恋等。其作品提供了一种解决问题的办法:对完满的爱的执着。她总是将一种道德的启示融入爱情故事的推衍中,使其作品大受欢迎。姬小苔和玄小佛的爱情婚姻故事则要险恶得多,充满自私、阴谋、争斗和报复,虽然艺术上不如琼瑶的作品精致,但却在一定程度上反映了80年代台湾地区社会的现实。

(二)通俗文学之二:武侠小说

20世纪三四十年代台湾开始流行大陆"北派五大家"(还珠楼主、白羽、郑澄因、王度庐、朱贞木)的旧派武侠小说,为50年代以后台湾武侠小说的崛起打下了基础。郎红浣是台湾当代武侠小说的先行者。1952 年起,他连续推出了《古瑟哀弦》《碧海青天》《瀛海恩仇记》《莫愁儿女》《珠帘银烛》等作品。随后,卧龙生、司马翎、伴霞楼主、诸葛青云、古龙等相继崛起,形成了 60 年代台湾武侠小说的鼎盛局势。就内容和写作技法来看,台湾的武侠小说大致可以分为 5 种类型:(1) 以东方玉、东方骊珠、天风楼主为代表的"奇幻仙侠派",此派继承了还珠楼主的风格,糅合志怪、神话、飞仙、剑侠为一体。(2) 以卧龙生、司马翎、伴霞楼主、诸葛青云、上官鼎、萧逸等人为代表的"超技侠情派",其特点是融合传统的"北派五大家"的特长,专事描写方奇功秘方和玄妙招式。(3) 以陈青云、田歌为代表的"鬼派",其作品内容非魔即鬼、嗜血如命,是台湾武侠文学中品格最低下者。(4) 以古龙、陆鱼、秦红、古如风为代表的"新派",此派与前三类旧派不同的地方在于他们用新技法和现代观念来构筑故事。(5) 以温瑞安为代表的"超新派",被台湾学界称为"新派"武侠小说的终结者。

台湾武侠小说作家中影响最大者当推古龙(1936—1985)。古龙本名熊耀华,在 25 年的创作生涯中,他共创作了 80 余部作品,约 2000 万字。主要作品有《孤星传》《萧十一郎》《楚留香》《陆小凤》《流星蝴蝶剑》《天涯明月刀》《多情剑客无情剑》《绝代双骄》《圆月弯刀》《武林外史》《九月鹰》《江海英雄》等。古龙是台湾新派武侠小说的代表人物,其作品融入了现代观念并用现代技法加以表现。古龙作品的"新"表现在:第一,语言新。古龙的叙述、描写和对白都深受海明威的影响,"在作品中掺入了许多佛偈一般的短句,阐述人生哲理"(裴小龙语),文字风格颇为独特。第二,人物新。其笔下的高手往往是英雄和智者的结合。有时古龙还将《007 情报员》和《教父》等西方电影中的人物和故事化入自己的作品中,更符合当代读者的口味。第三,武打描写的简化,摆脱了一招一式的详细描写,如陆小凤的灵犀一指、李寻欢的飞刀等"不着一字,尽得风流"。古龙注重的是对武学的探讨,其中渗透佛禅的哲理和智慧,如《多情剑客无情剑》中天机老人的教诲:"真正的武学巅峰,是要能妙渗造化,到无环无我,环我两忘,那才真的无所不至,无坚不摧了。"第四,善写人性。古龙突破了老派武侠写神和魔的旧模式,转而写活生生的人、有血有肉的人,写"人性中的冲突"。如古龙笔下的英雄陆小凤、李寻欢、楚留香一面嗜好酒和女人,另一面对友情和爱情骨子里却相当忠贞,而阴姬、南宫燕、白飞飞、王麟花则都是心理极端变态的形象。第五,渲染寂寞孤绝感,如萧十一郎、李寻欢、阿飞、傅红雪、花满楼、叶孤城等都有一种对寂寞孤绝的深刻体验。总之,古龙在武侠小说创作取得了很高的成就。

(三) 通俗文学之三:历史小说

20世纪六七十年代以来台湾地区出现了一批历史小说,如孟瑶的《龙虎传》、丘秀芷的《剖云行日》等,其中数高阳作品量最丰、成就最大。高阳本名许晏骈,原籍浙江杭州,1926年生,1992年去世。他50年代开始创作,一生共创作了60多部作品,主要有《李娃传》《荆轲》《少年游》《大将曹彬》《慈禧全传》《胭脂井》《清官外史》《乾隆韵事》《玉座珠帘》《小凤仙》《小白菜》等。高阳的历史小说题材十分广泛,其来源主要有三个方面:其一,以历史知识为基础再辅以想象虚构创造而成。其中数量最多的是描写清朝宫廷生活内幕,从而揭示清朝统治集团内部的复杂矛盾,再现当时的社会面貌的作品。其二,以影响较大的民间传说和野史为素材,加以铺张演化而成。如《小白菜》《小凤仙》《红叶之恋》《汉宫春晓》《胡雪岩》等。其三,从古典诗词和古典小说中寻找史料和素材,加以想象铺成,如《红楼梦断》《李娃传》《少年游》等。高阳的历史小说艺术上也颇具特色,如善于刻画人物性格,表现人物复杂的内心世界,注重史实和艺术想象的有机结合,历史场景宏大而又具有细腻生动的细节描写等。

(四) 通俗文学之四:科幻小说

台湾科幻小说大约在20世纪60年代末期才迅速发展起来。张晓风1968年发表了一篇叙述科学家造人的悲剧故事《潘渡娜》。1969年,张系国发表《超人系列》,黄海出版科幻小说集《一〇一〇年》。七八十年代,台湾科幻小说取得了长足的发展。张系国陆续创作了《归》《望子成龙》《蓟梦奇缘》《岂有此理》《青春泉》《铜像城》《倾城之恋》《玩偶之家》《翻译绝唱》等一系列科幻小说,对台湾科幻小说的确立和发展做出了重要贡献。陈思和先生认为张系国科幻创作的当代意义主要表现在两个方面:第一,他力图改变以西方高科技的资本主义文化为背景的科幻故事叙事模式,尝试将科幻与中国传统文化背景结合起来;第二,他力图拒绝以恐怖、怪诞、机关布景等来刺激读者胃口的通俗手法的介入,努力将科幻小说的想象力同五四新文学的人文传统结合起来,在中国新文学的传统里开创了科幻的新品种。① 这种评价是很有见地的。黄海在七八十年代也创作了大量的科幻小说,如《新世纪之旅》《流浪星空》《银河迷航记》《悲欢岁月》《天堂鸟》《偷脑计划》《奇异的航行》《大鼻国历险记》《地球逃亡》等。黄海的科幻作品把科学素材的运用、人类未来命运的思索和人性的剖析结合成一体,幻想奇特丰富,手法灵活多变,在台湾科幻文学领域占有重要的位置。

20 世纪 80 年代以来,新世代作家开始涉足科幻小说领域,创作了一批思想深刻并具创意性的科幻作品,如林耀德的《双星沉浮录》、叶言都的《我爱温诺娜》、路伯迪的《文明毁灭计划》、张大春的《伤逝者》和《大都会的西米》、黄凡的《皮哥的三号酒杯》《零》和《上帝的耳目》、平路的《按键的手》等。新世代作家的题材更广,涉及政治、历史、科技、战争和人性恶等方面,作品内涵更丰富深刻。黄凡曾指出:"我认为现在科幻小说几乎也可视为正统文学,我个人就是从事这种严肃文学创作,藉着科幻来表达我一些严肃的想法。"② 科幻文学的这种发展趋向显示了台湾地区 80 年代通俗文学的新变化,即通俗文学和严肃文学的界限已逐渐模糊,二者从分离逐渐走向整合。

---

① 陈思和:《创意与可读性:试论台湾当代科幻与通俗文类的关系》,《天津文学》1992 年第 9 期。

② 黄凡等:《1982 年联副科幻小说座谈会纪录》,张系国编《当代科幻小说选》第 2 卷,知识系统出版公司,1985 年。

香港文学历史发展及演变述评

刘小新

香港文学的历史发展以 1950 年为界分为两大阶段。1950 年之前 30 余年的香港文学为"香港新文学",是中国现代文学的一个重要组成部分,亦可称为"香港的中国新文学";后 30 年的文学为"香港文学",已从内地当代文学中分流,走上独特的发展道路。20 世纪 80 年代以来的香港文学开始进入过渡期,逐渐走向与中国内地当代文学的整合。具体而言,香港文学的历史发展经历了拓荒、萌芽、成长和繁荣 4 个时期。

一、香港文学的拓荒期(1927—1937)

五四运动前后,具有现代特征的新文学在大陆迅猛发展,成为大陆文学的主流。而偏处一隅的香港,宣扬封建思想观念的旧文学仍很稳固。1912 年至 1926 年北伐前夕的香港文学被文化学者罗香林称为隐逸派的怀古文学,清末遗老遗少继续撑着封建文学的殿堂。1921 年,香港中国文学研究社出版的刊物《文学研究录》是这些"隐逸文人"反对新文学宣扬旧文学的重要阵地,其主办人罗五洲在刊载于该刊第八期的《序》文中说,"白话横行"是"文学之将亡",并直言其办刊旨在"因文卫道"。由此可见五四前后香港文人的封建守旧态度。其间也有少数文学杂志如《双声》和《妙谛小说》登载极少量的白话文章。1924 年至 1925 年间的一些杂志逐渐出现文白并存的现象,如《小说星期刊》登载的小说近三分之一为白话文作品。

香港新文学是在五四新文学影响下萌生的,正如香港学者梁锡华所言:"香港文学的起头,是拜大陆南来知识分子之赐。"1927 年 2 月,鲁迅先生应香港基督教青年会的邀请到香港作题为《无声之中国》和《老调子已经唱完》的两次演讲,批判"尊孔读经"的旧文学,宣传具有现代精神的新文学。鲁迅在演讲中号召香港的文学青年推开古人,用活的、自己的话将自己的思想感情直白地表达出来,在香港文学青年中引起强烈的反响。随后,鲁迅又陆续写了《略谈香港》《述香港恭祝圣诞》《再谈香港》三篇重要的文章,继续抨击香港的封建文学,对香港文坛产生了深远的影响。可以说,鲁迅是香港新文学的拓荒者和播种者。1927 年,香港的新文学终于诞生了。1928 年 8 月香港第一份新文学刊物《伴侣》的出现,是香港新文学萌生的最突出的标志。这份刊物当时被称为"香港新文坛的第一燕",经常刊登侣伦、李育中、张吻冰等人格调清新、内容实在的新文学作品。可以说《伴侣》揭开了香港新文学的第一页。随后,《伴侣》杂志的撰稿者组织成立了名为"岛上社"的文学社团,侣伦称之为"香港第一个新文艺团体"。"岛上社"的主要成员有侣伦、张吻冰、黄谷柳、岑卓云等。他们通过创办《岛上》周刊、《铁马》杂志和创作用"轻柔、婉娓"的声音去"慰抚灵魂的文学作品",对香港新文学的崛起做出了重要的贡献。随后,一批新文学刊物连续出现了,其中最有代表性的刊物是《晨光》(1932 年创办)、《小齿轮》(1933 年创办)、《红豆》(1933 年年底创办)。尤其是《红豆》,以追求纯文学和系统地介绍西方文学成为香港新文学史上继《伴侣》之后的又一份重要刊物。从创作方面看,拓荒期的香港文学成绩体现在散文、小说和诗歌的创作上。散文集有侣伦的《红茶》和黄天石的《献心》,小说集有龙实秀的《深春的落叶》和谢晨光的《胜利的悲哀》,诗集有林英强的《蝙蝠尾》和侯汝华的《海上谣》等。

二、香港文学的萌芽期(1937—1949)

1937 年抗日战争爆发后,全国文艺界兴起了抗日救亡的文学运动。香港成了全国抗战文学的一个中心,大批进步的文人涌入香港。香港成了"新文化的交通站",其中有人是经香港转赴内地的,如郭沫若等人;有人是通过香港转往海外的,如郁达夫、巴人等去了南洋;更多的人留在了香港,或以香港为阵地开展抗日宣传和文化活动,如茅盾、戴望舒、范长江等;或选择香港作为暂时的栖身之所,如施蛰存、叶灵凤、端木蕻良等。1937 年 7 月至 1941 年,香港抗战文学活动迅速发展,出现了前所未有的崭新景象。"香港中华艺术协进会""中华全国文艺界抗敌协会香港分会""香港中华文化协进会"等文社相继成立,在"团结抗战"的旗帜下开展了一系列活动,推动香港抗战文学走向高潮。南来文化人还创办了大量的报纸文艺副刊和文学期刊,如茅盾主编的《立报·言林》(1938 年 4 月创办)、戴望舒主编的《星岛日报·星座》(1938 年 8 月创办)、萧乾和杨刚主编的《大公报·文艺》(1938 年 8 月创办)、陆浮和夏衍主编的《华商报·灯塔》(1941 年 8 月创办)、陆丹林主编的《大风》(1938 年 3 月创办)、周鲸文主编的《时代批评》(1938 年 6 月创办)、叶浅予主编的《今日中国》(1939 年 8 月创办)、郁风主编的《耕耘》(1940 年 4 月创办)、冯亦代主编的《电影与戏剧》(1941 年 1 月创办)、端木蕻良主编的《时代文学》(1941 年 6 月创办)、茅盾主编的《笔谈》(1941 年 9 月创办)等。南来作家在香港创作了一大批重要的文学作品,如茅盾的《腐蚀》、萧红的《呼兰河传》、端木蕻良的《大江》等。

1941 年年底,香港沦陷,香港文学备受摧残,百花凋零,一片沉寂。1945 年 8 月日本投降后,内地作家再次云集香港,香港文学迅速复苏。他们创办了《小说》(茅盾任主编)、《文艺生活》(司马文森任主编)、《大众文艺丛刊》(邵荃麟任主编)等文艺刊物,并创作了许多优秀作品,如茅盾的《锻炼》、郭沫若的《洪波曲》、黄谷柳的《虾球传》等,为香港文学的发展做出了贡献。

1937 年至 1949 年,香港的本土文学创作在内地作家的带动下有了明显的发展,一批本土作家逐渐成熟起来。侣伦在这一时期陆续创作了《黑丽拉》《永久之歌》《无尽的爱》等小说集。张吻冰、黄天石、岑卓云等人则尝试通俗文学的创作,分别发表了《西侠》《红巾泪》和《山长水远》等通俗小说。香港本土作家的努力为香港文学独特性的形成奠定了基础。

三、香港文学的茁壮成长(1950—1980)

20 世纪 50 年代以来,香港文学与中国内地当代文学分流,成长中的香港文学在形态和进程上划出了与内地当代文学不同的轨迹,具有自身特色的香港文学逐渐形成了。

1949 年新中国成立以后,大量"左派"作家返回内地,一些右翼文人则离开内地到香港、台湾地区和海外。20 世纪 50 年代的香港文坛"左"、右两派壁垒分明。右翼作家先后创办了《人人文学》(1952 年创办)、《中国学生周报》(1952 年创办)和《文艺新潮》(1956 年创办)。这些期刊多少带有反共的色彩,其作品或者"流露着一股凄然的国破家亡的感觉和深深的花果飘零憔悴",或者"趋向于浓厚的个人主义和纤巧妍丽的唯美风尚",或者"歌颂一些虚无、非政治化、非社会性的永恒的人性"。① 因此有人把 50 年代称为香港文学的"哀吟期"。但 50 年代的香港文坛还存在另一种类型的作家和杂志,大致和内地的文艺路线相同,坚持现实主义创作道路。这些作家有侣伦、舒巷城、吴其敏、叶灵凤、何达等,以 1957 年创办的《文艺世纪》(夏果主编)和《大公报》《新晚报》《文汇报》为阵地,坚持走"社会写实主义"的创作道路。到了 60 年代,他们又创办了《海光文艺》(1966 年创办)等刊物,继续创作反映现实揭露黑暗的写实主义作品。

20 世纪 60 年代香港文学的主流是现代派文学。《文艺新潮》《中国学生周报》《好望角》和刘以鬯主编的《香港时报》文艺副刊

---

① 冬青:《从一个人看他的作品》,《华侨日报》,1957 年 8 月 3 日。

"浅水湾"等,大量发表和介绍现代派作品,有着很大影响。刘以鬯于1963年出版了第一部采用意识流手法创作的小说《酒徒》,并宣称"现实主义已经死亡"。刘以鬯力主文学创新并大量译介西方文学,对香港文学的现代化发挥了重要的作用。60年代香港文坛另一引人瞩目的现象是年轻的本土作家群的崛起,如西西、蓬草、也斯、吕达、范剑、绿骑士、谭秀牧等成为香港文学发展的新生力量。

20世纪70年代,香港严肃文学受到了都市商业文化的巨大冲击,严肃作家在艰难中挣扎前进。70年代初是香港文学的低潮时期,《文艺世纪》《海光文艺》《伴侣》《中国学生周刊》等相继停刊。1972年吴其敏主编的《海洋文艺》的创办为低潮的香港文学注入了一支强心针,在《海洋文艺》的培育下,涌现出彦火、韩牧、陈浩泉、双翼、谢雨凝等中青年作家。70年代初,内地的璧华、梅子、白洛、东瑞、陶然、夏婕等人到港定居并在文坛崭露头角,本土的小思、何福仁、何紫、吴煦斌、黄维梁、黄国彬、羁魂等一大批年青作家也逐渐成熟了。70年代中后期,香港文学又有了复苏的景象。1975年《大拇指》创刊,1978年《开卷》创刊,1979年《八方》创刊。这些水准颇高的严肃文学刊物在香港文坛产生了很大的影响。同时,香港文学与内地文学开始有了初步的交流。随着大陆改革开放政策的推行,香港文学也逐渐出现了转机。

四、80年代香港文学的繁荣

经过20世纪70年代的酝酿,80年代的香港文学开始进入一个崭新的发展时期。1980年9月,《新晚报》组织召开了"香港文学三十年"座谈会,对1950年以来的香港文学进行了经验总结,正式提出"香港文学"的名称。1980年11月,《新晚报》又召开了"香港文学的出路"座谈会,共同研讨香港文学如何走出困境。此后文艺界日趋活跃。1981年11月香港儿童文艺协会成立;1982年9月香港青年作者协会成立,举办了各种研讨会、学术讲座等文学活动。80 年代初，黄道一主编的《文艺》、黄南翔主编的《当代文艺》、西西等主办的《素叶文学》等文学刊物具有颇高的质量。同时，香港多家报刊增辟了文艺性的周刊，如《文汇报》的《文艺》、《新晚报》的《星海》、《星岛晚报）的《大会堂》和《星岛日报》的《星座》等，活跃了文坛气氛。如同香港学者黄维梁所说："文学上左右分的景象，80 年代初期以来就逐渐模糊了。《星岛晚报》的文学副刊《大会堂》以及文学杂志《香港文学》所登载的作品，不问作家的政治背景，真可谓左中右大会于一堂，都是香港的文学。"香港学者梁锡华指出："把香港文学的大旗扯起，并且迎风把它扬得猎猎作声，是近年的事。""香港文学是叨了中国政策转变之光，才有今天的地位。"这很精辟地总结了 80 年代香港文学出现繁荣的历史原因。

　　1984 年中英关于香港问题的联合声明签署之后，香港文学进入了多姿多彩的繁荣时期。80 年代中后期的香港文坛社团活动频繁、活跃，先后成立了香港中华文化促进中心、香港文艺家协会、香港文学研究会、香港作家协会、香港作家联谊会、龙香文学社、世界华人诗人协会、文学世界联谊会、香港诗人协会和香港华文文学中心等文艺社团和研究机构，开展了文学研讨、讲座、征文比赛和与海峡两岸及海外华文文坛的交流等丰富多彩的活动。1985 年元月，刘以鬯先生主编的《香港文学》的创刊标志着香港文学已经进入面向世界华文文学开放的崭新的历史时期。随后，一些高质量的文学刊物相继诞生，如《中华文化》《香港文学报》《世界中国诗刊》《文学家》《博益月刊》《作家月刊》《当代诗坛》《文学世界》《读者良友》《洋紫荆》等，显示了香港文学的繁荣景象。

　　在创作方面，20 世纪 80 年代中后期的香港文学也出现了令人振奋的新景象。首先，作家队伍增强了责任感、使命感和自信心。对香港文学而言，1997 年是个重要的契机，"九七"问题打破了香港和内地多年的隔离，把香港的命运和中国内地的命运紧紧联系在一起，促使香港作家关注中国内地也关注香港的现实。与世界华文文学界的广泛交流展示了香港文学的历史实绩,从而改变了过去人们把香港视为"文化沙漠"的偏见,进一步增强了香港作家的自信心。其次,"学院派"作家群的崛起。梁锡华、黄维梁、也斯、陈耀南、陈宝珍、钟玲、潘铭燊等学者在从事教学科研工作的同时从事文学创作,推出了一批才、识、情兼具的诗、小说和散文作品。学者型作家的出现,既提高了香港作家队伍的文化层次,又增强了香港文学的文化意识。第三,严肃文学和通俗文学的联姻。商业主义的冲击是香港文学面临的一大困境。香港作家在 80 年代初就开始探讨香港文学的出路问题。梁凤仪和林荫等儒商作家的出现和文学创作的微型化提供了突破困境的两种方式,而严肃文学和通俗文学的联姻是香港作家更普遍认同的选择。80 年代以来的香港文学摆脱了历史上的严肃和通俗之争,严肃文学采取了一些通俗文学的技巧,以"雅俗共赏"来吸引更多的读者;通俗文学也注重趣味性和适当深度的结合,提高作品的品味。第四,女作家队伍中增加了一批富有才识的年青女性,如洛枫、丽檀、胡燕青、陈丽音、黄嫣妮等,她们都以独特的风格和细腻的女性感觉创造了独具魅力的文学世驻界。总之,80 年代的香港文学创作呈现出生机勃勃的景象。

新老作家创作

梁秉钧在《都市文化与香港文学》一文中指出:"香港的身份比其他地方的身份都要复杂。如何界定香港作家和香港文学,至今仍是一个引起争论的问题。"① 黄维梁在《香港文初探》一书中比较科学地将香港作家分为 4 种类型:第一为土生土长,在香港写作、成名并持续写作的;第二为在香港长大,写作、成名并持续写作的;第三为在香港开始写作、成名并持续写作的;第四为在香港继续写作,且在港期间的作品为其一生所有作品主要部分的。按此界定,香港作家人数在 300 ~ 500 名。从年龄阶段来看,出生在 20

---

① 梁秉钧:《都市文化与香港文学》,《当代》,1989 年第 38 期。

世纪一二十年代的有代表性的作家有徐訏、侣伦、何达、刘以鬯、李辉英、杰克、金依、吴其敏、舒巷成、曾敏之等;出生于三四十年代的作家有西西、犁青、何福仁、海辛、谢雨凝、何紫、小思、梁锡华、黄维梁、陶然、颜纯钩、东瑞、彦火、陈耀南、王一桃、黄河浪、蓝海文、羁魂、黄国彬、陈浩泉、黄思骋、夏捷、吴煦斌等;出生于五六十年代的有代表性的作家有胡燕青、兰心、梦如舒非、钟晓阳、施有朋、西茜凰、陈少红、何冠骥等。

刘以鬯(1918—　　),原名刘同绎,字昌年,祖籍浙江镇海。早年参加叶紫组织的"无名文学社",40 年代在上海和重庆从事编辑工作,1948 年到香港定居。50 年代曾任《星岛日报》执行编辑、《西点》杂志主编、《香港时报》"浅水湾"副刊主编,后担任《香港文学》杂志社社长、《香港文学》月刊总编辑。主要作品有长篇小说《酒徒》《陶瓷》,中篇小说《寺内》,中短篇集《春雨》和《一九九七》,短篇小说集《天堂与地狱》,评论集《端木蕻良论》和《短绠集》等。刘以鬯对香港文学的贡献是多方面的,其中最重要的是他在香港文坛树立了"实验小说"的旗帜。他认为"作为一个现代小说家必须有勇气创造并试验新的技巧和表现方法,以期追上时代甚至超越时代"。其作品集中体现了他强烈的创新意识和可贵的艺术追求。1963 年出版的长篇小说《酒徒》是刘以鬯的代表作,被评论界誉为"中国首部意识流长篇小说"。这部小说"写一个因处于这个苦闷时代而心智不十分平衡的知识分子怎样用自我虐待的方式去求取继续生存",揭示了现代商业社会对神圣严肃的文学艺术的窒息和对纯洁的爱情的破坏,以及病态的社会导致的人性异化。刘以鬯认为"表现错综复杂的现代社会应该用新技巧"。《酒徒》借鉴了西方意识流小说的内心独白、自由联想和时间蒙太奇等手法,"去探求个人心灵的飘忽心理的幻变并捕捉思想的意象",成功地创造了中国第一部长篇意识流小说,在香港文学乃至中国文学的发展史上都占有重要的位置。

《酒徒》出版后,刘以鬯又推出了一组新的实验作品:《寺内》《除夕》《蛇》《蜘蛛精》和《追鱼》等故事新编。他说:"我相信用新的表现方法写旧故事，是一条可以走的路子，我写的几个故事新编，便是在这种信念下写成的。"① 用现代眼光特别是精神分析学的观点重新诠释古代家喻户晓的传奇故事，构成刘以鬯小说实验的一个重要方面。而《链》和《对倒》等作品则显示了作家的另一种创意。《链》是一篇没有故事的小说，运用链条式开放结构，把一群人物纵横交错的现实事件串联起来，展现特殊的社会风貌。《对倒》也是一部没有故事的小说，与《链》不同的是有男女主角，采用了"一套主题相关的双联邮票"的结构形式。刘以鬯的小说实验不是形式主义的，其目的是用新形式去表现现代社会的复杂性和人类心灵的内在真实。

徐訏（1908—1980），浙江慈溪人。1939 年出版成名作《鬼恋》，1950 年到港定居。居港的 30 年间创作了大量的小说、诗歌、散文和剧本。其文学成就最高的是小说，主要有长篇小说《江湖行》和《时与光》，中篇小说《炉火》和《彼岸》，短篇小说《责罚》和《手枪》等。徐訏居港期间的作品有一种特殊的"流放"情绪和颓废气氛。刘以鬯曾说："读徐訏的小说，既惊诧于色彩的艳丽，也会产生雾里看花的感觉。雾里的花，模模糊糊，失去应有的真实感，令人难以肯定是真花抑或纸花。徐訏没有勇气反映现实，处在现实环境里，竟像丑妇照镜似的想看又不敢看。有时，为了减少小说中的低级趣味，还将哲理当作血液注入作品。他在 50 年代初期写的《彼岸》，主要是歌颂宇宙的谐和，野心很大给读者的精神刺激却小。"② 刘以鬯对徐訏艺术个性和缺陷的分析颇为深刻。

侣伦（1911—1988），本名李霖，原籍广东惠阳，是香港资深的本土作家。1928 年在《伴侣》杂志上发表《殿薇》《0 的日记》等作品，开始崭露头角。其主要作品有《黑丽拉》《无尽的爱》《残渣》《爱名誉的人》等短篇小说集，以及长篇小说《穷巷》等。侣伦的早

① 易明善、梅子：《刘以鬯研究专集》，四川大学出版社，1987 年，第 43 页。
② 刘以鬯：《忆徐訏》，《香港文学》，1992 年第 89 期。

期作品《黑丽拉》等具有浓厚的感伤情调,"目的是借助笔墨来抒泄个人的感伤情绪"(侣伦语)。20世纪40年代末,侣伦开始把眼光投向香港的现实社会,《无尽的爱》和《残渣》描写的是香港沦陷时期的生活。1952年出版的长篇《穷巷》是侣伦最优秀的代表作。刘以鬯曾说,《穷巷》的出版,犹如风吹死水,使50年代初的香港文坛多少起了一些波纹。《穷巷》描写的是战后的香港社会生活,刻画了一群在现实生活压榨下的都市小人物。小说主角白玫自小父母双亡,一生过着悲惨的生活。侣伦对这些受侮辱、被损害的小人物寄寓了深广的同情。《穷巷》故事曲折,颇富戏剧性,是一部引人入胜的写实小说。侣伦作为"贯串香港现代和当代文学史的第一人",在香港文坛占有重要的位置。

舒巷城(1923—　　),香港土生土长的本土作家。主要作品有《山上山下》《曲巷恩仇》《雾香港》《伦敦的八月》等短篇小说集和《再来的时候》《太阳下山了》《白兰花》《巴黎两岸》《艰苦的行程》等长篇小说。舒巷城在香港筲箕湾长大,生活在底层。他说:"我结交的朋友有很多是社会中、下层的人,他们当中有说书的,有唱粤曲拉二胡的,有工人,有海员,从他们的生活中有好些可取的材料。"舒巷城的作品真实地反映了下层贫民的生活,具有浓厚的地域色彩,被称为"香港的乡土文学作家"。他在艺术上主张"没有技巧的技巧",追求朴素、单纯而浑厚的文学风格。

西西(1938—　　),本名张爱伦,原籍广东中山,1950年到港定居。毕业于葛量洪教育学院,曾在教育界任职,后从事专业创作。主要作品有长篇小说《我城》《哨鹿》《美丽大厦》,短篇小说集《春望》《像我这样的一个女子》《胡子有脸》《手卷》《母鱼》,诗集《石磬》,散文集《花木兰》等。西西是位追求创新和变化的作家,著名学者郑树森指出:"在西西近三十年的小说创作中,变化瑰奇一直是显著的特色。当代小说的各种'次类型,体裁,西西都曾尝试和探索。从传统现实主义的临摹写真,到后设小说的戳破幻象;自魔幻现实主义的虚实杂陈至历史神话的重新诠释,西西的小说始终坚守前卫的第一线。"① 西西早期的作品《东城故事》《象是笨蛋》《草图》等都相当灰色,结局主角或发疯或死亡,是一些"存在主义式的小说"。1979 年《我城》问世,作品以香港社会为背景,描写都市中卑微的小人物的生活,开始引起香港文坛的关注。西西是一位具有很强的社会关怀精神的作家,更是一位具有强烈的创新意识和探索精神的实验家。她对西方文学从捷克的昆德拉、德国的格拉斯,到意大利的卡尔维诺,以及拉丁美洲的马尔克斯和略莎等都兼收并取,而且和中国古典文化整合成一体,形成独特的艺术风格。海外华文作家聂华苓说:"西西是很'现代'的,她的'现代'有深度,不像一些人的'现代'很晦涩。"这一论述准确地概括了西西小说创作的价值。

小思(1939—),本名卢玮銮,出生于香港。1964 年毕业于新亚学院中文系,现任香港中文大学讲师。主要作品有《丰子恺漫画选释》《路上谈》《日影行》《承教小记》《不迁》《香港文纵》等。小思对丰子恺情有独钟,她曾说:"我最初喜欢他的画,里面充满了童贞,有趣得很。后来又知道他是弘一大师的学生,对佛学很有研究,于是更加佩服他的出世思想。不久又看到了丰先生的散文,像《缘缘堂随笔》一类的文章,简直令我佩服得五体投地,于是便开始研究丰子恺。"小思从丰子恺的画和散文中找到了表达自己感情的方式,即"淡中见喜",在对日常生活和自然万物的描写中都能见出儒家的仁爱之心和佛禅的平常心。疼忍的散文世界是温和、宽厚、清雅、幽深的,以静观的人生态度与喧嚣的世间保持着一定的距离:"心境是自己的,可以狭窄得杀死自己,杀死别人,也可以宽广得容下世界、容下宇宙。是忧是乐,由人自取。市尘蔽眼处,我心里依然有一片青天,喧声封耳地,我心里依然有半帘岑寂。狭如一发之溪,能作五湖看,则对现今世界,当作如是观,当作如是观。"这是其散文《门前溪一发,我作五湖看》中的一段文字,可见

---

① 郑树森:《读西西小说随想》,何福仁编《西西卷》,香港三联书店,1992 年,第373 页。

小思为人和为文之境界。小思是个爱憎分明的人,她的散文并非都是"淡中见喜"的悠然之作,也有情感激烈之作,如70年代游历日本时所创作的《日影行》,充满了愤慨的情绪。在参观中日1895年签订《马关条约》的故地后,她写道,"感到一股热血向胸口上涌",字里行间饱含着强烈的感情。

也斯,原名梁秉钧,原籍广东新会,在香港长大并接受教育。主要作品有小说集《养龙人师门》《剪纸》《岛和大陆》《三鱼集》《布拉格的明信片》等,散文集《神话午餐》《山光水影》等,诗集《雷声与蝉鸣》《游诗》等。也斯的创作基于对都市与人的相互影响问题的思考,他曾指出:"都市的发展,影响了我们对于时空的观念,对速度和距离的估计,也改变了我们的美感经验。崭新的物质不断进入我们的视野,物我的关系不断调整,重新影响了我们对外界的认知方法。"也斯作品的特色和内容正在于对作为文化空间的城市的持久关注,集中表现20世纪七八十年代在特有的城市文化氛围中成长的香港青年一代的心理状态和人际冲突。也斯在艺术上借鉴了法国新小说和拉美的魔幻现实主义的技巧,并尝试把这种技巧和香港现实结合,形成自己独特的艺术个性。也斯的诗作也具特色,其诗集《游诗》带我们在不同的时空中漫游。在这艺术漫游中,传统的、现代的、东方的抑或西方的形形色色的事物都拼贴显现在我们眼前,如《从现代美术博物馆出来》:"仿如劳 bb 生柏拼贴安溪泾县的宣纸/贴了一层又一层。"《漫游》建立了一套富于后现代色彩的观物和言说方式,但诗人对后现代状况却是持怀疑态度的。

梁锡华(1930—   ),原籍广东顺德。1954年毕业于中山大学,后获伦敦大学哲学博士学位,曾任香港岭南学院文学院院长等职。主要作品有《挥袖话爱情》《有余篇》《明月与君同》《八仙之恋》《我为山狂》《四八集》《己见集》等散文和短篇小说集,还有《独立苍茫》和《头上一片云》两部长篇小说。梁锡华是香港出色的"学院派"作家,在小说和散文创作方面取得了引人注目的成绩。一部《独立苍茫》被夏志清评为"才、学、情三者兼顾的当代才子书"。其小说大都取材于 20 世纪七八十年代香港的大学师生的生活,艺术上走钱锺书《围城》似的诙谐幽默的路子,在颇富情趣的大学故事的营造中寄寓作家对生活的深刻的理性思考。梁锡华最关注的是在现代商业文明潮水般冲击下知识分子的精神危机和价值选择。他在《大学生逸记》中引了闻一多的一段话:"我们将想象自身为李杜、为韩孟、为元白、为皮陆、为苏黄,皆无不可。只有这样,或者我可以勉强撑住过了这一生。"梁锡华在幻想世界坚持着传统知识分子的人文精神和道德情操。其小说中的主角如《独立苍茫》中的萧晨星、《头上一片云》中的卓博耀和胡坚道、《大学生逸记》中的金祥藻等都不失正直、公义、仁爱和勤奋的品质。梁锡华的思考和选择对生活在商业社会中的学院中人是颇具启迪价值的。在散文作品中,梁锡华更直接地呈露自己的思想和态度。《我为山狂》中作者写道:"不诗不山的人,不免俗,只诗不山的人,半清俗,只山不诗的人,近乎粗;而扛着收录机大播流行曲的那类登山者,是粗、俗、鄙、下兼备。"梁锡华的散文是知识、生活和品格的结合,无论写人还是咏物记事之作,都能泳蕴藉深厚之情,抒独到深刻之思,辅以典雅含蓄与讥诮扬厉的语言,可说是才、情、识兼备,颇具特色。

钟晓阳(1962—   ),原籍广东梅县,出生于广州,在香港长大。自 18 岁推出长篇小说《停车暂借问》以来,后陆续出版了短篇集《流年》《爱妻》《哀歌》《燃烧之后》和散文集《细说》。其作品执着于表现现代都市人的情感悲剧和文化困境,敏感独特的女性体验更使她的作品成为飘浮无根的当代都市女性的感觉世界,而她的文采则被誉为"于新颖间保存古典诗情""感情和知性相结合,勇于出入新旧文章,人生虚实已经自成理念"。①

---

① 钟晓阳:《爱妻》作者简介,台北洪范出版社,1986 年。

华语作家作品微评

朱立立

一、海那边的严歌苓

1987 年,严歌苓 30 岁,她在而立之年出版了一本小说来倾诉《一个女兵的悄悄话》。在一个日暖风轻的日子里,我一口气读完了它,脑海里浮现着小说中一个个个性殊异的人物:灵慧的陶小童、美丽的孙煤、古板自卑的团支书、才情不凡却命途多舛的徐北方……小说所讲述的是"荒唐年代的荒唐事",但是荒唐和庄严正是作品中人物青春的组成部分。作者通过对"文革"时期的一群年轻文艺兵生活和心灵的揭示,庄重地诉说了一代人的信仰和追求、迷途和失落。在艺术上,小说采取了不同的叙述视角相交织的手法,第一人称和第三人称的叙述观点相互交替,人物塑造方面尤其注重对个性的把握,语言生动活泼,显示出年轻作者出色的艺术感觉和表达能力。

8 年之后,严歌苓的小说集《海那边》作为海外中国女作家丛书之一出版,此时的作者身份有所改变,阅历更加丰富,作品所表现的内容和旨趣亦与从前不同。

看《海那边》,心中自然会出现某些参照物,比如 20 世纪六七十年代的于梨华、聂华苓、白先勇等台湾作家的海外华文文学作品。与这类作品相比,《海那边》淡化了台湾地区留学生文学那种浓得化不开的乡愁,更多凸现的是异质文化交融碰撞过程中的龃龉尴尬状态。我也联想到 90 年代初风行一时的《北京人在纽约》

及《曼哈顿的中国女人》,与这类渲染异国奋斗发迹的浪漫传奇相比,《海那边》摆脱了大陆打工文学常有的简单模式,而尝试从文化和人性的双重角度透视海外边缘人生。

《海那边》收入短篇小说 21 篇,大部分以 20 世纪 80 年代大陆出国热中赶上出国潮的留学出国人员为主人公,描画他们在海外艰难生存的境况自然责无旁贷,表现他们置身异域的孤独迷惘也顺理成章,这些内容正是海外华文文学中最为常见的。严歌苓究竟有无独特的发现、领悟和表达呢?

读过数篇之后,笔者发现严歌苓的小说至少有以下几个特色值得关注:一是人物决不囿于华人,而是包容了美国不同种族的成员;二是常常有意安排异族人共同生活的机遇,并且这些人大多是边缘人;三是表现异质文化碰撞中的冲突及矛盾中的融汇,主要侧重表现的仍然是无法沟通的龃龉尴尬;四是不忽略人性的揭示,以鲜活、动感的人性柔弱地抗拒着现代社会西方文明冷酷无情的一面,也抗拒着现代人内心世界的虚无寂寞。

严歌苓的小说中出现得较多的是边缘人,像来自大陆的穷困无依的留学生或其他新移民、准移民,他们是当然的边缘人,有着经济上、种族上乃至文化上多重的边缘性。除此还有杂色人种的精神病患者(《抢劫犯查理和我》中的查理),有同性恋者(《浑雪》中那位古怪的老师帕切克),有拉丁种的孤独老妪(《茉莉的最后一日》中 80 岁的老茉莉),有与中国女孩搞假结婚糊弄移民局而赚钱的意大利老头(《少女小渔》),有身患绝症的白种女人(《女房东》里那位有着精致诱人的睡裙也有着可怕绝症的女房东)……

数年在美国的生活令严歌苓特别关注美国华人的境遇,在东西文化及社会隔阂日趋消融的 20 世纪年代,海外华人不再如早先留学生文学所描述的那样封闭自守,而乡愁的表现方式亦有了某种微妙的变异。《海那边》中,严氏让不同种族不同民族的边缘人相互遭遇,因不同的文化背景和生活观念而相冲突,也因此生出戏剧性和趣味性的笔触,细摩人性的丰富微妙和不可理喻,似是故意令人性的火焰去冲击文化的樊篱,去燃烧种族的隔膜。

《少女小渔》是篇题材俗套而落笔不俗的作品，说的是个众所周知的为获取绿卡而假结婚的故事，当事人的动机纯粹是功利的，毫无美与善可言。然而，读着读着，你就会被小渔的个性及意大利老头的转变所吸引而感动。在并不美好（甚至丑恶）的事件中生发出美好的情愫和感受，这多少有些出乎意料。而美的生成则源自人性的沟通、人格的纯正及人情的交流。在这个故事里，小渔显然代表着一种东方美德：她文静美丽、善良温柔，默默地散发出爱的光和热自己却浑然不觉。最打动人的是她做人的准则："她希望任何东西经过她的手能变得好些。"老头在她面前逐渐变得庄重认真，变得安泰慈祥。西方老头经东方少女的精神沐浴而焕然一新。一方面，或许这个故事有着虚假的一面，但却显示了严歌苓对文化交融和人性沟通的一厢情愿而又真诚动人的期许。另一方面，两位主人公之间真挚友善关系的建立也是因为二人"同是天涯沦落人"，边缘人的共同处境使他们更容易相互理解、相互同情。

少女小渔身上的美与善寄寓着作者潜意识中依然古典的道德人格理想，然而理想的光辉所烛照的正是现实的晦暗。严歌苓渴望在理想的梦境里飞翔，但她的理性和直觉却又在嘲弄着那样的梦境。她笔下的中国人是 20 世纪 90 年代的，他们憧憬着自由、平等、富有的生活，并不封闭保守，可是"海那边"等待他们的果真是一个神奇的童话么？与其说严氏关注的是梦想，不如说她更关注令梦想变质的现实。严歌苓的小说更多的是在展示人在多元文化、多元价值观念中的存在状态。她以近乎平淡又略带讥讽的女性笔触去感觉生存的粗粝和情感的精细，而粗粝的生存表象和精致的心灵感觉之间构成了令人痛楚的张力。这张力逐渐加强着力度，最终指向了终极的虚空：文化交融的破产、文明的危机和人性的飘缈。

因此我们看到，有着希腊外形的混血青年查理为了印证生命的运动而进行精神慰藉式的抢劫；一个中国女人在异国漫长的失眠之夜寻觅着另一个失眠者孤独的灯光；小渔安慰了异国老人却受到自己同胞的讽刺；空茫的孤独孕育着远非甜美的乡愁，乡愁并不是月光下一束装饰性的塑料假花。在严歌苓的小说《方月饼》中,异国的方月饼耗去了人物几个月的薪水,却并未带来预定的中秋聚会。夜深人寂,抬头看那一枚又圆又大的美国月亮是如此陌生怪异,"像一枚阿司匹林大药片",好一个苦涩的比喻。

二、夏小舟的《在海一方》

《在海一方》是美国华裔女作家夏小舟在大陆出版的第一部散文集。散文集调子明亮温暖,风格朴质洒脱,集中作品分为三组:一是"温哥华行板",描述移居美国后的生活情景;二是"博多故人情",以留学日本的人生体验为观照对象;第三组"南方与北方"相对较杂,或是理性意味稍浓的文化随笔,或为感性十足的女性叙述,亦有对故土乡情及成长往事的遥念追忆。

钱谷融先生说散文的生命在于"自由、真诚、散淡",简洁的表述却涵容了现代散文创作的基本质素。小舟的《在海一方》就具有这种品质,在呈现丰富多姿、五味杂陈的海外经验时,有困惑、孤独、艰辛和曲折,但更多的却是真诚、达观和悲悯,而且拥有丰盈充沛的激情与痴趣。因而小舟散文的底色是暖洋洋、喜盈盈的石榴红。《勇敢做个开心人》《拾起满地的欢乐》《快乐是种感觉》这些篇什里快乐自每个角落散发着甜美芬芳。小舟那率真、风趣、贴近鲜活人生的描绘增强了感染力。《大方的女人》写她自小好客而长大后家便成了"大众食堂";《糊涂的女人》记叙自己找错门的荒唐经历;《驶进等待的港湾》实乃一篇别具情味的"小舟结婚记",在喜剧或闹剧式的奇特氛围里巧妙地诠释了幸福的真谛,而文字与气氛配合得恰到好处,急匆匆而恍恍然的语气、传神动感的语词颇能使人如临其境。小舟不曾刻意追求幽默,然而由心性的自适自足生发出的真欢乐和自我调侃的叙说方式,自自然然而活泼有趣。

小舟散文常显真性情但并不惟情,情与理在她的文字里相互依托而获得平衡。她习惯在感性的书写中渗入理性的思索。善感好思的天性与博闻广识的素养造就了小舟作品平易而不失深刻的格调、幽默却不失雅正的品位。《撩开神秘的面纱——日本的女子大学窥探》从 4 个侧面勾勒出女子大学的杂色风景,构架近乎社会学论文,而角度的选取则精简别致,行文具体扎实、思想明晰,让人对日本现代社会的年轻一代有了窥斑知豹的了解。《寂寞的美国人》《在美中奖记》《美丽之旅》诸篇绘声绘色地讲述美国风情和社会文化,叙述中交缠着美国式的生存状态和中国式的话语表达方式,小舟的观察既带有人文学者的眼光,更充满朴素的民间语言趣味。这些来自生活的文化观察有着"温柔的亲近",又启人运思致远。

小舟散文中最令人回味的还是她对人的命运的深挚关怀。《相逢在岁月的河流》写百年前两个失名失声的中国人流落异域的血泪悲情,给我们奇异的感动。《寂寞春田君》《好学者大朴》是至情至性的人物素描,异国小男孩的故事本是青涩平淡的,但在小舟那满含姐姐般怜惜悲悯的柔性叙述里,平淡中既沉潜着些许人世漠漠的荒凉,又浸润着浓浓的人间情味。而《好学者》一篇近于小说的起伏波荡,人物鲜明的个性与命运之间形成了荒诞的反讽,是篇记人的好作品。

小舟散文在海外颇受欢迎,这与她的学识素养、乐观幽默的性情和柔婉亲切的女性笔触密切相关。作为读者,我们喜欢小舟的散文,喜欢她的开朗明亮,喜欢她为文很少局促逼仄,喜欢她开阔的视野、宽宏善解的敏感和自如温暖的表达。

三、蒋濮印象

她应该是那样一种人,你一旦认识了她,就很难把她从记忆中抹去。

我以前在她的小说集《东京没有爱情》和《极乐门》的封底勒口上见过她的照片,典型的日本式娃娃头,圆乎乎的脸,一双又圆又亮的眼睛,看上去像个洋娃娃。因此那天碰巧坐在旅游车的邻座,我一下就认出她来。相逢,于是有了相识相知。

那是 1996 年 4 月 24 日下午,参加第八届世界华文文学国际研讨会的代表及工作人员分坐 4 辆大客车参观金陵名胜古迹。南京,对于曾经在此读书七载的我而言,固然是故地重游,感慨良多,但这一路上更让我高兴的是与蒋濮之间直率坦诚的交谈。我想在将来的人生途中,我会常常想起她这样一个至情至性的女子的。

蒋濮是我国著名美学家蒋孔阳的女儿,从小接触了大量中国古典诗词。良好的家庭环境对她的气质修养的形成起了潜移默化的作用,她的言谈中流露出对文学的苦恋之情。

她的处女作《迷失》刊登于《安徽文学》1980 年第 1 期,从此她开始了艰辛的创作历程。接着,她在《上海文学》上发表了《水泡子》。她早期的作品多反映知青生活,写得很投入,具有生活质感。1985 年之后,她相继发表《极乐门》《不要问我从哪里来》等作品。当时的她已赴日本留学,这些探讨知识分子心态的作品获得了一定反响,日本的《读卖新闻》上刊有汉学家对她的小说的专论,东京大学还曾召开过相关的研讨会。20 世纪 90 年代以来,她接连推出《东京没有爱情》《东京恋》等带有作家影子的小说。或许因为与自己不堪回首的悲剧生活体验距离太近,这些作品中充满了压抑、痛苦的情感。目前她在日本杏林大学任契约教师,正在创作一部反映留学博士和教授生活的长篇。她对文学的痴迷令我感动,她几次自言自语道:"一定要写完自己的几个长篇,死了也值得。"

蒋濮的创作观是朴质的,也是实实在在的。她称自己的作品为"人生小说",从不刻意追求艺术表达技巧,只是根据自己的生活体验把想写的东西写出来,说说真话。她将我国长期以来的宣传文学称为"套子文学",如今虽说官方的套子已经消失,但不少作家脑中的套子依然根深蒂固。在她看来,一切逃避现实或无力表现真实人生的文学都是没有出路的。而在自己的作品中,她总是努力真实地表现时代感和生活的质感,从知青小说到知识分子生态小说及爱情小说,都贯穿着这一创作宗旨。

蒋濮的创作往往与她的人生道路同步且具有密不可分的联系。她曾在安徽芜湖插队数年,方才有泥土味十足的《水泡子》;

她的父亲曾在"文革"中遭到迫害,她的以中国知识分子痛楚的心灵搏斗为内容的小说才写得如此真实可信;她本人就是一个至情至性的女子,其作品中的女主人公也总是那么重情重义、可悲可叹。

她坦率地谈起自己曾经的婚姻悲剧。她的前夫是著名数学家苏步青之子,后因日本女留学生插足而婚姻破裂。这是一次痛苦的人生经历,她曾因此而极度迷茫消沉,这种情绪也反映在《东京没有爱情》和《东京恋》等作品中。我不禁关心起她现在的生活状况,她开朗地告诉我,她已经有了一个新家庭,且有一个活泼可爱的 3 岁男孩。她并未多谈她是如何艰难地走出那片情感的沼泽地的,但后来我从她的作品中深深地感受到了那一切。或许那惨痛的人生经历反倒造就了她的坚强个性,也使她对生命中的爱有了成熟的了悟和理解。她并未因昨日的痛苦而变得消极避世,相反,无论她的作品还是她本人都充溢着勃勃生机。

当车近中山陵时,健谈的蒋濮却陷入了凝想与沉默之中,独自登上了中山陵。归途中,她告诉我,中山陵留有她 16 岁时初恋的足印,当年一个 16 岁的女孩与一金陵少年在此萍水相逢却成了知音,虽没有结果,但却一直藏在记忆深处。这一段美丽感伤的往事让她触景生情。她吟诵了一首即兴诗以作纪念:"金陵旧梦已成空,钟山古陵仍从容。何处寻得伊人在,一样楼台沐春风。"在她平静的朗诵声里,我似乎听见了情感的涟漪正悄然荡漾鼓涌。与屠格涅夫笔下的初恋相比,蒋濮应该庆幸,她留下的更多是美丽的遗憾和遗憾的美丽。

蒋濮,一个有着坎坷、丰富的人生体验的女子,一个坚韧、顽强而成熟的女子。如果说她的至情至性唤起了我千丝万缕的联想的话,那么,她的坚强和朴实如个性,则是对我的鞭策。她很喜欢一幅名为《圆满》的雕刻作品,那是一个残缺的构图,但她认为人生正是如此。她曾经喜欢过鲁迅先生的一句名言:"人生最大的悲哀在于梦醒了无路可走!"随着年岁的增长,她逐渐认识到:"人生本无梦,路总是横在脚下,再苦也要走下去。"

"诚实地审视心灵、情感、思想,审视自己的人生,一路行下去,这就是我在无梦的人生中的写作梦。"愿蒋濮以更多更好的作品来圆她的写作梦!

四、严歌苓的《人寰》

我从《小说界》(1998 年第 1 期)上读到严歌苓的长篇小说《人寰》。我断断续续地读着这些零零碎碎的叙述。它原本是一份病人向心理医生诉说的病理报告。我在心里拼接着其中隐含的故事的首尾,同时心中感到一阵阵暧昧与痛楚的缠绕。这种感受决非我个人独有,评论家陈思和的阅读或许有着某种代表性,他说:"我不会冷漠地倾听这一切来自几十年风雨交加的国家的人所经受的心理扭曲与精神折磨的痛史,这时候的倾听也是经受——自经其历而且有所感受。"(《台湾文学选刊》,1998 年 8 期)

暧昧与痛楚是《人寰》所呈示的特定历史情境中的人性状态。作品中最令人震撼的故事应该是"我"父亲与贺一骑之间几十年纠缠不清的恩怨。简单地说,反右时期贺一骑用他政治上的权力和影响挽救了"我"父亲的命运,"他劫了我爸爸的政治法场",而"我"父亲出于报恩主动替革命知识分子贺一骑隐身创作了百万字的巨著。父亲隐姓埋名的书写成就了贺一骑的文名和作家地位,而贺一骑的庇护则保证了"我"父亲身家性命的安全。但"文革"中贺一骑遭到冲击,"我"父亲当众打了贺一骑一记耳光,自此陷入无法摆脱的忏悔。再后来,贺一骑尽释前嫌,二人重归于好,"我"父亲则又主动陷入为他人作嫁衣的创作之中。这段故事在陈思和看来,叙说了"两个男人间的伟大友谊",而在正使用英语置身美国的中年女子"我"的眼里,则是一个今生今世难解的结。虽然"我"的叙事语气很容易使人得出"我"是这个故事超然的旁观者的判断,但事实上决非如此,我们看看第二个故事也许会清楚些。

第二个故事很个人化,讲述了"我"与贺一骑叔叔之间几十年来微妙复杂而无法摆脱的关系。在这个故事里,我们看到了类似于洛丽塔式的异类欲情，一个小女孩对性欲望的最初萌动，奠定了她此生情爱的方向。我们在女孩早熟早慧而又灵异得有些诡秘的双眼里，看到的是一个近乎完美的男人：高大、坚毅，有征服者的气度，有长者的慈爱和不多不少的克制，合乎女孩成长每一阶段的情爱投射理想。她与贺一骑的故事，很像弗洛伊德所谓的"恋父情结"，只不过父亲被置换成贺一骑而已。但这并不能说明事件的全部真相。在作品结尾，"我"终于诉说出事件发生的最初的隐秘动机，一个11岁的女孩过早地明白了她的家庭的不幸处境，明白了她的家庭同他的关系，"那份恩宠和主宰，她的牺牲可能会改变一切。他毁她，她就把他毁了，她惧怕被毁，更惧怕她对毁灭的向往"。11岁少女的最初情欲竟与一种绝望的自我牺牲暧昧地纠葛在一起，其中渗透着对同归于尽的毁灭的向往和恐惧。而作为读者的我明白，这个女孩已悄悄把自己生命的一部分送上了那场政治灾难的祭台，她的畸形恋情源于一个弱小者对灾难的可怜抵抗，她本身亦并不真正明了的抵抗。

再看小说中的第三个故事，"我"已是一个移居美国的女博士生，一个离过婚的中年女子。一个沉沦在异于常人的心灵秘史里不能自拔的人是无法经营正常的婚姻的，因此，第一次婚姻的失败就成了命定的必然。女主人公显然是通过出国来努力切断过去，她甚至想摆脱那个说中文的自己，而让自己生活在英语不知轻重的表达的掩蔽所里。但是她终于明白，"无法停止做'我'，无法破除我爸爸我祖父的给予。那奴性，那廉价的感恩之心，一文不值的永久忏悔"。当她与年长她30岁的舒茨教授发生婚外恋情时，她甚至很悲哀地发觉她与舒茨间的关系同她父亲与贺一骑的关系竟有着惊人的相似：一方是恩典庇护包含着讹诈和奴役，另一方则是"廉价的感恩"兼付出过重的代价。

至此，我似乎才恍然大悟：这第三个故事本身并不重要，重要的是它以另一种形态重新演绎了第一个故事，更重要的是它揭示了女主人公心中最深重的创痛——"我们的整个存在就是那无所不在的伤"。这创痛便是由时代和政治灾难带给她的所有，令她无法做一个正常的人,一个如作品所诠释的那样"除却我父亲播种在我身心中的一切:易感、良知、奴性"的人,即摆脱父亲的人。也许她的努力有点令人费解,如果说父亲身上那根深蒂固的中国知识分子特有的软弱与奴性确实应该摒弃的话,那么"易感、良知"又何罪之有? 它们甚至还被视为美德呢。陈思和便是这么认为的。我以为作品的叙事者并不排斥泛泛而论的易感、良知等品性,她痛恨的只是这些品质具体落实到她父亲身上是如何覆水难收般地加重、加强了他本已不堪的负荷,这些本属美德的品质在一个充满政治动物的历史时期恰恰与奴役、讹诈之类的恶行达成了完美而可怖的同谋,导致他成为一个失去姓名的匿名者,作品有意地抹去了他的姓名。在政治高压造成的畸形社会里,一个柔弱的知识分子被剥夺了使用自己姓名的权利,换取的是最卑微的生存。他的女儿——小说的叙事者在经历了几十年充满屈辱和"淡淡的无耻"的劫难之后,逃离或许是她唯一的选择。然而,她已在劫难逃,此生此世她无可救药地秉承了父亲的一切,"易感、良知、奴性",甚至那种给人印象深刻的痛苦站姿,因为"我非常爱我的父亲。他的基因,是我内心所有的敏感、激情和危险"。

在叙事者似乎茫无头绪的叙述过程中,读者参与了一次心灵的历险。三个故事被交织纠缠得面目全非,串联的丝线则是叙事人始终负荷着家族、民族历史和个人心灵秘史的成长历程。作品的重量在于它揭示了特定历史时期人性的变异与痛苦;作品的魅力则在于利用叙事人的移民身份在叙述中生发出种种偶合、碰撞与歧义的叙述策略,使得《人寰》这部世纪末华文文学作品闪耀着难以磨灭的暧昧和痛楚之光泽。

五、淡莹的情诗

淡莹是新加坡五月诗社的重要成员,20 世纪 50 年代就读于台湾大学中文系,开始尝试现代主义诗歌技巧,后赴美留学获硕士学位,现任职于新加坡国立大学华语研究中心。在几十年的创作历程中,淡莹从早期的纯情浪漫到现代主义实验,又回归到古典,并渐渐形成衔接古典与现代的新风格,近期更显示出以中华人文精神为本位的平实稳健的诗风。她的诗集迄今已出版4部:《千万遍阳光》《单人道》《太极诗谱》及《发上岁月》。

情诗构成了淡莹诗歌中最鲜活亮丽、明媚动人的风景。洛夫认为她的情诗"恐怕只有管夫人写给赵孟頫的诗堪比拟"。淡莹所吟咏、表现的爱情具有较强的个性和细腻的女性体验特质,既表达了女诗人充满古典情致的爱情观,也显示了真情塑造自我的女性生命光辉。

《伞内·伞外》是淡莹的一首广受好评的情诗,让我们看到了一出动静有致跌宕回环的双人戏剧场景:淅沥的雨声,喧噪的蝉叫,"笨拙的蛙鸣",一对无言相对却又柔情似水的恋人,大自然的天籁成全了自适自足的人间甜美情爱。诗的最后一段尤见个性:"我折起伞外的雨季/你敢不敢也折起我/收在贴胸的口袋里/黄昏时,在望园楼/看一抹霞色/如何从我双颊飞起/染红湖上一轮落日。"这些诗行写活了女主人公活泼顽皮而又羞涩含情的形象,且富有想象力,不言落日余晖染红双颊,却说脸上爱情的红霞染红了落日,意趣顿生。

淡莹的诗既受益于中国古典诗词的浸润,又充满现代诗的诙谐机趣。她的一些情诗屡屡使人联想到宋代女词人李清照的作品。如淡莹《感》一诗中有这样的诗句,"乍喜乍恸,刹晴刹雨/小小方寸,如何承受/来自中年以后的折腾";而李清照的《行香子》里的结句为"牵牛织女,莫是离中。甚霎儿晴霎儿雨霎儿风"。我们不难看出二者遣词用语上的神似。淡莹在《中秋调寄润华》中写的是夫妻离情:"那天,我才开始吃双黄/一刀下去,两个黄灿灿的月亮/一个在爱荷华/一个在狮子城。"这中秋之夜的相思令人情不自禁地想起李易安的那首《一剪梅》:"云中谁寄锦书来,雁字回时,月满西楼。花自飘零水自流,一种相思,两处闲愁。"同是夫妻两地相思情,李易安传达出的是黯然销魂的离愁别恨,而淡莹则偏重于表达人间化的相互感应的温馨情感。尤为奇特之处,在于诗人的妙思奇想,采用了"双黄蛋"这一非诗意物象入诗,造成谐趣,也凸显出日常生活中暖融融的质感。

淡莹情诗中的抒情主体自喻为"崖"。在《崖的片断》系列情诗里,以悬崖与海水相击相依象征着地老天荒的爱情。崖在海水恒久冲击下"逐渐趋向光滑圆润",海水又在崖的深情呼唤中向着崖温柔地发起冲击。自我的喻象往往昭示出创作主体的个性,如女诗人伊蕾就自喻为"瀑布"——"赤裸着洁白的肌肤/我从山崖上飞泻"。伊蕾那冲破一切道德禁忌的惊世骇俗的抒情主体恰似飞瀑,"瀑布"成为孤独叛逆的女诗人心灵的"客观对应物"。而淡莹选择的"崖"的形象也正是作者刚柔相济个性的写照,准确而又淋漓尽致地展示了女诗人既委婉含蓄又真诚奔放的情感特质。《崖的片断》又让人领会并沉醉于一种平等互动的现代情爱。其中"崖"与"海水"的设喻,与舒婷著名的"木棉"与"橡树"的设喻的内在精神有着一致性。所不同的是,舒婷在《致橡树》中以情感的庄严与灵魂的默契来建立情爱中的现代人格,而淡莹的"崖"与"海水"之间则存在着更丰富微妙的人性内涵:情爱的狂欢后潮退浪隐,灵魂中悄然升起超越的渴望——"一面寻思下次月圆时/如何把薄薄的清辉/永恒地挂在岩壁上"。淡莹的情诗似乎印证了一种存在方式的可能性,那就是在古典精神与现代意识间求得和谐圆融。

淡莹诗中的爱情纯真深挚,健康而有活力,是相爱双方默契的应合和深情的关怀。这样的诗让我们对生命及人类产生依恋和信赖。

六、朵拉的微型镜子

林月丝,祖籍福建惠安,马来西亚华裔著名女作家和文学编辑。朵拉是她的笔名,好听、有趣并富有音乐感和亲和力。这个生活在热带岛国的年轻女性带给我们的是赤道线上的明朗阳光和充满诗意的椰风蕉雨,在热情、诚挚、随和的言行举止中透露出令人耳目一新的朝气和热力。我们倾听她的《问情》和《贝壳里的海浪声音》,观摩其《十九场爱情演出》和《行人道上的镜子》,确实《亮了一双眼睛》。

我最感兴趣的是朵拉的掌上小说集《行人道上的镜子》，这些玲珑剔透、精致诱人的微型作品好比月光下晶莹圆润的小珍珠，颇有悦人耳目、沁人心脾、启人心智的清新爽净气，被资深作家方北方誉为"短篇小说的精品"。其精微处主要在于采用多种不同的结构方式，从细微处反观真实人生的大世界，在一个个简约精致的小小佳构中容纳作家对社会人生百态的细心体察和温和的批判。以一两千字的小小扇面玲珑绘出商业社会中林林总总的人心和日子。《唱片的日子》叠印出琐碎庸碌的生命生态，那是麻丰麻木不仁的日子，复印机的日子，一张唱片的日子。我们就天长地久地被叠印、被吞没，"我不要再做一张唱片"的呐喊因而变得颇为悲壮。这微型世界由于其鲜明、简约、有力的意象和浓郁、悲壮的咏叹式情绪的有效融合，既温和又尖锐地触及了我们的唱片式的人心和日子。

《十年人事》和《永别了诗人》同样通过时光的自然流变展示人心、人性的既自然合理又可怕伤感的蜕变。10年前的男人太过淡泊而被妻子视为缺乏进取和生气；10年后的男人夜以继日地在金钱世界中进取，妻子在豪华的日子背后感受到更大的失落。不食人间烟火的纯洁诗人也难以抵拒商业的侵蚀而蜕变为只钻钱眼和官眼的凡俗小人，这个世界在变，我们从一种痛苦陷入另一种痛苦。朵拉以女性的敏感心灵透视出现代生活"近于无事的悲剧"。

朵拉一直留给我们一种热带雨林般温暖和明亮的形象，在这些微型的人生镜子中，我们看到了乐观开朗的朵拉的另一面：冷峻、尖锐和敏感。她将犀利的笔锋直指被污化和侵蚀的人心，揭出一个个易被忽略的精神病灶。《得奖者与他的原则》等作品显示出朵拉冷嘲热讽的智慧和制造饶有趣味的戏剧效果的文学才能。虽非鸿篇巨制，亦非惊心动魄，但从小小角度、小小事件入笔而叠映或折射出商业社会中耐人寻味的人心。

"行人道上的镜子"是个看似简单又具深意的小说意象，它成为朵拉微型世界的名称再合适不过了。文学照映着行走的种种人生,它本来就是人生的一面可爱而又可怕的镜子。这个历史悠久的命题到朵拉笔下自有了一种别致的意味。那个在镜子外总是给我们"阳光心情"、让我们"亮了一双眼"的明朗的朵拉,其实她的心底藏着的却是一份固执的忧郁和沉重的伤感。

七、李黎的"中国结"

李黎本名鲍利黎,原籍安徽和县,生于南京,长于台湾地区,后赴美留学,现居美国。李黎早期受现代主义影响较深,作品晦涩深奥。1969 年,她翻译了赫胥黎的科幻小说《美丽新世界》,70 年代赴美后涉猎了大量五四以来的新文学作品,参加了"保卫钓鱼岛"爱国运动,这对她此后的创作有着极为深远的影响。

李黎的作品不同于许多女性作家的软性言情作品,她努力探讨的是 20 世纪后期遭到放逐的中国人的命运,她笔下的个人又总是和民族的文化传统存在着种种疏离的关系,但缺少了这种文化传统之根,这些个人又总是缺失的,并且充满痛苦与孤独。如《近乡》中的夏承之,多年居美的生活并未带给他精神的满足,相反他的心灵常常有一种隐痛,最终在返乡的途中他回顾了自己的整个生命,迫切地渴望着在故土亲人那里消融于朴素深厚的爱,获得精神归属。《最后夜车》写漂泊异国的大陆青年与台湾女子的遭遇,他们由于一种同根生带来的亲切感而相爱于举目无亲的异国,青年却因救一名中国女性而于午夜被黑人刺死于驿站。小说精彩处并不在于令人感伤的悲情故事,而在于表现人物内心深处理不清的症结。个人际遇的荒诞与家国之感的复杂联系甚至形成了主人公生理的病症:伴着耳鸣的头痛。主人公最终的壮举虽然付出了生命的代价,然而却赎回了他在"文革"中盲目犯下的罪。这灵魂的"罪与罚"令人触目惊心。

李黎在《中国结》一文中曾将自己作品中那不断复现的精神症结称作"中国结",即指"国家的分裂"和"自我的流放"所造成的心结。在《失去的龙》《西江月》《春望》《在开封城的犹太人》《天堂鸟花》等作品中,我们看到了这个心结的种种表现方式。这比起那种清浅淡远得近乎甜美的"乡愁",显然更具灵魂的震撼力,也更具人性的深度。

近期作品《袋鼠男人》则显示出李黎视域的变迁。这篇饶有趣味的作品叙述了一个男性生育的现代科学传奇故事,作者称之科而不幻,既探讨了两性关系的权力本质及前景,同时也保持了作者的社会批判态度,揶揄讽刺了现代社会无处不在的权力体制和权力关系。此作引起了科学界、女权主义者和文学界的广泛兴趣。

而李黎最感人的作品该是她悼念亡儿而作的散文集《悲怀书简》了。1989 年 5 月 7 日,李黎失去了她 13 岁的爱子"天天",于是有了这本凝聚母亲所有痛楚悲伤与幻望的《悲怀书简》。无法承受这巨大苦难的母亲幻想着聪慧可爱的儿子已化为天使,正飞向充满幸福的天国。

八、爱微的世界

凭着直觉,初识爱微时,我便感觉到在她素淡、安详、温和、柔弱的形象背后,蕴藏着某种不同寻常的精神气韵。接着的短促交谈和后来的简单通信,让我更深地感觉到她为人的正直、真诚和谦和。此后,通过一些书刊及她的作品,我对她有了进一步的认识。我以为,爱微的世界(包括她的现实生活内容和她的艺术创作领域)值得我们探讨与发掘,我们可以从中领悟到许多生命的内涵和人生的价值。

爱微,祖籍南安,生于马来西亚一个乡村小镇。自小饱读中国古典小说,与文学结缘。少年时代即开始儿童文学的创作,至今已有 30 多年的创作经历,除出版儿童文学集《小羊的黎明》《小野马》《年轻的心》外,还出版了多种小说与散文集,如《小镇的故事》《回首乡关》《清风明月》等。她的儿童文学创作很早便蜚声文坛,她的散文随笔亦常见于马来西亚华人报刊,但是爱微最为喜爱也最为用心的体裁却是小说。

爱微曾说过:"我喜欢写我熟悉的体裁。"与庐隐、肖红等许多作家相似,爱微小说中最常见的主题来源于作者的切身体验和身边生活。《小镇的故事》写的是作者故乡的故事,爱微以现实主义的写实笔法记录了转型期马来西亚乡村小镇的人情百态,体现了作者对社会的关注和敏感。爱微小说中最易引人注目的是爱情婚姻题材的重复出现,从《晚春曲》中林佩君与杨超群的婚变,到《夕阳无限》里的刘君其与张雅兰之间的思恋,再到《落日故人情》中王曼茹、刘季玲与李天辉的三人情感纠葛,爱微已有的4部小说集中,有三部属于家庭婚姻生活题材。港台地区及海外华人女作家的作品,表现爱情婚姻内容的并不少见。爱微的小说迥异于他人的风格在于:叙述平淡实在,情感表达得含蓄内敛,语言文字朴素有节制,人物形象平凡却超俗。在这些面目不同的故事中,爱微塑造了一个又一个从情感裂变与人生低谷中成长起来的女性形象。虽然很平凡甚至身份低微,但是面临冷酷的现实和突降的不幸时,她们却以一种东方女性特有的坚忍顽强的品性和吃苦耐劳的美德去消解、战胜痛苦,超越苦难。从她们身上,我们会联想到许许多多令人特别敬重的母亲形象。她们那种承受苦难的生活态度和乐观充盈的生命活力,能给人们带来永恒的启迪。

作者对某一类题材、某一种人物的偏爱往往与其人生经历有关。爱微对婚姻家庭主题的执着探寻,与她艰苦顽强的生命历程有着密切的关联。作为一个曾经婚变独自抚养大3个孩子的母亲,爱微有着太多的感触;作为一个从孤独无依的弱者到奋发自强的社会名流的现代女性,爱微亦有着太多的艰辛。爱微的世界,从人生遭遇到文学作品,是一本耐人寻味启人深思的生命之书。

九、茜茜丽亚的诗

在一次学术会议的分组会上,我记住了茜茜丽亚这个美丽的名字。记得当一位面容秀丽双眸深邃的印尼女诗人自我介绍后,几位大陆诗人开玩笑地叫她"西伯利亚",她却只是浅浅地微笑着,略带着一丝羞涩。于是,我不仅记住了她别致的名字,也记住她那温柔中蕴藏着的忧郁神情。

今天,读着她《三人行》集中的诗,我又一次次地回想起当初我从她的表情里感受到的某种忧郁,她的诗似乎在印证着我的直觉。

茜诗予人最深的印象当是这种幽咽迷离、如泣如诉的忧愁。爱情的失落、父兄的离世、挚友的病故……命运一次又一次残酷地刺伤女诗人善良无助的心灵,痛苦的生命历程将她推向悲伤之神的怀抱,她低吟"快乐仍把我遗忘";她自叹"从不曾有人了解/被漠视的伤悲——/当萤火虫受霓虹灯/迷惑不再闪亮/我冷寂的生命也愈/荒凉";她默哀"悲痛在沉默里凝固"。读她的诗,你会觉得被一种令人心痛的深情和痴情所牵动,你会在一片蓝色的忧愁里体会到古典的感伤美。

茜的不少诗令我想到李商隐的无题诗。同样的深情绵邈、情致深蕴,同样的感伤低徊、一咏三叹,《蜡炬》一首以女性的坚韧和痴情演绎了"蜡炬成灰泪始干"之诗义;《爱的季节》一首更是化用《锦瑟》诗句以宣泄一腔情思,"爱的季节虽会/再来/此情却已成追忆"。茜诗之美在情深、情到深处人孤独。一首《雨伞》深情缱绻,以伞为叙述视角,将诗人对已逝情感的追忆之惆怅化作伞对雨的呼唤,"雨呀雨/你为何还不来?"诗人将内心曲折复杂的情绪化作最质朴的追问,诗境让我想起词人李易安的名句:"物是人非事事休/欲语泪先流。"

但茜诗虽有载不动的许多愁,然可贵的是诗人始终保持着一颗善良而充满爱意的心灵。她的一些诗中显示出她努力走出痛苦沼泽地的艰难脚步和追寻光明的祈愿:"于是我展翅扑向那道光/投身于那热情的爱火中/明知被拥有的,刹那/将是我痛苦的/死之时刻　我却已/无怨无悔。"(《飞蛾》)我们面对的是一个情感日益荒芜匮乏的世界,读着茜茜丽亚的诗,无端地我感到一阵心悸,我似乎感到眼前这个柔弱而纯真的女诗人并不只是在诉说着她个人的情感故事。她的诗分明向我展示着爱的痛苦和情的庄严,也是在展示生命本身的深度和美。

十、张诗剑抒情长诗《香妃梦回》

"香妃"究竟是真实的历史人物还是虚构的文学人物,抑或在真实的历史人物之基础上经过不断改写而发生了种种异变的传奇人物? 在相当长的时期内,似乎并无完全一致的确切答案。历史学家和考古学者们奋力爬梳于历史文献,辛勤穿梭于荒墓残塚,他们不遗余力地考据出一个真实的"香妃"原型:历史上确有其人,乾隆的容妃被几近公认为真实版本的"香妃"。一些严肃的学者甚至对传说中的香妃形象与本来面目的容妃之间的巨大差异感到愤怒。一位学者如此分析:"容妃和她一家,为了反对割据、维护民族团结和国家的统一做出了贡献。从乾隆二十五年六月至五十三年四月十九日,容妃在宫中度过了二十八个春秋,这本应传为民族团结的历史佳话。而野史上传说她是一心为叛乱分子效忠、在宫中手持白刃而遭皇太后赐死的'香妃',这完全与容妃的真实史料不符,纯属无稽之谈。"①

不过,对于历史学、考古学圈外的多数普通人尤其是多情浪漫的诗人们而言,香妃这个美好的、令人心驰神往的称谓,已经成为一个无须考证和较真的传奇。她属于西施、貂蝉、昭君、宓妃、飞燕、玉环、文成公主等中国古代传奇美丽女性的大家族。作为文学人物的香妃,100 多年来被众多文人墨客及寻常百姓不断地想象、憧憬、吟咏、追怀和渲染,美丽绝伦、香艳决绝而又丰富多姿地活在各种版本的诗词戏文和野史传说中,同时也在被不断地建构、改写与传播。迄今这一建构和改写并未终结,其间包括武侠大师金庸名著《书剑恩仇录》里明艳绝美的香香公主,以及言情高手琼瑶作品《还珠格格》中俏丽动人的香妃。21 世纪伊始,香港诗人张诗剑先生也以自己的一首优秀长诗《香妃梦回》加入了这一行列。与众不同的是,张诗剑先生并未致力于塑造和展现真实可感的"香妃"这一西域女性形象,而是将想象焦点放在抒情主人公与香妃之

---

① 于善浦:《关于香妃传说的辨伪》,《故宫博物院院刊》,1980 年第 7 期。

间穿越历史时空的互动关系中。这是当代诗人诗作中建构和想象香妃的一次有趣的突破。

曾有评论者如此概括长诗《香妃梦回》的特征和意义："由于香妃是个有争议的人物,张诗剑先生在其《香妃梦回》中,对香妃的生平事迹并没有去详加叙述。在这首长诗中,抒情部分要多于叙事部分。他并不去考证新疆喀什是否是埋葬香妃之所在。他充分认识到,香妃,这个生前并非怎样显赫、史书记载不详的历史人物,为什么在她身后,会如此受到各族人民长久的怀念与尊重? 原因是在香妃身上寄托着各族人民维护民族团结和国家统一的愿望。① 确实,评者注意到了《香妃梦回》的抒情特质,这是一首交织着景仰、崇拜与眷恋情怀的浪漫抒情长诗。题为"香妃梦回",实则是抒情主体借香妃传说来抒写自我内心波涛汹涌的情志。诗作开篇即定位于香妃之人格品性而非常人津津乐道的魅惑体香,为全诗的纯正品味奠定了某种基调:

挺立——
世人眼中的胡杨树
活着　千年不死
死了　千年不倒
倒了　千年不烂
我崇拜
你的坚毅

青春——
情人心里的红柳
机灵地生于大戈壁
金沙海
亦能战胜盐碱地

---

① 曹明:《浮想联翩　神奇瑰丽——读张诗剑长诗〈香妃梦回〉》,《世界华文文学论坛》,2003 年第 4 期。

我敬仰
你的品性

诗篇从茫茫大漠的两种著名植物"胡杨树"和"红柳"说起,兼具《诗经》常用的比、兴之功能。胡杨和红柳意象,是香妃故土常见的两种生物,在张诗剑先生的诗中分别清晰地指涉"坚毅顽强"与"青春灵动"两种精神品质,这也正是诗人将要赋予抒情客体——"香妃"的两项值得赞美讴歌的品性。而诗人在此急切直率地表达了崇拜、敬仰的主观情感,这种纯朴得稍显简单的抒情方式或许越来越少见于当今的诗歌创作中了,但也不失为一种回归生命本真状态的直抒胸臆。

接下来,诗人将笔墨聚焦于香妃传说的主体内涵:

你不稀罕三千宠爱
集一身
敬重胡杨 惦念红柳
摒弃金堆玉砌
你要吸纳山川的精华
钟爱茫茫草原
马队羊群
倾心戈壁、沙海
八百里红艳的火焰山和
大漠孤烟
千年积雪
塑你玉骨冰肌
天山雪莲
熏浴出绝世奇香

从这一段诗句看,张诗剑先生钟情的显然更偏向于民间传说中具有自由反抗精神的"香妃",而非清史档案中乾隆后宫中尽享荣华富贵的"容妃"。艺术与现实的关系是多元的,而想象原本就是诗人的才具与权力。在诗人的想象中:香妃不仅是个散发着绝世奇香的美丽女子,同时也是一个留恋故土风物、弃绝繁华福禄而追求自由意志的奇女子,有着胡杨和红柳非凡的坚韧品质和青春活力。

紧接着上面的诗句,诗人突发奇想、宕开一笔:

你不想当皇妃
就做铁扇公主吧
我素爱投火　只求手下留情

从纯正得有些古典机械的情思中超拔出来,笔墨顿时闪现出一线灵光,将抒情主体严谨肃然的表象顷刻间推置一边,另一个洋溢着盎然生机的年轻主体鲜活地立于眼前,可以认为是传说中的香妃之灵召唤起了诗人内在的活力。这是诗歌中抒情主体双重面相的一次变换,也是抒情主体与客体之间交相呼应关系的开始。这样就有了诗歌第二章中自然延绵的互动情怀的绽放,诗人将主客体穿越时空的互动进一步发展放大为抒情主体与新疆这片热土的深切情感,书写人与土地之间相互偎依的款款深情。

丝路遥遥
留下飘影香魂
交河故城、高昌故城
都凝聚着你的残梦
吐鲁番地下的五千公里
坎儿井
涌着生命之泉
你的血液

我在葡萄沟的葡萄架下
饮马奶子、奶酒
有饮必醉
醉卧你的梦怀
达坂城的姑娘

以妒忌的口吻
大唱马车夫之歌
争吃嫁女抓饭
梦酣梦回
我感悟到你的辉煌

博格达雪山
三峰起伏形似笔架
梦中
我与你同浴与天地
共赋诗文
冰洁的相思 也许
来自一样的体香

随着诗人的率性畅想,我们看到那留下飘影香魂与残梦的香妃,已然在梦酣梦回中化为故乡的热土和血脉。香妃不再只是一个具象的个体,而是在诗人的想象中与曾经养育过她的土地全然融为一体。抒情主人公"有饮必醉/醉卧你的梦怀",沉醉于这片美丽芳香的土地不忍离去,生动传神地传达了一个南国游者对新疆西域风土人情非比寻常的热爱。诗人充分调动了游者之视觉、嗅觉和味觉,表面上是在歌咏香妃的传奇故事,实质上则是在抒发自我的浪漫情志;在这梦酣梦醒、有饮必醉的醺然意境中,诗人把自己对文学传奇人物香妃的钟爱、对新疆这片土地的流连之情,以及对香妃梦所隐喻的乡情、乡恋和乡心的认同,淋漓尽致地表达出来了。而"一样的体香"在此语境中我们将之理解为一种心性相通的爱乡恋土之意。

诗歌的第三章则回眸历史,将视线从香妃所处的清代推向更加幽远的往昔,从西汉的张骞、东汉的班超到明朝的陈诚,诗人列举出的这些各朝大臣都曾经出使西域且建功立业,而与他们并列的则是"我"——一位"迟来的客人",一个来到香妃墓前瞻仰神话

风采的旅人。如此并列,自有一种暗蓄汹涌的雄心壮志在,这在之后的第四章中得到了强烈的呼应:

渴望拜访
天山雪莲　领略
四十七种民族风情
震撼心灵的大漠雄风
把自己修炼成
一副文武英姿汉子
如坚强的胡杨树
扎根于天池南坡
携香妃的梦魂
登天揽月　钻地取油

可以说,诗歌的第三章中所列举的历史人物,不仅与作为审美客体的"香妃"之间存在一种西域风土气质的历史呼应,更与当代诗人"我"之间形成某种微妙的互文关系。这些人物中不仅有出使西域的中国古代功臣,更有 11 世纪喀喇汗朝时期的维吾尔族诗人玉素甫·哈斯·哈吉甫。作者在此浓墨重彩地引述了玉素甫留下的著名长诗《福乐智慧》,显然不乏与古代维吾尔族诗人对话的意味。抒情主人公禁不住乘着酒兴豪情万丈:"来来来,共同切磋/圣人九百年前的哲思之光/那金蝶银蝶/就从这里飞起/要去破译/生的意义　爱的秘密/死的抉择。"走笔至此,笔者不由得想起自己非常喜爱的诗人洛夫《与李贺对饮》里的诗句:

来来请坐,我要与你共饮
从历史中最黑的一夜
你我并非等闲人物
岂能因不入唐诗三百首而相对发愁
从九品奉礼郎是个什么官?
这都不必去管它
当年你还不是在大醉后

把诗句呕吐在豪门的玉阶上
喝酒呀喝酒
今晚的月，大概不会为我们
这千古一聚而亮了
我要趁黑为你写一首晦涩的诗
不懂就让他们去不懂
不懂

洛夫于酒意阑珊中率性抒发了古今诗人恃才傲物、蔑视世俗之佯狂共性，相形之下张诗剑先生则要温雅纯正不少，对生与死的执意诘问，对爱的真意的努力追索，使得这穿越历史时空的古今对话变得如此深沉厚重起来。"公正、睿智、知足、行善/你拥有八字真言/虽死犹生　生命长存。"读到这里，我们觉得与其把《香妃梦回》视为抒情主人公对香妃这位传奇美丽女性的隔世爱情宣言，不如将这首长诗看作抒情主体不懈追寻真知与理想（诗中所谓"人间极品"）的心迹表白。实际上，对美的心仪和赞美与对善的讴歌景仰，在这首诗作中完全是彼此交融、互为镜像的统一体。

张诗剑是一位素朴的抒情诗人，这种素朴性来自诗人情感和思想的纯真，来自诗人对民族国家历史文化传统的深刻感悟与真诚的情感认同。同时，《香妃梦回》以饱满的情感穿越时空，以丰富的意象凝聚思想，在繁复的抒情和饶有意味的互文性中，在隽永沉潜的古今对话中，"香妃"被塑造成为至善至美的象征，成为引导诗人精神飞升的"永恒之女性"。文学史上有不少先行者都曾将至善至美的理想境界寄寓于特殊而美丽的杰出女性身上，这些女性往往集合了人性中珍贵美好的品质：温柔、同情、包容和爱。对于情感丰富、心灵敏锐的诗人而言，那些美好女性身上往往散发着母性乃至神性的光芒。但丁通过贝雅特丽采这个永恒女性的引领，为人类找寻通往人性的圆融和谐、灵魂的超越升华、信仰的纯正虔敬的路径；歌德在《浮士德》里由衷赞叹："永恒之女性，引领我们飞升。"当今，不少敏感的思想者则发现了女性拯救异化社会的潜能。如马尔库塞就认为女性比男性更多地保持了自己的感性，比男性更为人性化，他甚至预言：一个自由的社会将是一个女性的社会。而沿着《圣杯与剑》的作者艾斯勒的思路，我们甚至可以得出"女性缺席的时候，人权和正义都将不复存在"的结论。①

法国后结构主义者则声称，人类历史的"女性化"才可能拯救世界。在台湾地区知名作家朱天文的小说《世纪末的华丽》的结尾，有如许"强悍"的女性宣言："湖泊幽邃无底洞之蓝告诉她，有一天男人用理论与制度建立起的世界会倒塌，她将以嗅觉和颜色的记忆存活，从这里并予之重建。"尽管我们不能仅仅因为《香妃梦回》对香妃的理想化想象和赞美就得出作者带有女性主义倾向或女性救世意识，但这首长诗确实表达了抒情主人公对理想女性的无限景仰，而诗歌将理想女性纯净化乃至神性化，从中不难看出诗作与但丁、歌德等诗人通过女性来拯救灵魂的诗学路径的一脉相承关系。张诗剑先生以挥洒自如的想象和自由不羁的抒情，编织了一脉穿越历史时空、超越生死之限的隔世情缘，更将抒情主体和美丽香妃之间的神交共鸣上升为对人类永恒不朽的智慧、美德、良善、公义的价值追寻之旅，从而引导读者在美与智的巡礼中获得启迪，实现情感的升华：

> 我陪你
> 在通往塔里木的
> 沙漠公路飞驰
> 无边的戈壁丘物
> 如千军万马在奔腾
> 旋转
>
> 天圆地圆人圆梦圆我们在无限圆中
> 通向无极……

---

① 萧翰：《男女伙伴关系与人类未来——〈圣杯与剑〉的启示》，《开放时代》，2002年第 4 期。

十一、郭松棻和李渝

在中国大陆,一般读者对郭松棻和李渝还所知甚少。这两位台湾地区旅美作家在他们的青春岁月曾积极投入火热的"保钓"爱国运动,表现出强烈的"左"翼思想倾向和对红色中国的热切向往。历经"钓运""统运"的消弭崩散,尤其是亲历大陆"文革"乱象,令他们的"左"翼乌托邦理想幻灭。之后数年,两人分别沉潜于马列典籍的翻译省思和艺术史的深入研修中。20 世纪 80 年代以来,二人皆以精致深邃、别具美感的小说创作回归早年就曾涉足的文学世界,带给读者一份惊喜和回味。王德威曾有知人之语:"当保钓激情散尽,文革痛史逐步公开,失落的不应只是政治寄托,而更是一种美与纪律的憧憬……历经政治的大颠扑后,他们返璞归真,以文学为救赎。昔时钓运种种,其实不常成为叙事重点,然而字里行间,毕竟有许多感时知命的线索,串藏其间。"[1]这对夫妻作家的创作在家国想象、记忆政治、阴性书写、母亲意象、离散境遇与身份认同、疾病隐喻、身体叙事、心理治疗、知识分子精神史等问题层面都有耐人寻味的深刻表现,从而引发人们探询、研索。同时,他们的作品量少质优,大多具有较高的艺术水准,抒情诗化倾向明显,美学路径大致可归于现代主义一脉,有同质性但也存在差异,如性别、身份背景等因素就给各自作品带来了不同风貌。

郭松棻:忧郁苦涩的心灵镜像

郭松棻(1938—2005),台北人。1958 年发表第一篇小说《王怀和他的女人》。1961 年毕业于台湾大学外文系。1966 年赴美留学,1969 年取得加州柏克莱大学比较文学硕士学位。1971 年放弃攻读博士学位,投入"钓运"和"统运"。之后旅居美国并在联合国任职,20 世纪 80 年代重新提笔创作小说。2005 年去世。郭松棻的文学成就主要体现在小说创作方面,其代表作有:《月印》《雪

---

① 王德威:《无岸之河的渡引者:李渝的小说美学》,李渝《夏日踟蹰》,台北麦田出版社,2002 年,第 10 页。

盲》《论写作》《今夜星光灿烂》等。这些作品大多写作于 20 世纪 80 至 90 年代，可见于《郭松棻集》《双月记》和《奔跑的母亲》等小说集中。2001 年，《双月记》获巫永福文学创作奖。

　　郭松棻的作品不多，却具有鲜明的个人风格：诗性、内省、细密、凝练、沉重、苍凉、意象繁复、饱含苦涩，也蕴藏着暴烈，呈现出忧郁成疾的心灵景象。他的小说时空背景往往盘桓在日据殖民到光复、"二二八"、戒严之初白色恐怖这一历史时段的台北大稻埕，那也正是作者童少记忆纠结之地。晦暗复杂的历史记忆透过绵密繁复的文字，触碰的尽是台湾地区的忧愁和中国的伤痛。他笔下的人物类型大致包括那一时期迷惘的两岸青年、"左"翼烈士、劳碌的母亲、贤良的妻子、苦闷的知识人、背负罪孽却心怀哀矜的争议人士，以及日后远离台岛却毕生难以走出历史梦魇的异乡客。1984 年发表的《月印》是郭松棻复出后的重要小说，也是解严前后台湾文坛涌现出的众多有关"二二八"及白色恐怖题材的作品之一，但却不同于当时一般意义上的政治叙事或伤痕小说。它"用深情关照人世间的无明"，以温柔天真的女主角文惠为主要叙述视角，展现了日据后期战争阴影和战后乱局中的一个爱情悲剧，着意刻画台湾地区年轻女子对爱情幸福的深切期待及其美好愿望破灭的过程与悲哀。经历了战时的生死考验，文惠把能与爱人朝夕相处视为生命中最大的幸福。她悉心护理爱人的病体，但铁敏痊愈后却被更远大的理想所召唤，投入"左"翼运动潜流，疏远了文惠。为了把他拉回自己身边，文惠向警方告发铁敏私藏红书，没料到这不智之举竟导致铁敏和他的"左"翼朋友悉遭枪杀，悲痛麻木的女孩却反讽地得到了所谓"大义灭亲"的表彰。女性对平安家庭、爱情幸福的祈望及其破灭的悲哀也贯穿于《奔跑的母亲》《今夜星光灿烂》《论写作》等作品中，寻常卑微的女性伦理价值观一再成为男性人物历史回溯和自我反省的忧郁的镜像。而深沉的忧郁有如顽疾，根植于郭松棻的几乎所有文字中。1985 年发表的《雪盲》，深刻剖析了海外华人流亡知识分子的苦涩心灵。历经战争威胁、恐怖噩梦和丧父阴影的主人公幸銮，远离故乡台北，在异域沙漠的警察学校为外国学生讲授中国现代文学,毕生沉溺于鲁迅的经典文句,仿佛借此安抚内心隐秘的创痛。无以超脱出创伤记忆的迫压,唯有将自己流放于荒凉的异国他乡,"在风沙中沉落……沉到底",像孔乙己,也像当初庇护并启蒙过他的老校长:"终其一生都将是一个暗哑的人格。"

李渝:晦暗的记忆与诗性的救赎

李渝(女,1944—   ),原籍安徽,生于重庆,台湾大学外文系毕业,美国柏克莱加州大学中国艺术史博士,赴美求学期间曾与丈夫郭松棻共同参与"保钓"运动。李渝的创作始于 20 世纪 60 年代,停滞多年之后,80 年代重归文学写作。其小说代表作有《江行初雪》《朵云》《夜琴》《无岸之河》等,中短篇小说有《温州街的故事》《应答的乡岸》《夏日踟蹰》和《贤明时代》,还有长篇小说《金丝猿的故事》及美术评论集《族群意识和卓越风格》等。《江行初雪》获 1983 年"中国时报小说首奖"。

与郭松棻笔下的大稻埕相对应,李渝小说中的个人地标空间是台北的温州街。在此曾度过中学到大学的青春岁月,温州街对作者的意义非比寻常:"少年时把它看作是失意官僚、过气文人、打败了的将军、半调子新女性的窝聚地,痛恨着,一心想离开它。许多年以后才了解到,这些失败了的生命却以它们巨大的身影照耀着引导着我往前走在生活的路上。"在"温州街系列"里,其笔触不仅上溯至光复乃至内战结束后的戒严年代,也通过台北温州街巷弄庭除的家常记忆蠡测管窥更久远的中国往事:亲朋故旧的只言片语,平淡无奇的日常起居,却也多少裹挟着父辈们难以释怀的中国现代历史的晦暗云烟。《朵云》以少女小玉为视点,叙说外省第二代女孩的成长,也表现战后来台的大陆知识分子的际遇。小说着墨较多的夏教授曾参加抗日而被捕受酷刑,落下严重病根,别妻离子只身来台,在孤寂、落寞和病痛中隐忍,却仍保持着细意善良的禀性。《夜琴》也触及"二二八"及"戒严",小说叙述来自中国北方的无名女子随丈夫来台后的遭遇,丈夫突然失踪如同往日大陆战乱中父亲的离去。母女祈求平安却都不得不经受离乱与死别,不禁发出悲叹："战争，战争，中国为什么有那么多的战争。"不过，即便表现历史的悲情与个体的悲剧，李渝也总会形塑一种生命的韧性、人间的温情和诗化的救赎意念，以艺术之美或宗教信仰来超越人世的苦难。

李渝的作品是冷静的历史叙事，亦是诗化的美文。行文舒缓、典雅、凝练、含蓄，有山水画的留白艺术之妙：着墨处举重若轻，空白处余味堪品。

十二、何不秉烛游？
——话说马森的《夜游》

20 世纪中国人游学域外者甚众，台湾旅外文学为汉语文学提供了另一种文化视域。马森的《夜游》就是其中一部直接以"游"为题的作品。游动不居，是叙述者认同的生命形式；漂游不定，是叙述人真实的心理状态。在游荡中体验、觉悟、成长，是这篇小说给人的最初印象。但它的主要目的还不是传达游历与成长中的经验与挫折。小说引用的古诗也许可以透露小说的主旨与情调："生年不满百，常怀千岁忧。昼短苦夜长，何不秉烛游？"古诗十九首中的著名诗句显然深深触动了马森的心弦。马森取其意给小说命名，千古之悲风扑面而来。小说讲述的虽是现代华人的异域都市游荡故事，但秉烛夜游的意境却如出一辙。

《夜游》成稿于 1978 年，在复刊后的《现代文学》上连载了一年多，1983 年出版，白先勇为之写序。一个海外华人女性离家出走后的曲折遭遇是小说的情节线索，这根单薄的线上串起的东西却很丰富，涉及东西文化的对话与冲突、文明的危机和前途、人性的悲剧、性别的政治、弱势群体的境遇等多种议题。作品表现这些思想议题的方式是诉诸感性，但也将知识分子的社会思考融进了情节和人物塑造中。小说塑造了一个不安于室追求浪漫爱情的台湾地区旅外女性形象。其实与其说她在寻找爱情，不如说是在寻找失落了的自我。汪佩琳在平淡冷漠的婚姻里感觉压抑，不愿再忍受英国绅士派头的白人丈夫詹的蔑视与嘲弄，更无法忍受缺少动力的盲目而庸俗的生活方式。于是她叛逆了稳定的中产阶级家庭，离家出走，加入文学史上现代流浪汉一族，成为娜拉、子君、安娜、包法利夫人及查特莱夫人的精神后裔。她说："我是我自己的，不是任何人的附属品。"这话像是子君当年宣言的翻版。小说以此为起点，书写了一个东方女性的异国漫游史。马森投入了极大的同情去理解汪佩琳这样一个无根的现代人，一个不安分而又深感自我缺失的现代人，"一个在生活中摸摸索索想弄清楚自己到底需要的是什么的一个糊涂人"，但她坚持："我只是要做我自己的主人！我只是要做一个自由人！"于是她注定饱受挫折，但也因此收获了平淡生活所无法想象的体验与社会认知。

马森以汪佩琳为叙述视角表现一个东方知识女性在异国他乡的自我追寻，以及她所感受到的文化、性别和社会的症候。《夜游》对文化的探讨延续更拓展了 20 世纪年代海外华人文学的视域，我们仍能感受到乡愁命题的变体存在，只是马森已经将这个命题看成一种历史和生存的现实来理性接受。

十三、王文兴的《背海的人》

台湾地区现代派小说家王文兴耗时数十年苦心经营，创作出了一部汉语文学史上奇异的文本——《背海的人》。这部作品在语言文字及叙述结构上的创新实验实在令人惊讶，可圈可点可议之处甚多，而形式的标新立异对于《背海的人》来说绝不是纯形式主义的文字表演，而是在语言文字的艰苦修行中积淀着丰富的内容。

小说以佶屈聱牙而又一泻千里、愤世嫉俗而又粗俗不堪地破口大骂开篇，奠定了叙述者兼主人公的"爷"的命运基调：因为见弃于世而与整个世界为敌。在一种混沌而粗放的宣泄性节奏里，开始了汉语文学史中晦涩又奇特的叙述历程。《背海的人》全书所记录的是"爷"两个夜晚的内心独白，"爷"的自白却涵括了哲学、神学、文学、政治、数学、风水、相命、情色和性等话题。"爷"精力过分充沛，似乎对一切形上形下的话题都充满辩驳的兴趣，虽然他的实际处境困窘孤独,但并不妨碍他知识论式的耍宝。王文兴的叙述策略规定了"爷"既非纯悲剧性人物亦非纯喜剧性人物,"爷"的存在印证了个体存在的尴尬:现代意义上的反讽性生存悖论,"爷"生活的卑微不堪、身份的混乱暧昧、情绪的驳杂叛逆及思想的似是而非组成了一个骚动喧哗的个体内在世界。小说立足于"爷"的有限视角,展示了心灵幽暗、深邃、阴晦、暴烈、脆弱、无序的复杂层面;"爷"的叙述既是面向整个世界的孤注一掷的抗辩,又是一个遭弃绝者无能为力故而格外无所顾忌、破罐子破摔的撒泼耍赖。因为他所抗辩撒泼的对象丝毫不会在意他的存在,他的叙述实际上只能是寂寞的自言自语,反刍、宣泄、胡闹和表演,全是自我意识分裂的想象中的对话、虚幻的痛快,很难想象如果不是遭暗杀,"爷"的滔滔不绝会如何收场。

"爷"是一个随波逐流的脆弱个体,只有今天,没有明天;"爷"是丑陋怪异的丑角,在地狱边缘发出毛骨悚然的狂吠;"爷"又是自我降格的笑料,他的荒唐举止和滑稽言行将他贬为闹剧主角;"爷"还是关于人性的试练:卑贱是否存在底线?道德的限度何在?善恶的分界有何意义?王文兴借"爷"这一形象传达了自己关于人的存在复杂性的暧昧认识。

正是喜剧性分裂意识的人格特征,使得"爷"这个知识分子形象别具一格,一扫中国现代文学涕泪飘零的悲剧成规,一个生命力顽强的、暧昧而有趣的喜剧知识分子形象呼之欲出。喜剧意识的高扬使得小说中充满嘲弄世界和自我嘲弄的快感。只是,喜剧意识也是普遍本质丧失的意识,它的滑稽表象背后,底蕴仍然是悲哀的。

后革命的剩余：独自莫凭栏

——从《春尽江南》回看"江南三部曲"

练暑生

　　2011 年《春尽江南》的出版，标志着格非"江南三部曲"终于画上了一个句号。这组新作从构思到全部正式完稿出版，时间跨度不下十年，无论从篇幅、写作方式还是从所处理的历史对象来说，"江南三部曲"都是当代中国文学的一个重要的事件。从《人面桃花》开始，或赞赏，或批评，或怀疑，种种议论一直持续不断：反乌托邦的乌托邦小说，思考了现代中国革命的心理起源，探索出了一条独特的切入历史的方式，等等。如果三部小说单列开来看，确实可以看到文本在尝试用不同的方式叙述革命、革命之后、消费主义时期三大历史阶段。而如果把三部曲看成一个整体，从《春尽江南》回看《人面桃花》《山河入梦》，本文更愿意把格非这一组新作看作知识分子如何处身于这个消费时代的历史征候。乌托邦之后、春意阑珊时节，文人知识分子如何看待自己的过去和未来？该以何种的精神面貌与精神病人、忧郁症患者、颓唐的退休干部混居在荒僻的社会角落？谭端午似乎非常坚定地认定了自己的无用，但文本中呈现出来的迷茫、伤感、自尊、玩笑甚至戏谑，尤其是其语言和形式方面存在的种种内在冲突，无疑是文本在诗意与消费主义、乌托邦与历史、梦想与现实之间徘徊不定的最好注释。所谓的无用者的事业，应是依然无处安顿心中诗意的另一个代名词。从知识分子小说的谱系上来讨论，这或许正是"江南三部曲"的重要意义所在。

　　谈到小说与现代中国革命的关系，有评论用"春梦"两字描述了文本对于革命起源问题的理解①,也有学者从叙述主角出发观察文本如何由边缘人物进入历史。② 确实,文本保留了先锋小说和 20 世纪 90 年代新历史小说的诸多特征,如用边缘人的视角讲述大历史故事,把革命的冲动和爱欲相联系,在不无精致典雅的行文过程中会不时冒出戏谑式的笔调,诸如此类。革命党人张季元来到普济恰逢陆秀米初潮来临,谭功达充满着革命的浪漫主义豪情但碰到美貌的女子总是精神恍惚,诗人谭端午则是在拿走一位文学女青年的初夜之后告别了 20 多年前那个特殊的夏季。从爱欲出发去诠释革命,这个角度并不新奇,在精神分析学里力比多正是反抗的能量。格非在创作中,经常一本正经地考证记载种种貌似无足轻重的细节,生活的宏大、必然、伟岸由此变得千疮百孔。因此,联系到 20 世纪 90 年代新历史小说和格非个人的创作传统,诸如革命与爱欲相联系这样的叙述组合,另一个重要的意义应在于,它们是抽掉历史"重量"的那些孔洞。在有始有终、有因有果的历史叙述地基上挖孔,这应是格非比较喜欢做的工作。不过,相比于《迷舟》《青黄》《大年》等小说,"江南三部曲"中拥有了一个很鲜明的新元素——"煽情"。《人面桃花》里让人心痛的小东西自不待言。《山河入梦》中姚佩佩与谭功达两情相悦,同处一间办公室却咫尺天涯。小说最后,谭功达抛下一切赶到普济,人却刚被捕带走,无缘见最后一面,只见到毛豆撒了一地。"花榭花飞飞满天,红消香断有谁怜",阳光下的紫云英何尝不是一曲葬花吟。而《春尽江南》里的谭端午夫妻在生离死别之际最终发现自己深爱的人还是对方,读来更是让人满腹的辛酸、无限的惆怅。抓得越紧,失去的时候才会感触越深。"煽情"的出现,表明文本想留住某些东西。在"江南三部曲"里,写作的剩余不再是令人扑朔迷离

---

① 张清华认为:"他的独特性就在于另外一个词'梦',用了春梦的构造和特点来对这番历史进行了美学的点化。"格非:《〈江南三部曲〉研讨会发言纪要》,《作家》,2012 年第 19 期。

② 南帆:《历史的主角与局外人》,《东吴学术》,2012 年第 5 期。

的"空缺"。

中国古典文学的一个大传统是感伤抒情。从 20 世纪 90 年代后期开始，格非就开始有意识地深研和发扬古典文学里面的一些元素。很显然，在这三部曲里，无论是清丽典雅的文字还是浓厚的抒情意境，格非都在延续发扬古典文学抒情传统方面独具匠心。三部文本处理的对象是中国现当代史的重要段落，其墨彩却主要落在儿女情长上面。文本的抒情效果很大程度上来自对儿女私情、亲情和爱情的精细描绘。不过，如果文本拿来填补意义空缺的因素只是这些内容，那么出版市场上不过是多了几部知识分子感情小说。纵观下来，三部曲更值得人们关注的是，它们用非常浓厚的感伤抒情笔调叙述革命及其乌托邦往事。这应是近 20 多年来同类题材里少见的一种叙述形式。我们知道，中国现代启蒙与革命从文化领域开始发动，20 世纪的中国革命史同时伴随着一部知识分子的思想浪漫史。其间的叛逆、想象、破坏、强力的社会动员和激进的生活撕裂此起彼伏，这一切无不与晚清以来人们对新中国、新社会的种种主观设计有着直接的联系。对这一段思想浪漫史，近 30 年来的叙述多数以反思为主，在文学里，嘲讽甚至戏谑也不稀见，在"江南三部曲"中还保留着诸多这方面的痕迹。翰林学士王观澄花费毕生心血建立的新桃源花家舍，是依靠土匪打家劫舍来维持的。革命干部郭从年貌似成功建立了集体农庄，谭功达几天后就发现，这是一个人人相互监控、没有生机活力的社会。如果说前两部对花家舍的态度还略带着戏谑或嘲讽的话，那么，在《春尽江南》里则更多地表现为游离或淡漠。谭端午在小说最后也来到了花家舍，这位终日捧着《新五代史》的主人公游荡在这个花街柳巷，泛若不系之舟，没有批判、绝望，更没有怨天尤人，表现了出一种洞达世情的淡漠。对于新一代的做梦者绿珠在云南想建的新花家舍，"在他看来，都没有什么新鲜的东西。所有的地方，都在被复制成同一个地方"，甚至"不喜欢香格里拉那个带有殖民色彩，可人人趋之若鹜的地名"。

反思、嘲讽、戏谑还有淡漠，但文本的叙述行文总体上都是笼罩在浓重的感伤抒情的氛围当中的,尤其在前两部里,文字还保持着一贯的典雅精致。这种看似矛盾的组合很明显地表明,文本对待乌托邦存在着一种游移徘徊的态度:既想凭吊乌托邦记忆,又不想告别20世纪80年代以来的后革命姿态。或许文本是被人们读为"反乌托邦的乌托邦小说"的主要原因。① 而如果结合文本所设置的主人公身份形象,那么我们可以看到,文本种种的形式努力其实是试图平衡这种游离徘徊的一些叙述策略。谭端午是无用的"多余人",生活中能让人产生深刻印象的事情除了无用外,就是待在地方志办公室,"没来由地鄙视一切成功者"。他的先辈陆秀米和谭功达参与了历史的核心情节,并一度成为"主角"。不过,后两者身份、性格包括参与革命的动机,都说明他们同样是历史浪潮的边缘人。陆秀米是一名怀春少女,16岁时恋上了表哥——革命者张季元,因深陷其中不能自拔而投入革命。谭功达则是一个参加了革命的贾宝玉。怀春少女和爱好"意淫"的贾宝玉显然不符合革命干部的素质要求,人物形象气质与革命事业存在着比较鲜明的距离。为了表现这一疏离,文本的叙述焦点从革命的核心情节中脱身而出,转移到私密的情感世界。诸如陆秀米在学校的革命过程和谭功达如何根据宏伟蓝图建设梅城的情节被疏远成了背景,文章中我们看到的是人物如何苦恋而不得,又如何家破人亡,如何深陷囹圄。在他们不无悲凉的身世中,我们似乎感觉到文本在为秀才走错了路而感慨,或为痴情公子生错了时代而叹息。因此,秀才情痴们的乌托邦实验给历史所带来的破坏事实上被淡化,文本中只是寥寥几笔简单提了一下,而乌托邦的诗意与浪漫则作为知识分子的"天性"得到了充分的同情和尊重。

文本企图通过"多余人"性格形象的设置等形式安排,在不拒绝或者不与后革命时代发生正面对抗的前提下,努力给诗意安顿一个位置,为缅怀知识分子乌托邦往事提供一个可能。这在《春尽江南》里表现得特别突出,其中的意味也尤为丰富复杂。从知识分

---

① 王中忱:《爱憎"花家舍"——初读格非的〈人面桃花〉》,《书摘》,2005年第1期。

子与历史的关系角度来说,前两部所处理的对象无疑是知识分子强有力地卷进了历史旋涡中心的时代,而《春尽江南》里则刚好相反,乌托邦和诗人一起成了多余。在这个"诗已经成为多余的肌体分泌物"的时代,知识分子正发生着鲜明的分化。吉士、守仁等人早已洞察世情的变换,和女主人公庞家玉一样早早远离了诗,顺着时代"正常"的逻辑去奋斗。而继续怀抱着"大庇天下寒士"宏伟愿景的王元庆则是一败涂地,住进了自己修建的精神病院。谭端午作为一名"多余人",则是自甘边缘,在地方志办公室工作,"可以任意挥霍他的闲暇,他感到心满意足"。诗基本不可能有物质产出,属于比较纯粹的多余物,曾经是诗人的谭端午现在僻居在可有可无的地方志办公室应算是适得其所。而从资本时代的剩余、空白这个角度来说,只要他还愿意挂着诗人之名,与精神病人、忧郁症患者、妄想狂、颓唐的办公室文员甚至地痞混混等人物归为一类,或密切交往,也应算是物以类聚。

在一次访谈中,格非谈到了写作《春尽江南》的动机:"改革开放的 30 年来,我一度悲哀地发现,似乎很难透过物质层面去观察精神史的吉光片羽。不管我们的反应是多么麻木而迟钝,也不管这种反应是多么的微弱,我认为它是存在的。这也是我写作《春尽江南》的真正动机。"①确实,无论在垃圾淤积的江边、销金窟花家舍,还是在荒僻的地方志办公室,谭端午就像旷野上的幽灵不断地徘徊游荡。他的经历就像是某个瓷器的碎片被送进了菜市场,在嘈杂潮湿的缝隙中偶尔能散发一点古典的光泽。多余人的身份似乎给予了谭端午安顿这片瓷器的空间。不过,从知识分子、诗意及其与当代现实的关系角度来说,正是这个多余人的身份暴露了诗意在当代的可能和不可能。谭端午声称要坚决变成"无用的"多余人,但似乎并不愿意归入宏伟的资本时代的剩余物当中去。他没有发疯,对绿珠等人的新乌托邦实践冷眼旁观,对巨大而混乱的

---

① 格非、张清华:《如何书写文化和精神意义上的当代——关于〈春尽江南〉的对话》,《南方文坛》,2012 年第 2 期。

世间百态时不时品头论足。种种迹象表明，他并不多余，还努力在消费时代的逻辑里给自己安排一个角色，"他没有按照读者的阅读期待尝试着重回中心，也没有在边缘自暴自弃，而是冷静理智、自甘寂寞地与现实拉开距离，这当然意味着知识分子专业化倾向的加剧，同时也预示了我们时代知识分子作用的一个本质变化——社会观察者"。① 跟《一地鸡毛》里诗人小李白毕业后选择去卖板鸭相比，谭端午对自己的人生没有自嘲，应是很"自然"地接受了局外观察者的角色定位。他终日捧在手中的《新五代史》就颇具象征意味。读史为今鉴，这是中国古老的传统，而且，《新五代史》还有一个核心的写作目的——"再使风俗淳"。

局外观察者既能与现实保持距离，但又无须拒绝现实，冷眼旁观在某种意义上还具有警世的功能意义，这貌似是比较适合知识分子的路。但是，这个人生选择显然跟陆秀米、谭功达、王元庆，在某种意义上还包括前期的绿珠，有着很大的不同。相对于各个时代的"正常"逻辑，他们的追求无疑是他们所属时代异质的东西。王元庆是一名商人，却怀抱着与资本逻辑完全不同的人生理想。陆秀米和谭功达等人无论从革命还是旧世界的角度来说，都是别样的人，并因此被时代抛弃、撕裂。谭端午没有被撕裂，他有自己的处理方式。谈到创作时，格非经常提到一个音乐术语"对位"——两条及以上独立发展甚至风格不同的旋律汇聚成和谐的乐章。诸如"对位"这样的作曲手法被运用到《春尽江南》当中应该是显然的事实。比如在语言方面，文本表现出努力把握住当代现实的企图，因此语言风格与前两部有着比较大的不同。模拟世间百态的语言表述和学院先锋文学的语言表述混合并行，有评论认为比较"杂"。② 也有评论认为，还不够"混乱"，"这种不完全放

---

① 孟繁华、刘虹利：《这个时代的精神裂变——评格非小说〈春尽江南〉》，《南方文坛》，2012 年第 4 期。

② 陈晓明等：《向外转的文本与矛盾的时代书写》，《小说评论》，2012 年第 1 期。

开,应对了谭端午这样的一个还残留着部分情怀的诗人的内心生活"。① 结合前述对谭端午身份形象的分析,《春尽江南》语言的这种"杂",本文更愿意看作"对位"手法在语言上的一次运用。其核心的要旨不是为了"写实",而是尝试如何安顿乌托邦情怀与当代现实关系的另一次形式努力。在文本中我们可以看到,相对于消费时代恢宏阔大的喧嚣声,谭端午的人生就像一个独立发展的旋律"混合"其中,虽然弱小颓唐,但始终保持独立。而 20 多年前他和庞家玉初次认识的那个夏季——中国现代知识分子乌托邦往事的结尾部分,就像一个遥远的主题,反复出现。在不同的章节,或严肃,或感伤,或叹息,叙述的语调略有不同,但延绵持续。

或无奈地自嘲,或写尽沉沦,或旗帜鲜明地投入"正常"的逻辑里去,或表现激烈的不妥协,这些应是近 20 多年来知识分子小说创作里面常见的主题,而《春尽江南》则是力图用类似"对位"的形式寻求诗意情怀的当代出路。相比于前述的知识分子小说,这无疑是一个别样的人生。不过,资本显然并不排斥异质,它强大的收编能力,能够把杂乱多样的因素吸纳到自己主导的社会文化结构当中去。面对资本主义强大的吞噬能力,谭端午的人生选择作为一支独立旋律而不是作为乐曲结构裂隙存在,它在多大意义上还是诗意的或者说维持着某种诗意性? 或者说,"对位"式的和平共处呈现了什么又不能呈现什么? 其实对位等音乐化的文本结构或许就是答案。20 多年前谭端午和庞家玉初次认识的那个夏季是两人情感婚姻故事的起点,谭端午夺走了庞家玉的初夜后,还拿走了所有的钱,把病中的庞家玉一人扔在寺庙内。几年后,两人偶然中再次见面,正准备结婚的庞家玉放弃了正在筹办的婚事,嫁给了谭端午。谭端午那天为什么这么做? 庞家玉当时心里是怎么想

---

① 李洱说:"我个人甚至觉得,还不够混乱,还没有完全放开。当然,你也有充分的理由认为,这种不完全放开,应对了端午这样的一个还残留着部分情怀的诗人的内心生活。"李云雷、李洱、梁鸿、房伟、霍俊明、周立民、张莉、杨庆祥:《长篇小说的"中国化"及其他》,《作家》,2012 年第 13 期。

的? 后来又为什么要跟谭端午结婚? 种种疑问,文本都没有交代。从格非的个人创作传统来说,制造空缺是其一大特色。不过,20多年前的往事——作为乌托邦记忆的结尾部分,以类似音乐主题的形式反复出现,它和后面的情节乐章是什么关系? 如何衔接过渡? 因为这些疑问成为空缺,结果这个主题像是一个遥远的音符,不时浮现,其实从来没有实质性地参与到生活当中去。太虚幻境、木石前盟虽然远离故事的现实,但是很清晰地表现出了它们如何影响到故事的逻辑和人物的关系,从而极大地强化了宝黛爱情的情感强度。而谭端午如何一步一步走向多余? 庞家玉如何逐渐看穿文人,转向世界的"正常"逻辑? 其中经历过怎么样的情感的或现实的冲突? 尤其是对王元庆的发疯过程如果有一个比较清晰的叙述,是否比这种对位、赋格式的结构处理方式能更好地呈现诗意的"吉光片羽"如何存在,又如何逐渐消逝? 但是,文本中谭端午正面出现的时候,已经是一个多余人在游荡了。

诗意或乌托邦记忆20多年来经历过什么样的历程缺乏正面的呈现,谭端午如何逐渐从一名诗人到自认多余,文本语焉不详。当然,文本究竟想表现哪一个时间段落,完全有自己的权衡考虑。不过,从表现诗意与后革命时代的关系角度来说,对上述问题做一个比较清晰的描绘,无疑更具有震撼人心的力量。事实上,谭端午作为一名多余人出现的时候,其存在的形态和存在的可能都隐含着诸多的省略。正如有评论指出:"局外人的视点也可能回避了深刻的内心矛盾乃至精神分裂,例如,不得不违心地从事一些自己所不愿意承担甚至是所反对的工作。"[1]文本中我们看到,谭端午除了无用外,还有一个特点是收入微薄。地方志办公室是清水衙门,谭端午一个月两千多块钱工资,还不够他抽烟。家里的事情里里

---

[1]　南帆认为,局外人"在旁边发表一些局外人的反讽性感想;当凡俗的生活过于麻烦或者令人厌恶的时候,他也可以及时地抽身而出,转过脸去表示没有看见……另一方面,局外人的视点也可能回避了深刻的内心矛盾乃至精神分裂,例如,不得不违心地从事一些自己所不愿意承担的,甚至是所反对的工作"。格非:《〈江南三部曲〉研讨会发言纪要》,《作家》,2012年第19期。

外外,从日常开销、小孩上学、买房、赡养老人甚至包括打理家务,都依靠庞家玉。其实可以设想一下,如果庞家玉没有去追求"成功",谭端午是否还能这么坚定地去做"无用"之人? 当然,一个真正的隐士完全可以做到不为物所拘,而谭端午没有退隐山林,他上有老下有小,隐在闹市如果家境贫寒一些,所面临的日常矛盾冲突显然会激烈许多,到这个境地,他或许还有这个心,可能也没有这个闲暇整天捧着《新五代史》了。很显然多余人谭端午,他的人生选择成为可能,在很大程度上获得了他所鄙视的东西的支持。因此,理解其人生形态的诗意价值,真正困难的或许也是最真实的,往往不是已经说出的东西,而是那些没有说出的内容。也就是说,《春尽江南》的问题不是太过于贴近现实,而恰恰是缺乏历史。谭端午成为局外人,庞家玉转向追求成功,吉士、守仁拥抱时代的主流逻辑包括王元庆的发疯,其中心灵与现实的艰难搏弈过程成为空白而存在于文本的内部。

无限江山,别时容易见时难,历史的因缘际会,陆秀米、谭功达也应包括青年时代的谭端午,中国现代文人知识分子卷入了历史的大旋涡,并以自己的诗意想象强烈影响甚至改变着中国社会。近20多年来,伴随着后革命时代的来临,诗意及其乌托邦往事渐行渐远,在很多人眼里事实上已经彻底消失在地平线。因此,"江南三部曲"的意义不在于它提供了什么样独特的历史认知,或者给予知识分子指出了何种有价值的出路,其真正的价值在于,在消费或资本逻辑已经成为"绝对"现实的今天,重新挑起了乌托邦话题,并因此探索了诗意在今天如何可能。文本中表现出了的不可能性,作为某种征候,或许正好为我们提供了思考未来出路的方向。在文本中我们看到,诗人正与那些不合时宜的人、穷人、不正常的人密切交往。未来的诗意及其乌托邦力量或许正存在于这些边缘的汇聚。

由生死意象窥探洛夫诗歌的生命意识

——以长诗《石室之死亡》为例

郑淑蓉

台湾地区评论家简政珍曾指出:"诗人最大的考验就是意象的经营。……以意象的经营来说,洛夫是中国白话文学史上最有成就的诗人。"① 而洛夫作为著名的台湾现代派诗人,其诗歌的艺术成就除了思想的深刻之外,在很大程度上还取决于艺术表现上所产生的震撼效果。其中,意象运用便是重要的表现手段。在《石室之死亡》这部长诗中,一个个阴暗的死亡意象接踵而来,不时令人感受到窒息的意味,而与此相伴的生命意象则以另一种鲜明的形态赋予人以希望,二者相伴相依,形成了洛夫诗歌独特的艺术风格:一方面这种生死同构的意象安排最大限度地体现了诗人洛夫在意象经营上的独具匠心,另一方面也反映了诗人强烈的生命意识。本文力图从解读《石室之死亡》这部长诗的死亡意象与生命意象中,窥探洛夫的生死观及蕴含其中的强烈的生命意识。

一、死亡意象——真实的生存困境

洛夫在写作《石室之死亡》时,正值金门发生激烈炮战。他作为战地新闻联络官亲眼看见战火硝烟,亲耳聆听死亡狂暴的叫嚣,开始对与人有关的一系列重大问题做出广泛的思考,再加上赴台离乡的文化乡愁,洛夫开始对生命本身有了相当深刻的体认。他曾在访谈中提到:"当时面对的不仅是个人的生死问题,而是一

---

① 简政珍:《洛夫作品的意象世界》,萧萧《诗魔的蜕变》,台北诗之华出版社,1991 年,第 61 页。

个悲剧,人类无法掌控自己命运的悲剧。"这表明诗人对生死问题的思索已然超越了个人,而表现为对一个时代和整个人类命运的探寻。品读《石室之死亡》这部长诗,扑面而来便是一个一个阴暗的死亡意象,墓冢、棺材、黑蝙蝠、骨灰、焚尸、十字架……这些意象无一不凝聚着诗人对于生存境遇的担忧。然而洛夫诗作中的"死亡"并非实指生命的结束,而是体现诗人在战乱中对人困顿悲怆生存境遇的无限焦虑与关怀,是对那时代里芸芸众生命运的忧心与困惑。王泽龙在《中国现代诗歌意象论》中阐释道:"意象不是客观之物象,意象是诗人借助客观物象或图像完成自己对心理世界的呈现,是主观之思与客观之象的复合体,是诗人内心世界的客体化,是物态化、知觉化了的思想或情感。"①因此,从这些死亡意象中便可窥探出诗人蕴含的对于生存困境的忧思。下面以几个典型的死亡意象为例进行重点解读:

墓:"以冷冷的手握我"

"墓"乃埋葬死者的场地,全诗多次出现了"墓"的意象,令人感受到死神脚步的逼迫临近。"筑一切坟墓于耳间,只想听清楚/你们出征以后的靴声/所有的玫瑰在一夜萎落,如同你们的名字/在战争中成为一堆号码,如同你们的疲倦/不复记忆"(第49首)写出了战争给人民带来的苦难。玫瑰的萎落象征着在战争中消逝的生命,而征战者竟也如同一堆毫无意义的号码一样在生命消逝后归于虚无。这当是当时生存困境的真实写照,也表现了诗人对死亡的悲切感受。再如"你们狠狠瞪我,以蛇腹的冷/犹之死亡紧握住守墓人腰上的一串钥匙"(第22首),将"墓"的意象直接与死亡联系,说死亡紧握守墓人的钥匙,莫如理解为死亡对生者的步步逼近,充满了阴森恐怖的气息。该诗下一句再次出现"墓",说"一块绣有黑蝙蝠的窗帘扑翅而来/隔我于果实与黏土之间/彩虹与墓冢之间",将光明意象"彩虹"与黑暗意象"墓冢"并置而写,象征着人们正在真实的生活中体验着死亡,表明生死仅在一线之间。此外,墓石、葬地、墓人甚

---

① 王泽龙:《中国现代诗歌意象论》,中国社会科学出版社,2008 年,第 16 页。

至与墓地相对应的棺材、死者等意象都在诗中频繁出现,以一种阴冷的气息企图扼杀生者,体现着洛夫对当时生存环境的思虑。

灰:"唯灰烬才是开始"

"灰"是生命之火低落的象征,在全诗中以不同形式频繁出现。"穿过祭神的面具,有人从醉了的灰烬中跃起"(第 7 首)"刚认识骨灰的价值,它便飞起"(第 12 首)"你确信自己就是那一瓮不知悲哀的骨灰囚于内室,再没有人与你在肉体上计较爱"(第 14 首)"一部分在飞去的纸灰中遗忘"(第 28 首)"任多余的肌骨去作化灰的努力"(第 36 首)"从灰烬中摸出千种冷中千种白的那只手/错就错在所有的树都要雕塑成灰"(第 57 首)"我们也偶然去从事收购骨灰的行业"(第 60 首)。这些诗作里"灰"意象的象征性是具备一致性的,即寓意死亡。它是身体不复存在后的形态,实际上也就是生命的破损感。面对战争死亡的威胁,生命安全感遭到毁坏,生命的自我感觉不复完整,而成为散落或是飘浮的"灰"。这表现出死亡对于生命的完整与人的安全需要本能造成的严重威胁,这种威胁反映在诗作情感上便是对于死亡的焦虑。

黑:"所有的黑暗都在酝酿一次事变"

"黑"在洛夫诗歌意象中有时表现为一种颜色,有时乃一种氛围,有时则与其他物象结合构筑成具有黑暗气质的意象。如"我遂把光交给黑色"(第 21 首)表现出在当时环境下,诗人不得已丧失了对美好生活的想望。联系洛夫的生活经历,我们可以感受到海峡阻隔、家国远离、生存环境的突变与文化背景的错位在这一时期给他带来的强烈孤绝感,由是在创作上便一览无余地表现出了自己对这种境遇的焦虑。再如"想到战争,战争是一袭折不拢的黑裙"(第 24 首)"战争,黑袜子般在我们之间摇幌"(第 41 首)。"裙子"本是女人美丽的衣着,是最好的生活装饰之一,而"袜子"也是必不可少的生活用品,然而诗人却赋予了这些常见的生活实物以一种阴冷的颜色——"黑",并进一步把战争同这些黑的物象相联系。由此,我们更能深刻体味到诗人在当时两岸政局动荡不安之下游移不定、焦虑不安的精神状态。第 25 首"最初的镜面上,一撮黑髭粘住一片惊愕"、第 33 首"你懂得如何以眼色去驯服一把黑布伞的愤怒?"等诗句皆是这种情绪的表达。再如第 51 首"就这样,我为你瞳中之黑所焚"和第 53 首"且让我向所有的头发宣布:我就是这黑/世界乃一断臂的袖,你来时已空无所有/两掌伸展,为抓住明天而伸展/你是初生之黑,一次闪光就是一次盛宴"。这里的"黑"已非前文所示的具体实物,而更多地呈现为一种氛围、一种形态。联系写作背景,洛夫的这两首诗是写给初生女儿莫菲的,势必在诗中寄托了自己对女儿成长的期望。从表面上看,"黑"在此处可理解为一种虚无,虚无乃死亡的本质,然而在哲学层面上却又另有一番意味,即无关道德政治,更不需染以任何色彩而损其明澈超逸之本质的原始状态,乃宇宙万物之本源。所以该诗本质上便是希望女儿抛掉妄念,以最澄澈明朗的心看待生活中的事变困境,这便又与接下来我们要论述的生之意象一脉相承了。

除了以上三种典型意象群之外,诗中还有多处以不复完整的身体器官象征生命的破碎,如腐烂的脸、枯干的手掌、盲童的眼眶、扭断的臂、被咀嚼的媚眼、枯焦的唇、被挖出的挂在电线杆上的眼睛等。这一系列非正常的器官均与人的生命相关联,传达出洛夫对于人在乱世中岌岌可危的担忧。一方面这是战争所带来的悲剧,另一方面也表现了诗人由大陆流落到台湾地区后所遭遇的前所未有的孤绝感。这种孤绝感致使他在文化身份上无法确认自己,对于身份的茫然犹如灵魂的破碎,使得他才以破碎的生命器官为书写对象,发出了"我只是历史流浪了许久的那滴泪,老找不到一副脸来安置"这样的悲叹,表达无家可寻的焦虑。除了泪,还有血——血槽、血液、血流、血浆等血淋淋的死亡意象,甚至包括题目本身隐含的被禁锢的"死亡的石室"和诗作中代表着无生命的石之意象等都为我们构筑了衰颓可怖的意境,让我们犹如在昏黄暗夜里目睹着一场真实的战争,目之所及皆是肉体的挣扎,耳之所闻唯有灵魂的呻吟,如何不令人忧心忡忡?

总之,洛夫诗作中的各种繁复的"死亡"意象,归根结底是对现实灾难深重的忧郁与痛心。陈晓明认为,"动荡不安的政治现实，以及认为的文化隔绝，必然在人们心理上投下阴影。当时台湾年青的知识分子，远离文化母体，背负着上一代的罪孽，很自然地面临着强烈的认同危机，而有一种精神上的放逐感，孤绝、恐怖、漂泊、流离，使他们内心郁结着沉重的焦虑。传统的一切已经远了，走不进他们的视野。而现实的世界又是他们不愿或不敢正视的。于是他们只有转入内心，走进自我主观世界中去，作心灵的探索者"。①　因此，诗人将外在的困境郁结为心中的焦虑愁绪，并将这种知觉赋予物象，使其笔下的事物无一不染上自己在困境中的真实感受，尤其是诗中大量的死亡意象更是共同指向了洛夫不安的精神世界，带上了他对那个时代遭遇的困顿与思索的色彩。

二、生命意象——绝望中的希望

当洛夫在诗作中力图以大量阴森、恐怖的死亡意象表达心中对于真实生存困境的焦虑时，我们发现与死亡意象相伴的还有众多鲜活的生命意象。这些生命意象以蓬勃的生机向我们传达着诗人洛夫的美学理想和在绝望中不丧失希望的人生态度，是诗人人生观与艺术意识的结合。如果说死亡意象是诗人洛夫面对困境时的焦虑，那么与此对应的生命意象则在另一个层面上显示了诗人对生死的觉悟——既然死亡的阴影无法回避，那便得正视现实，在人生的寂寞虚无里发出力量，把生命从死亡阴影的束缚中解脱出来。洛夫在《石室之死亡》序言中提到："当我面对死亡之威胁那一顷刻，丝毫不觉害怕，只隐隐意识到一件事：如果以诗的形式来表现，死亡会不会变得更为亲切，甚至成为一件庄严而美的事物？这就是我在战争中对死亡的初次体验。"可见，此时的洛夫已然开始以诗作为自己的精神寄托，以诗重组自己的精神世界，将艺术发展成生命中最重要的部分，以此对抗死亡带来的深重威胁。这种艺术观体现在诗歌创作的过程中，突出表现在与死亡意象相伴的生命意象系列上。

---

①　陈晓明：《洛夫论》，中山大学硕士论文，1991 年。

太阳、火："以爆燃之姿拥抱住整个世界"

太阳是光明的象征、希望的象征。远古人类认为太阳是一个飞行物,先民相信神鸟负日行,鸟的鸣叫常常预示着太阳的升起,因此他们认为太阳是神鸟的鸣叫声叫出来的。火神也是太阳神,是地上的太阳神。火与太阳一样,都可以给原始初民带来光明、温暖和生命。总之,日神、鸟神、火神崇拜,不仅是生殖崇拜,而且是生命崇拜,因为它们皆是生命的象征。尽管洛夫诗作中大量充斥着给人以绝望之感的死亡意象,然而他也充分运用了这些火与太阳的意象,使之与死亡意象共存,从而赋予死亡可亲的一面。如"余烬中便有千颗太阳弹出"(第 34 首)"从灰烬中摸出千种冷中千种白的那只手/举起便成为一炸裂的太阳"(第 57 首)。这两首诗将太阳与灰烬两种生死意象矛盾并存,形成了强大的诗歌张力,体现了诗人的价值观:人终难免一死,但绝不能认命,否则将虚度一生。正因为如此,灰与死都成了激励的机制,不是终结而是开始,生终结于死,却又在死中得到历练与升华。如是,死亡便不再是面目可憎的,而是可以与生同在的,可以让诗人"在太阳底下遍种死亡"(第 10 首),可以"把遗言写在风上,将升的太阳上"(第 45 首),传达出诗人在死亡威胁下对光明和生命无休止的追求。尽管死亡恶魔欲以强大之势扑灭生机之火,"长廊的阴暗从门缝闪进/去追杀那盆炉火"(第 5 首)"棺材以虎虎的步子踢翻了满街灯火"(第 11 首),然而只要内心有生之信念,亦可奋起。也正是出于这种强烈的生命意识,诗人在诗中才不禁发问:"为何你在焚尸之时读不出火光的颜色"(第 14 首),表达洛夫对生死的觉悟。

荷花："荷花的升起是一种欲望,或某种禅"

在佛教的象征中,荷花的五瓣分别表示诞生、洗礼、婚姻、休憩与死亡。它子、花、蕾同现,代表存在的三阶段——过去、现在、未来。这说明死亡并非人生的寂灭,而只是一种生的过渡。洛夫在诗歌中多次运用了荷花的意象,象征着觉悟的生命。如"你是未醒的睡莲,避暑的比目鱼"(第 14 首)"我们曾被以光,被以一朵素莲的清朗"(第 52 首),将莲、比目鱼和光这些同为光明的并列意象放置在一起,强化了莲的生命象征意义。而"血,催睡莲在这肉体与那肉体中展放"(第33首)"你犹是一年轻的红裙,稍为动一动/余烬中便有千颗太阳弹出/因而你自认就是那株裸睡的素莲"(第34首)"那莲瓣啊! 触及泥土便周身如焚"(第35首)则将莲的生命意象与血、灰烬这些死亡意象构成对立意象,在诗中形成了强大张力,表达出诗人欲以生的信念实现对死的超越,同时也表明了这个时期的洛夫除了借鉴超现实主义,注重诗的"横向移植"之外,也对传统文化的禅道有所继承。他的创作手法实际上是作为对法国布洛东倡导的超现实主义的修正。正如他在访谈中曾提到的:"超现实主义是反理性的,与知性本来就相互矛盾。我却企图把这个矛盾在艺术创造中加以统一。换句话说,我理想中的诗,乃是透过具体而鲜活的意象以表现表面看似矛盾,而实际上却符合内心经验的诗,也正是司空图所谓的'超以象外,得其环中'的诗,这种观念也可以说是超现实主义与中国禅道的结合。"[①]洛夫正是以禅心为生命的观照,实现了对死亡的超越。

　　白:"一种最动人的颜色"

　　这是与死亡意象中的"黑"相对应的,给人以轻柔温和的感觉。在洛夫诗歌中,"白"常与"黑"相对出现,如"把夜折成你所喜悦的那种款式/且望着你脱光肌肤伏在睡眠上/亦如雪片覆在洁白上"(第54首)"也算一种哲学,白画的肉体在黑夜醒来"(第32首)"囚他于光,于白画之深深注视于眼之暗室"(第10首)"墓石如此谦逊,以冷冷的手握我/且在它的室内开凿另一扇窗,我乃读到/橄榄枝上的愉悦,满园的洁白"(第12首),黑夜、暗室、墓石与白雪、白画的肉体、洁白的园林相照应,象征在阴暗困厄中暗涌的生命力量。正如他在序言里开宗明义:"揽镜自照,我们所见到的不是现代人的影像,而是现代人残酷的命运,写诗即是对付这残酷命运的一种报复手段。"所以面对困境,诗人并非绝望沉沦,而是握住手中的笔,直面自己的灵魂,在对死亡的思索中寻求生的意义,

----

　　① 　陈祖君:《诗人洛夫访谈录》,《南方文坛》,2004年第5期。

对人的振翮充满憧憬。"白"的意象群在与"黑"的意象群互相照应的过程中,更加深了作品的主题,强化了洛夫的生命意识。

此外,还有大自然的各种生命意象——蝉声、风声、奋力托起满山深沉的树根、一丛轰然绽放的茱萸、野生草莓、向日葵、一棵橘等,都以一种强大的自然气息传达着生命的力量,甚至包括前文提到的身体意象,本身也是一种生命的象征,只是洛夫有意将这些器官意象同死亡相伴相生,从而表达自己对生死的理解,即"死亡乃一醒后的面容,犹之晨色"。在苦难中寻求希望,乃诗人洛夫生命坚强意志的体现。现实的辛酸、磨难虽然让人深感无望,但诗人的认知是理智、达观的,他的内心从未放弃对未来的乐观与希冀。所以在困境的激励下,人反而变得坚强和伟大。洛夫以直面"死亡"的勇气与理智成就了一系列生命意象群,在诗歌中书写了生而有为的宣言,表达了对生的渴求及对超越困厄现实的企盼与期待。

三、洛夫的生命哲学

诗的意象带有强烈的个性特点,最能见出诗人的风格。袁行霈在《中国诗歌艺术研究》中指出:"诗人有没有独特的风格,在很大程度上取决于是否建立了他个人的意象群。一个意象成功地塑造出来以后,虽然可以被别的诗人沿用,但往往只在一个或几个诗人笔下才最有生命力。以致这种意象便和这一个或几个诗人联系在一起,甚至成为诗人的化身。"①古往今来的诗人无一不以诗中的独特意象表达内心的情愫,如屈原的香草象征对清明政治的渴望,陶渊明的菊花表达对高洁人生的向往。再如现代诗中,戴望舒的丁香之于崇高的理想,艾青的太阳之于生命的礼赞,可见诗人们早已将自己对于世界人生的思考熔铸于意象中了。同样地,在意象上,洛夫亦有着自己独到的经营,他曾说过:"诗人透过意象所呈现的现实,就如水面上的映影,你可视为一种幻境,但也有可能是最真实的,因为你从一首诗的意象世界中所感受的不仅是一种超

---

① 袁行霈:《中国诗歌艺术研究》,北京大学出版社,1996 年,第 213 页。

拔于现实之上的人生情境，同时也是一种发人深省的哲学反思——对存有的认知，对生命意义的掌握与彻悟。"①

如上我们解读了洛夫诗歌中死亡意象与生命意象，可以窥见洛夫对生死意象运用得炉火纯青。值得强调的是，洛夫诗歌中的二者并不是孤立存在的，而是辩证统一着的，即生中带有死的气息，死里又含有生的希望。如"壁炉旁，我看着自己化为一瓢冷水"（第6首），壁炉本应是温暖的，给人以温热的生命实感，然而却正是在这种环境下，人的生命受到了威胁，变成了毫无热度的冷水，由此可见死亡的威胁是无处不在的。不论在什么环境下，没有人能够逃离死神的追捕。再如"在清晨，那人以裸体去背叛死/任一条黑色交流咆哮横过他的脉管"（第1首），把身体意象同死亡意象相连，突出表现生命对死亡的反叛，这也是洛夫诗作的重心。既然死亡不可回避，那么不如以昂然的姿态面对，以此蔑视死神的威慑。

王耀进在《意象批评》中指出："一首诗中的意象就像一系列放置在不同角度的镜子，当主题过来的时候，镜子就从各种角度反映了主题的各个不同侧面。但它们不是一般的镜子，而是具有惊人的魔力：它们不仅仅反映了主题，而且也赋予主题以生命和外形，它们足以使精神形象可见。"② 洛夫正是借助一系列的生死意象群表达自己的生命哲学的。在诗作中，他时常在一个诗句中同时使用生死的对立意象，使生与死的意象互相映照、辩证统一，以此强化自己对生死的感悟。如前文提到的"墓：以冷冷的手握我"，作为死神栖居地的墓以阴冷的姿态裹挟"我"，"我"则是充满了生命里的主体，二者的对立显示了生与死的同一性。再如"灰：唯灰烬才是开始"，"灰"本是生命寂灭之后的形态，然而诗人却说这不是生命结束，而仅是另一个开始，表明了生是在死的过程中获得价值与力量的。洛夫一方面以大量的死亡意象契合了存在主义

① 洛夫：《简政珍诗学小探》，钱建军《洛夫论：漂泊的奥义》，福建师范大学博士论文，2003年。

② 王耀进：《意象批评》，四川文艺出版社，1989年，第96页。

直面死亡的主题;另一方面他并不认为死是终结,而将生的意象与死相伴,紧扣"生死事大,死即生,生即死"这一禅宗要义的基本话题,从而形成了张汉良所谓的"生兮死所伏,死兮生所伏"的原始类型,实现了中西方艺术观念的结合。恩格斯曾精辟地指出:"今天,不把死亡看作生命的重要因素,不了解生命的否定实质上包含在生命自身之中的生理学,已经不被认为是科学的了,因此,生命总是和它的必然结果,即始终作为种子存在于生命中的死亡联系起来考虑的。辩证的生命观无非就是这样。"①总之,就意象总体而言,洛夫在《石室之死亡》中,毫不避讳地将墓石、灰烬、黑夜、暗影、棺材等黑暗意象与太阳、火、荷花、向日葵、白昼等光明意象对立使用,让它们分别象征死亡与生命,且相伴相生,犹如"阳光与影子般的纠缠",并通过矛盾语法的碰撞,慢慢积累并展开其意义,共同指向诗人的主题,表达诗人对生与死的对立和认同。

在中国传统社会中,人们长期以来对"死亡"讳莫如深,甚至谈死色变,生怕一语成谶。然而洛夫却在意象中实现了生死同构,这与他的生命哲学显然是分不开的。洛夫写作《石室之死亡》时,正值西方现代主义思潮疯狂涌入台湾地区之际,存在主义文学的基本主题是上帝已死,以及由此产生的人生的不安和苦恼;超现实主义则注重梦魇般的神秘气氛。这些恰恰都契合洛夫此时焦虑不安的心境,再加上战争环境的压迫与文化乡愁的侵袭,他很容易在西方的文艺思潮中找到精神共鸣与心理需求。洛夫自己也曾明确表示,"这时期我正在读'存在主义'与尼采的哲学书,故而很自然地关怀起人类的命运,而不再以写抒情诗为满足,却集中创作力于探讨与诠释现代人存在情况的现代诗"。所以在《石室之死亡》中,我们能够鲜明地看到存在主义艺术哲学与超现实主义对洛夫的影响,这种影响通过生动鲜活的意象表现出来,又紧紧地与战争、灾难等突然打击联系在一起,更增加了主题的感染力。"死亡"作为存在主义的重要命题之一,代表了人不可规避的真实。存

---

① 恩格斯:《自然辩证法》,人民出版社,1984 年,第 277 页。

在主义大师海德格尔说:"死亡作为此在的终结乃是此在最本己的、无所关联的确知。而作为其本身则是不确定的、超不过的可能性。死亡作为此在的终结存在在这一存在者向其终结的存在之中"①,表明死亡是人类无法逃避的命运。当人面临死亡的威胁时,生之欲念愈强,由此产生的恐惧焦虑感便愈为深重。洛夫的生死意象正是从存在主义出发,归宿于生死觉悟的体现。死亡已然是不可规避的,"这种藐视加诸己身的苦刑的力量,也正是人活下去的唯一力量",这样探索生命的奥义与生存的价值便成了洛夫诗歌一个重要的主题,因而他的诗"也就成了在生与死,爱与恨,获得与失落之间的犹疑不安中挤迫出来的一声孤绝的呐喊"。

洛夫自言:"死是人类追求一切所获得的最终也是必然的结果,其最高意义不是悲哀,而是完成,犹如果子之圆熟。"这与伟大作家鲁迅的死亡意识有特别的相似之处:"鲁迅死亡意识的精神力量,就在于它不是一种对死亡、毁灭的绝望沉沦,而是一种对生死内在关系的深刻洞察,是一种从死的阴影中窥视到的生的意识。鲁迅没有停留在对死亡哀愁的体验之中,他对死亡悲剧的体悟,尽管极其冷峻、阴沉,但这种冷峻所蕴含着的却依然是对生的深沉眷恋,依然是生命的盎然生机。死,在这里也就具有了创造生、建构生的本体论意义。……死的意识创造了新的生命冲动,建构了崭新的生命价值,给生命的存在注入了最强烈的力量和意志。这正是死亡意识的生命意义所在,正是鲁迅死亡意识的生命力之所在。"②由是,洛夫以生死意象的对立统一打破了传统文学"未知生焉知死"的框架,表明唯有面对死亡,才能充分展示生命极脆弱又极强韧的丰富内核,显示其不能解释的无常无奈与其不可逼视的庄严与尊贵,从而将对生命哲学的思索和文学艺术的挖掘延伸向更广阔的天地。

①　海德格尔:《存在与时间》,陈嘉映、王庆节译,生活·读书·新知三联书店,2006 年,第 297 页。

②　何显明:《中国人的死亡心态》,上海文化出版社,1993 年。

评荆棘的《荆棘与南瓜》①

朱立立

一、缘

写下文章的题目,不禁莞尔,一种不同寻常的微妙感觉油然而生。十几年前,自己当时正在不无痛苦地鼓捣着博士论文,某日阅读白先勇散文《邻舍的南瓜》,文中一个人的名字让我心里一动,由此知道原来白先生不仅有过聂华苓、三毛等才女邻居,还曾有过另一个同样是才女的芳邻荆棘(本名朱立立),而且,与我同名同姓的那个"白衣黑裙的朱家小女"也曾写过十分精彩的文字。后来某次会上,白先勇研究专家刘俊教授也兴冲冲地告知了我这一消息。我与朋友开玩笑说,若是哪天有了荆棘②的作品集子,我会写一篇"朱立立论朱立立"的文章,必也是桩有趣的事儿。于是有意无意间我会在书刊和网络搜寻她的踪影,了解到一些有关她的简单讯息:她出国后获得了美国新墨西哥大学心理学硕士和教育心理学博士,作为教授、学者在大学任教多年,足迹遍布世界各地,而近年出版过保健养生类书籍。我也曾找到她那篇有名的散文《南瓜》来读,那至情至性至美至痛的文字,给我留下非常深刻的印象;还偶尔在读到她翻译的纪伯伦的一首名为《孩子》的诗及译

---

① 荆棘,华裔女作家,本名朱立立,与本文作者朱立立(福建师范大学文学院教授)同名。

② 称她朱立立,如她所言:"好像是在叫自己。"再者,喜欢荆棘这个名字的寓意,所以行文中还是多称她的笔名荆棘。

者感言时,也有一种同为人母的心心相印之感。她字里行间自然流露的真挚感性与灵慧通达令人敬慕又亲近。

转眼到了2012年。金秋时节,"第17届世界华文文学国际学术研讨会"在榕城召开,南京的汤淑敏老师参会时带给我一张荆棘的名片。汤老师兴致勃勃地当起了两位从未谋面的朱立立的友好使者。打那以后,我才和荆棘女士开始了网络联系,接到的她的第一封伊妹儿是这样的:

榕城的立立妹:

这样叫你好吗? 因为我一定比你大。如果叫你"朱立立"好像在叫自己。

这个名字并不普通,居然我们同名同姓,又同有文学方面的爱好,真是奇迹,所以我也一直注意你的消息,对你并不陌生。很希望有一天与你见面。我们这么有缘,好像越走越近了,相信有一天命运一定会把我们拉到一起的。

那将是奇妙而神奇的一刹,我等待它的来临。

请保持联络,我很希望彼此多认识了解。

又:很喜欢你的伊媚儿名字。

圣地亚哥的荆棘问候你。

亲切温暖的文字,是我所喜欢的。

那年深秋,我去北京香山参加"白先勇文学与文化实践暨两岸艺文合作学术研讨会",与白先生交流时我向他转达了北美朱立立女士的问候。白先生乐呵呵地说:"哦,是有这么回事,你们的名字一样,我知道的,很好啊!"正是白先生的文字让我和遥远的荆棘有了相知之缘。

寒假期间我收到荆棘托三联出版社寄赠的新书:《荆棘与南瓜》,署名正是她的本名朱立立。这也是她第一次在自己的出生之地——祖国大陆出版自己的书。"多年以来的憧憬"化为现实,真是为她高兴! 这下子,多年前我开玩笑的话也有机会应验了。

二、有情植物：生命的呐喊与飞扬

　　荆棘的文学创作起步于早熟早慧的少女时期。她中学时即开始发表习作，而第一篇受到重视的作品《等之圆舞曲》于 1964 年发表于《现代文学》杂志，同年《文星》杂志向她约稿并刊发了她的成名作《南瓜》。此二作显示出荆棘不俗的文学才华，尤其《南瓜》一篇，称得上是现代汉语散文中的优秀之作。[①] 这一年荆棘也不过 20 来岁。然而小荷才露尖尖角的荆棘并未将文学创作当成她的人生志业，她大学学的是园艺。《南瓜》刊出一个月后她即赴美留学，修读心理学并获硕、博士学位，一直艰辛地为生活奔波，很长一段时间里并不知道《南瓜》曾在台湾地区文坛引起轰动。直到 20 世纪 80 年代初期，在隐地、季季等人的积极鼓动下，她才又一次焕发出写作的热情，并在台湾地区出版第一部作品集《荆棘里的南瓜》，此时已与《南瓜》发表时间相隔了 18 年。这本书销量很好，一再重印。之后，荆棘又在台湾地区出版了《异乡的微笑》《虫与其他》及《金蜘蛛网：非洲蛮荒行》三本书。

　　三联版的《荆棘与南瓜》荟萃了上述几本书的精华，所收 26 篇作品发表时间跨度达 30 余年，最早的作品刊于 1962 年，最近的则发表于 1994 年底。这些文字多属散文和小说。"南瓜的岁月" "丰沛的女人"和"燃烧的荆棘"三个专辑，分别汇集了大致以下几方面的题材内容：（1）叙写对作者而言具有特殊意义的植物；（2）抒发丰沛的爱情和亲情；（3）描写如同荆棘般纠缠痛苦的感情。这三个部分各有其风采，我个人特别喜爱荆棘那些情深意远别具魅力的植物故事。作者缘情咏言、感物造端，每每以深情绵

---

　　① 　荆棘的文字，有些篇什介乎散文与小说之间，特别是那些第一人称叙事的作品更给人自传性散文的印象。《南瓜》一作，读者似多视之为自传色彩浓厚的散文来读的，如白先勇先生《邻舍的南瓜》一文也是将此文当作散文的；但也有人称其为小说，如季季《沙堡里的荆棘》一文就称《南瓜》为"一篇更接近散文的自传体小说"。作者来信中谈及，说她更愿意将她那些文类属性略显模糊的篇章称之为"故事"（与 novel 相对的 story），肯定了那些自传体文字情感的真实性。

绵、细腻饱满的笔触，娓娓叙说着那个有情的植物天地里妙不可言的生命奇迹。她笔下的植物王国散发着不可思议的浪漫气息，南瓜、辣椒、枸杞、滚动草、哈密瓜和月亮花……借着这些沉默无言却美丽坚韧的花草瓜果来寄意抒情，赋予它们神奇动人的魔力。

古往今来文学作品里涉及植物的描写比比皆是。自先秦时期的《诗经》到清代长篇小说经典《红楼梦》，无不充满异彩纷呈的植物描写，或比兴寄托，或弦歌咏之，或随物宛转，或与心徘徊，或天真质朴，或繁复缠绵，都凝聚了先民的灵思慧质，承载着中华民族的诗性传统。《诗经》中"昔我往矣，杨柳依依"的离情别绪、"桃之夭夭，灼灼其华"的青春容颜、"蒹葭苍苍，白露为霜"的相思之情……至今依然散发着迷人的美感。《红楼梦》中的花草树木无不钟灵毓秀，与人物的身世命运往往有着奇异微妙的关联，香草仙藤蘅芜苑、梧桐芭蕉秋爽斋、绿树红梅栊翠庵每每令有心人心驰神往，神瑛侍者与绛珠仙草的木石前缘诱惑着读者追根探源，而牡丹花与冷香丸之于宝钗、水芙蓉和潇湘竹之于黛玉、海棠芍药之于湘云亦吸引着人们一考究里。中国现当代文学作品里，有鲁迅笔下乐趣无限的百草园和秋夜里执拗刺向天穹的枣树，有冰心散文中温暖的小橘灯，有茅盾礼赞的伟岸正直坚强不屈的白杨，有莫言系列作品中魔幻的红高粱和红萝卜，有林海音自传叙事里"爸爸的夹竹桃"，有白先勇小说里那火一般的杜鹃花，有聂华苓作品中充满象征意味的桑青和桃红，还有刘大任文字里丰饶的花草园林，以及刘克襄笔下引人入胜的植物笔记……华文文学中的植物叙事可谓丰富多彩、意趣盎然。

我以为，荆棘的植物叙事放在现当代汉语文学（包括祖国大陆、台港地区及海外华文作品）中看，一点也不逊色，这并不仅仅因为荆棘曾就读于大学园艺系，对植物的了解和认知超出一般人，还因为荆棘的文字里总有一种对植物由衷的亲近和深刻的认同。她笔下的植物全是有脾气、有个性、有情思、可以与人对话互动的有情生命，"每一颗辣椒都会和我喁喁细语"，枸杞也"如是善良敦厚"。正因此，她甚至把自己的母亲也比拟为植物："母亲像一株植物,善良而与世无争,所求的只不过是日光、空气、水分和安静的生活。"而萍水相逢、终身相依的传奇爱情在她笔下也与植物紧密相关:"我们是天生的流浪者。是遭天神诅咒、命定漂流无所的尤利西斯,是被沙漠的狂风推动、无福驻足的滚动草,两条一东一西,来自不同源头的生命,在孤寂的旅程,以千手千脚相缠相扣,糅合成一条,一起滚向不可知的未来。"(《月亮花》)

她的多篇植物故事中,真挚感人的早年佳作《南瓜》是难以绕过的必读篇章。在这篇作品中,一种泥土味十足的普通瓜菜——南瓜,被她的一支妙笔写出了不寻常的奇光异彩。或许现今的人们很难想象,60多年前的台北,一株不知从何而来甚至起初都不知它是什么的无名植物,竟然能给一个外省迁台的家庭带去那么多的期盼、欢愉、惊喜和慰藉。"它不急着知道自己是什么。它很清楚自己是引人注视的,以一种充分的自信向前优雅地伸展。随后,蜿蜒的枝条像洪流般卷上来,盖过了杂草……到处有分歧的嫩枝,抬着顽皮的头,好奇地张望,想跑得更远。叶子亭亭玉立,像极了荷叶,也学着在微风之下,沙沙地抛掷它们的波浪。"看着那植物一天天自信优雅地伸展枝干,穷愁、疾病、沉闷、压抑、困顿、落魄似乎都被流落岛屿的一家人暂时放逐了。无名植物无忧无虑地生长,淡化和消解了幼小主人公生命中难以承受之重:大陆时期曾有的优裕生活已成惘然追忆,迁台后家庭落入穷愁潦倒之窘境;父亲情绪颓唐甚至有家暴倾向,温柔善良的母亲却被重病侵蚀着健康。《城南旧事》里英子告别童年的感伤道白让人难忘:"爸爸的花儿落了。我已不再是小孩子。"荆棘的《南瓜》中,那个9岁女孩苦涩而早熟的成长历程同样令人感慨:她必须承受家国之变带来的挫折和打击,接受母亲病重乃至离世的悲惨事实,忍受父亲的冷漠与暴力。可贵的是,女孩并未因此失去生活的勇气和热望,她还能始终保持一颗良善的心。同为童年叙事视角和表达成长主题的自传性作品,《城南旧事》的情绪底蕴是身处岛屿的中年女性回眸追溯早年北平记忆的温暖平和与悠远宁静,作者林海音写作此篇时已人到中年;而《南瓜》的作者当时只是20来岁的年轻女孩,文章的情感基调是青年人热切率直的倾诉和呐喊,是同一时期表达类似诉求的《凝固的渴》《饥饿的森林》等篇的主旨,诚如白先勇先生的准确感受——是青年荆棘"原始的呼号"。而《南瓜》的美感意趣也是属于敏感女孩特有的灵性诗意和梦幻风格。

至今看来,《南瓜》依然堪称优秀的华文文学作品。《南瓜》的好,在于它对物理人心的观照,单纯、专注而深挚,文章始终围绕南瓜这一物象来起承转合,看似简单的观物叙事因渗透人的命运和情怀而变得委曲深沉。南瓜分明只是偶然生长于台北残破院落里的寻常植物,但它自由随性而强韧的生命形态:一方面呼应着母亲童少青春的遥远记忆和江南水乡的美丽乡愁;另一面也对应着叙述者那努力挣脱压抑氛围、自由呼吸成长的强烈心声。无怪乎每当描摹这不请自来的植物的具体情状时,作者的笔触就会特别轻盈灵动、情思饱满,充满主客体相通相吸的代入感。显然,创作者的主体情感已全然投射进了对象世界,"文学想象就是让客观对象的形态性质发生变异,使之与主体之间的关系发生变异,有了这种变异,感情就渗透进去了"。① 普通的南瓜因而变得奇异美妙,它短暂旺盛的生命形态温暖了困境中的漂泊之家,激发起相依为命的一家人新的憧憬,让忧郁的女孩拥有了最美好的一段夏日时光。瓜藤疯长的夏夜,母亲的身心似乎重又变得生机勃勃,她那些荷叶田田的快乐时辰、饥肠辘辘的童年光阴、讲不完的江南故事,不仅牢牢吸引了孩子,也柔化了父亲僵硬冰冷的表情。《南瓜》的好,也在于它的情感表现纯粹、直率而强烈,它真实生动地呈现了20世纪50年代初台湾地区一个外省女孩的内心世界——敏感、善良、痛苦而顽强,对母亲充满无奈无助的爱和悲怜,与之对应的则是对父亲并无掩饰的怨恨。文章结尾却如此描述女孩的心理变化,"我突然心酸了,想去握这孤独老人的手;正如当年我想握另一双冰凉纤细的手。是的,孤独的老人。我从未发现父亲是这样的孤独又是这样的苍老。我不敢看他,可是第一次,他花白的头发、

---

① 孙绍振:《文学性讲演录》,广西师范大学出版社,2006 年,第 121 - 122 页。

佝偻的身体清晰地映入我的心底。平时,当他发起脾气来,那么僵硬的线条,现在必已松弛下来,成为重重叠叠的皱纹。他总是燃烧的眼睛,现在必然满负悲哀,因不堪悲哀的沉重而疲倦。我的父亲啊! 这一刹那,我才明白藏在你冷漠和骄傲下面的,是不知如何表达自己情感的怯弱和寂寞……"与父亲的和解,标志着女孩人格的成熟和自我完善。评论家林兴宅曾说:"艺术审美是人类对痛苦的现实的超越。对天真、自由的天性的回归。艺术的真谛深蕴于对生命自由理想状态的渴望,对自身完善的追求中。"①《南瓜》正是这样的典型个案。《南瓜》的好,还在于作者善于发现和捕捉生活中的美,想象力丰富,比喻拟人等修辞手法运用得自然鲜活:"啊! 那必然是我生命中最美的一段记忆。……风来的时候,南瓜如浪般翻滚,交头接耳地传递它们的秘密。即使无风的时候,叶子也骄傲地扬着头,若有若无地摆动。有台风的日子,我们坐在走廊里,院子涨满了水,那更像一片长满了挺立的荷叶的池塘……而母亲如莲瓣的脸,随着似梦的低语,就在荷塘上飘荡。"这段文字里,夜色中南瓜的耳语、台风中涨水的院落与想象中的荷叶、池塘意象相互交织叠映,不仅超越了眼前的有限物象和时空,同时也将母亲和女儿的少女时代巧妙串联为一体。以莲瓣形容温柔美丽的母亲那病弱苍白的脸,也恰切而别致。如诗如画的美妙文字,曾让台湾作家季季感喟:"类似的文字描述,在五十年代的文坛,确实是让人眼亮和惊喜的。"

《礼记·乐记》云:"凡音之起,由人心生也。人心之动,物使之然也。……心之动者,感于物也。诗亦然焉。"陆机《文赋》曰:"遵四时以叹逝,瞻万物而思纷;悲落叶于劲秋,喜柔条于芳春。"四时的变迁和草木的荣枯都会引发写作者丰富的情思。《文心雕龙》也认为,"岁有其物,物有其容,情以物迁,辞以情发"。(《物色》)诗人常受对象物的感发而牵动情思,也往往带着某种情感和

---

① 林兴宅:《艺术象征论:关于艺术本质的一种理解》,福建人民出版社,1992 年,第 1 页。

心绪去感物、体物、观物。荆棘的不少植物故事写作于 20 世纪 80
年代以后,此时的她已然漂洋过海、饱经风霜,足印遍及东西半球,
"最后落根于新墨西哥州的沙漠里,挺身为一棵傲岸而坚实的仙人
掌"①,也收获了成功的事业、浪漫的爱情和幸福的家庭。《枸杞》
《哈密瓜》《红枣》《滚动草》等篇中,作者既细心体物,也反观自我,
抒发情志、飞扬情趣、疗治乡愁的同时,也展示了耐人寻味的物我
主客关系,呈现人与大自然彼此相依、融为一体的境界。这一时期
荆棘的植物叙事偶有感物伤怀,但大多色调明快温暖,情感饱满充
沛,文字一如往昔地自然灵动:"秋意一天比一天浓重,连天空里的
浮云,和河谷里的空气,都荡漾着秋天特有的潇洒。印第安的夏
天,周旋一阵后又走了,寒气深沉,透进衣服来。经过寒霜亲吻的
树林草丛,一夜之间,爆出金黄和棕红的色彩。辣椒的季节到了。"
(《辣椒》)而文中的观物者则从《南瓜》里敏感忧郁的女孩成长为
通达乐天、自由率性的丰沛女人,她愿意像中国古代乡村的无名农
妇那样,"用古老的感情,虔诚地抚慰大地赐给我们的欢乐果实"。
《滚动草》一篇则似乎承续了《南瓜》里父母一代的无根乡愁,从那
不知从何而来、不知去往何方、身不由己滚动不休的顽强植物身
上,主人公返照见自己漂泊流浪的命运,身体的一部分似乎已随着
滚动草一起漂流,永不回头地邀游四海,而"我的另一部分,祈望自
己有扎下深根的勇气,能坚韧地应对每天平淡琐碎的生活,能在异
乡建立起自己的新家乡"。我相信,这也是许多海外华人华裔的共
同命运和皈依。

　　荆棘对人间万物特别是大自然总是怀着天真的好奇和一探究
竟的热忱,这从她的诸多植物叙事中足以窥见端倪。而在另一些
表现情感和家庭题材的作品中,我们也充分感受到了荆棘生命的
浪漫和丰盛。如《沙堡》所描写的故事,是她与勤劳的先生,两个
"热爱泥土的异乡人",就像重温儿时小孩玩沙的情趣,在沙漠上

---

　　① 白先勇:《邻舍的南瓜》,朱立立《荆棘与南瓜》,生活·读书·新知三联书店,
2014 年,第 4 页。

兴致勃勃,排除万难地搭建起自己的土屋"沙堡"。这样的豪迈壮举在整日宅于城市公寓中的我看起来无异于美丽的神话,惊讶、佩服之余顿生羡慕。日新月异的现代化发展固然是当今许多人选择的一种生活模式,但城市生活的千篇一律令人倦怠,污染、拥挤、冷漠等城市病更让人郁闷,而荆棘作品里所呈现的慢生活和手工化生活,是一种贴近自然、贴合人性、富于人情味的生活方式,城市里的读者面对这样的生活,虽不能至亦心向往之:"在美得令人目眩心颤的原野,我采集被别的农夫遗弃的、晚熟的果实。采的不是菊花,面对的不是东篱,抬起头来看不到祖国的南山。然而同样一份悠然自得,好像大自然可以千古悠悠,不断地给予礼物。"我尤为赞赏荆棘作品里流露的那种人生态度,那种蓬勃旺盛的热情,那种兴致勃勃的投入,那种浓浓的泥土味和人间气:在《辣椒》一篇里,那可能是农场飘散着的葱油饼气息,也可能是傍晚炊烟里掺杂着烤青椒的香气,是"切碎的辣椒,加上农场出产的大蒜,无名的受自海洋收获出来的海盐,还有染有台湾泥土芬芳的芝麻油和湖南豆豉,一起糅合在大大的罐子里,浸泽在秋深的阳光下,静静地歇息、孕育、发酵和成长"。

三、结　语

写作对于荆棘意味着什么呢?她这么说:"写作在我的生命中是如同南瓜般不知从何处冒出来的偶然。我有时一写下来狂热得不能停,但也有很长的时间,对写作不闻不问,就是永远不再提笔也没有关系。我的兴趣很广,对这个世界和人类充满了好奇,从天文到地理,从考古到医学保健,甚至缝纫和做首饰,我都有兴趣都会花工夫去学。……写作只是我生命的一个表露吧!与那个虫在孤寂的黑夜'吱!吱!'地呻吟也没有什么大不同;像是在说:我在这儿!我活着!我的心在跳!我和周围的人与物,与这个有情的世界相牵相连。"[①] 说得真好,我觉得这也道出了写作原初的意义:

---

① 荆棘 2014 年 3 月 2 日给我的电子邮件。

以文字感知生命的温度和深度,以书写丈量世界的宽度和高度。

在一封伊妹儿中,荆棘告知我她本名的来历:"立立这名字来自孔子的话,读书的人应该立志:己立立人,己达达人。就是说,自己站立了然后帮助别人站立起来,自己通达后帮助别人通达。我一生以此为志。但是我的名字的来源很曲折,有一个很长的故事,哪天我会告诉你。""己立立人,己达达人。"这也是同名的我所认同的一种健康有爱的人生理念。

期待在不远的将来我们能相见,我一定会静静听她讲那个长长的曲折的故事。

《近 20 年台湾文学创作与文艺思潮》评介

魏　然　廖述务

作为"当代台湾文化研究新视野丛书"（"十二五"国家重点图书出版规划项目）的一种，朱立立和刘小新合著的《近 20 年台湾文学创作与文艺思潮》2012 年 9 月由江苏大学出版社推出。这部著作以"解严"（1987 年）后 20 年来台湾文学创作与文艺思潮为讨论对象，内容分为上下两编。上编集中探讨近 20 年来的台湾文学创作，下编着重阐释近 20 年来台湾文艺理论思潮。

一、内容简介

上编："近 20 年台湾的文学创作"。本编选取当代在台湾地区具有重要影响的作家作品进行深入的个案分析，并从中探讨近 20 年来台湾文学创作的审美特征和精神诉求，分析当代台湾文学知识分子在时代大转型过程之中的价值焦虑与精神超越的心路历程。基本内容分为以下六个部分：

第一章："王文兴的长篇力作与现代主义精神的再出发"。台湾现代主义文学兴盛于 20 世纪 60 年代。90 年代后，现代主义在台湾还有没有新的发展可能？ 本章以王文兴的《背海的人》（下）为中心，探讨台湾现代主义小说再出发的可能方向。本章试图从小说的主角"爷"——一个当代汉语小说中的现代"奇人"形象身上探索其复杂的构成元素，辨析台湾现代主义文化政治和反讽美学。

第二章："郭松棻、李渝等作家文学创作的艺术回归与精神救赎"。郭松棻、李渝等是"保钓"一代的青年知识分子,20世纪90年代以来,他们的文学创作重新引起台湾文坛的高度重视。郭松棻、李渝等的"回归"及学界的多元化解读意味深长,构成了当代台湾文学的一个重要文化现象。本章集中分析郭松棻、李渝小说的历史记忆与创伤叙事。

第三章："朱天文、朱天心等眷村作家的精神困境与审美超越"。眷村中成长起来的外省第二代作家是近20年来台湾文坛的重要力量,在当代台湾地区风云变幻的历史巨变中,他们的创作以其特有的感性与角度美学地呈现出沧桑巨变对个体心灵的深刻而复杂的影响,书写了外省第二代知识分子的精神困境与认同焦虑。本章以朱天文的作品为中心探讨眷村作家因应时代巨变的美学方式:感觉主义书写与"阴性乌托邦"。

第四章："李永平小说的'文化中国性'和美学现代主义"。作为马来西亚华裔旅台作家的重要代表,李永平以其独特的审美感性和语言形式深刻地介入了当代台湾文学史的建构。本章以李永平的鸿篇巨制《海东青》为中心探讨离散书写和"文化中国性"在当代台湾文学与文化场域中的特殊形态与意义。

第五章："20世纪90年代女性作家创作研究:以李昂小说为观照中心"。"解严"以后,尤其是20世纪90年代以来,台湾女性主义文学呈现出以下几个鲜明特征:中产阶级趣味与叙事特色;自觉的女性主义及性别政治意识;渗透了后殖民与后现代色彩;自觉的乡土或本土意识。本章以李昂创作个案为中心管窥90年代以来女性主义创作的历史变迁。

第六章："林耀德、张大春、王幼华等作家的历史叙事与都市书写"。"历史叙事与都市书写"是20世纪90年代以来台湾文学创作的两大核心内容,本章以林耀德、张大春、王幼华等作家为中心探讨台湾文学的历史反思意识和都市经验。

下编:"近20年台湾的文艺思潮"。20世纪90年代后,台湾的文艺理论思潮显得更为复杂和多元,甚至滑动多变,形成多元喧哗、歧义横生的思想格局。后殖民批评、本土论和左翼论述构成了当代台湾文艺理论思潮的三大重要流脉。本编基本内容分为以下九个部分:

第一章:"'解严'以来台湾文艺思潮的发生语境和复杂面相"。1987 年"解严"至今,台湾地区的社会文化思潮风起云涌、变化多端,在意识形态领域产生了巨大的断裂与冲突。理论思潮在其中起着"先锋"的作用,人文知识分子对政治场域的介入已经产生了深远的影响。本章集中讨论台湾文艺理论思潮的内在历史脉络和思想场域。

第二章:"台湾文学本土论的产生、发展与演变"。本章将梳理"本土论"思潮的形成与演变,讨论"本土化"论争中台湾知识界的分歧,阐释本土主义思潮极端化发展与"台湾文学论"话语霸权建构的关系,并分析台湾知识界对"本土论"的诸种反思、批判与解构。

第三章:"20 世纪 90 年代以来左翼文学思潮的发生与分化(上):传统左翼"。本章主要讨论传统左翼参与的一系列理论论战和具体的社会文化实践,进而探讨阶级观点在当代台湾思想和理论场域中的角色、意义与问题,探讨传统左翼如何应对当代台湾社会急剧变化了的现实。

第四章:"20 世纪 90 年代以来左翼文学思潮的发生与分化(下):新左翼"。本章内容包括以下方面:新马克思主义在台湾地区的传播;民间社会理论的兴起与文学论述;后现代与左翼的结合及其话语实践;民主左翼思潮的形成,着重探讨"新左翼"文艺理论思潮在台湾地区的发生语境、理论资源、问题意识和论述策略。

第五章:"以后现代、后殖民为主体的'后学'思潮"。本章认为后殖民在台湾地区一定程度上已经被"本土论"所挟持,丧失了"向权力说真话"的批判能力,后现代批评谱系有存在和重建之必要,因为它或许可以成为新的权力中心的一种制衡和批判的思想力量。

第六章："殖民主义、现代性与'殖民现代性'"。本章梳理了台湾思想界对"殖民现代性"问题的讨论,辨析隐含在其中的种种分歧,并探讨"殖民现代性"问题是如何深刻地嵌入当代台湾理论思潮的脉动,又是如何曲折地渗入当代文化认同的形塑过程的。

第七章："批判的文化研究与阐释台湾的多元视域"。20 世纪90 年代以后,文化研究的兴起已经成为当代台湾重要的思潮和文化现象,它意味着台湾批判的知识分子寻找到一种介入当代现实的论述方式。《台湾社会研究季刊》在其中扮演了十分重要的角色,其"文化研究"正是朝着批判性的、多元开放的而且具有历史阐释力和国际主义精神的方向发展的,而"文化研究"也越来越成为《台湾社会研究季刊》建构"民主左翼"的批判论述的重要场域。

第八章："女性主义、同志论述与'性别政治'"。女性主义文学创作与批评是"解严"前后令人侧目的一股具有冲击性的文化浪潮。台湾的女性主义、同志论述与"性别政治"话语积极参与了台湾社会转型的文化构建。情欲书写、同志/酷儿题材成为女性文学叙事的重要面相。

第九章："多元文化主义思潮"。本章集中讨论台湾多元文化主义思潮的兴起背景、意义与局限。

《近 20 年台湾文学创作与文艺思潮》采用文本个案细读、话语谱系解读、精神分析与知识社会学相结合、审美分析与意识形态辨析相结合的研究思路与方法,对近期台湾文坛具有代表性的作家作品和理论思潮进行解读,同时梳理这些个案所置身的话语谱系,并结合精神现象分析方法与知识社会学的范畴,解剖作家心灵世界及与社会之间的互动关系。该著作对 20 世纪 90 年代以来台湾地区重要作家作品的文本分析,既有助于我们认识当代台湾文学知识分子的精神史,也有助于我们理解台湾社会转型所产生的种种问题。

"解严"后,台湾文艺思潮呈现为多元复杂的文化光谱,本土化是其间最突出也值得认真审视、反省和批判的思潮;同时,后现代、后殖民、女性主义、左翼等文艺思潮也起着相当重要的相互抗衡、质疑、互动等作用。该著作体现出敏锐、新颖的问题意识与理论视野的前瞻性,探讨的多为急待明辨却尚未得到大陆学界深入揭示的重要问题。如"殖民现代性"概念对台湾文学研究和文化认同的影响,台湾人文知识界借助文化研究介入当代政治场域的状况辨析,乡土意识与本土论的思想差异,台湾作家和知识分子认同意识的复杂性,台湾文学界对"后殖民"理论的扭曲与误读现象及其对台湾文学史重写运动的负面影响。此外,著作将近期台湾文学创作进行美学的意识形态分析,对近期文艺思潮进行问题式和谱系式辩证,辨析当前台湾文学知识分子的思想与精神状况,分析研究晚近台湾文艺思潮的矛盾运动与结构变迁,这可以增进我们对当今台湾文学、文化潮流乃至知识分子思想脉动的了解和认识,帮助我们把握当代台湾社会的思想状况。

二、文学台湾的智性言说

大陆从事台湾文学研究的人,多数是文学史家或文学批评家,他们凭借宏阔的史观与敏锐的感知力为台湾文学研究奠定了最初的基础。但显见的是,台湾与大陆的文学流向是稍有不同的。当20 世纪 90 年代大陆文学正为书写对象刻意寻求意义的时候,独与统、蓝与绿、左与右、本土化与全球化、现代性与殖民性、国族与性别等沉甸甸的话题,已几近将台湾知识界逼入冲突、分裂的临界点。甚至可以说,一些西学观念于大陆可能是理论的炫目旅行,在台湾则完全是现实处境和生命经验跨洋隔代离奇的验证与呼应。因此,研究者只有从"后现代台湾""本土台湾""民主台湾""本土左翼台湾""新殖民地·依附性独占资本主义的台湾"等纷繁的话语中成功突围后,方敢忐忑地为文学台湾把脉,尝试切中问题与症结。朱立立、刘小新是活跃于理论界的学者,《近 20 年台湾文学创作与文艺思潮》一书,从他们的视野中透视文学台湾,自然呈现出有别于纯粹文学史家与文学批评家的另一番景象。我将他们的台湾书写界定为"智性言说"就是以此为基点的。

这一智性言说主要从两个层面介入:一是以发现的眼光对一

些颇有影响,但大陆漠然待之的文本进行细读;二是以批判性解读为基础,完成对近 20 年台湾文艺思潮的历时性梳理。全书也是从这两个层面予以架构的,上编是"近 20 年台湾的文学创作",下编则注目于"近 20 年台湾的文艺思潮"。

上编的文本细读突出地显示了研究者敏锐的洞察力。哪些作家值得研究? 他们的哪些文本值得进一步阐发? 在近 20 年的台湾文学领域中,某一作家及其文本又与系统构成怎样的复杂互动? 具体评论的精彩程度无疑与这些问题的解答形成正相关。著作第一章谈论的是王文兴,并重点解读他的长篇小说《背海的人》。显然,对于许多大陆读者甚至研究者来说,这些都是陌生的。人们熟悉白先勇,但却遗忘了他的"同党"。朱立立与刘小新将《背海的人》放在汉语现代派文学凋零的背景下进行审视,去探究台湾现代派小说的文化政治及其在中国现代主义脉络中的独异价值,并借此窥探台湾现代派文学叙事策略与范式的转换。对李永平《海东青》的评述也是如此。因浓得化不开且不合时宜的意识形态色彩,这部作品饱受冷遇。两位著者却赋予了这部作品非同寻常的意义:讨论 20 世纪 90 年代的汉语文学,忽略了鸿篇巨制《海东青》是令人遗憾的。他们认为,文本中隐含的国族想象与身份迷失,以及以语言形式深深铭刻的解殖意义上的文化身份焦虑和原我文化保护意识,见证了华人知识分子 20 世纪精神漂泊之路的漫长与艰难。

这种发现的眼光还体现在对作家局限性的精准把握上。台湾女作家李昂将激进的女性主义意识与历史政治认同融为一体,展现了女性宏大叙事的勃勃生机。这颇得评论界的首肯与赞扬。该书在附和的同时预留了必要的清醒:李昂的本土意识一方面是台湾文学乡土精神的延续,同时又是一种变异与断裂,可演变为一种偏执的意识形态。当爱与包容匮乏的仇恨政治学占据过多的文学空间时,很难想象会诞生出大格局、大气度、真正富有人类关怀和悲悯意识的文学。这种提醒无疑对其他具有浓烈本土意识的台湾作家有着类似的意义。

　　下编是以近 20 年来台湾的文艺思潮为中心展开论述的,而批判性解读构成这一论述的基本前提。以台湾地区"后学"为例。面对台湾后殖民与后现代主义这对概念,有许多研究者倾向于一锅煮,将它们统摄于"后学"的大概念中。朱立立、刘小新则敏锐察觉到了它们之间的根本分歧。这一区别与切割策略为进一步的批判提供了前提。他们认为,后殖民理论往往被本土化为"本土主义"意识形态的一种好用的理论工具,成为论证本土主义政治正确的马前卒。凭借这种所谓的政治优势,后殖民话语一度成为台湾人文学科中的显学,幻化为对异质性强力压制的霸权结构。对此,该书有着难得的理论远见,它引廖炳惠为同道,呼吁后现代批评谱系之重建与再兴,以制衡与牵制这一霸权结构。

　　对台湾文艺思潮的整体性把握是《近 20 年台湾文学创作与文艺思潮》下编的突出特点,也见出论述者老到的理论功力。比如对台湾左翼文学思潮的爬梳就涉及传统左翼、后现代左翼、自由左翼等诸多流向,思路纷繁,非言说缜密者难以为之。其中有关民主左翼的论述对于大陆思想界意义尤为深远。

　　整体而言,《近 20 年台湾文学创作与文艺思潮》的下编其实为上编提供了思想依托,乃智性眼光之前提;上编则有效稀释了后者的晦涩深奥。两编交相呼应,融为一体,协同标举了大陆台湾文学研究层次的一次完美跃升。

台湾传统戏剧与福建关系初探

郑 海 婷

　　中国民间戏剧有"人戏""偶戏"之分,由人扮演角色的称为"人戏",由人操作偶像扮演角色的称为"偶戏"。由于台湾地区的传统戏剧绝大多数传自福建,因而同样保留了这样的体例(见表1)。考察福建原乡剧种在台湾地区传承发展的情况,日据以前、日据时期、光复初期、国民党政权去台以后这几个阶段呈现出不同的面貌。

表1　台湾地区主要剧种分类及来源

剧种	人戏													偶戏		
	南管戏			北管戏												
				乱弹		子弟戏（正音）	四平戏	潮剧	京剧	客家采茶戏	歌仔戏	竹马戏	车鼓戏	傀儡戏	布袋戏	皮影戏
	七子班	高甲戏	白字戏	福路	西皮											
传入地	福建	福建	福建	福建	福建	福建	广东	广东	福建、上海	广东、福建	台湾地区	福建	福建	福建	福建	福建

一、1895 年以前：以移民为媒介的原乡输入

来自福建泉州和漳州的移民人口占了台湾全岛汉族总人口的十之七八，与之相应，台湾地区历史上流传的戏剧也主要来源于福建泉漳地区。由于早期移民珍重故土和敬畏鬼神的观念，加之垦拓时期主要精力不在于此，1895 年以前台湾地区的戏剧活动几乎是对大陆原乡的原样复制和移植，创造和变革的地方不多。这主要表现在两个方面：

（一）最早传入台湾地区的戏剧戏曲活动来自福建

从近年来对台湾地区重要艺人传承谱系的追溯和查考中可知，明郑时期已有福建艺人渡海赴台定居。例如，福建漳州人张荫（1642—1735）明郑时期赴台，定居高雄县大社乡（旧称"三奶壇"）。他将从原乡习得的皮影戏技艺传授给族内子孙，此后发展出台湾地区皮影戏的最大家族。①

而目前所能找到的关于台湾地区戏剧活动的最早记载来自大陆赴台官员的纪游及笔记，时间大约在 17 世纪下半叶。

清代江日昇《台湾外纪》记载了 1661 年台湾通事何斌欣赏闽南竹马戏演出的事情："顺治十八年辛丑（附永历十五年）正月……适台湾通事何斌……于元夕张花灯、烟火、竹马戏、绿笙歌妓，穷极奇巧，请王与酋长卜夜欢饮。"② 此时，离郑成功收复台湾还有数月。

康熙三十五年（1696 年）高拱乾修纂的《台湾府志》刊行，书中谈到台湾地区人"侈靡成风"，有"信鬼神、惑浮屠、好戏剧、竞赌博"等不良风俗。③ 此时距离 1683 年清廷收复台湾仅有 13 个年头，可以推知，至迟在清治初期戏剧活动在台湾地区便已蔚然成风。

---

① 张能杰：《论民族艺师张德成新编皮影戏》，台北大学人文学院民俗艺术研究所硕士学位论文，2008 年。

② 江日昇：《台湾外纪》卷五，《台湾文献史料丛刊》第六辑，大通书局，1987 年，第190 页。

③ 高拱乾：《台湾府志》卷七《风土志》，"汉人风俗"条。

次年（1697 年），赴台采矿游历的郁永河在其《裨海纪游》上卷《台湾竹枝词》第十一首中，描写到他在妈祖庙前观看梨园戏上演的情形："肩披鬌发耳垂珰，粉面朱唇似女郎。妈祖宫前锣鼓闹，侏离唱出下南腔。"郁永河在文后做了注释："土人称天妃神曰妈祖，称庙天宫；天妃庙近赤崁城，海舶多于此演戏酬愿。闽以漳泉二郡为下南，下南腔亦闽中声律之一种也。"[①] 郁永河的记录透露了两个信息：其一，当时的戏剧表演在寺庙前面进行，"演戏酬愿"，与宗教活动密切相关；其二，当时流行"下南腔"，亦即南管梨园戏，这是形成于福建泉州地区的剧种。

首先，早期传统戏剧的演出与宗教祭仪息息相关。早期移民由于原乡人多地少、天灾人祸频频、维生困难等原因，渡过噬人的"黑水沟"，历尽艰险来到台湾地区。在垦殖过程中，主要是靠同乡的地缘及亲人的血缘所结合的力量，共同聚居，彼此团结保护的。由此，形成了各地区的移民聚落，他们将原乡的祭祀信仰活动及其他文化活动也一并移植过来。当时戏剧表演的主要目的就在于酬神，顺便联系民众情感。演出事由包括寺庙神诞、节令、农耕仪式或共同缔约的仪礼，以及宗族祭祖、婚丧喜庆等，所谓"家有喜，乡有期会。有公禁，无不以戏者"。[②] 此外，从这些庙宇所供奉的神灵来看，也都是原乡的守护神：如郁永河提到的"妈祖宫"，"妈祖"就是福建沿海地区人民普遍信仰的神灵。进而倒推之，郁永河观看到妈祖宫前的戏剧演出，这表明那个地方是福建移民的聚居地，并且在当时已经相当热闹繁华。

其次，何为"下南"？梨园戏是福建最为古老的剧种之一，起源于泉州地区，主要流行于闽南的泉、漳、厦一带。《中国戏曲志·福建卷》记载："宋末元初，温州南戏传入泉州。当时流行闽南泉州一带的民间优戏杂剧，吸收了温州南戏的剧目和表演艺术，发展

---

① 郁永河：《裨海纪游》，台湾成文出版社，1983 年，第 86 页。
② 周钟瑄：《诸罗县志》卷八《风俗志》，台湾丛书本，第 143－145 页。

形成具有闽南地方色彩的戏曲,当地称为梨园戏。"① 梨园戏分为由成人演出的大梨园和由童伶演出的小梨园。小梨园又称"七子班",大梨园则依派别不同,有上路、下南之分。"上路"指从浙江传入的南戏,"下南"则为以泉州腔演唱的本地戏班。由于下南剧本文辞较粗俗,唱腔较粗放,保留了浓厚的乡土气息,恰恰迎合了垦拓时期移民的口味,因而在民间甚是风行。1772 年,朱景英记录下了"下南"在台湾地区演出的盛况:"神祠里巷,糜日不演戏,鼓乐喧阗,相续于道。演唱多土班小部,发声诘屈不可解,谱以丝竹,别有宫商,名曰下南腔。"②

综合上述分析,在清治早期,台湾地区民间的戏曲活动福建原乡色彩浓厚,总体上以乡音乡戏酬乡神。

(二) 由福建师傅传下台湾弟子并延续至今

从台湾地区本地剧团的师承源流来考察,与福建相关的,一种情况是由福建师傅直接传下台湾弟子,如布袋戏的五洲园和亦宛然;另一种情况是外乡师傅传给福建弟子,再由福建弟子传入台湾地区,如阁派布袋戏及张氏皮影戏。此外,亦有福建剧种经外乡弟子传入台湾的情况。可以完全"绕开福建"的情况实属少见。

1. 五洲园及亦宛然传承系统

台湾地区的偶戏一般是由福建地区直接传入的,流行的有傀儡戏、皮影戏和布袋戏三种。其中,布袋戏能适时而变,发展势头良好,深受民众喜爱,被认为是"台湾意象之冠"。

目前台湾地区的布袋戏演师大多认为布袋戏起源于明朝末年,泉州秀才梁炳麟将悬丝傀儡改为掌中操作。泛而言之,布袋戏的传承路径是由泉州起始,进而传到漳州、潮州,并由这三地分别传入台湾地区的。据考证,最晚在清嘉庆年间(1796—1820),台湾

---

① 中国戏曲志编辑委员会:《中国戏曲志·福建卷》(1993 年 12 月),陈耕《闽台民间戏曲的传承与变迁》,福建人民出版社,2005 年,第 8 – 9 页。

② 朱景英:《海东札记》,台湾成文出版社,1983 年,第 71 页。

地区已有闽南布袋戏的传入。① 而闽南的掌中戏也在这个时期达到艺术的成熟期。掌中戏的演出普遍了之后,演艺人才纷纷渡海去台,跑码头演出或干脆定居下来。② 布袋戏从此在台湾地区落地生根。根据后场配乐的不同,在福建和台湾地区流行的布袋戏分为三类:"泉州称'南管布袋戏',漳州为'北管布袋戏',闽南粤东交界的潮州、诏安等地区,则称'潮调布袋戏'。"③。

较早去台的布袋戏艺人有泉州童铨(一说姓"康")和陈婆,他们是清末、日据初期重要的布袋戏演师。二人在 19 世纪 70 年代左右赴台,都在艋舺一带演出南管布袋戏,技巧不相上下,被誉为"双璧"。他们常常打对台拼戏,遂流传有"胡须全与猫婆拼命"的俚谚。童铨自泉州去台后,长期居住在台湾;而陈婆并不常住台湾,家眷也都在泉州,只是经常往来于泉州和艋舺两地,并曾远至新加坡卖艺。他们二人的情况也代表了早期去台献艺的民间艺人的大致情形。二人在卖艺过程中不断授徒,被视为台湾地区南管布袋戏的开山祖师。

就入台路径来说,这种由福建师傅传下台湾弟子的情况是最多见的。比如陈婆传下亦宛然、李天禄和小西园许天扶,算师传下五洲园黄海岱。这些台湾地区弟子将泉州先辈的布袋戏技艺发扬光大,传下众多徒子徒孙,其领头者被视为台湾地区的"'国宝'级艺人"。

2. 陈深池阁派传承系统

陈深池传下的阁派系统堪称台湾地区布袋戏的代表。陈深池的先祖陈住于 19 世纪中叶从福州移居台湾地区,经营潮调布袋戏班。传至儿子陈圭的时候,这个戏班因演出需要聘请了当时福建著名的潮调演师曾问、曾财二人。陈深池从小在戏班中耳濡目染,习得了扎实的技艺。他早期的演出以"笼底戏"为主,戏笼与剧本都承袭自父亲陈圭,演出技艺则是传承自福建的潮调演师,戏笼、

---

① 江武昌:《台湾的布袋戏认识与欣赏》,台湾艺术教育馆,1995 年,第 20 页。
② 江武昌:《台湾布袋戏简史》,《民俗曲艺》,1990 年第 67、68 期。
③ 邱一峰:《闽台偶戏研究》,政治大学博士学位论文,2004 年。

戏码、表演都直接承袭福建原乡——可见台湾地区早期布袋戏的演出风貌是与福建地区一脉相承的,彼时还处于复制和学习的阶段,创新的地方难得一见。这是日据以前台湾地区传统戏剧的普遍情况。

从这一派的传承谱系来看,早在大约清中期的时候,福建地区就已经有了优秀的潮调布袋戏演师,其最早的习艺经历可能来源自潮州地区。但是台湾地区这一派的演师有许多是由福建的潮调演师直接传下的,从潮州直接传入台湾的情况反而相对较少,这当然与移民的数量和分布有着密切的关系。

3. 张氏皮影戏团传承系统

台湾地区的皮影戏属于潮州影戏系统。从可查考的资料可知,皮影戏在明郑时期已经传入台湾地区,至今已有约 300 年的历史。台湾地区目前能维持固定班底的皮影戏团均在高雄县境内,仅有五团,分别是东华皮影戏团、复兴阁皮影剧团、永乐皮影戏团、合兴皮影戏团和福德皮影戏团。其中,东华皮影戏团由于前团长张德成先后荣获第一届个人薪传奖和首届民族艺师殊荣,目前发展态势最为良好。东华皮影戏团和合兴皮影戏团系出同源,同属漳州人张茵传下的家族戏班,张茵(或其先祖?)是跟随潮州人陈赠学艺,学成后渡海赴台,将潮州系统的皮影戏表演技艺通过家族父子相传在台湾一代代延续下来的。

台湾地区皮影戏的传入是"潮州→漳州→台湾"的路径,故而,不能单从名称上就认定潮州影戏与福建无关。事实上,由于台湾地区移民多数来自福建,因而潮州的民间艺术经由福建中转后再传入台湾的情况比比皆是。

4. 潮调布袋戏过台湾

当然,也存在这样的情况:福建师傅传给外乡弟子,再由外乡弟子传入台湾地区。比如,亦宛然以外的一些潮调布袋戏团,有不少就是由潮州地区的移民艺师带入台湾地区并传承下来的。事实上,这一派的布袋戏团从其根源上仍然要追奉福建"先祖"。台湾地区学者江武昌先生考证如下:

"闽南布袋戏源自泉州,之后再传至漳州地区,漳州布袋戏发展至一定艺术水平之后,再由漳州传至潮州地区,而泉、漳与潮州三地的布袋戏在有清一代,表演上已经各自发展出自己的艺术特色,随着漳、泉、潮三州移民"唐山过台湾",这三地的布袋戏也分别传到了台湾。①

潮调布袋戏过台湾的过程大致上就是"泉州→漳州→潮州→台湾"的路径。

有清一代,由于移民珍重故土的观念,台湾地区因此移植了福建原乡的戏剧。在清中叶之前,戏剧的主要功能在于酬神;中、晚期之后,台湾地区经济发展,戏剧娱乐的成分逐渐提升,"至晚近百年来戏曲功能除了成为广大台湾人民最主要的娱乐,更是人民感情交流、力量凝聚的触媒"。② 从"娱神"向"娱人"演变,民众对戏剧表演有了更高的要求,戏剧也逐渐有了"求新求变"的倾向,应运而转精,不断进步。于是,进入日据时期,台湾地区的戏剧活动就从单纯复刻福建,发展为既传承又融合,而且有创新。彼时台湾地区的演剧事业生机勃勃,一派繁荣景象。

二、1895—1949 年:福建戏班密集赴台与对台影响

(一) 1895—1937 年

日据初期,台湾地区传统戏剧的演出仍然承袭明清老样式,台人颇感乏味。与此同时,到福建的台胞发现福建当地戏剧"剧目新颖、技艺高超、行头整齐、武打精彩"。此般背景之下,有台人闻见商机,遂邀大量福建戏班赴台。福建戏班在台湾掀起了一股热浪。根据笔者所掌握的有限资料,从 1895 年到 1937 年"皇民化"禁鼓乐为止,去台的福建戏班至少有 17 个,有许多戏班更是数度赴台,详情见表2。

---

① 江武昌:《台湾布袋戏的认识与欣赏》,台湾艺术教育馆,1995 年,第 17 页。
② 林勃仲、刘还月:《变迁中的台闽戏曲文化》,台原出版社,1990 年,第 26 页。

表2 1895—1937 年赴台演出福建戏班一览表

戏班	剧种	演出时间	演出地点	备注
厦门老戏	大梨园	1899 年 1 月	合兴门口	
福州三庆班	徽戏	1906 年 8—11 月、1911 年 2 月—1912 年	台北"台北座"、台南"南座"等	二度赴台
福州祥升班	徽戏	1906 年 11 月—1907 年 4 月、1910 年 2—5 月	荣座	三度赴台
福州乐琼天班	儒林班	1907 年 2 月	台南妈祖宫	童伶班
泉州掌中班	掌中戏	1908 年 1 月	台南水仙宫	
福州大吉升班	徽戏	1909 年 1 月—1910 年 10 月	台南"南座"、嘉义、台北"淡水戏馆"、斗六等	
福州新福连（升）班	正剧	1913 年 11 月	员林街文昌祠	
泉州七子班	七子戏	1919 年 3 月	淡水馆"新舞台"	
金成发、新梨金两班合演	泉州白字戏	1919 年 6 月	台北"新舞台"	
泉州傀儡班	傀儡戏	1920 年 5 月	台北"新舞台"	
凤凰社男女班	七子戏	1921 年 1 月	嘉义、大埤	童伶班
旧赛乐	福州戏	1923 年 1—6 月、1927 年 1 月—1928 年 4 月	台北"新舞台"、台南"南座"、"大舞台"、嘉义"南座"、基隆、斗六等	四度赴台
新赛乐	福州戏	1924 年 1—6 月、1929 年 1—2 月	台北"新舞台"、万华戏园、台中、台南"大舞台"、嘉义"南座"、基隆新馆等	二度赴台
泉州玉堂春班	七子戏	1924 年 10 月	台北"永乐座"	

续表

戏班	剧种	演出时间	演出地点	备注
三赛乐	福州戏	1927 年 7 月—1928 年 2 月	台北"永乐座"、新舞台、台南等	
上天仙班	福州戏	1928 年 2 月	台南"宫古座"	
新国风	福州戏	1936 年 1 月—1937 年 5 月	台北"第一剧场"	1946 年再度赴台

资料来源:① 徐亚湘:《论日治时期来台演出之福建戏班——以〈台湾日日新报〉为分析范围(1899—1936)》,《华冈艺术学报》,2000 年第 5 期,第 96 – 97 页。

② 陆方龙:《试论日治时期来台福州班的剧种问题》,《民俗曲艺》,2006 年第 151 期,第 145 – 184 页。

闽班在台大受欢迎,引来台湾地区本地戏班纷纷模仿学习,从而对台湾地区戏剧发展产生了全面而深刻的影响。先是硬件方面,新式剧场不断新建;再是软件方面,包括观众的培养、戏班的成长、艺术的提升和新剧种的发展等都受到影响。

1. 观戏场所的发展

有清一代,台湾地区的戏剧演出常与宗教节庆相结合,演出地点除了富绅官邸之外,一般都是庙埕广场的戏台。及至日据时期,才逐渐出现没有宗教色彩、专供演戏娱乐的商业戏院。如徐亚湘先生所言:"台湾的商业剧场首先见于日据时期,先是中国戏班渡台演出开其先,后有台湾本地戏班承其后,共同交织出缤纷多彩的商业剧场图像。"①

日据初期,赴台商演的福建戏班受到观众热烈欢迎,这为聘戏者带来了丰厚的回报,欲招聘戏班的股主渐多。但是,一方面,当时台湾地区的日式剧场专演日本戏剧,并不完全适合中国传统戏曲的演出;另一方面,这些日式剧院的档期都优先排给日本剧团,

---

① 徐亚湘:《日治时期台湾内台戏班考》,《华冈艺术学报》,2002 年第 6 期。

可供福建戏班演出的档期为数寥寥、供不应求。这样,要求新建"支那"戏院的呼声越来越高。据悉,福州三庆班和祥升班是这一事件的导火索:"自福州三庆班渡台开演后,支那剧界之热度,暴然一升,人皆以此为可获利。其与荣座、台北座商议租借者,殆不只二三。然台北座租与鸣盛组之期限已满,不日至之祥升班,尤租定荣座以充之,一时进退维谷。遂有本岛人某某者,发议如许台北,无一戏馆,实属遗憾,务须新建一大戏馆,赞成之者颇众。"① 到了1909年,第一座供中国戏班表演的"淡水戏馆"在台北大稻埕落成。两年后,台南"大舞台"开幕,这是南部第一座以搬演中国戏剧为主的戏院。

之后,"台中乐舞台、艋舺戏园、永乐座、基隆新声馆、新竹座、嘉义座等也相继建立"。② 1944年,台湾地区戏院已增加到168家,专映电影的28家,专演戏剧的60家,混合戏院则有80家。③ 到了1949年1月,光是台北地区新核准登记的戏院就有62家,台湾省的戏院数量居全国第三位,仅次于上海市和江苏省。④

2. 观众的培养

包括福州班在内的大陆戏班不断赴台从事商业巡演,渐次培养了台湾地区剧场戏曲观众的数量与审美能力,甚至形成了一种娱乐消费模式。观众和戏班的互相促进,形成良性循环,共同推动了此时期台湾地区演剧事业的繁荣。

首先,福建的优秀戏班密集赴台,于全台引起轰动,其高水平的演出与波澜不惊的台湾地区传统戏班形成了强烈对比,使台湾地区观众的审美趣味为之一变。通过演出,福建戏班呈现的演出样式、演出剧目及新氏曲调等开始在台湾地区流行开来,并形成风潮。长期耳濡目染之下,台湾地区观众的戏剧审美品位逐渐提升。

① 《拟设新戏馆》,《台湾日日新报》,1906年11月15日,第2564号。
② 徐亚湘:《日治时期中国戏班在台湾》,南天书局,2000年,第12–24页。
③ 叶龙彦:《日治时期台湾电影史》,玉山社,1998年,第295页。
④ 叶龙彦:《光复初期台湾电影史》,台湾"国家电影资料馆",1995年,第88页。

其次,福建戏班也在台湾地区培养了一批稳定的剧场观众。"1909 年 7 月,有台南好事者见福州大吉升班演毕归闽,遂倡议聘请台中班来台南假大妈祖宫开演。"①由此事情可知:福建戏班在台湾连连演出好戏,使得走进戏院成为台湾地区观众的日常行为,形成了持续的观剧需求。由于不愁无人捧场,在有利可图的情况之下,在福建戏班演出的空档,"便宜实惠"的台湾本地戏班也开始走进戏院。

此外,福建戏班带动了台湾地区媒体剧评的开始。福州三庆班 1906 年首次赴台献艺,1906 年 8 月 25 日的《台湾日日新报》对此做了报道:"福州徽班三庆班在台北新起后街之台北座开演,全班八十名……"② 这也是台湾地区首次关于中国传统戏剧完整的演出评介。此后,《台湾日日新报》开始有"菊部阳秋""戏园杂俎""本日戏出"等固定的专栏,提供演出讯息及剧评。本地其他报纸《台南新报》《民报》等也纷纷跟进。报纸成为日后宣传、普及戏曲的固定渠道。③ 随着赴台福建戏班的不断增多,台湾地区人们开始对它们进行对比,分析其优劣,眼光开始变得挑剔,剧评也日益精到。这从另一个方面反映了台湾地区人们欣赏水平的逐步提升。

3. 舞台美术的提升

这一时期,在台湾地区最活跃的大陆戏班非上海京班和福州戏班莫属,于台湾地区人们而言,他们使用的都不是闽南话,然而,语言的隔膜并没有降低台胞看戏的兴致。究其原因,当时看戏重在"看",而非"听",武戏和舞台布景才是台湾地区观众关注的重点。这些外来戏班便在武戏和舞台两个方面对台湾地区产生了深远的影响。既然舞台美术是进入内台观剧的观众的重要关注点,

---

① 《菊部琐谈》,《台湾日日新报》,1909 年 7 月 27 日,第 3372 号。
② 转引自徐亚湘《日治时期中国戏班在台湾》,南天书局,2000 年,第 263 页。
③ 徐亚湘:《论日治时期来台演出之福建戏班——以〈台湾日日新报〉为分析范围(1899—1936)》,《华冈艺术学报》,2000 年第 5 期。

内台戏华丽的布景与神奇的机关变景也就成为戏班招揽顾客的重要噱头,舞台美术对于内台戏的重要性几乎是今日的我们无法想象的。

清末,西方现代戏剧传入中国,位于通商口岸的福州,由于地缘之便,汲取西戏所长,纳入西方话剧立体布景的元素,配合透视绘画的表现手法,令戏剧演出呈现出多层次的视觉享受。至民国时期,福州舞台美术的发展已经走在全国前列。机关布景遂成为福州戏班赴台商演的重要卖点。

据吕诉上《台湾电影戏剧史》所言:"台湾戏班开始使用机关布景是在闽剧班来台受其影响之后,尤其是当作场景背景的平面彩绘布景(软景)及单片纸质景片(硬景)。"[1] 各戏班纷纷在布景上下大功夫,制作布景成为非常热门的职业,台湾当地戏班争相聘请随福州戏班赴台的布景师和工匠。这些布景师和工匠中的一些人积极在台开班授课,将这门艺术传授给台湾地区戏班。

其中最为人称道的便是福州人黄良雄于台湾创立的"明星美术布景研究社",这也是台湾地区第一个留名史册的布景画社,其活跃时间在 1938 年到 20 世纪 60 年代初。黄良雄聘请同乡布景师及木工师傅来协助,与其一起传授学生。门下的学徒于工作中学习,承继福州布景艺术的技巧与观念,许多成为后来内台戏及闽南语电影重要的布景师。这也造就了 1960 年至 1970 年台湾地区内台戏舞台美术的黄金时期。

4. 表演艺术的仿效

表演艺术方面主要是武戏的提升。

武戏,是福建戏班除舞台布景外的另一亮点。一方面,福建戏班众多演员的精湛演技为台湾同行提供了示范,一系列精彩的武戏程式使他们大开眼界。例如,福州大吉升班老生梁振奎,被评价

---

① 徐亚湘:《论日治时期来台演出之福建戏班——以〈台湾日日新报〉为分析范围(1899—1936)》,《华冈艺术学报》,2000 年第 5 期。

为"自能由熟生巧无复凿枘""全在神气,嬉笑怒骂,皆成文章"。①另一方面,更为直接的是,当时闽剧班的留台演员进入台湾当地戏班担任武戏指导,从而使闽剧的武戏为台湾地区所吸收。后来,一部分闽剧班赴台演员有的因戏班经营不善,有的因看中台湾地区的发展前景选择留在台湾地区。"这些人大部分进入了歌仔戏班指导武戏,曾永义先生在其《台湾歌仔戏的发展与变迁》一书中即认为,歌仔戏之有武戏剧目乃始自于此。这不但丰富了歌仔戏的演出内容,还为歌仔戏进入戏院做商业演出打下了基础。"②

5. 新剧种的发展

新剧种方面,主要是歌仔戏的融合,这将在下一部分集中介绍。此外,便是"福州正音班"在台湾地区的落地生根。其中,有福州人组建剧团的,如"福州男女正音班";也有台湾当地人组建剧团的,如台南州的"福州正音"锦添花班。在1926年总督府文教局针对台湾地区的"支那"戏班及台湾地区戏班所做的调查中,嘉义福兴社和锦添花班都赫然在列。③

(二) 1945—1949 年

1945 年台湾光复,传统戏剧得以恢复演出,两岸之间也重新恢复往来。日据时期频繁赴台演出的福州班,也在战后再度受邀赴台。在 1945—1949 这 5 年中,福建传统戏曲在台演出的情形与日据时期差别不大。而在新剧(以普通话演出的话剧)方面,福建漳州人陈大禹联合同乡在台湾自组"实验小剧团",积极参与"剧运",在台湾地区话剧史上留下了浓墨重彩的一笔。

实验小剧团是由抗战初期福建省"剧运"主力陈大禹、姚少沧等人赴台后重组,并邀请台湾地区当地戏剧工作者(如辛金传、王井泉)加入的。1946 年年底开始,实验小剧团在剧院公开演出话

---

① 何绵山:《试论日本侵占台湾时期福建戏曲对台湾戏曲的影响》,《中华戏曲》,2008 年第 1 期。

② 徐亚湘:《论日治时期来台演出之福建戏班——以〈台湾日日新报〉为分析范围(1899—1936)》,《华冈艺术学报》,2000 年第 5 期。

③ 同②。

剧。详情见表3。

表3　外省业余剧团在台演出一览表(实验小剧团部分)

演出日期	地点	剧目	备注
1946.12.17—19	中山堂	守财奴(居仁改)	普通话组导演:王淮。闽南语组导演:陈大禹。午场:闽南语。晚场:普通话。
1947.09.19—24	中山堂日	原野(普通话、闽南语)	陈大禹导演。
1947.12.10	新世界	守财奴(客串音乐跳舞独唱)	陈大禹导演。台湾艺术剧社主办。
1947.12.12	新世界	恋爱与阴谋	陈大禹导演。台湾艺术剧社主办。
1947.12.13	新世界	守财奴	陈大禹导演。台湾艺术剧社主办。
1947.12.14	新世界	原野	陈大禹导演。台湾艺术剧社主办。

注:表格节选自庄曙绮:《从报纸广告看战后(1945—1949)台湾商业剧场的演剧生态》,台湾大学戏剧研究所硕士学位论文,2005年,第107页。

从表3可以发现,实验小剧团的演出分为普通话和闽南语两种。众所周知,话剧口白均采用普通话,而光复初期的台湾地区民众熟悉日语和闽南语,对听普通话有不小的障碍。语言问题也是造成当时台湾地区社会本省和外省民众巨大区隔的重要原因。实验小剧团试图拉近本省和外省剧界的距离,为了让台湾观众能克服语言障碍欣赏到新式话剧的演出,遂将剧团分为普通话和闽南语两组。两组互相观摩,轮流演出,台湾本省和外省演员有了更多的交流机会。

"二二八事件"是此时期一个重要的转折点。1947年"二二八事件"后,"台湾重要的剧人或遭杀害,或流亡或入狱,留下来的从此退出演剧,不再过问文化活动"。日据时期形成的台湾地区知识分子演剧的传统几乎断绝。① 然而,实验小剧团在"二二八事件"之后仍然有频繁的演出:"'二二八'之后,本省剧人消失殆尽,'实验小剧团'的存在,让本省演员还有残余的挥洒空间。"②

如上所述,实验小剧团积极推进两地剧界合作,此功绩之一;其二,实验小剧团以知识分子的责任感密切关注时事,并主张用戏剧这种深入人心的艺术形式进行民众教育。陈大禹在"二二八事件"之后写作了剧本《香蕉香》,并亲自编导,于1947年11月在中山堂演出。这是第一部以"二二八事件"为题材公开上演的作品。虽然只演出了一场,但是《香蕉香》犹如平地惊雷,以其极强的社会批判性和时代精神成为台湾地区话剧史上的重要篇章。其三,实验小剧团也对推动台湾"剧运"充满使命感。1949年3月4日,以陈大禹、吴建声和金姬镏为首的戏剧界人士,筹组"台湾戏剧协会",希望能借此团结台湾地区剧界,打通台湾"剧运"的难关。并且,他们在会中提出减低娱乐税,以及开放公众剧场公演话剧等要诉求,以求改善当时台湾"剧运"的低潮。该会最后因陈大禹被捕无疾而终。③

基于以上三点,结合当时的文化环境及戏剧氛围,实验小剧团在战后初期的台湾地区社会有着特殊的地位,对光复初期话剧在台湾地区的推展有着极大贡献。

1895—1949年,福建对台湾戏剧的影响涉及方方面面,归结起来,表现为推进旧剧种的本地化进程和新剧种的生成:"外来剧种的传入,经过融合改变后,逐渐呈现本土化的现象,同时本土剧

---

① 庄曙绮:《从报纸广告看战后(1945—1949)台湾商业剧场的演剧生态》,台湾大学戏剧研究所硕士学位论文,2005年。

② 同①,第109页。

③ 台湾"行政院"文化建设委员会:《光复后台湾地区文坛大事纪要》,1995年,第28页。

种的自然生发,也受到外来剧种的影响。"① 另外,在此期间,台湾当地歌仔戏也开始向福建输出,并迅速在闽南一带流行起来。故而,在这段时间内,闽、台戏剧交流的概况是双向交流、互为影响。

三、1949 年以后:以歌仔戏为代表的闽台双向交流与互动

作为台湾地区唯一土生土长的剧种,也是台湾地区传统戏曲的代表剧种,歌仔戏发展至今已有百余年的历史。百年歌仔,首先是一部海峡两岸民间音乐交流、融合的历史。闽、台二地的戏剧渊源在歌仔戏上体现得淋漓尽致。歌仔戏剧种生成过程见图1。

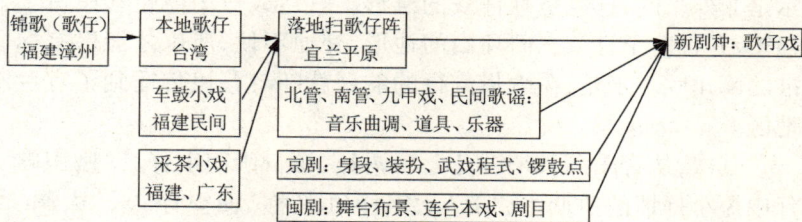

图1　歌仔戏剧种生成图

(一)源流考究

歌仔戏的起源可追溯到漳州芗江一带的锦歌(即"闽南歌仔")。早期,在闽南许多地方都没有"锦歌"的称谓,而是一律称为"歌仔"。这一名称也被移民在明末清初带入台湾地区并沿用至今。② 需要特别说明的是,"台湾闽南语歌仔,只有一部分是传自闽南,有相当部分是移民到台湾后才创造的。……而歌仔戏最早的曲调'七字调'、'哭调'等是在这些新创造的歌仔而不是直接从大陆传过去的歌仔的基础上产生的"。③

---

① 罗丽容:《南戏·昆剧与台湾戏曲》,新文丰出版股份有限公司,2012 年,第252 页。

② 陈耕:《闽台民间戏曲的传承与变迁》,福建人民出版社,2005 年,第80 - 81 页。

③ 同②,第86 - 87 页。

闽南歌仔传入台湾地区后发展出台湾本地歌仔。后来,本地歌仔吸收车鼓戏和采茶戏的动作表演,开始有了人物的装扮,结合滑稽诙谐的民间故事,或在庙埕空地即兴表演,或在迎神队伍中载歌载舞,随神轿游行,形成了最原始的歌仔戏形态。因为是在地面或广场演出,因而又称为"落地扫歌仔阵"。由于音乐、说白、表演极为通俗,观赏者与表演者很容易交流,所以歌仔戏很快就流传开来。① 这是歌仔戏发展的第一个阶段。

首先,从发源地来讲,目前一般认为歌仔戏发源于台湾地区北部的宜兰平原。这和移民的结构有关。宜兰人说"本地歌仔",表示是非外来的,这也是歌仔戏的雏形。宜兰人口中漳州移民占了93%,并且由于宜兰三面环山的地形,交通不便,所以才能保有标准的漳州腔。于是,在漳州流行的歌仔就随着移民传播到了宜兰地区。

其次,从音乐源头来讲,【七字调】②源自闽南歌仔。"闽南歌仔中短小抒情的曲调主要有'七字仔'(又称'四空仔')、'大调'(又称'五空仔'、'丹田调')以及一些从其他曲种移植过来的民间小曲(又称'花调'、'杂歌')等。这些歌仔多为七字四句体,十分注重句尾协韵(民间称'罩句')。"③ 而本地歌仔在音乐上是以歌仔为基础的,再吸收老白字戏、车鼓戏中的俚俗歌谣,且此时所使用的曲调种类较为单纯,以【七字调】为主。

再次,歌仔戏的第一部创作剧本就是闽南民间故事《陈三五娘》。④ 从留存的演出纪录来看,日据以来歌仔戏《陈三五娘》演

---

① 此前台湾地区流行的音乐只有南管和北管两种。南管音乐不适应庙会的热闹演出,在清中后期基本被北管所取代。但北管有一个问题,即唱的内容听不懂,歌仔戏用的是闽南语白话,这无疑是其迅速流行的巨大助力。

② 【七字调】因每句七字的歌词结构得名,是闽南歌谣的特色,唱起来较一般歌谣更白话。本地歌仔曲调中的【七字调】大部分直接来源于移民在台湾地区新创造的歌仔,而非锦歌。追根溯源,锦歌是本地歌仔的源头,与【七字调】是间接关系。

③ 陈新凤:《从歌仔到歌仔戏——歌仔戏唱腔音乐源流考》,福建师范大学音乐学院博士学位论文,2002 年,第 2 页。

④ 吕诉上:《台湾电影戏剧》,《东方文化》,1977 年,第 235 页。

出频繁,可以说,歌仔戏在梨园戏之后,着力于此剧的演出。蔡欣欣教授也指出,目前歌仔戏所演出的《陈三五娘》,在故事情节、潮泉土腔的声韵、咬字及若干身段的运用上,大抵都是以小梨园七子班(由闽南传入)的表演方法为基础的。[①]

可见,歌仔戏无论是最早的传入地还是早期的曲调和剧本,都脱胎自闽南地区。

（二）赴台福建戏班助力歌仔戏成长

如果说日据时期福建戏班对台湾戏剧的影响涉及方方面面的话,那么,将这些方面加以吸收并全部融合的就非成型初期包容度极强的歌仔戏莫属了。

中国戏班在台演出日久,其表演艺术与戏文剧目渐渐为台湾地区本地歌仔模仿、吸收。歌仔戏从一种载歌载舞的形式趋向综合形态,至 20 世纪 20 年代发展成较成型的戏曲形式。

日据前半期,以福建戏班和上海京班为主的大陆戏班频繁赴台进行商业演出,台湾地区于是出现了大量现代剧场,民众也养成了买票看戏的习惯,这些都为歌仔戏进入内台做好了铺垫。台南"丹桂社"是目前可考台湾地区第一个进入戏院内台演出的歌仔戏戏班,时间在 1925 年 8 月 26 日。

"福州戏的连本戏与布景也都在此时被歌仔戏吸收,而后再与京班、福州班留台班底结合,更发展出了歌仔戏的武戏剧码,强化了歌仔戏表演的基础与多样性。"[②] 歌仔戏向福州戏等大戏学习后,在表演及舞台效果上都大为进步,赢得了社会大众的喜爱。也就是从这个时候开始,歌仔戏逐渐取代其他剧种的地位,成为台湾地区第一大剧种。

---

① 蔡欣欣计划、主持:《重要民族艺术艺师廖琼枝歌仔戏保存计划之一·〈陈三五娘〉剧本注释与导读》,台湾传统艺术中心,2004 年,第 16 页。

② 纪家琳:《台湾当代庙宇剧场戏台体制研究》,白象文化事业有限公司,2013 年,第 96 页。

（三）两岸的歌仔戏交流与互相影响

1. 歌仔戏回传闽南

首先，歌仔戏由在厦台胞带入闽南，最早由台胞在厦门当地成立戏班，进而其他本地戏班也纷纷仿效。

至迟在 1918 年，歌仔戏就已经传入厦门："1918 年，厦门就有演唱教习歌仔阵的歌仔馆'仁义社'。"[1] 但是由于日据所造成的隔阂，直到 1925 年，歌仔戏在厦门的影响都局限于在厦台胞的圈子里，传入闽南的歌仔戏发展缓慢。1925 年，闽南第一个歌仔戏班"双珠凤"的成立改变了这种局面："1925 年，旅厦台湾商人曾琛为班主的小梨园戏班'双珠凤'，聘请台湾歌仔戏艺人戴水宝（即矮仔宝）来教戏，并到台湾聘请一些歌仔演员，将双珠凤改为闽南第一个歌仔戏班。首场在厦门鼓浪屿戏院演出《山伯英台》，受到热烈欢迎。"[2] 歌仔戏以新鲜、平民化的表演方式和亲切的乡音土语迅速博得厦门民众的好感。当时，本地著名的小梨园戏班受其影响不得不改弦更张："新女班原是小梨园……1925 年，出国到新加坡演出，载誉归来。同年，戏班在厦门与改唱歌仔戏的双珠凤对台，小梨园不受欢迎。翌年，新女班也改唱歌仔戏。"[3] 作为颇有实力的传统戏班，面对新来乍到的歌仔戏却毫无招架之力，足见当时歌仔戏在厦门受欢迎的程度。不久，歌仔戏传入了闽南农村："1927 年，同安锦宅在双珠凤影响下，成立闽南农村第一个歌仔戏班。"[4]

其次，以"霓生社"为代表的台湾地区高水平歌仔戏班大量涌入闽南商演，使歌仔戏在闽南扎根。

"1926 年，台湾'玉兰社'作为目前已知的第一个到闽南作商

---

[1] 陈耕、吴慧颖：《闽台民间戏曲的传承与变迁》，《海峡两岸五缘论——海峡两岸五缘关系学术研讨会论文集》，福州，2003 年，第 480 页。

[2] 同[1]。

[3] 颜梓和：《歌仔戏班"双珠凤"的采访资料》，厦门市台湾艺术研究所《歌仔戏资料汇编》，光明日报出版社，1997 年，第 126 页。

[4] 同[1]，第 480－481 页。

业性演出的歌仔戏班在厦门'新世界'戏园演出,连演4个月,轰动厦门。"① 此外,台湾地区"霓生社""霓进社""明月园""凤舞社""丹凤社""小美园""爱莲社"等职业歌仔戏班也纷纷赴厦门及其周边地方演出,使歌仔戏在闽南流传开来。

霓生社在1929年至1937年三度来厦,影响最大。1929年年初,厦门龙山戏院聘请霓生社到厦门公演,戏班一行70多人,更含不少好手。甫一开演,就受到厦门观众的热烈欢迎。霓生社在龙山戏院连演一个多月,场场爆满。随后,霓生社又在厦门其他地方和同安、石码、海澄演出一年多,造成轰动。这也是台湾地区歌仔戏班第一次在厦门以外的闽南地区演出。可以说,霓生社对歌仔戏在闽南的传播和普及功不可没。在其带动下,闽南各地纷纷成立歌仔戏班。此外,霓生社在闽南时间长、范围广、水平高的演出提高了闽南观众的欣赏水平,确立了闽南人对歌仔戏模式的认同,也使观众对歌仔戏的评判有了参照。厦门观众把歌仔戏分为"土班"和"正班"。所谓"土班",就是存留着早期模仿车鼓戏痕迹的戏班;"正班"就是以霓生社为代表的学习京剧表演动作的戏班。一"土"一"正",无疑表明了观众的褒贬嗜好。②

其三,台湾地区艺人在闽授徒,形成最初的歌仔戏教师队伍。最早一批歌仔戏教师队伍的组成:一是从台湾地区延聘过来教戏的;二是来闽歌仔戏班的留闽演员;三是来闽歌仔戏班在闽演出时因需要所招收的本地龙套和学徒。第一类如前文提及的"双珠凤"聘请台湾地区歌仔戏艺人矮仔宝来厦门教戏的情况;第二类如知名演员"戏状元"月中娥、"四大柱"赛月金、味如珍、诸都美、锦上花等人长期留在厦门,一边演出,一边传授技艺;第三类如霓生社在厦门演出时招收了一些本地青年入班参加演出跑龙套,邵江海先生

---

① 陈耕、吴慧颖:《闽台民间戏曲的传承与变迁》,《海峡两岸五缘论——海峡两岸五缘关系学术研讨会论文集》,福州,2003年,第480页。

② 陈耕:《闽台民间戏曲的传承与变迁》,福建人民出版社,2005年,第139–140页。

就有此经历。在台湾地区艺人的传、帮、带之下,一批厦门本地青年演员成长起来之后,和留闽台湾地区艺人一起担负起了在闽南教授歌仔戏的任务。从此,本地戏班和艺人都迅速成长起来。

如此,在台、闽两地剧界人士的共同努力下,大致在 1918—1932 年间,歌仔戏以厦门为切入点和中心,涟漪式地向厦门郊县、泉漳层递扩散,完成在闽南的传播。①

2. 福建歌仔戏在台湾

论及闽南歌仔戏对台湾地区的反哺,尤为突出的是"都马剧团"在台湾地区的活动,时间在 20 世纪 50 年代。

"都马剧团"于 1948 年到台湾地区演出后,两岸隔绝,从此留在台湾地区发展。剧团到台初期并没有受到太大的注意。直到1951 年,团长叶福盛在一个偶然的机会下欣赏了越剧《孟丽君》的演出后,激发出灵感,将越剧剧本改编成 10 本的歌仔戏《孟丽君》,并仿制了越剧的古装头、太子帽、靴子、服装等。戏一推出,即造成轰动,所到之处戏院必定客满。由此引来其他歌仔戏班纷纷仿效。从此都马班开始对台湾地区的歌仔戏产生很大影响。

其一,在歌仔戏中引入越剧装扮。如前所述,在《孟丽君》成功后,原本属于越剧的行头,成为都马班专有特色,并被冠上"都马头""都马褂""都马靴"等名词。而这种服装,无形中取消了一些传统的表演身段,如甩发、水袖等,从而深刻地影响了台湾地区歌仔戏表演程式的发展变化。

其二,将闽南歌仔【改良调】②引入台湾地区歌仔。与此同时,

---

① 陈耕、吴慧颖:《闽台民间戏曲的传承与变迁》,《海峡两岸五缘论——海峡两岸五缘关系学术研讨会论文集》,福州,2003 年,第 481 页。

② 抗日战争时期,日本在台湾地区强制推行"皇民新剧"。于是,来自台湾地区的歌仔戏在福建曾一度被视为"亡国调""汉奸调"而遭到禁演。漳州邵江海、林文祥等人重新以闽南歌仔【杂碎调】【哭调】改创新腔,名为【改良调】,并更名"歌仔戏"为"改良戏"。通过他们编演的剧本,【改良调】在闽南城乡产生广泛影响。由于其演出地点龙溪一带盛行"改良戏",戏班便由梨园戏改唱改良戏。也因此,1948 年渡台之时的都马班实际上是一个唱"改良戏"的歌仔戏班。【改良调】便随之传入台湾地区。

都马班所专用的【杂碎调】及其他【改良调】，自然也被纷纷仿效，日益盛行。遂有"都马调""都马哭""都马尾""都马走路调"等名称流传。直至今日，【都马调】已和【七字调】并驾齐驱，成为台湾地区歌仔戏中不可或缺的曲调。

都马班以不同于台湾地区本地戏班的独特演出风格确立了在台湾地区歌仔戏界的地位。1953年，都马班在台湾省地方戏剧协进会主办的"第二届地方戏剧比赛"中获得第一名，报纸杂志纷纷介绍，将其名声推向巅峰。据说，当时其他戏班如果和都马班同地演出，没有上戏的演员，都会跑去观摩都马班的演出。

戏班演出的成功激发了都马班的雄心壮志。1955年，他们拍摄了首部闽南语电影《六才子西厢记》，这也是台湾地区电影歌仔戏的开山之作。

论述至此，从明清时期的横向移植，经过日据时期的吸纳融合之后，以歌仔戏新剧种的成熟和强势发展为标志，台湾地区的戏剧完成了在地化的过程。而在此之后的两岸戏剧关系以"交流"来定义更为恰当，同样是在两岸各自精彩的歌仔戏，见证了这样的改变。

漳州木偶雕刻家徐竹初的
艺术人生与木偶雕刻风格特色

王毅霖

　　随着铁枝木偶在漳州盛行区域的缩小,又因提线木偶(俗称嘉礼)在漳州历来不盛行,因而近现代漳州木偶雕塑以布袋戏偶为主。

　　考查漳州布袋戏的雕刻艺人,近代比较出名的是徐年松与许盛芳两家。"徐年松的太祖徐梓清于清乾嘉年间在漳州尪仔街(今芗城北桥)开的老店叫'成成是',传至徐年松是第五代,改店号为'天然'。现徐年松已传子及孙三代。许盛芳的世家于清光绪年间在石码镇开的店名为'西方国',许氏的木偶头开脸独具一格,四十年代驰名闽南一带。许盛芳之女许桑叶,现为省艺校漳州木偶班雕刻教师。"①目前,徐家由于人丁兴旺,在声名上独占鳌头。

　　对于徐氏家族的雕刻史,徐家认为可以追溯到唐朝陈元光父子入闽时期。他们声称当时徐家祖上跟随陈元光父子入闽时把木偶雕刻的手艺从中原带入。相关的渊源由于历史悠久而无从考证,可以比较确切考证的祖上是从徐梓清开始的。根据徐竹初先生的陈述,徐家太祖徐梓清于清朝乾嘉年间(1807)在漳州尪子街(北桥街)开木偶、神像雕刻店,店号"成成是"。第四代徐启章改

---

　　① 漳州市文化局:《漳州文化志》,1999 年内刊,第 105 页。

店号为"自成",第五代徐年松改店号为"天然"。漳州早年的掌中木偶戏唱汉剧,故脸谱也沿用汉剧,后改唱京剧,徐年松于 1937 年左右把脸谱首先改为京剧脸谱。① 值得一提的是,徐年松是个很有创意的民间工艺师,他"首先在漳州'新南福春'戏班进行舞台美术改革,在表演区吊挂画有宫殿、公堂和花园的画布,成为漳州掌中木偶戏最早的布景"。② 徐年松又传子及孙,长子徐竹初生于 1938 年,为北派掌中木偶雕刻代表人物。次子徐聪亮,以及孙子徐强、徐昱和孙女徐惠卿等都从事木偶雕刻事业。如今,徐竹初已成为漳州布袋戏偶雕刻最为重要的代表人物。

徐竹初布袋戏偶雕刻作品的分期

一、"文革"前对传统的吸收期

对于一位艺术家特别是一位民间工艺师的作品进行分期,是一种两难的境况。面对其庞杂的作品,我们很难以一个准确的时间来确定和区分,更难从其创作时间的先后来定其高低。但是以各个时期来分析作品可能会使我们的阐释更加顺畅和清晰,因为艺术家在一生中的各个时间段会有不同的经历和不同的身心状况、思想内容甚至是时代背景,这势必影响艺术家的创造题材、内容和方式。

徐竹初在"文革"前对传统的吸收期是比较长的,这可以溯及其懵懂孩提时代的初学雕刻,甚至可以溯及其儿时在父亲做庙宇神像雕塑的脚手架下捉迷藏时期对传统工艺的朦胧印象上。

徐竹初在十三四岁时就帮父亲和三叔公做泥偶、刻木偶手脚、画偶画,这无疑积下了一定的童子功。除此之外,徐竹初还经常看戏,听讲古。"我以前很喜欢听讲古,以前漳州有讲古场。小时候住在新桥头,新桥头出去的九龙江边有一个讲古场。小孩子时,夜

---

① 2007 年王毅霖于漳州徐竹初工作室的采访。
② 漳州市文化局:《漳州文化志》,1999 年内刊,第 105 页。

间,没读书时很爱跑去听讲古。以前家庭比较困难,我经常卖菱角、花生,喜欢到讲古场卖花生,在那里卖花生听讲古时不会被收费。我很爱听,特别是《封神演义》《西游记》。还有旧时七月做节,今天轮到这里明天轮到那里,经常演戏,演好几场。那时候京剧团有两个,一个名叫金章,外地的;还有一个叫正吉。这两个团演到哪我就跟到哪,跟着去看戏、听戏。那时候古书看不大懂,大部分听讲古、看戏,这两个占主要。还有刻这些奇奇怪怪的形象是跟我父亲去庙里看的。以前东门后有一个庙叫岳庙,也叫岳里,还没被破坏的时候地藏王等神像非常多。我小时候,那地藏王非常高,那帽子一顶至少双手抱不过。刚去的时候很害怕,看到牛爷马爷很害怕,但去几次后就不怕了。我父亲搭架在干活,我在下面捉迷藏,看看那些奇奇怪怪的东西。阎罗、牛爷马爷、十八罗汉、神仙鬼怪各种各样。以前都是土做的,新中国成立后才被破坏,那时漳州留传一句话:'南门团仔不怕水,东门团仔不怕鬼'"。① 这样,由于有了家学手艺的渊源和自身浓厚的兴趣,一颗成功的种子便发芽了。

1955 年,18 岁的徐竹初的木偶雕刻作品获得了中国第一届少年美术大赛特等奖。此次的获奖创作可谓初试牛刀,但也使艺术家露出了小荷的尖尖角。1955 年年底,徐竹初送了两个木偶给毛主席,并被中央电视台拍摄了新闻片《少年木偶雕刻家》。这一系列的收获为年少的徐竹初铺平了艺术之路。当时,漳州一中在徐竹初就读的班级里成立了木偶雕刻兴趣小组和木偶表演兴趣小组。

1957 年,徐竹初初中毕业后进入了漳州市工艺美术合作社工作。当时合作社由父亲徐年松负责,主要生产各种工艺品,包括一些泥偶玩具等。在父亲的带领下,他边学边做。1961 年他调到漳州木偶剧团②,到剧团后主要从事传统剧目木偶的制作工作。

---

① 2007 年王毅霖于漳州徐竹初工作室的采访。
② 此前一段时间虽然曾借调过到团里,但主要人事关系还在合作社(后改为工艺美术厂)。

徐竹初这个时期的作品未能看见,仅从中央电视台1955年拍摄的《少年木偶雕刻家》中可看到其年少时送给毛主席的两个木偶。徐家目前所藏的几个泥偶头却是这个时期的作品。这些泥偶造型比较相似,人物的区别主要是依靠帽饰来表达的,偶头的高度仅六七厘米,大都呈瓜子脸,造型典雅、线条柔和细腻,显得十分可爱。

由此可见,徐竹初这一阶段的作品主要还是对传统的模仿与吸收,造型比较单一,缺少变化,但作品不乏典雅的气质。

1963年至1964年是一个转机,也是徐竹初作品的第一个分期点。当时全国提倡排现代戏(样板戏),剧团以排现代戏为主,只有一部分人暗中排传统戏(主要考虑到出国演出还得以传统戏为主)。新的戏剧与形式对舞台设计、木偶样式有了不同的要求,也使得徐竹初雕刻的形象必须跟着变化。

二、"文革"中现代戏戏偶创作期

如上所说,样板戏创作大概在1963年、1964年开始,因此,准确地说徐竹初的样板戏戏偶创作期具体时间应在1963年至1976年。

这个时期徐竹初创作的戏偶的剧目主要有:1963年的《拔萝卜》《自作聪明的小猫》《我要洗澡》等;1964年的《小皮包的故事》《救火车》《牧羊姐弟》等;1965年的《智破平峰城》《歼虎记》《野林战歌》《各民族歌颂毛主席》等;1969年的《智取威虎山》《渡山关》《奇袭白虎团》等。

"文革"是一段极为复杂的历史时期,这个时期人性被颠覆,发生了许许多多在今天觉得无法接受和不可理喻的事,学生斗老师,儿女斗父母,兄弟分派,文批武斗,到处是阶级敌人,处处都充满着斗争。在这个时代里,漳州木偶剧团也不可避免地受到冲击。于是,"打倒学术权威"就把剧团里在全国甚至国际上享有盛名的大师级表演艺术家杨胜和陈南田等给打倒了。对于剧团这段纷繁复杂的历史,笔者在田野调查的时候也予以了特别的关注,先后采访了杨胜的大儿子杨亚洲(漳州一中教师)和徒弟陈汉青、郑如锷、庄陈华等,还有 20 世纪 50 年代曾经当过杨胜后台的漳浦县佛昙镇东坂村的戴老德师傅、陈南田的儿子陈锦堂、徐竹初、徐聪亮,以及从 1969 年至 1989 年整整 20 年任漳州木偶剧团书记的金能调老先生,因此对"文革"中剧团里的变化发展脉络也梳理得较为清楚。只是这段不堪回首的历史实在很难公之于众,因为其中涉及许多目前在世的人,以及许多被时日冲淡了的恩怨。与本文有关的,笔者认为需指出的有两点:第一,杨胜主要是被其徒弟批斗的,因为其他人很难知道他的底细,抓住他的把柄。第二,徐竹初在"文革"中属于反修派,在"文革"斗争中虽然也都参加各种批斗,但是因为为人比较温和,立场较中立,不是激进分子,在"文革"中没受到很大的冲击。因此 1967 年"破四旧",木偶馆把传统的木偶集中起来烧掉时,徐竹初还能在傍晚趁大家下班之机在火堆里慢慢地把没有完全被烧掉的木偶偷偷地挑出。很难想象此时此刻徐竹初怀着的是何种心情。自然,在群众面前要表现出对"四旧"的厌恶、憎恨。暗地,一种难以名状的情绪又驱使他把这些"四旧"的残余从废墟中找出。人性之中被压制的善与美自然地流露出来,与白天众人对"四旧"人人喊打的境况相比是多么的尴尬与不协调。多少年后,当我们想象这些场景与境况并揣摩各种场景与人物思想时,还是感慨万分。历史上我们曾有多少次如此对待传统文化? 作为数千年文明族群的一分子,我们情何以堪。

徐竹初"文革"没有受到冲击的原因有以下几点:第一,徐家没有什么不好的"背景",父亲徐年松新中国成立后还当过第一任的街长。第二,徐家家境当时比较贫穷,徐母于 1965 年去世,徐竹初为长子,下面弟妹多,家庭经济困难,从身份上属于贫困的、清白的、对党忠诚的。第三,徐竹初为人较温和,立场中立,用剧团里"文革"中与之对立派别的人的话讲是个"好好人",比较不会得罪人,比较不容易被人报复。第四,"文革"对于全国来讲是 10 年,对于漳州木偶剧团来讲主要是 1966 年至 1971 年,特别是 1969 年清理阶级把老领导、老艺人都清理了出去。到 1972 年,特别是 1973

年开始,剧团实际已部分恢复演出。徐竹初作为反修派头目经常带队下乡演出,既避开了派性的斗争,又能赚钱养家。生活的分量感无意之中充当了无边无际阶级斗争的重心引力,毋庸置疑,这也是对那段荒诞历史所进行的一种温和的结构。

正是出于这些原因,在十年的浩劫里,在万马齐喑的年代中,徐竹初能屹立独存这是一种幸运,是一种奇迹。这种幸运来自个人、家庭和背景。而木偶剧团的存在则是极为容易被忽略而又最为重要的一个因素。在同一时刻,身任漳州工艺美术厂的徐年松改做汽车设计,而徐竹初能得以从事木偶雕刻是因为木偶剧团能在这种特殊的年代里适应新的环境,适应新的要求,改传统的古装戏为样板戏,配上录音的京剧,到处宣传演出。漳州木偶剧团的这种顺利转轨,也是由于在"文革"前的 1963 年、1964 年,团里就已经开始排演部分现代戏了。当时杨胜、陈南田曾经到北京木偶剧团任教,经过这种磨合,他们把自身从一个民间艺人提升为一个科班的木偶表演教师,这也使漳州木偶剧团在 1963 年、1964 年国家提倡演现代戏时能顺利地排戏和演出。要知道,当时全国许多木偶表演剧团由于无法表演现代剧而被停演、解散。这也是一种契机,以至于笔者在思索徐竹初走向成功时觉得他的成功与"文革"不无关系。梳理其中的种种关系是个十分有趣的活动,我们也可以这样认为:第一,"文革"排演现代戏使徐竹初雕刻的对象发生了变化,从之前停留在对传统的模仿转变到对现代人写真的雕刻,这种对象的转变和扩大使其雕刻的题材和要求随之扩大,也促使其雕刻造型的能力提升。第二,可否这样认为,"文革"使许多艺术家放下了自己心爱的艺术,如徐父就改业为汽车设计,这使国内许多优秀木偶雕刻师停止雕刻甚至转行,造成了"文革"中甚至"文革"后全国木偶雕刻整体水平的下降,也使徐竹初更容易脱颖而出。无疑,历史的原因成就这样的境地:"人间四月芳菲尽,山寺桃花始盛开。"

"文革"样板戏留下的作品为数不多,"文革"后留下的样板戏也遭到了漳州木偶剧团的遗弃。但徐竹初意识到这部分戏偶将来可能有用,便又把他们捡了回来。多少年后对这段历史进行回顾,我们发现,似曾相识的许多片段在各个时期以不同的方式不断地重演。显而易见,我们不断以极其厌恶或不屑的情绪抛弃我们曾经存在的方式,造成的结果是:如此对待过去必然使我们的将来付出更多。可惜的是,徐家也由于多次搬迁,致使这部分作品不断遗失与损坏。现在存有的少数的戏偶和模具(当时为了生产大量的戏偶,因此有一些模具),只是堆放在徐家堆满杂物老屋的某个角落里。2007年9月在笔者和笔者导师的数次请求之下,徐家才费尽力气找出几个戏偶,但大多残缺不全,遭到的虫蛀也相当严重。这几个戏偶都是成人的角色,没有儿童的角色,儿童角色的形象只能从早期的相片中去查找了。1963年—1964年排演的儿童剧只剩下了一些相片,这也是笔者从许多人手中收集而成的(见表1)。

表1　徐竹初20世纪60年代创作的儿童剧作品角色

剧目	张数	角色	来源	年份
《小皮包的故事》	7	女中队长、少先队员等	徐竹初、郑如锷	1963、1964
《牧羊姐弟》	2	牧羊姐弟	徐竹初、郑如锷	1963、1964
《歼虎记》	1	姐弟二个角色	徐竹初	1963、1964
《木偶的器乐合奏》又名《各民族人民歌颂毛主席》	1	众多木偶	徐竹初	1964、1965

这时期儿童剧的作品雕刻程式为:圆脸＋杏核眼＋杏仁口(个别露齿)＋桥形鼻＋直眉(男)或粗蛾眉(女)。由于造型元素几乎相同,所以这个时期的作品有点千人一面,画工较为简单,基本是清一色的肉色,眉毛为绒布做成并非画上去的,每个木偶的身份大都以服饰、发饰来区分辨别。可以说,这个时期的作品适合演出,但艺术成就不高。

"文革"开始,现代戏成为全部的内容。这时候许多木偶特别是解放军形象都用树脂模型印制而成,因而这些解放军的雕刻造型基本一致。女性角色的雕刻与男性相差无几,女子的雕刻程式除了脸型变为鹅蛋脸,眉毛变为粗蛾眉外,其他没有什么改观。但对于反动派的角色则出现了变化,如地主的形象已经变为橄榄脸(脸为土黄色)+倒挂眉+倒挂眼+通宵鼻+杏仁口(处理得较平),此外还加上倒挂着两道胡须,一副丧家之犬的貌相就出现在了观众的眼前,眉毛紧锁似乎正在担忧着什么。狗腿子的形象则为橄榄脸(脸为土黄色)+扫帚眉+铜铃眼+通宵鼻+猪哥嘴(露出两根大门牙),也是一幅丑恶的嘴脸。这一时期各种角色特征见表2。

表2　徐竹初"文革"期间木偶雕刻角色特征

角色	脸	眉	眼	鼻	嘴	脸色	其他
解放军	目字脸	直眉	杏核眼	通宵鼻	杏仁口	红色	
女子	鹅蛋脸	粗蛾眉	杏核眼	通宵鼻	杏仁口	红色	
国民党军官	国字脸	未知	铜铃眼	通宵鼻	杏仁口较平	土黄色	浓胡
地主	橄榄脸	倒挂眉	倒挂眼	通宵鼻	杏仁口较平	土黄色	倒挂细胡
国民党士兵或狗腿子	橄榄脸	倒挂眉	铜铃眼	通宵鼻	猪哥口	土黄色	

由此可见,"文革"中徐竹初的木偶雕刻偏向写实。特别是"文革"中后期对反动角色的刻画,可谓入木三分,把角色的心理都刻写在了脸上,那惶恐不安的神情似乎预告着一个新时代的到来。

也正因为如此,"文革"成为徐竹初木偶雕刻的一个重要时期,样板戏起点和终点也都成为他几个阶段的分节点。这个时期不仅使他的人生得到了磨炼,也使其艺术得到了磨炼。他透过对坏角色的刻画洞察着人间的各种丑态,也留下了这些深深刻着时代烙印的作品。

三、"文革"后至1986年传统恢复期

"文革"后初期剧团出国机会较少,除了1978年年底到过澳大利亚外,一直到1987年才接受英国世界艺术公司的邀请出访英国和葡萄牙。这近十年间,剧团没有出过国门。但剧团并非因此而

萧条，在经过了"文革"的洗礼之后，剧团在杨胜的二儿子杨烽、陈南田的儿子陈锦堂及杨胜的几个徒弟的带领之下挣扎着走了出来。1979 年至 1989 年，任副团长的杨烽可以说全面继承了其父亲杨胜的艺术。因此，这期间一部部的电影木偶、电视木偶作品接二连三地推了出来。1984 年 12 月，以漳州木偶剧团为主组建的"中国福建木偶影视制作中心"在漳州成立，杨烽任董事长。这期间拍摄了许多木偶电视剧。有趣的是，通过资料的搜集、罗列和比对，我们发现了这么一个现象：这一时期的木偶雕刻几乎都是徐聪亮所做。

"文革"后至 1986 年漳州木偶剧团各剧目木偶雕刻创作见表 3。

表3　"文革"后至 1986 年漳州木偶剧团剧目木偶雕刻创作一览表

剧目	年份	导演	事项	雕刻
《孙悟空三打白骨精》	1977			徐竹初
《大熊猫的故事》	1977			徐聪亮
《小猫钓鱼》	1977			徐聪亮
《蒋干盗书》等传统戏	1978		出访澳大利亚参加国际木偶节	徐竹初
《大名府》等传统戏	1978		拍摄彩色电影片	徐竹初
《掌上艺术》	1979	杨烽		徐竹初
《火焰山》	1979	杨烽		徐聪亮
《水仙花》	1980	陈锦堂		徐聪亮
《八仙过海》	1980	杨烽		徐聪亮
《口技猎人》	1981	杨烽	1983 年拍摄电视剧	徐聪亮
《真假李逵》	1982	杨烽	1983 年拍摄电视剧	徐聪亮
《岳飞》	1984	杨烽	1985 年拍摄电视剧	徐聪亮为主
《擒魔传》	1986	詹同、杨烽	拍摄电视剧	徐聪亮

从表3可以看出，除了一些早期的传统剧目外，徐竹初几乎没有参与剧团的木偶制作。对于徐聪亮及电视木偶，徐竹初如是说："我弟（徐聪亮）头脑很灵活，接受（新）事物比较快，我后来做传统的，那些我不爱做，传统的他做的比较少。"①那么可以说，在这一段电视木偶为主、传统古装戏为辅的时期，徐竹初基本没有参加剧团的木偶雕刻。②

在这段时间里，徐竹初以生产玩具和其他工艺品为主，艺术创作成为闲暇之余的事了，但毕竟这种多年的手艺也已经成为艺人生活中不可或缺的一项活动了。在这段时间里，一来电视木偶剧雕刻不需要他，这在一定程度上应该会给他造成一种受到冷落或被边缘化的感觉，如《擒魔传》的木偶雕刻就是一个例子。当时詹

---

① 徐竹初采访。

② 笔者为此问题困扰了很长的时间，在问及徐竹初的时候，他只是简单讲了句"当时主要做一些剧团用的传统木偶"。2007年12月11日晚上8:30，笔者对徐聪亮的采访解开了对这段时期的困惑，并且由此对他们兄弟二人的微妙关系有所了解。以下是笔者（简称王）对徐聪亮（简称徐）的一段采访：

王：我在对你和你哥创作年表的比较中得出，大概从1979年到1989年左右，剧团里的木偶几乎都是你创作的，那么你哥这段时间具体做什么呢？

徐："文革"后到1989年左右我比较没做（做得很少），那时剧团办工厂，做一些小孩子的小木偶、小狮子、小猫、小狗等玩具，我哥负责工厂生产、卖儿童玩具，有空刻点传统的东西。

王：有关办工厂的事您能否讲得具体点？

徐：办工厂的事情是这样的，当时经费不多，工资也较少，剧团和艺校有跟许多幼儿园联合举办培训班、学习班。当时我在艺校看许多小孩子也没有什么玩具，就用泡沫设计一些玩具。但那时艺校杨烽在管，杨烽反对，说要做也得公家去做，如果我自己继续做要报工商来查。因为自己做不行，我就向我哥说，这些给他做，到时一个分二三分钱给我，我哥起初答应了，我也把剩下的材料和设计都给了他，但等进入生产的时候他说这是公家的没办法分给我。我很生气，但当时又没签合同，这事也不了了之。工厂由我哥负责，剧团里艺术上比较差的负责推销，后来这些人因为和徐强不和自己偷做去卖，1989年老金（金能调）退休后这些较乱，所以停止了。

王：那你哥为什么能到香港展览？

徐：当时改革开放，香港需要这些传统文化的东西，加上我哥平时负责厂里，有空多少也做点。这东西没有长期慢慢积累，在一年半载中也是很难做出那么多的。当时我都没做传统的，传统的我是1989年后才开始做的，因此展览就由我哥去做。

同(《擒魔传》总导演)把设计稿寄给剧团,要求徐竹初、徐聪亮兄弟照设计图雕刻,然后根据雕刻作品选择雕刻人员,最后选中了徐聪亮。他们一致认为徐聪亮的雕刻比较有新意,能按设计稿刻出各种形象,而徐竹初则比较老套,怎么刻都是传统的模式。显然,改革开放以来,漳州木偶剧团新排的剧目的人物雕刻形式更加夸张,更具漫画的形象,这跟剧本和导演的要求自然也不无关系。换句话说,徐竹初的木偶雕刻无法适应这种新的要求,自然就会被冷落。

二来由于儿童玩偶、玩具与销售相结合,自然会带来经济收入,且此时徐竹初的女儿徐惠卿和儿子徐强也都参与进来了,因而这种单位与家庭结合的生产必然带来比较可观的收益,而经济收入会消磨对艺术的追求,这从另一种角度上又弥补了徐竹初被冷落的感觉。

因此,这段时间既是徐竹初的传统恢复期,也是其创作的低迷期。艺术品与商品经济的关系一向都是一个比较值得商讨的问题。

四、1986 年至 1995 年的创作高峰期

徐竹初出名,在国外享有盛誉,1987 年到香港的展出是一个契机,正是这个大好机会把徐竹初的木偶雕刻艺术推向了海外。从这时开始,徐竹初进入了创作收获与名气收获的高峰期。

1986 年至 1995 年这段时间,徐竹初的大事主要是三大展览,即香港展览、中国美术馆展览和新加坡国家博物馆的展览。中间还有台湾地区的两次展览,而这一切都是以香港的展览为起点的。

1987 年,福建省和香港地区联合举行活动,意在将福建民间艺术推出去,以香港为窗口进行海内外交流,特别是可以以香港为中介与台湾地区进行两岸的文艺交流。这次活动的主办方为福建文化厅和香港三联书店。香港的展览是极为成功的。无疑,在“文革”结束后不久经济与各种工艺刚刚复苏的大陆,有如此精湛的民间艺术是极为难得的。除了之前陆续的积累,徐竹初还为到香港

的展览专门准备了整整一年的时间。从 1986 年下半年获得通知到 1987 年 10 月到香港展出,其间徐竹初创作了大量的新作品。展出引起了轰动,香港各媒体都做了报道。当时作品卖出了一部分,每件作品均以大约 4000 港币的高价卖出,香港一家报纸称之为"点木成金"。

　　香港的展览引起了台湾地区文艺界对徐竹初的注意,但当时两岸无法交往。后于 1988 年由香港三联书店经办,台湾地区一家艺术公司主办,才把徐竹初的作品带到台湾地区展览,但徐竹初本人却由于台湾当局不放行而没有过去。此后,1989 年,中国美术馆发函邀请徐竹初到中国美术馆举办展览,后因为美术馆内部整修而把展览推迟到 1992 年,准备的时间也因此延长了数年,这也促使徐竹初创造了许多新作品。自然,中国美术馆的展出无论是创新作品的数量,还是作品的总体质量都是最高的。1995 年新加坡的展览,也是因为之前香港的展览为新加坡相关部门所关注而促成的。这些展览促使徐竹初投入相当大的精力进行创作,这段时间也成为他一生的创作高峰期。表 4 是对徐竹初在这三次展览中所创作新作品的归纳,但由于时间过去已经多年,因而许多作品创作的年份连徐竹初本人都无法回忆清楚,笔者的归纳只是希望做个大概的阶段性总结,也希望以后能有更为精细的研究。

表4　三大展览徐竹初雕刻作品一览表

展览时间	地点	主办单位	新作品
1987.10	香港三联书店	福建文化厅、香港三联书店	四海龙王、白骨精、雷震子、唐僧、猪八戒、沙僧、阴阳脸(又叫阴阳怪头)、大哥爷、倭鬼、仙翁等三四十个新形象
1992.09	中国美术馆	中国美术馆、福建文化厅、漳州文化局	鼠丑、恶婆、十八罗汉、大鹏、狮怪(九头)、四大天王、赤脚大仙、蛤蟆精、龟精、鲤鱼精、吕岳、李元霸、千里眼、顺风耳、福神等 60 个左右新形象
1995 年年底	新加坡国家博物馆	新加坡国家博物馆	金陵十二钗等

由于这几次展览使徐竹初在国内外身负盛名,于是一个新的问题被提了出来:是剧团,剧目里的各种角色的要求促使徐竹初走向成功呢,还是各种展览造就了他? 这个问题一直以不同的角度和不同的方式在剧团之中和相关学者之中有所争辩。①

笔者对这一问题做了一定的疏理,并尝试厘清个中复杂关系。

第一,剧团中各种角色的需要与剧团各个时期的变化造就了徐竹初的深厚功底,并使他积累了一部分与剧情相关的角色刻画。这一部分的作品离不开剧本,甚至离不开演员的要求。这一点徐竹初是幸运的。他1958年入剧团,杨胜、陈南田自然会对这个初涉世的小年轻提出许多要求。比如头顶怎么刻帽子比较不会掉,胡须怎么栽比较符合视觉效果,五官怎么刻画比较符合角色的剧中表情,面部的颜色如何应用才能使观众比较容易接受,以及后来到北方和国外的演出时对于彩绘要求不能裂开等,前辈的要求和新剧目、新角色的要求无形中便慢慢使其功底加深以适应各种需要了。再加上"文革"中演现代剧时一段长时间的写实雕刻阶段的磨炼,徐竹初的创作能力便大大提高了。这一类型的代表作有白阔、雷万春、守门官等。

第二,三大展览为主的许多展览造就了徐竹初的名气。必然和偶然在一定条件下可以相互转化,设若没有香港的展览,可能就没有了中国美术馆的展览,就没有了许许多多新形象的创作和老形象的整理与改进,也可能就没有了徐竹初现在的盛名。

由于展览要求有诸多作品,加上平时为剧团所创作的作品多在使用中被损坏或遗失,因此每次展览都需要制作许多新作品。有新形象,有旧形象,旧形象有依样复制的,也有在原基础上做一定更新的。这就要进行整理,在形体、色彩及装饰上有新的突破。

---

① 由于徐竹初及徐家在此后的时间里把精力都投在了家族的产业经营之上,因此因为名分、利益等与剧团及相关文化部门产生了一定的摩擦,这一问题也就因此提出。剧团与相关文化部门认为是剧团的发展、剧目的需要及政府的扶持造就了徐竹初的出名,而徐家则认为是通过他们个人的努力与数次展览为大众所认识、接受才出名的。

更重要的是,这些作品由原来只用于舞台充当道具为剧情服务,到如今却变为艺术品,可供观看、鉴赏、收藏、研究,名气上、经济上的收益自然也随之而来了。

因此,公平地讲,为剧团里剧目要求而进行的创作造就了徐竹初的功底,为展览而进行的创作造就了他的功名。与杨胜一样,时代转型的要求促使部分民间艺人转为科班职业化,这一过程产生了部分的民间艺术大师。这部分艺术大师既接收了传统民间艺术的养分,又得到了新式媒介的推广,甚至是相关文化部门的大力支持。从艺术上说,他们拥有了完全科班出身的后辈所无法比拟的民间性的陶冶,又得到了前辈无法获得的各种文化机构和媒介的推广,这是复杂的一代,是辛苦的一代,也是幸福的一代。因为他们站在时代的交汇之处,复杂的时代潮流锻造了他们。

这一时期的作品一般取材于文学作品,如《西游记》《封神榜》《红楼梦》及民间传说、神话等,主要代表作有鼠丑、大哥爷、福神、四海龙王、大鹏、狮怪等。

五、1996 年至今的低迷期

从 1996 年至今,徐竹初几乎没有创作过新作品,对于一个已经 70 多岁的老人而言,创作已经过于困难了。

其实,从 1995 年到新加坡展览开始,徐竹初就基本没有什么新创作的形象了,唯一新创作的是一组金陵十二钗。此后至今,徐竹初基本只是雕刻一些大众比较喜欢的角色,如关羽、赵云或桃园三结义等用于销售,或逢年过节到处展销。特别是 1997 年 5 月 1日徐竹初木偶雕刻艺术馆成立以来,他便以此为基点,收了几个徒弟,形成了一定的流水作业生产线,用于扩大作品的生产。由于国家对民间文化艺术的关注,他这一期间的木雕技术于 2005 年被评为第一批国家非物质文化遗产,之后与此相关有了几次展览,但均非学术型的。

是啊,我们能够期待一位 70 多岁的老人再给我们什么呢? 他还能劳作着,并给下一辈人有所教导和启示就已经够多的了。①

徐竹初布袋戏偶的角色类别与风格特征

徐竹初从艺 50 多年来,不断从传统和现实中吸收养分,并根据剧目剧情的需要与合理的想象进行创新。在这样长期的积累之下,据他本人所言,制作的木偶造型已达 600 多种。这些木偶形态各异,生、旦、净、末、丑各行当一应俱全,男女老少皆在其中。此外,神仙鬼怪、佛家道教各种形象齐备无缺、面目不同、性格各异、喜怒哀乐惟妙惟肖。综观徐竹初的木偶造型,通过行当主要可分为七大类:

(一)生行。如文生(皇帝、书生钟景琪等)、武生(赵子龙、关云长、雷万春等)、老生(白阔、老家奴)、文须生、武须生、笑面生等。

(二)旦行。如文旦(卢瑶琴)、花旦、正旦、老旦(佘太君)、苦旦、花旦、彩旦(恶婆、母夜叉等)、笑面旦(巧嘴婆)等。

(三)净。如番将、黑花(张飞、包公、项羽等)、红花(黄盖等)、绿花、黄花、青大花等。

(四)末行。如曹操、白奸、惨奸、文奸等。

(五)丑行。如鼠丑、小沙弥、守门官、大头仔、缺嘴、臭头、歪鼻子、猪哥丑、傻子等。

---

① 值得关注的是,笔者在 2005 年下半年由导师引见认识徐竹初至今的时间内,徐竹初很明显苍老了不少,雕刻的速度和耐力也明显下降。2005 年下半年时,笔者跟徐竹初学刻了一段时间的木偶,这期间如果没人打扰的话,徐老还可以整个半天都在雕刻。如今,已经是力不从心了,体力明显下降,视力也下降,老花相当厉害。当然,这几年这么快的苍老与徐家的事业不无关系。事情的起因是徐家早几年在漳州市郊买了一亩公益事业用地,拟建 8 层大楼,其中一部分打算筹建一个大型的徐竹初木偶馆,另一部分则用来出租。由于无法招商引资或寻找合作资金,因此要筹集如此庞大的资金确实有相当大的困难。徐家把绝大部分产业的盈利都投入进去了,如今也还很难把工程进行下去,经济上有了很大的压力,又四处告贷无门,造成了这些年来家庭压力的不断加大,也造成了徐竹初常年愁眉不展、积虑成疾,身体也常有不适。这样的状况下,没有一个良好的心态与宽松自由的创作环境,艺术也自然走向衰退。

（六）神鬼行。如罗汉、仙翁、四海龙王、孙悟空、猪八戒、杨任、大哥爷、倭鬼等。

（七）怪行。如牛头、马面、狮怪、虎怪、羊怪等。

古老的漳州木偶，传统、优秀、深厚，在长期发展过程中形成了某些"程式规范"，诸如：

五形、三骨情之最，雕刻紧抓莫放松。

脸有千样各有形，眼鼻口耳变无穷。

（五形：两眼、一嘴、两鼻孔；三骨：眉骨、颧骨、下颏骨）

脸有：国字脸、田字脸、甲字脸、鹅蛋脸、瓜子脸……

眼有：蚂蚱眼、凤眼、铜铃眼、三角眼、鼠眼、獐眼……

眉有：蛾眉、柳叶眉、寿眉、大刀眉、蝌蚪眉、扫把眉……

口有：红菱口、樱桃口、杏仁口、弯弓口、鲤鱼口、猪公口……①

正是有了这些传统的行当和"程式"的规范和限定，艺人在自由创作之中无形中受到传统的深刻影响，创作出的作品即使经过了各种夸张也是符合传统的审美标准的，也才能为大众的眼睛所接受。以下笔者试以徐竹初具有代表性的行当进行作品分析。

一、传统典雅的生旦

典，标准、法则也；雅，文雅、高雅也。漳州这片土地上文化灿烂、人文荟萃，自古称佛国，又被誉为"海滨邹鲁"。自唐代中原人入漳后，中原文化与当地的闽文化交织着，中原的文明在这边陲之地繁衍传播，民间文艺也随之不断地传承发展，而后形成了中原遗风和地域色彩相互结合的各种艺术品种。徐竹初作品中的典雅之美来自于生活，更来自于传统，这种溯及中原的传统深刻地影响了徐竹初（甚至扩大到绝大部分漳州文艺者），使其作品具有雍容典雅的中原气象。

---

① 李寸松：《妙手造人夺天工》，《徐竹初木偶雕刻艺术》，上海人民美术出版社，1994年，第18页。

生旦类是所有行当中与传统最为密切的行当,其中小生和小旦的雕刻最难。因为其装饰简单,脸上也无须任何色彩,没有其他的装饰,故刻工造型如有丝毫差错,不但无法表现出神韵,还容易被看出缺陷,因此看似简单其实最难,既要圆润又不能臃肿,既要表现出气质又不能过于干瘦。这些气质、喜怒的表达在艺人的刀下,可谓失之毫厘差之千里。在不足 5 厘米长宽的脸部要表达出这么多的东西,的确需要有相当过硬的手上功夫和雕刻经验,并且艺人自身要有相当的修养才不致使手中的艺术品流于俗气。

（一）生类

生类造型元素见表5[1]:

表5　生类造型元素

原型　　生	脸型	眉毛	眼睛	鼻子	嘴巴	脸色	其他
	鹅蛋脸	卧蚕眉	丹凤眼	悬胆鼻		肤色	
文生					杏仁口		
赵子龙					弯弓口		
关羽					弯弓口	红色	脸颊眼角淡三撇,黑色浓须
雷万春					弯弓口		
罗大鹏					弯弓口	红色	脸颊眼角浓三撇
笑面生		蛾眉			开口露上牙口		脸上两个酒窝
老生	目字形脸	寿眉		拱桥鼻	开口双合无牙		白胡子

① 空白格表示元素与原型一致。此表参考黄文中、陈晓萍:《雍容丰腴形态万千——泉州木偶头造型风格考述》,《美术》,2007 年第 9 期。该文章提到了原型推衍乃泉州木偶头雕刻的造型手法,笔者认同此说法,并认为这是许多民间雕刻、雕塑甚至许多民间美术种类的造型手法。

　　这种同一原型的推衍法使艺人在对各种不同类型的角色区分上很容易把握,如文生与赵子龙的区别主要是口型,此外赵子龙有眉结而文生没有。当然,文生的线条过渡相对比较柔和,而武生则比较粗犷。如同样为悬胆鼻,文生的鼻子感觉就比较修长,武生则较粗壮;同样为卧蚕眉,文生较细较柔和,武生则较粗较硬直。正是这种细微的区别把小小的木偶在气质与性格上区分开来的。如果说文生与武生较容易区别的话,那么武生中又是如何来相互区分的呢? 如《雷万春打虎》的雷万春与《卖马闹府》的罗大鹏,前者是个隐居山林的豪杰,后者是个落魄江湖的好汉,两人都是武生,身份较相同。徐竹初对此是如此区分的:一个脸庞清瘦,略带愁容又不失刚毅之气;一个红脸浓眉、豪放、粗犷。以下以各个角色对作品进行分析:

　　(1)文生。鹅蛋形脸,脸色为常人肤色,细长的卧蚕眉、丹凤眼,悬胆鼻修长而细腻,杏仁口,刻画出一个富有才情的才子形象。加上一顶才子帽,穿上青衣,若撑一把小伞于亭楼阁榭之中,不禁顿生诗意,有佳人颙望之思。

　　(2)雷万春。1955年10月上海电影制片厂拍摄我国第一部彩色木偶片《中国的木偶艺术》将杨胜、陈由南主演的《雷万春打虎》等剧目选入时已有此角色。可见此角色非徐竹初首创,应是他在前人的基础上加以改进的。这是个疾恶如仇又受压抑的英雄,卧蚕眉、丹凤眼、高鼻梁、弓形嘴。"我在刻画时突出了他的英雄气概,尤其着重刻画了他的弓形嘴。演出时,当他在深山老村,月下信步时,一阵寒风,使他感到凄凉。一个颠步,低头叹息,木偶侧面对观众减弱了威武相,突显了弓形嘴的嘴角下弯,表现的是无限忧伤;当他按住老虎猛打时,正面对观众,显现出了他的威武相,表现了英雄无畏的表情;当他打死老虎仰天大笑,脸上部后倾,弓形嘴突出,表现了他狂喜的表情。"①这种与剧情高度契合的作品需要作者与表演者、观众的密切交流与合作才能产生,这也是徐竹初站

---

　　①　徐竹初采访。

在巨人肩膀上的成果,这些巨人有著名的表演艺术家杨胜、陈南田等人,以及其父雕刻师徐年松等。当观赏这一超乎寻常的作品时,我们可以想象到雷万春在剧中的豪情壮景,但我们很难看到这是几代人共同努力的成果。也正因为如此,徐竹初的武生类的作品都具有了类似的品质,都是静观英武又各具神态。

(3)老生(又称白阔),饰老家丁等各种老头儿角色。1955年徐竹初送给毛主席的两个木偶中就有一个老头的角色,也就是老生的前身。至于其艺术性,王朝闻先生在《值得自豪》一文中写得相当精彩:"称为'白阔'的木偶头由三段合成,可以由演员操纵、角色的面部自身也是活动的。这样的'白阔'造型和动作,可能引起观众一种精神抖擞的感觉。这不只因为他那白眉、白须和白发对老头儿的年龄起着符号性和注释性,最根本的是他那瘦削的脸型与精神焕发的神气雕刻得比较生动。这种丑中见美的造型,不只得力于木雕艺术的师承,也得力于徐竹初从小对现实中老头儿的反复观察这些必要的创作准备。为什么我说'白阔'是'丑中见美'呢?这不只因为'白阔'所扮演是性格善良,为人正直的观众喜爱的角色,更因为我反复观赏过这一作品那种可以活动眼部以下的脸和下巴,在演出而动起来时,不再嫌他那在静态中的眼与眉骨靠得太近的缺点,以及被夸大了的两只眼球之间有超现实的距离,静观时好像显得眼神有点傻气。而且当我把木偶头套在指上,使他动起来再观赏时,他的傻气外形似乎转化为一种忠厚和坚毅的性格,使静观时的缺点在动观时变成了优点。"[1]可见,同表演相联系的木偶雕刻须照顾到视觉的审美效应。这来源于现实又适用于演出的木偶雕刻自然具备了艺术性和实用性的统一,也使之成为徐竹初的代表作之一。

(二)旦类

旦类造型元素见表6:

① 王朝闻:《值得自豪》,《徐竹初木偶雕刻艺术》,上海人民美术出版社,1994年,第5页。

表6　旦类造型元素

原型 旦	脸型	眉毛	眼睛	鼻子	嘴巴	脸色	其他
闺门旦	瓜子脸	柳叶眉	丹凤眼	悬胆鼻	樱桃嘴	粉红	
丫鬟	圆形脸						
媒婆	目字脸	蛾眉		拱桥鼻	开口双合露上下牙		嘴右上角有痣，额角贴膏药
花旦		白眉					额头脸部有皱纹
恶婆	"三尖六角"脸	曲状大蛾眉	蚂蚱眼	拱桥鼻	异形口（呲口）		
木头加礼	冒字脸			蒜头鼻	开口露上齿		
巧嘴婆	葫芦脸	曲状蛾眉	杏核眼		杏仁口，上唇加厚		额角贴提神膏药
母夜叉	圆形脸	花眉	杏核眼		杏仁口	白色	脸上饰有较多黑花纹
白骨精	鹅蛋脸	大刀眉			杏仁口		眉心有一白色骷髅头

　　旦类的雕刻既有对传统的继承，又有对现实的深刻观察和体悟。小旦类主要来自于传统，其程式上的造型元素与传统的造型法则是相同的；至于老旦、彩旦，则是对现实高度概括的产物。以下从对徐竹初所创的旦角进行详细分析进而对徐竹初艺术创造进行剖析：

　　（1）小旦。瓜子脸、柳叶眉、丹凤眼、悬胆鼻、樱桃嘴，塑造了一个楚楚动人、待字闺中的闺门旦。那恬静的面容上似笑非笑、眼蓄柔波，明眸而善睐，樱桃小口则似闭如启、似言又止，语之如春风初至，止而余音绕耳。当木偶脱离了偶气而具有人之喜怒哀乐，进而具有人之性格气质之时,雕刻家的艺术也进入了一个极为高超的境界了。

(2)恶婆。当我们初看此角色之时觉得有点面目狰狞,再细看则又觉得有些面熟。这无疑是一张现实世界最常见不过的脸,城市人把自己的喜怒哀乐一层又一层地包裹起来而常常用让人捉摸不定的笑脸迎人。然这恶婆可爱之处在于其传达了一种真实的感情。且看她眉头微皱,大蛾眉因为暴怒而扭曲,双目圆睁,更夸张的是嘴巴的宽度张开到平时的近三倍大,几乎占满了下半部的脸,龇牙咧嘴,一副凶悍的泼妇形象,仿佛于乡村道上,一名恶婆正于人群之间与人恶骂着。这是一种丑的形态,一种丑的典型。"人间的美丑缺乏绝对的根据,当我们用自然之道的绝对标准来看时,美可以转化为丑,丑也可能转化为美,因此,'在文艺中,诗文中的拗体、书画中的拙笔,园林中的怪石、戏剧中的奇构、各种打破甜腻的人际谐和、艰涩阻困,以及谬悠之说、荒唐之言,无端崖之辞等等,便都可成为审美的对象'"。① 因此,当我们面对恶婆这个角色时,不单能看到其丑恶的嘴脸,更能看到雕刻家的匠心独运,这是一种丑与美的矛盾统一。

然而,恶婆这个角色却很少为人所注意,究其原因,大概是因为:① 恶婆这一角色没有出名剧目的烘托,在演出之时与观众相见极少甚至从没出现过。② 由于其民间的气息浓厚性和世俗性,从而使许多学者不会对其产生青睐,在大展之中没有被专家学者挑出。③ 由于"丑"的形象引起大众欣赏的视觉愉悦的可能性较小,故一般收藏者也不加以收藏。因此,至今为止这一角色还是无人问津。

(3)巧嘴婆。巧嘴婆在乡村里充当着比较多的角色,譬如邻里不睦而劝和者、为人提亲说媒者等。② 如果说媒婆是依靠那唇

---

① 王宏建、袁宝林:《美术概论》,高等教育出版社,1994年,第399页。

② 笔者之所以没有把徐竹初常用的媒婆形象列为重点作品,是因为此作品形象主要借鉴了江加走的媒婆,这一点在笔者对徐竹初采访时也有提到,徐老也很坦然地承认这一点。因此,这使其艺术创造性大打折扣。

边的"笑须痣"和那贴于额角的提神膏药来标志其身份的,那么巧嘴婆则是以其整个脸部与五官的各种神情告诉你她正在不停地言语。

葫芦型丰满的面部与媒婆干瘦的脸形成了明显的对比,显示出其良好的生活与精神状态,平排的蛾眉飞舞着,告诉人们眉飞色舞是怎样的形态,眼睛炯炯有神。更绝的是嘴巴的刻画。在杏仁口的基础上,上唇微突而较厚,微微地张开着,仿佛不停地说着什么。更为可贵的是她的脸上一直带着微笑,一种可以为任何层次人接受的微笑。整个木偶的神态给人以喜悦、可亲的感觉,使人不禁要与之攀谈。只可惜这一角色与恶婆一样不为人所关注,长久以来都只在某一个角落灿烂地笑着,哪怕是因为尘土的侵袭而使之缺少昔日的光鲜。我一直很难以置信,一个民间艺人何以能如此准确地抓住角色一刹那的微笑,把它凝固起来,并应用到各种角色之中。我想这也许是他已经找到了这种通往微笑的窍门吧,就像达·芬奇的《蒙娜丽莎》一样。这种微笑也许就在人物的某个肌肉的稍微变化之中,这是一种典雅之美,也是一种永恒之美。

二、色彩斑斓的花脸

漳州的木偶戏早年承汉剧,脸谱极少,到了清末民国初左右,由于京剧的传入,脸谱的样式也逐渐增多。"以前的脸谱是画汉剧脸谱比较多,因为以前闽南、闽西的木偶戏都是唱汉剧,后来慢慢转变到吸收一些京剧的脸谱,最后再转到京剧这方面。因为漳州布袋戏演的都是武打的。《三国》《说唐》《少林寺》《水浒》《封神演义》这些都是武打戏,特别是《三国》武将比较多,花脸就比较多。"①

木偶之花脸,三分刻七分画,画工对于花脸来说极为重要。徐竹初花脸的造型其实是相当简单的,一种是圆形脸(脸的下半部稍

---

① 徐竹初采访。

大,似葫芦形),另一种是目字形脸。造型元素也极为相似,其程式为:圆形脸(或目字形脸) + 铜铃眼 + 拱桥鼻 + 弓形嘴(或獠牙嘴)。花脸造型元素见表7:

表7　花脸造型元素

原型 净	脸型 圆形脸	眼睛 铜铃眼	鼻子 拱桥鼻	嘴巴 弯弓口	脸色	其他
黄盖					粉色	白须、额上皱纹
红大花					红	黑须
青大花	目字形脸			獠牙口	绿	红须
牛毛				獠牙口	蓝	黑须
勇将					紫色	黑须
雷横					黄色	黑须
赵公明	目字形脸	蚂蚱脸			褚色	黑须
李逵					黑色	黑须
张飞					黑色	黑须
项羽	目字形脸			张口	黑色	黑须

　　由此可见,属于净行的花脸其造型元素基本是相同的,即使不一样也只是小部分而已,主要的不同体现在色彩和纹饰上。

　　花脸的色彩十分丰富,以红、白、黑为主,其余又有黄、蓝、绿、紫、赭、粉红、金、银等十几种颜色。由于色彩丰富,又因各种色彩能使观者产生不同的情绪,因此传统的脸谱绘画形成了一些程式,使之成为约定俗成的象征性色彩,如"红色脸象征忠勇正义的性格,所以关公的脸谱采用红色;以黑色脸象征直率鲁莽的性格特征,故张飞的脸谱采用黑色;以白色脸象征阴险狡诈的性格特征,故曹操的脸谱采用白色;此外,以油白色象征飞扬肃煞的典型性格;以紫色脸象征刚正稳练的性格特征;以黄色脸象征枭勇凶暴的性格特征;以蓝色脸象征刚强骁猛的性格特征;以绿色脸表示顽强暴躁的性格特征;粉红色脸象征忠勇暮年的性格特征;以灰蓝色脸象征枭暴暮年的性格特征。金、银色脸则表示神佛精神灵等"。①由于这些固定的谱式,戏曲角色的忠奸、善恶等性格特征在绘者与观众之间才能被正确地传达,并且进而观众可以欣赏绘者的设色是否鲜明、图案是否精美、线条是否流畅等。以下以比较有代表性的花脸进行进一步的描述:

(1)黄盖。黄盖乃三国周瑜手下勇将,文武双全,在许多战役中立下大功,是个忠勇的老将。徐竹初的黄盖脸谱如此绘制:"黄盖的六分脸谱,是从整脸演化而来,脸形图案如一'六'字,分成眉、眼两部分。表示忠心耿耿的红色,由脑门直下勾至两腮,把眼窝全部盖满,白色部分是眉,形属直眉,因为太宽大,所以点上黑点做装饰,眉角下垂表示其人已年老。"②黄盖的六分脸乃是沿用传统的京剧六分脸谱式,徐竹初在此基础上加以细绘,如眉上的黑点和灰色的纹饰。在使用脸部红色时,徐竹初也并非用与关羽相同的深红,而是使之淡化,介于粉红与大红之间。这种颜色不仅与传统的粉红象征忠勇暮年契合,也与画面上的白色和谐而不会造成对比过于鲜明。

(2)项羽。"至今思项羽,不肯过江东",这个力能扛鼎的盖世英雄终被汉王刘邦围困于垓下,而后拔剑自尽。"项羽的脸谱又称钢叉脸,因其极雄壮勇猛,孔武有力,被形容为力拔山河兮气盖世的模样,特别是脑门、双眉和鼻梁间的花纹形成钢叉状,才有这种称呼。后有人因项羽不得善终,又把钢叉形改成寿字眉,流传到今,又称'万'字眉,只是形同寿字。此脸专为霸王所创,其他角者不可仿效,故名为无双脸。扮演此角者为架子花脸。"③以象征直率鲁莽的黑色和"万"字眉为基调的项羽脸谱脱胎于传统的京剧脸谱,加上为其雕刻的目字形脸、深陷的铜铃眼、张开的嘴巴,体现

---

① 黄殿祺:《中国戏曲脸谱》,北京工艺美术出版社,2002年,第160页。

② 徐竹初:《徐竹初木偶雕刻艺术》,上海人民美术出版社,1994年,第44页。

③ 同②,第49页。

出一个气盖万方的霸王的气质。此时的霸王,定非四面楚歌的霸王,更非垓下与虞姬惜别的霸王,而是踏平八百里秦川的霸王。尤其是那张开的嘴巴在吼叫着,这气势可逼退千军万马。在徐竹初的众多花脸之中,项羽应是刻与绘的最佳结合者。

三、各具神态的丑角

中国戏曲史上丑角这一行当出现得很早,宋元南戏的戏曲史料中就可见其身姿了。明代徐渭的《南词叙录》载:

丑,以墨粉涂面,其形甚丑,今省文作"丑"。[1]

丑角的滥觞还可以溯及古代的优,而古优从其产生就以滑稽诙谐的语言和动作逗人作乐,或明嘲暗讽时风朝政、人情世故。于是在一场戏之中插科打诨、逗人捧腹者自然离不开各种丑角了,故有了"无丑不成戏"的谚语。

按所扮演角色的身份、性格和演技的区别,丑分为文丑和武丑,按年龄分可分为老丑和小丑。丑角都是在脸鼻子中间抹上一个"豆腐块"作为标志,闽南人形象生动地戏称之为"鸟屎",故亦称丑角特别是文丑为"鸟屎"或"鸟屎公子"。在闽南的街头巷角,逢年过节,在演出的各种戏剧之中,"鸟屎"这一角色无疑是很受欢迎的。

徐竹初丑角的造型既有传统的武丑、文丑(如严世藩),又有使其名扬国内外的守门官和鼠丑。丑类作品的数量在徐竹初木偶雕刻作品总数量中占的分量其实很小,但就其成就而言,单守门官和鼠丑的艺术成就足以让业内和观者叹为观止了。丑角传统的造型元素也是比较相近的,但是雕刻者根据剧目剧情的需要,刻画出了出人意料之外又在情理之中的角色,正是这些角色常常使观者捧腹开怀。丑角造型元素见表8:

---

[1] 黄殿祺:《中国戏曲脸谱》,北京工艺美术出版社,2002 年,178 页。

表 8　丑角造型元素比较

丑原型	脸型	尾毛	眼睛	鼻子	嘴巴	脸色	其他
严世藩	目字形	倒挂眉	杏核眼	桥形鼻	开口露上齿	肤色	短须
武丑	目字形	曲状大刀眉	蚂蚱眼	桥形鼻	弯弓口	肤色	短须
鼠丑	三尖六角	蚊子眉	蚂蚱眼	桥形鼻	鼠口	肤色	额头贴一膏药短须
守门官	葫芦脸	蚊子眉	杏核眼	桥形鼻	开口露上齿	肤色	短须
蒋干	橄榄脸	倒挂眉	三角眼	桥形鼻	开口露上齿	肤色	短须
县令	目字形	蛾眉	蚂蚱眼	桥形鼻	开口露上齿	肤色	细长须
猪哥丑	目字形	倒挂眉	杏核眼	桥形鼻	猪哥口	褐色	短须
打手甲	葫芦脸	蛾眉	杏核眼	桥形鼻	异形口	肤色	
打手乙	葫芦脸	扫把眉	蚂蚱眼	桥形鼻	异形口	肤色	

　　徐竹初对于丑角的刻画既得益于传统丑角的造型，又得益于对现实生活的观察。早在"文革"时期现代戏剧目中丑角、反角的雕刻上，他就打下了良好的基础，后再根据剧情需要或是文学作品对角色性格特征的描写而雕刻出各种形体、神态各异的丑角。由表 8 可以看出，在徐竹初丑角的造型元素之中，除了鼻子与肤色基本相同之外，其他元素各不相同。但其中有一点相同的是：文丑一类角色（包括严世藩、守门官、鼠丑、县令、蒋干、猪哥丑等）的脸上是带着笑容的，他们的共同特征是露出了上排的牙齿。木偶本身造型上的表情也是其在表演上引起观众开怀的一个重要的构成部分，在这种情况之下，演员加以幽默诙谐的音调与语言，便能使观众捧腹大笑。而从木偶雕刻的角度来看，一位雕刻家要刻画出一个面带微笑的丑角是相当不容易的，除了比较突出的嘴巴露出上排的牙齿外，其他的五官及脸上的肌肉、皱纹，甚至是胡须的造型都与作品的效果不无关联。

　　（1）严世藩与武丑。这是一文一武两个传统的丑角造型。在徐竹初之前的漳州木偶丑角中，早已存在严世藩这一角色的木偶雕刻,其形体特征大同小异,而徐竹初父子则把他们刻画得极其生动。严世藩的脸为目字形,下巴瘦而下颌骨突出,色迷迷的双眼,眉毛歪斜地挂着,鼻孔微翘,一个耽于酒色又仗势横行的纨绔子弟的形象生动地表现了出来。且看《抢亲》中严世藩的几个动作:"那严世藩在马上,一班恶奴前呼后拥捉缰驰骋,忽然马失前蹄,严世藩头部和上身左歪右倾,前仆后仰,差点坠地,把一个沉于酒色、神情恍惚的花花公子刻画得淋漓尽致。当严世藩见到卢瑶琴时,头部微微侧仰,耸肩缩颈,半欠着身子,'嘻……嘻……嘻……'直笑,那副垂涎美色的丑恶形象,被描绘得分外逼真。当他抢亲的恶行被刘廷飞阻拦指责时,头部向后一仰,'哈!哈!哈'大笑,又摇头晃脑地道白:'我堂堂公子抢一个民女算得了什么!'那骄横神情真是不可一世,这些头部动作、表情,既夸张又真实,既洗练又耐人寻味。"① 这种神态生动、性格鲜明的木偶,在表演艺术家精彩的表演之下确实引人入胜。武丑的形象则是一幅典型的恶奴形象,曲状的大刀眉占据大半个额头,一双蚂蚱眼盯得人心里发毛,弯弓嘴是其武力的象征,二撇上翘的短须更把一个飞扬跋扈的恶奴形象一览无余地刻画了出来。

(2)守门官。徐竹初对于《大名府》里城门官这一形象的创作是别具匠心的。《大名府》这一剧目由木偶表演大师杨胜、陈南田于 1960 年在布加勒斯特举行的第二届国际木偶和傀儡联欢节上获得了金奖。该剧出自《水浒传》玉麒麟卢俊义的故事。卢俊义被害入狱将问斩。梁山好汉石秀劫法场被擒。梁上君子时迁报信,梁山发兵,众英雄乔扮杂耍艺人混进大名府,救出卢、石二人。该剧为哑剧,剧中有个重要的角色是大名府城门的守门官,名叫"钱如命"。徐竹初在这一角色造型的设计中,分析认为这个人物是个贪财、好色、糊涂、昏庸的官员。于是他就利用传统戏里那个葫芦脸形、呆头呆脑、胖乎乎、带有憨态的"小沙弥"为基本原型进行改造。葫芦形上小下大,上小,以示此人头脑简单,下大,胖乎乎

---

① 林振夏、夏乡:《指掌春秋》,《偶人世界》,1985 年第一辑,第 40 页。

的肥肉以示生活优越、酒肉饱食。蚊子眉与贼溜溜的小眼睛揭示出他必是个好色之徒;鼻梁上画着由两个铜钱形图合成的白点,象征着他爱钱如命,是个贪财的昏官。嘴上露出一排小齿,微微痴笑,再留着两撇小须,一副好不得意的小人样在观众的面前显示出来。

笔者反复观察这一形象及其在表演中的视觉效果,守门官痴痴的笑态在静观时似乎有种木讷的感觉,然而在表演艺术家的手里他则变为一个极为逗人的角色。

在《大名府》剧中,城门官出场之后先是耍扇子、耍帽等一系列动作,再悠闲地抽烟,吞云吐雾了一番之后,用长烟杆在脚底敲烟灰。之后是喝酒。喝酒要先倒酒,从小木偶的手中倒出真正液态的酒水喝下,这往往能使观众发出赞叹。在神箭手花荣上场时,这家伙由于好奇而蹦上椅子,突然之间头顶上的帽子被射飞,他又跳下椅子四处寻找。这一系列的动作配合着那先入为主的贪财、好色、昏庸的形象,一个活脱脱的守门官呼之欲出。无怪乎"城门官"的著名表演艺术家庄陈华先生称之为"可爱的坏人"。在剧中,随着木偶的活动,其眉眼与嘴巴所表现出的静态的略显木讷的笑则化为各种神态、各种含义的笑,从而达到了动和静之间的矛盾统一。

(3)蒋干。蒋干是《蒋干盗书》一剧中的主角,他是曹操手下的一名谋士,颇有些诡计。但在大都督周瑜面前,这种小聪明就变得有些愚蠢可笑了。正所谓偷鸡不成蚀把米,机关算尽反被误。蒋干盗得的书信乃是周瑜故意留下的信,因此曹操中了周瑜的离间计,而周瑜设下的这一离间计的成功也成为其在赤壁大战中大败曹军的前提。

正因为角色有小聪明却又因此反遭人算计之故事情节,徐竹初把他刻画成:橄榄脸;倒挂眉——倒眉——倒霉(似有此寓意);三角眼,使之具有贼头贼脑之相;桥形鼻,开口露齿嘴,这种笑加上三角眼就具有了一种恒定的奸笑的感觉;又加上一片有如眼镜形的"豆腐块",既象征其为丑角,又与其脸形相呼应,更加突出其鬼鬼祟祟的眼神;向上飞扬的短须使之神情活灵活现。蒋干这一角色具有极强的现实主义风格,这无疑是一幅人间奸诈之徒的嘴脸。

(4)鼠丑。如果说严世藩与守门官等丑角是与剧本的一种极佳契合的作品的话,那么相比较而言鼠丑从创作意图来看,无疑是趋于工艺性的。这一作品是徐竹初为1992年中国美术馆展览时准备的作品,也是他为展览而创作的作品中最具代表性的一件作品。鼠丑的形象出于《十五贯》中的娄阿鼠,显然创作者对其做了大胆的夸张。干瘦的脸、尖尖的下巴、大而露白的眼珠、倒立的眉毛、倒挂上扬的八字胡、两颗暴出的大门牙,太阳穴上还贴有一个红色的膏药,好一个三分像人七分像鼠的小人形象。那特别夸张的大暴牙使人见了忍俊不禁,加上露白的眼珠圆睁、八字胡飞扬横生,鼠目寸光又飞扬跋扈的样子被勾勒了出来。太阳穴上的膏药说明了他时常因做坏事而熬夜。比较具有观赏性的是其神态,略带笑容,但很虚假,也使其笑容的含义因此含糊,在表演时特定的场景之下容易给观众带来多种联想,使其笑容具有多义性:对上在主子面前显示为讨好的笑,对下人则为嘲笑或耻笑,对其他人则为奸笑。雕刻者入木三分地刻画了一幅阴险无赖的形象。

四、神奇浪漫的神怪

中国文化艺术之中历来都不缺神仙鬼怪,其产生可以追溯到距今约18000年前的旧石器时代晚期,山顶洞人"在死者身旁撒有红色铁矿粉粒,说明他们已经有了灵魂不死的观念"。[①] 到了新石器时代,各种图腾的崇拜与原始宗教慢慢发展起来,先人们把许多自然界无法解释的现象都归为神仙鬼怪作用下的结果。于是,原始巫术和原始绘画图腾(以岩画为主)便开始了其发展的历程。古代的这种神鬼观到封建社会已然发展得相当完备,于是各种神仙与鬼怪的形象不断被塑造出来。

在徐竹初的神仙鬼怪的雕刻中,既有继承传统的造型,也有根

---

① 王宏建、袁宝林:《美术概论》,高等教育出版社,1994年,第407页。

据文学作品或民间传说等加以艺术家丰富的想象力创造而成的，还有借助现实生活中的各种形象加以夸张变形得来的。

"刻这些奇奇怪怪的形象是小时候经常跟我父亲去庙里。以前东门后有一个庙叫岳庙，也叫岳里，小时候没被破坏的时候那里神像非常多。特别那地藏王非常高，那帽子一顶至少手抱不过。刚去的时候很害怕，看到牛爷马爷很害怕。但去几次后就不怕了。我父亲搭架在上面干活，我在下面捉迷藏，看看那些奇奇怪怪的东西。十八罗汉、七固尸、神仙鬼怪各种各样。以前这些都是土做的，新中国成立后才被破坏。那时漳州流传一句话：'南门团仔不怕水，东门团仔不怕鬼。'"①在这种环境下长大的徐竹初对于各种神怪形象是了然于心的。徐竹初的神怪作品可以分为以下几类：

（1）人形类。如弥勒佛、唐僧、仙翁、长眉罗汉、如来佛等，完全是现实中正常人的脸孔。

（2）类人形类。这一类的形象以传统的生、旦行当为基本原型，再加上其他一定的要素。如杨任为武生，其眼中生手，手中又有眼；二郎神只是在武生的额头之上加上一只倒立的眼睛；白骨精则是在一个极为漂亮的旦角的眉心上画上一个骷髅头而已。

（3）各种动物之象形类。这类神怪形象多与动物有所联系，如牛魔王、雷震子、狮怪、羊怪等，基本上以动物为原型。

（4）异形类。这类作品形态万千、各不相同，形象的创造性极强，如四海龙王、千里眼、顺风耳等。

以下以徐竹初比较有代表性的作品加以分析。

（1）四海龙王。"古老的东方有一条龙，她的名字叫中国"，龙是中华民族的象征，中华民族也常以"龙的传人"自称。其形象乃为众多兽类的结合体：鹿角、马面、牛耳、虾眼、蛇身、鱼鳞、虎瓜、狮尾等。这种综合各种动物部分形体的形象成了古代先民的瑞兽、图腾。而戏剧之中的龙王则有另一番形象，它是在以人面为基础的形象上加以变化而发展来的。民间传说及各类古典小说认

_____
① 徐竹初采访。

为,大地有四大海,四海之王为四海龙王,即东海、南海、西海和北海四大龙王。四海龙王为天庭降水,于是民间若有干旱则要供奉龙王以祈求降雨。徐竹初的四海龙王是根据不同方向的象征意义来刻画与区分的。为了有所变化和区别,其角、眼和嘴巴的形状各不相同。东海龙王的眼为虾眼,长长地突出;南海龙王的眼则是变形的鱼眼;西海龙王为铜铃眼;北海龙王的眼则是在铜铃基础上的变形。四海龙王嘴巴的形状及牙齿也各不相同。更为明显的区别是其脸谱的颜色和胡须的颜色。东海龙王脸上画有许多橘红色的火纹,象征日之初升的东方;南海龙王的脸以绿色为主,以南方绿色植物的欣欣向荣为意;西海龙王则以火红的火纹和胡子象征日落西方;北海龙王则是白色的脸、雪白的须,象征北方的冰山雪地。

（2）千里眼、顺风耳。这两个形象的刻画可谓极尽神奇瑰丽。二者乃天神,于南天门外眼观与耳闻人间之事,实为天庭之"探子"。徐竹初对其刻画是极尽夸张,脸谱的描绘也是非常的大胆。千里眼以突出双眼为主,两眼凸出,眉毛成大波浪状,并用极为鲜艳的黄色绘之;嘴巴张开极大,露出獠牙;脸上绘上各种纹饰,双鬓再饰以一撮绿色的毛,给人以狰狞的感觉。顺风耳则双目微闭,两耳倾听。徐竹初特别地处理了耳朵上端向下裹的形态,用以表示其正在倾听的神态。顺风耳的脸谱以黄色为基调,卷曲的藻纹布满了额、脸和下巴。嘴巴闭着,但两颗獠牙还是露了出来。在徐竹初所有的在花脸脸谱的基础上绘制的各种神怪的形象中,这二者应属最为成功的。徐竹初部分花脸作品有太花即纹饰太繁复之嫌,但在此却给人以神奇瑰丽的感觉,加上那种正在观望与倾听的神态刻画,这两个角色便成为十分成功的作品。

（3）福神。福神当属灵光一现的作品,这一作品因由多个部件组合而变得十分庞大。作品由4个层次组成:第一层为举着双戟(喻义吉)的福神;第二层为一整排的娃娃笑脸,喻多子多福;第三层为一个大头娃娃,双手举磬(与庆谐音,与双戟相结合喻义吉庆);第四层是一个娃娃,双手高举着一面福、禄、寿三星的镜子。整个作品充满喜悦的气氛,是一件典型的民间艺术品,蕴含了中华民族对生活的一种积极的希望。作品不足之处是第一层的巨大福神神情木讷,脸谱花而乱,与其他微笑的娃娃极不协调。

(4)羊怪。羊怪的雕刻手法与牛魔王有许多相似之处。不过二者相比,牛魔王这一形象的塑造神情过于木讷呆滞,且脸上的纹饰与颜色十分不协调;羊怪则显得十分可爱。作品以肤色为基调,头部为浅蓝色,两只小角刚刚露出,眼睛则眯成一条缝,一副笑眯眯的样子。羊怪的成功刻画显示了徐竹初对怪类神情把握的功夫。

(5)神鹰。徐竹初塑造了许多鸟头的形象,如雷震子、大鹏、李元霸等。但造型上大致雷同,都为铜铃眼、鹰嘴鼻、鸟嘴,脸谱也较为繁杂。唯有神鹰色彩较为简洁大方,且耳后根生出两个翅膀使其形象生动起来。

(6)岳妖、岳鬼。建立在对传统庙里各种神怪形象十分精熟的基础上,徐竹初对岳妖和岳鬼的形象雕刻是相当逼真而生动的。一对斜白眼十分巨大,使人见而惊恐;相当大的鼻结与鼻子、额头形成三段起伏状,加深了极惊恐的眼神;颧骨突出而眼皮下坠;嘴巴不管开或合都露出獠牙;脸色则为感觉比较阴森的紫色与粉绿。这些元素塑造了来自于地狱一端的形象。

(7)黑白无常。在闽南一带有许多城隍庙,庙里就奉祀有黑白无常。此二君为吉祥鬼,是专捉恶鬼的好鬼,是阎王爷的钦差大臣,在清明节期间常被抬出来游街以捉拿散在人间专门捉弄人的坏鬼。白无常又叫大哥爷、高鬼,徐竹初把其脸拉长,目字脸、斜白眼、悬胆鼻,嘴巴张开,露出排牙齿。更为夸张的是伸得十分长的舌头足与其头等长,给人以恐怖的感觉,脸色土黄亦显示其阴气。黑无常脸色煤黑,露出的眼白和牙齿有一种白森森的感觉。这无常一人身穿白衣,帽标"一见大吉";一人身着黑衣,帽标"善恶分明",结伴而行。当我们把二鬼的头部雕刻平放在桌上时不会有什么特别的感觉,但当二者着以衣饰之时,那白无常便具有三倍黑无常身高,一黑一白的对比便有一种诙谐的效果,亦使其在恐怖之中又蕴含了几分可爱的感觉。

（8）白骨精。白骨精实为旦角加以一定的修饰而形成的，鹅蛋脸、大刀眉、丹凤眼、悬胆鼻、杏仁口，若不是眉心的那个骷髅头，当不失为一个美丽、大气的姑娘形象。白骨精是《西游记》中的一个妖精形象，是一具骷髅吸天地之精华而幻化成人形，因其想吃唐僧肉最后被孙悟空所收拾。由于其可变化为美妇，故雕以旦角。这一形象在雕刻上没有什么大的创新，但在装饰上煞费苦心。眉心的骷髅头起到象征作用；头都饰以竹筒珠暗喻白骨，蓝色的兔毛用以表现其阴险的性格；黄褐色的花朵则象征阴暗，象征来自于阴暗的世界。整体上给人以美丽的面孔后隐藏着阴险面目的感觉。

（9）长眉罗汉。长眉罗汉乃十八罗汉之一，笔者初见这一木偶雕刻之时便为之震惊和叹服。这一作品是徐竹初为1992年中国美术馆展览之作，也是其创作顶峰时期的作品。罗汉的脸型被拉长，为橄榄形脸，额头与下巴都被特意地拉长，额头的皱纹刻画得很深，其沟纹夹成一个"佛眼"。雪白的长眉与胡须混在一起更显其仙风道骨。更令人叫绝的是那紧闭的双眼。在徐竹初的雕刻中，刻画过几个微闭而下视的仙、佛的眼睛，如唐僧、仙翁与如来佛，这些形象的眼睛的上眼皮都呈波浪状。然而，这三个形象的眼睛与整体的神态都似乎有一种忧郁，而非神仙与佛祖的超然物外的神态。但长眉罗汉却以紧闭的双眼做到了超然物外。

晋代著名画家顾恺之曾云："四体妍蚩本无关妙处，传神写照，正在阿堵中。"① 他认为绘画中人物传神的关键是描绘眼睛。这种论断在千百年来一直影响着许多中国的画家，直到近代漫画家丰子恺以其无眼的漫画人物形象对顾恺之的这一论断提出了对立面的看法与实践。而徐竹初长眉罗汉的雕刻与丰子恺先生的漫画有着异曲同工之妙，而且这种刻画也与老子提出的"五色使人目盲"有着精神上高度的契合。且看那闲定的神态、微微的笑，表达了一

---

① 《中国美术简史》，高等教育出版社，1990年，第71页。

种豁达、超然物外的神情,可以说是艺术家的神来之笔,令人叹为观止。

结　语

对于以徐竹初为主的徐家布袋戏偶雕刻的探究,不能仅停留在作品表面的造型与雕刻程序的描绘上,还应触及其较深层面的社会根源,从社会思想与传统文化心理特征的方面来认识。

徐竹初的布袋戏偶雕刻是在特定的文化环境中产生的。其作品随着社会与思想的变迁,不同时期形成了不同的风格。对于徐竹初来说,"文革"是一种磨炼也是一种契机,排演现代戏使徐竹初雕刻的对象发生了变化,从以前对传统的模仿扩展到对现代人的写真。这种对象的转变和技艺的扩展,使其雕刻题材和要求随之扩展,也促使其雕刻造型能力的提升。改革开放以后再回归传统时,他已经不是简单地对老一辈作品的模仿了,而是上升到了自由的艺术创作之上。可以说,徐竹初各个阶段的所有作品,都离不开当时的文化心理特征,都结合了当时的审美观念和习尚。通过对徐竹初木偶雕刻风格变化的研究,既可剖析其创作思维,又可进一步认识木偶雕刻这个既是物质产品又是精神创造的特殊文化形态。

那么,是什么造就了徐竹初木偶雕刻的成就与盛名?是个人的努力还是时势的需求?

第一,剧团的各种角色的需要与剧团各个时期的变化造就了徐竹初的深厚功底,并积累了一部分与剧情相关的角色刻画。

第二,以大展览为主的许多展览造就了徐竹初的名气。哲学家认为:必然性和偶然性是既有区别又是统一的,二者在一定的条件下可以相互转化。设若没有香港的展览,可能就没有中国美术馆的展览,就没有许许多多新形象的创作和老形象的整理改进,也就没有徐竹初现在的盛名。

归纳徐竹初艺术的特征及其成功的因素,无疑,与杨胜一样,时代转型的要求促使部分民间艺人转为科班职业化。这一过程产生了部分的民间艺术大师,这部分大师既接收了传统民间艺术的养分又得到新式媒介的推广,甚至是相关文化部门的大力支持。从艺术上而言,他们既拥有完全科班出身的后辈所无法比拟的民间性的陶养,又得到了前辈无法获得的各种文化机构和媒介的推广,这是复杂的一代,是辛苦的一代,也是幸福的一代。因为他们站在时代的交汇之处,复杂的时代潮流锻造了他们。

恐怖分子是怎样炼成的？

——杨德昌电影《恐怖分子》谈片①

朱立立

　　看杨德昌的《恐怖分子》时,我想起了两首题名为"恐怖分子"的华语歌曲。尽管它们之间除了命名相同外貌似并无直接关联。

　　"水浸沙土　点点的渗　一张笑脸眼中挂/仍然问你爱我好吗　一起呼吸这黑色　空的气/雪降不休　在赤热里浮游　你却握着匕首/让血在暗地流　一张碎脸眼中挂　惶然问你你吃惊吗/终不会见到的血　谁惧怕　张开眼睛　始终没了/张开耳朵　可不可以　天崩风吹不断喊叫凶杀/枯干的手　脱了的发　一张笑脸镜中挂/茫然望你说你好吗　可不可一起安心　一起安葬"

——达明一派:《恐怖分子》

　　"你是绿色和平中的恐怖分子/已经进入 For 谋杀的历史"

——罗大佑:《绿色恐怖分子》

一

　　论及台湾地区的当代电影,杨德昌是不容忽略的重要分子。这位台湾新浪潮电影的旗帜性人物,一生导演了 8 部电影:《光阴的故事》中的第二段短片《指望》,以及《海滩的一天》《青梅竹马》《恐怖分子》《牯岭街少年杀人事件》《独立时代》《麻将》《一一》,而未完成的动画片《追风》则给喜爱杨德昌电影的人们留下了永

---

　　① 该文是在笔者约 10 年前的一篇网络博客的文字基础上做了一点调整修改而成的,难免带有当时行文的感性、随意、浅陋等特征,敬请方家海涵。

远的遗憾。在华语电影界,杨德昌的影片显得如此气质独特,"他电影中理性冷冽风格,可以说是东方电影中鲜少出现的,却反而较接近欧洲艺术电影的思维"。① 人们常常将他和侯孝贤相提并论,同时人们也看到了这两位同侪同道影像风格极为明显的区别。比如同为自传色彩浓厚且长度可观的电影作品,前者的《牯岭街少年杀人事件》冷冽尖锐地叙写了 20 世纪 60 年代台北眷村复杂环境中少年成长的残酷物语,后者的《童年往事》却在历史悲情回溯中弥漫着东方化的温柔、敦厚、淡远的抒情气息。侯孝贤的电影以感性和诗性著称,有一种浑朴原始的乡土质感;而杨德昌则被认为是知性冷静的思想者,他更擅长于把握现代都市社会错综复杂的生态结构和人际关系。他的大部分影片都贴近台湾地区现代都市社会肌理,聚焦于现代化、商业化、信息化过程中的城市图景和都市丛林中的人性乱象,体现出杨德昌严肃冷峻而敏锐犀利的城市观察者和思想家风范。在《麻将》和《独立时代》中,杨德昌描画出世纪末价值失范的台北乱象,展示现代国际都会霓虹艳影下的自私、欺骗、虚伪和暴虐,以及阉割了真爱的横流物欲和兽欲。直到《一一》,人们才感觉到一种久违的温情,对纯真的爱和亲情的渴望。台北是杨德昌电影立足的地理和人文据点,这座城市的成长与衍变,以及城中人世纪之交的生存困顿和精神焦虑,是杨德昌由衷关注之所在。

　　《恐怖分子》是杨德昌 1986 年独立执导的影片,摘得该年度台湾金马奖最佳剧情片桂冠,还获得了第 40 届瑞士洛迦诺国际电影节银豹奖、国际影评人大奖等众多荣誉,在美国电影学会主办的 2007 年洛杉矶国际影展上被称为"里程碑电影"。这部电影中的群像塑造、多线叙事、精准社会分析和逻辑力量等特征耀人眼目,也成为此后杨德昌几部电影共同的影像风格。此外,得到好评的理由甚多,诸如:"现代主义的冷静与中产阶级的控制欲,使影片时

---

① 黄建业:《消失的纯真和碎裂的现实》,黄建业等《杨德昌:台湾对世界影史的贡献》,台湾跃升文化事业有限公司,2007 年,第 8 页。

时都呈现精致的构图；意象与譬喻也都堆叠妥帖。导演强大的意志力贯彻在影片之中，没有芜杂可以和洁癖并存。"①不一而论。

二

对于普通观影者而言，或许这部影片最简单又能触动人心的一个问题是：恐怖分子是怎样炼成的？一个生活中的普通人怎么就能突然变成杀人和自杀的恐怖分子？目睹这样一个过程是一种怎样的经验，能从中收获怎样的思考？

具体地说，李立群扮演的男主角李立中就是这样一个普通人，人到中年的他谨小慎微、安分守己。他缺乏表情的脸上永远写着隐忍和低声下气：无论在家面对妻子还是在单位面对上司。直到有朝一日隐忍变成了喷发的火山——爆发和灭亡瞬间降临。

剧情由清晨警察的围捕行动开始，带出两条叙述线索及其相关枝蔓上的人物。

主要线索是李立中与太太周郁芬（缪骞人饰演）的婚姻生活，这对人到中年的夫妻演绎了一出台北都市婚姻围城的问题剧。妻子是个出版过作品现今陷入创作瓶颈的女作家，丈夫周而复始的上班族生活和平庸个性无法接近妻子丰富多感而又空虚的内心。女人当初辞去工作回到家庭，希望生个孩子却没能保住孩子，只能借写作逃避失去孩子的痛苦及现实生活的单调无趣；男人则早出晚归努力经营着所谓事业，期待着获得升迁机会以改善生活现状。影片巧妙地利用人物的空间分配来凸显二人的沟通之难：妻子蜗居书房，丈夫占据卫生间，二人之间似乎有一道鸿沟难以逾越。这场婚姻危机问题的关键在于：他们的婚姻原就是周郁芬爱情失败后的逃避性选择，并非奠定在相爱的基石上，最起码二人相互的情感很不对等，丈夫对妻子始终"百依百顺"，而妻子对丈夫则常常无动于衷。其实她对他的感情原本就相当可疑，这一点从旁观者

① 卢非易：《台湾电影：政治、经济、美学（1949—1994）》，台湾远流出版公司，1998 年，第 307 页。

顾警官感叹"她怎么会嫁给你",以及妻子小说中充满着对旧情的难舍之叙述都可窥见一斑。

因此,这桩婚姻原本就是不平衡的。长期冷漠隔膜、各自为阵的婚姻生活不仅让妻子无法忍受,对妻子逆来顺受的丈夫也不可能不感到压抑和憋屈。目睹妻子容光焕发地跟随光鲜神气的旧情人出双入对,自己却无能为力像只斗败的公鸡,这该是多么伤人自尊的窝囊体验!当摄影男孩小强把电话真相告诉李立中时,李立中急切地告知给了妻子并以为她能再回到自己身边。没想到妻子并未因此回心转意,李立中还是无法挽回妻子在投给他怜悯一瞥后毅然离去的脚步。几乎与此同时,他原本指日可待的升迁梦突然间被宣布告终,另一个更年轻的同事取代他升任了组长。在经过了那么长久而压抑的委曲求全和处心积虑之后,满心期待却等来这样的结局,无异于致命一击。他终于被婚姻与仕途双重的挫败彻底击垮,遂成为一个绝望中丧失理性的恐怖分子。

20世纪60年代的牯岭街,少年小四举起了杀人的刀子,朝向一个自己深爱却无力守护的少女;90年代的台北,"动脑子不动感情"的混混红鱼射出了疯狂宣泄的子弹。而在《恐怖分子》中,老实安分的中年人李立中担纲暴力主角。作为观影者,人们起初并未料想到这个个头不高、表情隐忍的中年人将会走向那样的极端结局,成为冷酷杀手或同样令人唏嘘的自杀者。大结局中高潮的杀人和自杀场景带来的强烈刺激和震撼,让观影者难免会在震动和受惊之余回溯反省,恐怖分子究竟是怎样炼成的?

实际上,影片已经明确、清晰而富有逻辑性地给出了一个平实的答案:脆弱啊,你的名字是一个性格沉闷、能力平庸、被老婆踹又被上司骗的戴绿帽中年男人!家庭婚姻危机和升职机会断送的双面夹击,足以挫伤一个普通男人的生活勇气。如果他的承受力不够大,胸襟不够开阔,自信心不够强,再加上缺乏某种关键时可以镇定自己的信仰……那么,上述两点因素的同时降临就足以把他推向毁人和自毁的深渊。

但有意思的是,导演并未把它简单地处理成一个倒霉蛋复仇成功的古老故事,而是在结尾 20 分钟出示了一个触目惊心的开放性结局,从中不难看到几种可能性。今天,开放性结局的电影已经遍地开花,《疾走罗拉》《蝴蝶效应》《源代码》《恐怖游轮》《盗梦空间》……这一手法在 20 世纪 80 年代中期的华语电影中应该还算是比较具有实验性的。

第一个可能:李立中用顾警官的枪杀死他的上司和周郁芬的情人,最后杀死淑安;李立中第一次变成强者———一个冷酷杀手。复仇的子弹划破清晨的宁静,与影片开始时的枪击案相呼应。首先被击中的是正欲开车上班的西装革履的上司,尸体倒在昏暗的街头,只是这具尸体的姿势不像影片开头趴在地面的安静的尸体,而是变成一具仰面朝天不断抽搐的可怜躯体。一个生命瞬间被抹杀,余下恐怖在继续。接下来,复仇的子弹愤怒地射穿木门并击倒了沈维彬,桌上的花瓶应声碎裂,水流遍地。影片中,始终有着优雅书卷气的沈维彬喘着粗气、艰难而徒劳地向前爬去,口中吐出鲜血,而子弹无情地再次从背后击中他。最后一刻,枪声又一次响起,坐在床上瑟缩一团的女作家却平安无事,而墙上的镜子已然被洞穿破碎。破镜不必再圆。偶然的恶作剧而导致必然,这个结局最为符合梁山好汉的个性,有一种痛快淋漓、血腥火辣的恐怖。有影评人指出:影片中的每个人都无法幸免于诸如婚姻危机、升迁压力、都市罪恶、自杀暴力等的潜在恐怖。[①] 片中那个硕大的台北瓦斯球显然是一种象征,喻示着表面平静的都市里隐伏的危险和恐怖无处不在。这也就意味着,每个普通个体都有可能在遭逢恐怖达到极限时因无法承受压力而变成恐怖分子。因此,这部影片的警世性一目了然。

第二种可能:李立中并未被他杀,而只是一如他往常的软弱妥协性格,选择了自杀,杀手式的痛快复仇仅仅出于想象。现实中的他怯懦而绝望地干掉了自己。世界照常运转,唯有这个倒霉的人

---

① 焦雄屏:《恐怖分子:电影神话的割裂和重组》,黄建业等《杨德昌:台湾对世界影史的贡献》,台湾跃升文化事业有限公司,2007 年,第 91 页。

黯然告别。伴随着顾警官惊恐的倒退,蔡琴歌曲前奏缓缓响起,映入眼帘的是倒在盥洗间蓄水池旁的李立中死不瞑目的中景,紧接着是一把枪躺在洁净地砖上的特写,进而是转向墙上大片血迹的近景,然后镜头落回李立中。观众可以清晰地看见死者脑后一撮头发已被血浸透、结成块状,鲜血淋漓滴入池中,发出仿佛震耳欲聋的嘀嗒声。与沈维彬同居的周郁芬在李立中自杀的同时似乎有所感应地惊醒并干呕,影片在此戛然而止。蔡琴的歌声一直贯穿这一切,她在款款深情地唱着《请假装你会舍不得我》:

> 请假装你会舍不得我
> 请暂时收起你的冷漠
> 和往常一样替我斟杯酒
> 让我享受片刻温柔
> 请假装你会舍不得我
> 请暂时收起你的冷漠
> 请轻轻拥着我轻轻拥着我
> 最后一次给我温柔
> 明知道我的梦到了尽头
> 你不再属于我所有
> 在今夜里请你让一切如旧
> 明天我将独自寂寞

歌声持续至演职员表——打出乃至终了。这个结局中,李立中的作为也符合一个懦弱的凡人的生活真实和个性逻辑。将弱者的生存哲学坚持到底:解决了自己生命的同时也就解决了一切活着的难题。一切终归于虚无。视觉和听觉的交汇和反讽效果,给人强烈的震撼,同时不禁使人对李立中的悲剧人生结局产生深切的怜悯和同情。从这个结局传递的情感信息中,笔者看到了导演在伦理和性别两重意义上的立场。伦理道德的层面,李立中的无辜和周郁芬的败德是非常明显的。从性别角度看,这个故事中的男人尽管存在诸多缺点甚至污点,如为了升职不惜诬陷同事,但在婚姻中他并无过错，犯错的是那个女人，无情的也是那个女人。死不瞑目的李立中似乎在诘问：你连"假装舍不得我"都做不到么？！

第三种可能：其实前两者都没有真的发生，只不过是女作家周郁芬的噩梦而已。影片结束于她梦醒后不断的干呕，是一直期待当妈妈的她终于如愿以偿怀上了她和旧情人的孩子了么？这可是幸福的干呕！但她的表情是痛苦的。如果亦步亦趋地纯粹写实地理解影片的叙事逻辑不是唯一选项的话，我们也不妨把女小说家的干呕当作一种象征性指涉，那就是：对一切感到恶心。这个镜头本身似乎就宣喻了一种存在主义式的悲观哲学：就算杀人和自杀的事件都并未发生，生活中也充满让人恶心和悲观的事。自己的作为难道就没有令人恶心之处么？

当我这么较真时，笔者想起杨德昌接受访谈时说的话了，被问到怎么看影片结尾的意义时他回答说："其实那是个益智游戏，小时候在《国语日报》常看到。"①

三

正如导演在拍摄电影时有着清醒的"游戏精神"，接下来换一个视角，来看看周郁芬这个同样有着游戏意识的女性角色。在谈论她的小说家身份之前，我想先简单地描述一下影片中的女性形象、处境及功能。

这部电影中的女性人物，除了女主角周郁芬外，还有几个人物值得一提。问题少女淑安是重要的副线人物，她是母亲与美国大兵生下的混血儿，而母亲又遭到遗弃，因此她自小不可能接受良好教育，生活状态十分糟糕，处境堪忧。正是这个女孩无聊的一通恶作剧电话——称自己有了李立中孩子的谎言，促使周郁芬把婚姻围城中的死亡般的压抑滞闷心理化成行动，离家出走，与李分居。女主角的小说写作也从她的恶作剧电话得到灵感，《婚姻实录》终

____
① 黄建业：《杨德昌谈"恐怖分子"》，黄建业等《杨德昌：台湾对世界影史的贡献》，台湾跃升文化事业有限公司，2007年，第96页。

于按时完成并一举夺得小说首奖。可以看出这个人物本身很不幸,是没有前景的悲剧性人物,同时她的行为又有力地推动情节向不可知的方向演进。她的母亲,仅从对淑安暴躁狂烈的态度,也能看出她长期处于弃妇的苦闷情绪状态中,生存处境也可以想见的恶劣。即便并非主要人物,影片中仍然有非常细腻的刻画:在 23 分 20 秒左右,母亲拿出唱片背对观众,接下去,一首老英文歌 Smoke gets in your eyes 歌声响起——

They asked me how I knew my true love was true. /I of course, replied, /Something here inside cannot be denied. /Oh, they said someday you'll find, all who love are blind...

歌声持续了三分钟。如泣如诉的歌声中,母亲静静地点烟、吸烟、吐烟、掐掉烟头,走到女儿身边,目光含着柔情,轻轻抚摸黑暗中女儿的脸颊……展现了染着红指甲满身风尘味的母亲的另一面。香烟小道具在影片中有多次运用,恰当地传达了女性人物郁闷、忧伤或自暴自弃等情绪,非常有味道,反而比语言更加真实。Smoke gets in your eyes 这首歌的后半部分,则是摄影男孩小强的女友在大发脾气,两人关系亮了红灯(女孩眼前正好晃荡着一只红灯泡)。淑安母亲遭到遗弃,小强女友感觉背叛,在爱情的世界里她们没有安全感,而这首英文歌的歌词恰恰是在追寻爱的真实性、倾诉爱的盲目性。

回到女主角周郁芬。她和她们一样需要真爱,而她对爱的理解是不能一成不变。这个角色的出场不同寻常之处在于,她是个小说家,整日为写作的瓶颈而苦思冥想。这个角色的设置让我们回到了台湾地区 20 世纪 80 年代文学风光无限的年代。两大报文学副刊的辉煌,文学奖的光芒,历历在目。那样的文化语境下,后青春期的周郁芬通过文学写作纾解内心躁动忧闷,小强的年轻女友也彻夜不眠地徜徉于文学书籍中乐此不疲。小说创作及其作品内容本身,甚至成为影片中的重要情节,让剧情有点戏中戏的味道。所以,不能忽视这个人物的职业设置。首先可以说,女主角执念于小说写作正是这段婚姻加速终结的推手。当李立中小心翼翼地询问妻子能否帮自己洗双袜子时，妻子反应淡漠，仍沉浸在自己的创作烦恼中，李立中立马忘记了自己渺小的要求，转为安慰妻子。创作小说让妻子游离于世俗的妻子这一角色之外，让她拥有了李立中无法理解和进入的一个想象的世界。而丈夫从来不看文学作品（包括妻子的作品）也是夫妻难以沟通的原因。

其次，由于小说家这一职业的特殊性，虚构成为其天职。面壁编瞎话不但不是罪过，反而是值得称道的才能，前提是她必须编得真实生动而能引发共鸣，就像一位评审委员对周郁芬得奖小说《婚姻实录》的评价：非常的生活，又很曲折，看了叫人浑身发冷。就是说，成功的小说，要假得足以乱真，比真实还要真实。作家必须具备用文字创造真亦假来假亦真的幻象的能力。对真实和虚构（真与假）的混淆或是区分，就成为电影中人物密切关系或产生矛盾冲突的一个关节点。

当周郁芬与从前的情人沈维彬见面并重燃情焰后，沈看了周的小说，才发现是自己的结婚给周带来了那么大的刺激和伤害，觉得自己很罪恶。周饶有意味地说："小说归小说，你不必太认真。跟真实毕竟是有距离的。"这个对话提示了小说的特殊功能：它将周过往的情感创伤传达给了沈，同时让他知道了这个创伤与他息息相关，这就促进了二人关系的进一步紧密。二人从前丢失了对方，现在重新相逢，只有加倍珍惜这份从头再来的旧爱。这样一来，也就加快宣判了周郁芬与李立中婚姻的死刑。因此，下一个场景就是周在伏案写作，李上前关切地询问，而周则扑到李的怀里带有自责意味地哭泣。

周郁芬的小说《婚姻实录》获奖后，小强发现小说情节与现实如此相像，觉得"太恐怖了"。爱看小说的女友却不以为然，说"小说是假的"，让他不要多管闲事，不要混淆虚构和真实。但男孩仍执意把事情原委告知了李立中，李如获救命稻草。然而当他找到周郁芬澄清这一真相时，周却理直气壮地大声反问他："小说归小说，你连真的假的都不分了吗？"这一次，李立中第一次在镜头面前失控地爆发。小说的真实与虚构原本可以是一个职业性技术问题,然而对于这个深陷婚姻危机的中年男子而言,这个理直气壮的职业性质问无情地刺中了他内心那最后的一点尊严。他明白:他被这个写小说的女人彻底踹了。对此,他黔驴技穷,无可挽回。不单如此,写小说这件事似乎让周郁芬居高临下地耸立在他之上,让他毫无脸面。于是,他第一次粗暴地拖拉老婆,企图在身体的暴力对峙中进行最后一次拙劣的挣扎,却又被情敌沈维彬声色俱厉地呵斥制止。

小说也罢,影像也罢,都是奇异的虚构艺术,又与真实有着极为深刻的互文关系。有时候,它们就是真实,它们就是放大了的、扭曲了的真实。

四

正如黄建业所说,《恐怖分子》"是杨德昌知性风格、精确形式结构的代表作,在这个层次上,它有相当夺目的光彩……冷静精密如电脑设计般的知性作品,可以给予分析者相当大的解读乐趣与空间"。[①] 对于喜爱电影的人而言,一部优秀的影片总是可以激发出许多谈论的话题和思考的方向。《恐怖分子》是一部深具反思性内涵的现代主义电影,它深切地刻画了现代社会都市人的孤独、隔膜、脆弱和迷茫,通过人物的压抑、爆发、毁灭的真实心路和结局的相关想象,震撼性地表现了生命承受重压时的苦苦挣扎和疯狂报复。其他方面,比如影片中的其他人物线索(如摄影爱好者小强及其爱读书的女友),影片的色彩画面、音响效果、都市肌理、社会分析、真假辩证等多种层面,都仍有值得有心人进一步探讨的空间。

---

① 黄建业:《杨德昌电影研究——台湾新电影的知性思辨家》,台湾远流出版公司,1995 年,第 130 - 131 页。

书法与"中国的文艺复兴"

刘鹤翔

民国初年,欧洲的文艺复兴是新派知识分子普遍接受的一种文化模式,以梁启超、蔡元培、胡适等为代表的五四时期的思想家,都曾鼓吹在"中国的文艺复兴"。而相比西方的文艺复兴,他们都认为,"中国的文艺复兴"的最大缺陷之一就是美术的不发达。而中国极具民族特色的书法是否属于美术,以及如何建成一个美术学科,也在这个时期提上了议程。

自宋代赵明诚辑《金石录》以来,金石学算得上是中国的一门传统学问,只不过,它的高度发达,乃至成为一种风行全社会的知识时尚,则是清代考据学大兴的产物。在晚清,对金石学的阐释发生了在近现代书法史上意义重大的转变。其时,由于欧洲的文艺复兴这种文化模式得到了中国启蒙知识分子的广泛认同,金石学也因为"复古"的特点,被比附于意大利人对古希腊雕刻的发现。于是,金石学俨然成为中国文艺复兴的一个象征。

欧洲文艺复兴以来,对人的发现和对理性的运用被中国的启蒙思想家直接移用,所谓"德先生"与"赛先生",被称为五四思想家举起的两面大旗。在文化上,中国的启蒙思想家寻求一种启发民智的普遍的国民教育方案,同时也按照现代科学精神来建立现代教育学科体系。书法作为一门学科,开始有了基于科学原则的研究,以及进入现代科学学科体系的新动向。

一、金石学与"文艺复兴"

（一）美术与书法

1921 年出版的《清代学术概论》中,梁启超将清学的发展历程比类于欧洲的文艺复兴,认为清代思潮作为对宋明理学的反动,其"复古"的文化特征类似于西方重新发现古希腊、古罗马文化,"其动机及内容,皆与欧洲之'文艺复兴'绝相类"。他还将清初具有科学实证精神的顾炎武、胡渭、阎若璩视为启蒙的先驱。[①] 但与此同时,他也指出两者之间的显著差异:

> 其最相异之点,则(清代)美术文学不发达也。梁启超指的清代美术,主要是绘画:"清之美术(画)虽不能谓甚劣于前代,然绝未尝向新方面有所发展……要而论之,清代学术,在中国学术史,价值极大;清代文艺美术,在中国文艺史上,价值极微;此吾敢昌言也。"[②]

但梁启超也提到有一门学问颇与美术相关,那就是金石学:"金石学之在清代又彪然成一科学也。……包世臣一派专讲书势,则美术的研究也。"[③] 清代金石学兴盛的动力,是将荒野、地下发掘的古代碑碣砖瓦、钟鼎彝器作为古学研究的材料,而学者在研究其铭文的同时,也体认了其在书法上的价值,于是就有了专讲书势的分支。就学术兴趣而言,梁启超本人也是这个领域的实践者,受乾嘉以来金石考证风气的影响,他一生收藏的金石拓片达 1000 余种[④],并写下了大量的题跋。就他本人的书迹而言,属于魏碑书风与苏轼书风的某种融合。按梁启超的"复古"论,金石的发掘和研究文艺复兴时期的欧洲人发现古希腊雕塑显然属于同一性质。

---

① 梁启超:《清代学术概论》,上海古籍出版社,1998 年,第 3 页。
② 同①,第 6、101 页。
③ 同①,第 58 页。
④ 郑一增:《民国书论精选》,西泠印社,2011 年,第 7 页。

然而,金石学是不是启蒙精神的载体? 这是颇值得探讨的问题。

所谓启蒙,按照康德的定义,"是指人从自在的蒙昧中得到解放"。康德认为:"如果没有其他人的引导,这种蒙昧的人不能正确地对待自己的理解力。"① 换言之,就是一种运用理性来批判现实事务的能力。的确,文艺复兴中的美术具有这方面的性质,作为一种追求人的解放的图像实践,它有着反抗神性、提倡人性,反抗神权、提倡人权的思想解放意义。

梁启超认为,清代学术自他所推崇的启蒙者顾炎武、胡渭、阎若璩以来,就具有科学实证精神,因而清学与文艺复兴"绝相类"。就清学的学术品格而言,这大致可以成立。但金石学是否和发现维纳斯雕像是一回事? 维纳斯的发现意味着人性的发现,但就顾炎武这样的学者而言,金石学(顾氏曾著《金石文字记》六卷)首先还是作为学术研究的一种资料,其性质是对经学知识的补充和校正。正如梁启超所言,清儒的学问"十之八九是书本上的学问"。

而金石学衍生的书法是否与欧洲文艺复兴艺术属于同一性质,这又成问题。这和书法的文化属性有关。清代碑学的兴起,尽管如康有为所言,是千数百年之势变,但它始终不是一种具有明确的题材意义的图像。它的基本性质,即作为一种追求笔墨形式与心灵直接对应的艺术并没有因此而改变。因此,书法作为一门独特的中国艺术,它不可能承担进行文化批判的任务,它更大的意义在于对传统书法美学的发展和丰富。如康有为提出的"魏碑十美"②,它虽是对帖学的一大反动,但并未改变书法的艺术特性,碑学书法所追求的仍然是笔墨形式与心灵直接对应的抽象表现。

如本文前文所述,书法的现代性问题表现为,在被西方文明的冲击及应对冲击的"挑战—应对"之格局下,其在文化生态方面所

---

① [德]康德:《什么是启蒙?》,转引自[美]维拉·施瓦兹《中国的启蒙运动》,山西人民出版社,1989 年,第 3 页。

② 康有为:《广艺舟双楫注》,崔尔平注,上海画报出版社,1981 年,第 14 页。

发生的改变。五四时期,"中国的文艺复兴"在文化上有多种表现:改良汉字的文字革命、改良旧文学的白话文运动、绘画领域的美术革命等,并没有冲击到书法笔墨形式本身,而是改变了书法的人文环境。

(二) 跨语境的书法实践

胡适在题为《中国的文艺复兴》的演讲中,对中国文人书画的独特性做了如此探讨:

> 事实上,写字,这几乎是惟一需要文人劳动双手的事情,即便是最迂腐的学究,也必须用他们的手写字。为什么书法和绘画是中国文人学者阶层惟一能接受,并发展到这样高度的两大优秀艺术? 我想这就是主要原因。①

在梁启超看来,书法"是最优美最便利的娱乐工具"。② 这和他所究心得的思想学术主题并无关涉,这也就可以理解,一批五四时期具有反传统立场的"文艺复兴"主将们何以同时也会是造诣甚高的书法家。

陈独秀是最好的例子。1915 年,这位五四青年领袖在他自己创办的《青年杂志》上发表了《敬告青年》一文,提出了民主与科学的口号,即后来所广为流传的"德先生"(Democracy)和"赛先生"(Science),并成了五四新文化运动的先声。陈独秀同时也是传统艺术坚决的批判者。1918 年 1 月,陈独秀在《美术革命——答吕澄》一文中,以他一贯磅礴的革命家气概,举起了批判文人画的大旗:"学士派鄙薄院画,专重写意,不尚有物……这种风气,一倡于元末的倪黄,再倡于明代的文沈,到了清代的三王更是变本加厉;人家说王石谷是中国画的集大成,我说王石谷是倪黄文沈一派恶画的总结束。"③ 然而,陈独秀对于书法在审美观念上颇为一致的

---

① 胡适:《中国的文艺复兴》,外语教学与研究出版社,2001 年,第 341 页。
② 郑一增:《民国书论精选》,西泠印社,2011 年,第 15 页。
③ 陈独秀:《美术革命——答吕澂》,《独秀文存》第 1 卷,安徽人民出版社,1987 年,第 457 页。

文人画传统的批判,并不妨碍他在书法上取得较高的造诣。另外,颇值得一提的是,他在与书法关系最为密切的学术——文字学上,也颇有建树。

先说陈独秀的小学造诣。1909 年,陈独秀在浙江陆军小学教书时,就从好友谢无量处得到了一部《铁云藏龟》。这部书是晚清刘鹗所著的一部著录殷墟卜辞的专书。他将此结合于许慎的《说文解字》,论述古文字的字义渊源。此后几年,陈独秀在《国粹学报》等刊物陆续发表了《说文引申义考》《自义类例》《中西译音私义》及关于翻译、世界语等方面的文章。孙洵指出,陈独秀想把传统小学"进一步突破历来拘泥于东汉许慎《说文解字》和清代段玉裁《说文解字注》的框框"。① 陈独秀在文字学上的另一项成就是其文字学专著《小学识字读本》,这是一本颇多创见的书。陈独秀在这部未竟之作的《自叙》中写道:

> 中国文字训诂之难通,乃误于汉儒未见古文,不知性义,妄为六书缪说;许慎又易班固象形、象事、象意、象声之说为指事、象形、形声、会意,中国文字训诂之学益入歧途;而又依经为业,经文几经传写,往往乖伪,儒者乃从穿凿互惠之,有或故为艰深,以欺浅学,使学者如入五里云中,原本小学而变为专家之业,宜其用力久而难通也。②

"一代学人,深藏若虚",已故语言学家严学宭如是赞赏陈独秀,并称他为中国近代语言学史上杰出的语言学家。③

至于陈独秀的书法,则先要从他与沈尹默之间的公案说起。据沈尹默在《我与北大》一文中回忆,陈独秀(其时名仲甫)那时在杭州陆军小学教书,和刘三、沈士远等人友善。一次在刘三处见了沈尹默的书法后,陈独秀便登门拜访沈尹默,进门就高声说:"我叫陈仲甫,昨天在刘三家见到你写的诗,诗写得很好,字其俗入

---

① 孙洵:《陈独秀与书法》,《中国书法》,2005 年第 2 期。
② 陈独秀:《小学识字课本》,巴蜀书社,1982 年,第 1、2 页。
③ 同②,第 4 页。

骨。"沈尹默称："也许是受了陈独秀当头一棒的刺激吧,从此我就发愤钻研书法了。"①但时隔 30 年,陈独秀对沈尹默书法的评价仍然不高。他在给台静农的信中说:"尹默字素来功力甚深,非眼面朋友所可及,然其字外无字,视三十年前无大异也。存世二王字,献之数种近真,羲之多为米南宫临本,神韵尤在欧、褚所临《兰亭》之下,即刻意学之,字品终在唐贤之下也。尊见以为如何?"②

而在他的同乡和"世侄"葛康素眼中,陈独秀也是无可争议的大书法家。陈独秀逝世后,沈子善主编的重庆《书学》杂志刊登了葛康素的两篇纪念文章。葛康素称:"先生为人书多作草,信笔挥洒,有精神贯注气势磅礴者;有任手勾勒拖沓笔画者;一循情之所之。先生不求工不求名之志可谓尽矣。"葛文另称,陈独秀书法"以小篆第一,古隶稍次,然求书者难的其篆隶也",至于有篆隶涵养下的行书和狂草书,则是"用笔遒劲,墨气盎然,直追古人"。③

陈独秀书法崇尚篆隶古意,从他的传世作品看,的确有高古超迈、魄力雄强的风格特点,由此也与沈尹默书法在格调上拉开了很大距离。

启蒙思想者中的另一位著名的书法家就是家喻户晓的鲁迅。和陈独秀一样,鲁迅也是清代碑学思潮的继承者。他在《呐喊·自序》中曾言及一段经历:"许多年,我便寓在这里抄古碑。"④按其日记所记,1917 年 7 月,他去了 13 次北京琉璃厂。鲁迅约收有造像、墓志、碑、砖、瓦、镜、钱等拓片 5000 张以上。⑤蔡元培认为鲁迅"本受清代学者的濡染,所以他杂集会稽郡故书,校嵇康集,辑谢承后汉书,编汉碑帖、六朝墓志目录、六朝造像目录等,完全用的是清

---

① 沈尹默:《我和北大》,《文史资料选辑》,中华书局,1979 年,第 61 辑。

② 台静农:《酒旗风暖少年狂》,台湾《联合报》,1990 年 11 月 10 – 11 日。

③ 葛康素文《跋陈仲甫独秀先生前汉碑》和《谈陈仲甫先生书法》,分别刊于 1944 年《书学》第 2、3 期。该刊物为中国书学研究会会刊,沈子善主编。《有关陈独秀的一则档案》,《中国书法》,2005 年第 2 期。

④ 《鲁迅全集》第 1 卷,人民文学出版社,1973 年,第 269 页。

⑤ 江平:《鲁迅书法论》,《中国书画》,2003 年第 9 期。

儒家法"。①

如此钟情于金石书法的鲁迅,在五四新文化运动中所表达的对传统文化的批判也是不遗余力的。陈独秀曾说:"吾宁忍过去国粹之消亡,而不忍现在及将来之民族,不适世界之生存而消灭也。"②鲁迅则认为,尽管从清朝末年以来,常常有人听说要"保存国粹",但保存的前提是"要我们保存国粹,也须国粹能保护我们。保存我们,的确是第一义"。③

对传统文化最具批判精神的五四思想者同时也是优秀的书法家,就其后来在书法界所产生的影响而言,尽管未必比得上所谓吴昌硕、康有为、郑孝胥、李瑞清、于右任等为首的"民国五大书派",但他们的存在构成了民国书法的一大景观,即那个时期的书法所具有的跨语境特征。这种特征可以作为为中西文化交锋的现代性语境下中国知识分子对书法的文化态度的证明:文化现代性并不必然意味着书法艺术的危机,真正的危机在于书法学术文脉——无论是西学还是中学——的断裂。自清中期以来,金石学成了书法发展最重要的文脉支撑,而这门学问之所以有如此旺盛的生命力,以至于超越了清末民初国粹派、革命派这些在某些方面水火不容的思想派别,个中原因除了根深蒂固的审美传统外,主要原因就在于梁启超所指出的那种贯彻于清代考据学中的、具有科学精神的学风。

二、科学与书法

(一)书法的形式研究

以科学精神作为批判传统文化的工具,是陈独秀的基本信念。在他看来,"近代欧洲之所以优越他族者,科学之兴,其功不在人权

---

① 蔡元培:《鲁迅先生全集序》,《鲁迅全集》第 1 卷,人民文学出版社,1973 年,第 269 页。

② 陈独秀:《独秀文存》第 1 卷,安徽人民出版社,1987 年,第 5 页。

③ 鲁迅:《热风随感录之三十五·保存国粹》,《新青年》,1918 年 10 月 15 日。

说下,若舟车之有两轮焉。今且日新月异,举凡一事之兴,一物之细,无不诉之科学方法以定其得失从违"。以这种唯科学主义的态度,陈独秀甚至将中国传统哲学和美学中,也是书法艺术中的一个基本范畴"气"斥为虚妄:"其想象之最神奇者,莫如'气'之一说;其说且通于力士羽流之术;试遍索宇宙间,诚不知此'气'之果为何物也!"他认为,"凡此无常识之思,惟无理由之信仰,欲根治之,厥惟科学。"① 关于"气"的范畴是否是"无常识之思",这是另一个问题,但自五四的"文艺复兴"以来,科学精神就开始影响及于传统艺术了,从而带来了新的阐释方法。

民国初年,将科学分析方法运用于书法形式分析的先驱,当推梁启超。1926 年,他在清华学校教职员书法研究会做了题为《书法指导》的演讲,在将书法与西方美术进行横向对比的基础上,阐述了书法作为一门美术的独立价值。

梁启超认为,在世界公认的绘画、雕刻、建筑这三大美术门类之外,另外还有一门特别美术,那就是中国书法。他说:"外国人写字,亦有好坏的区别。但是以写字作为美术看待,可以说绝对没有。"而书法之所以能成为一门美术,首先在于其使用的工具:"用毛笔可以讲美术,用钢笔铅笔,只能讲便利。中国写字有特别的工具,就称为特别的美术。"尤其值得注意的是,在探究书法作为一门美术的原因时,梁启超始终是基于对中西艺术的横向对比而进行归纳的。他认为,书法有四美:线的美、光的美、力的美和个性的表现。②

以西方艺术作为参照系,梁启超对书法艺术所做的形式分析颇具实证精神。在他看来,中西方艺术家都讲求线条的长短、疏密、粗细和曲直,而线条美在美术上是最高等的,它"不靠旁物的陪衬,专靠自身的排列"。③ 这的确道出了书法追求线条独立自足表

---

① 陈独秀:《敬告青年》,《独秀文存》第 1 卷,安徽人民出版社,1987 年,第 9、10 页。
② 郑一增:《民国书论精选》,西泠印社,2011 年,第 17 - 19 页。
③ 同②,第 17 页。

现的本质特点——当然,理论上说,他认为在"西洋美术最讲究线"未必准确,因为在西方绘画中"最讲究线",毕竟只是以素描为基础的古典主义绘画的显著特征,在总体上,西方绘画主要是追求面和色彩表现的。而他在阐释书法的计白当黑与西方艺术的相似性时指出"黑白相称,如点灯照出来一样,这种美术以前不发达,进来才发达,这种美术,最能表示线的美,而且以线为主"①,虽不明所指(似乎是在讨论版画的特色),但也颇具想象力。另外,尤为重要的是,他指出了书法线条表现的高度概括的特征:"如果是绘画,要用很多的线,表示最高的美,字不比画,只需几笔,也就可以表示最高的美。"②

关于书法有"光的美"的论点是梁启超的一大发明。他认为,和西洋绘画注重光影效果一样,书法的黑白世界也是光影表现的一种形式:"中国的字,黑白两色相间,光线既能浮出,在美术界类似这样的懂戏恐怕很少。"③

此外,中国书法通过笔力表现的"力的美",因其线条是一次性完成的,也不同于油画和雕塑对力的表现。至于西方现代艺术追求的个性表现,书法也是最佳的艺术形式:"如果说能够表现个性,就是最高美术,那么各种美术,以写字为最高。"梁启超认为,书法的这4种特性是其最大的优势:"旁的所没有的优点,写字有之,旁的所不能表现的,书法都能表现出来。"④

梁启超基于中西艺术对比提出了书法的"四美说",意味着在一种跨文化语境下,书法在形式研究上有着巨大潜力,中西方艺术可以互相发明。这一点在20世纪80年代中国"现代书法"的实验中可以获得证明。同时,唯其有了现代科学精神,书法也才具有了进入现代学科体系的潜力。因为,以科学方法深入专门的学问,而

---

① 郑一增:《民国书论精选》,西泠印社,2011年,第18页。
② 同①。
③ 同①,第19页。
④ 同①,第19页。

建构其学术体系,正是现代学科构建的一个重要特征。

(二) 书法的学科化

钱穆曾说:"文化异,斯学术亦异。中国重和合,西方重分别。民国以来,中国学术界分门别类,务为专家,与中国传统通人通儒之学大相违异。"①书法作为一个现代意义上的"美术"学科获得独立地位,是学科科学化的一个重要体现。

就词源来说,"美术"一词来自日文的移用,其使用始于明治维新时期。日本美术史学者神林恒道说:"在菲诺洛萨的'美术真说'……演讲后,'书画古董'转眼间变成了'美术'。"菲诺洛萨(Ernest Francisco Fenollosa)于明治 11 年(1878)到日本东京大学讲授哲学,和东京美术学校校长冈仓天心一起发起了具有浓厚复古主义和国粹主义色彩的"明治美术改革运动"。至于"美术"一词的首次出现,则是在明治 5 年(1872)举办的维也纳万国博览会的出品邀请书上。该邀请书对"美术"一词的含义进行了界定,称"西方把音乐、画学、造像术、诗学统称为美术"。② 在中国,较早使用美术一词的是曾留学日本的鲁迅。他在《拟播布美术意见书》中说:"美术为词,中国古所不道,此之所出,译自英之爱忒(art of fine art)。"他解释道:"美术云者,即用思想以美化天物之谓。苟合于此,则无问外状若何,咸得谓之美术;如雕塑,绘画,文章,建筑,音乐,皆是也。"③

将书法视为美术学科,只是用新瓶装旧酒,但这毕竟是现代文化思潮的产物。

对书法来说,其学科化的早期设计在很大程度上要归功于蔡元培。蔡文培在《学堂教科论》中说:"文学者,亦谓之美术学,《春秋》所以文致太平,而《肄业要览》称为玩物适情之学者,以音乐为最显,移风易俗,言者详矣。"在这里,蔡元培所指的文学,涵义广

---

① 钱穆:《现代中国学术论衡》,岳麓书社,1986 年,第 34 页。

② [日]神林恒道:《"美学"事始》,武汉大学出版社,2011 年,第 2、7、8 页。

③ 《鲁迅全集》,人民文学出版社,2005 年,第 50、51 页。

泛,包括音乐学、诗歌骈文学、图画学、书法学和小说学。这与作为哲学分支的美学所研究的范围基本一致。① 作为中国现代大学教育的奠基者之一,蔡元培也为书法的学科化开辟了道路。1918 年 4 月 15 日,在"中国国立第一美术学校"开学式的演说中,蔡元培对美术学校的学科界限做了进一步的区分,按各国通例将文学和音乐排除,而将美术限定在"视觉之美术"的范围内,同时明确了书法的学科归属:

> 惟中国图画与书法为缘,故善画者,常善书,而画家尤注意于笔力风韵之属。西洋图画与雕刻为缘,故善画者,亦或善刻,而画家尤注意于体积光影之别,甚望兹校于经费扩张时,增设书法专科,以助中国图画之发展,并增设雕刻专科,以助西洋画之发展也。②

书法专科的设想,是北大"书法研究会"成立后的进一步方案。在此之前成立的北大"书法研究会",作为一种讨论书法艺术和进行书法学术研究的组织模式,在民国得以大面推广。在 20 世纪 20 年代,有很多大学都成了类似的研究会。③

作为五四一代的启蒙者的代表,蔡元培的书法学科化设计,将书法从晚清作为一种文化衰落象征的辞章楷法的阴影下拯救了出来,对书法在现代的发展具有里程碑式的意义。同时,值得特别注意的是,蔡元培将书法作为"视觉艺术"的定义,在今天仍值得继续深思。因为,基于中国书法传统的特殊性,书法与金石碑版、词章等的这种同盟关系,使得将书法视为一种综合性型艺术的观点者仍大有人在。这种书法是综合型艺术的观点,优点是强调了书法传统生态特征,缺点则在于容易模糊书法艺术的边界,未能将书法对形式自律性的探索置于书法学科的核心。

---

① 蔡元培:《学堂科教论》,高叔平编《蔡元培文集》第 1 卷,中华书局,1984 年,第 144、150 页。

② 蔡元培:《在中国第一国立美术学校开学式上之演说》,《蔡元培美学文选》,北京大学出版社,1983 年,第 77 页。

③ 单滨新:《蔡元培先生与中国书法》,《北京观察》,2003 年第 1 期。

进化论是"五四"思想家普遍接受的意识形态,蔡元培也是如此。他对美术持有明确的进化观点,认为图画从壁画到独立的画幅,从单纯的物象表现到历史画、风俗画、山水画都是一个进化的过程。同时,他也认为,中国的图画虽是传统美术中最发达的部门,但是创造少而模仿多,不如西洋画时时创立新派,"而且,画空气,画光影、画远近距离,画人物的特性,都比我们进步得多"。这种观点在今天看来,也许会被认为忽略了中国美术自身发展的独特规律,从而也并不意味中国美术的缺陷,但他的进化观中有足以让我们警醒的部分。他说:"观各种美术的进化,总是由简单到复杂;由附属到独立;由个人而进为公共。"① 其中,艺术的"由个人进为公共"堪称真知灼见。对书法这样一门艺术而言,其私人性本是无可厚非的,但公共意识,即一种投身于现实的社会文化语境及干预现实的能力,是书法作为一个独立的学科应该探索的。

三、"图像革命"的现代性意义

中国书法在世界艺术中的地位问题是一个现代性问题。在前现代的传统社会中,书法始终按自身的文化逻辑发展变化,且代有创新,按刘勰的理论就是"通变":"凡诗赋书记,名理相因,此有常之体也;文辞气力,通变则久,此无方之数也。名理有常,体必资于故实;通变无方,数必酌于新声;故能骋无穷之路,饮不竭之源。"书法的发展自有其传统文脉的支撑,这是毋庸置疑的,即便是最锐意的创新,其立足点也在于"望今制奇,参定古法"(刘勰语)。尤其是晚清和民国,在中国书法史上不仅不是一个衰落的时代,相反是一个颇具形式创造力与思想活力的时代。诚如清代赵翼所言:"国家不幸诗家幸。"

但一旦中国开始谋求现代化,书法与异质文明的碰撞就成了不可避免的了。

中国书法与西方艺术之间最近一次直接的对话发生在 20 世

---

① 《蔡元培美学文选》,北京大学出版社。1983 年,第 121、122 页。

纪 80 年代,那场对话导致了"现代书法"的发生。在西方艺术形式的刺激下,通过对西方现代艺术、后现代艺术形式语言的移植和借鉴,中国书法界掀起了一场"图像革命"。这场革命隐含了一个前提,那就是书法是一门适应于普遍的艺术规则的艺术,它自身具有反映现代生活,甚至干预现代生活的能力。但至今仍悬而未决的问题是,中国书法的"现代"是由西方制定规则,还是由中国文化自身来给出规则? 或者是二者的融合? 从这个意义上说,书法的现代性早已发生——在清末民初,与书法文化相关的许多方面,包括作为书法艺术形式最后依据的文字,以及书法的社会功用和传统美学,都进入了一种"文明对话"的格局。如果说在 20 世纪 80 年代书法面临的是与形式语言直接相关的"图像革命"的话,那么在清末民初,书法所面临的则是与整个书法文化生态相关的"文化革命"。

"卢辅圣难题"与中国书法美学现代性的抉择

——重读卢辅圣《历史重负与时代抉择》

王毅霖

许多资料表明,把书法美学的现代性探讨确定在 20 世纪初是有理有据的,但资料同时证明,这种探讨无法得到良好的持续,许多理论家在讨论书法的现代性时,匆匆地简述一下 20 世纪初之后便迅速地跳开而直接进入 80 年代。把 50 年代到 70 年代中间的 30 年完全割弃,不仅显示理论的无奈,更可见理论探讨的难度,即便到 80 年代,现代书法创作的热潮也并没有多大地带动理论的深入发展。显然,书法与源于西方的美学之间隔阂之巨大是显而易见的,它使书法美学的探讨涉及的人员少之又少,且多趋于表面。

把书法置放于美学的框架下进行全面反思,卢辅圣算是为数极少的其中的一人。《历史重负与时代抉择》一文无疑是把书法这门艺术置于美学角度下进行的一次比较全面的反省。卢辅圣认为,书法正面临一次史无前例的危机,而他一方面竭力寻找书法的历史发展规律却又"无力也无意预卜书法的前程"①,另一方面意识到"书法独自面临自我抉择的未来,也许还是破天荒的第一次,然而,这是一次决定性的抉择,一次不容丝毫犹豫和苟且的抉择——不在抉择中新生,便在抉择中死亡"②却又无能为力。理论家在反思与建构过程中所遭遇的无可跨越的难题,本文称之为"卢辅圣难题"。事实上,书法在跨越了新的千年,在理论家的反思与

---

① 卢辅圣:《历史重负与时代抉择》,《20 世纪书法研究丛书·当代对话篇》,上海书画出版社,2000 年,第 55 页。此文原载于《书法研究》,1987 年第 1、2 期。

② 同①,第 55 页。

喟叹过去二三十年之后，尽管书法美学现代性的发展历程如此差强人意，但在传统美学方面，书法在当代仍然故我地存在和发展着。当代书法到目前为止，并没有遭遇如卢辅圣先生所认为的史无前例的危机，更没有死亡，也没有新生。可以这么认为，"卢辅圣难题"事实上只是一种虚构的难题，但它对书法史的归纳与概括在今天看起来仍然有着非凡的意义。

一

反思的开始源于时代的际遇，无疑，我们面对的是一个变革的时代，这个时代"旧的艺术模式在松弛、塌坏，人们的艺术精神在获得自由解放的同时，也感到了迷茫困惑、无所适从的苦闷，惯常意义上的自我见解自我选择、自我信赖，遇到了前所未有的麻烦和冲击，只有在此时此刻，我们才获得了一个瞻前顾后，全面反思和重新定向的大好机会"。①

对书法美学的反思是从"书法是什么"开始的，衍形的特质使这一表意的符号系统得到了上升为门类艺术的机会，字体对实用性的追求与书法艺术化的矛盾推动着这门艺术，并留下了一道华丽的轨迹。无疑，文字和绘画的夹角和空隙是书法赖以生存的空间，在这个持续发展但又有限的空间里作无限的探索被视为本体之内的无限超越。

剖析从笔法、章法、墨法的演变史入手，显然，笔法在历代书论中的位置显赫，而平动、绞转和提按作为三大主要范畴在书法审美与演变之中立下了汗马功劳。提按在笔法的历史上划出了一道时间的鸿沟，尽管早期的平动、绞转向后期的平动、提按转折的过程显得漫长且模糊，历史的风力不断地剥落了相互拉锯的种种细节，演变的主轴成了理论研究的着眼点。笔法的变迁不仅仅是一种时代变迁产生的技法推进，平动、绞转、提按这三大范畴联袂出场构

---

① 卢辅圣：《历史重负与时代抉择》，《20世纪书法研究丛书·当代对话篇》，上海书画出版社，2000年，第55页。此文原载于《书法研究》，1987年第1、2期，第55页。

成的笔法演变史与字体的演变、法与意等范畴紧密关联:"书体的衍演从广义(即字体如篆、隶、楷、行、草)转向狭义(即书家书体如欧颜柳赵等),正是字体发展的终结和笔法开拓的终结导致的必然后果。"①一方面,笔法的变迁使技法形成一种范式并使"书法艺术进入了一个超稳定的运行轨道"。② 对法内的无限拓展使"法"的边缘逐渐僵硬,"永"字八法、欧阳询"三十六法"等不断地新鲜出炉,"法"内部空间的无限拓展使"法"范式系统不断地完善。同时,"法"范式系统的完善又使书法成为一种规范性极强的艺术,失去了自由度的外缘,在"法"的内部作无限拓展和掘进最终将使"法"形成一个坚硬无比的躯壳。今法的建构以古法的丧失为代价,"逸格"从此滑入另一个世界的范围之中。另一方面,对已被隔开的另一片天地的标高——"二王"为代表的"逸格"书风——的崇尚和追求成了一种可望而不可即的精神信仰。自唐以后,这种精神信仰时时牵动着书家的心灵,每次的复古运动都是一种在法的世界之内作法的世界之外的追求,是时,复古并不一定离彼岸的世界更近,创新也并非离彼岸世界更远。

"笔法内源的枯竭,引起了章法的大地震。"③ 轴线由简单到复杂的组合,由平稳走向动荡,代表着章法的审美感受能力的提高和视觉需求获得的补偿———一种由于笔法的封闭在笔法之内无法获得而从外延寻求的补偿。相对于笔法而言,章法绝对谈不上是一个富矿,唐代狂草对之短时的开掘基本耗竭章法的空间资源。转向墨法是自然而然的一种选择。枯湿浓淡造成的强烈视觉效果成为抒发书法强烈情感的辅助产品。历经明清两代,高堂大轴的书作和造纸的革新允许墨色的浓淡干湿达到使用的极限之后,在书法本体的框架之内,墨法资源的勘采亦告结束。

---

① 　卢辅圣:《历史重负与时代抉择》,《20 世纪书法研究丛书·当代对话篇》,上海书画出版社,2000 年,第 55 页。此文原载于《书法研究》,1987 年第 1、2 期,第 62 页。

② 　同①。

③ 　同①,第 64 页。

二

　　理论触角在遍及"法"的领域之后伸向了"意"的疆土。在"意"的领域，汉代是一个巨大的分水岭，字体衍变的结束成为划分两个时期的重要标准。先秦是一个洋溢着集体的智慧、力量和信念的时代，在书风上其时被称为"书意的观念化时期"。① 这个时代审美以集体无意识为口号征用了书家个人的个性和情感。在神性的召唤之下，以对个人情感的遮蔽换取了"质"的辉煌，本体和个性的不成熟无意之中包孕了鲜活的整体时代精神，艺术的生命力因而显现出无比的生机。而另一个对立面，书法进入了魏晋直至当代，在神性被人性逐渐消解的时代，集体不再有如此惊人的感召力，个性被标榜，个体的情感和意志被允许存在并可能进一步放大，书法进入了一个"书意情感化"的时期。在这个漫长的时期，占据时代优势的魏晋夺得了第一个制高点，"这是一个自发与自觉、超脱与执着、泛神与泛情、理念与趣味的最恰当、完美、不偏不倚并且不期然而然的伟大交点！"② 进入了唐代，在和谐的制高点被夺取之后，二侧极静和极动的楷书和草书是剩下的两座高峰。因此，我们也就不难以理解为何在"法"得到极大推崇并取得巨大成就的唐代，浪漫主义的书风同样收取到巨大的收获。时代的际遇使魏晋和唐代分别占据了书法本体的三个制高点，"前者以自然合一的平衡获取了中和之美，后者以两极互补的平衡获取了极则之美"。③ 从此，风格的焦虑成为唐以后书家一种天然的综合征，无法企及、无法超越又不愿恪守传统成为具有创新意识书家的难题，继承和创新的对立和矛盾由此浮出水面。历史完成既定的极则所形成的范式使创新的空间受到了巨大的挤压，本体内部核心

---

　　① 　卢辅圣：《历史重负与时代抉择》，《20世纪书法研究丛书·当代对话篇》，上海书画出版社，2000年，第55页。此文原载于《书法研究》，1987年第1、2期，第71页。

　　② 　同①，第75页。

　　③ 　同①，第78页。

深入的艰辛导致注意力无可奈何地向边缘滑移,意的极则发展引起的理、法资源的再度利用,书意与理法的关系进一步地复杂和精细化。个人风格的提炼和创造成为唐以后书家致力的方向,从此,高峰不再,沙丘成林。然而,尽管风格的无尽变化、传统和创新的无尽拉锯,理论家发现,"所谓的创新与守旧之对立原来不过是殊途同归——守旧派直接将自足的宁静引入内心,从目的到手段无不体现着和谐;创新派则把和谐体现在终极目的上,而将激情抒发作为引向和谐的手段。一个经过净化,一个经过发泄,他们所追求的个性价值不论是否自觉,同样是抒情形式的自由,却是不容置疑的"。①

<h2 style="text-align:center">三</h2>

"法"和"意"的探讨显然过于粗疏,对书法美学的检阅必须进入"理"和"道"的层面上。

真、善、美的区别告诉我们:"审美不是实现人的现实个性对物质对象的评价,而是实现人的审美个性对符号对象的评价。"②"法"与"意"是相互缠绕的一对关系范畴,前者以技术为载体,后者是精神高度的附着物,二者共相作用主导书法艺术本体的消长。在审美的三座高峰被攻克之前,书法主体化自由主宰着客体化自由的前提基础下,"客体化自由逐步强大的过程也就是书法逐步走向本体化的过程"。③ 反之,历史的车轮一经驶过唐代楷书与狂草的二座"法"与"意"构成平衡杠杆南端极则的巅峰之后,"法"作为技术层面的积累占据了书法审美的绝大部分疆域之时,便即"客体化自由强大到转而主宰了主体化自由之时,主体化自由逐渐削弱的过程也就是书法艺术逐步走向非本

---

① 卢辅圣:《历史重负与时代抉择》,《20世纪书法研究丛书·当代对话篇》,上海书画出版社,2000年,第55页。此文原载于《书法研究》,1987年第1、2期,第82页。

② 同①,第84页。

③ 同①,第85页。

体化的过程。"①在"天人合一"和"得意忘象"两个哲学羽翼的护
航下,在自然经济的基础上②,书法本体化和非本体化的缓慢进
程都没有僭越书法之所以作为书法的极限与边界。在书法非本
体化的进程中,书法的本体能够保持足够的空间和限度源于在
自然经济基础上对形式可持续性的掘取。无疑,自然经济是书
法艺术赖以生存的重要土壤,"一旦自然经济的基础发生动摇,
人工经济所特有的积极进取精神便挟带着科学理性的价值观和
形式逻辑的方法论长驱直入,他神和我神,众长和一家,共性和
个性,传统和创新,都将从中和平衡走向对抗,书法发展的纵向
深入的堤坎,也将随着在横向扩张的洪水巨浪中塌方崩溃"。③
在物质生活和精神生活都发生了巨大变化的当代,自然经济基
础被人工经济基础所转换和取代的当代,理论家忧心忡忡地放
言:"变法周期的短缩,审美生态的失调,艺术功能的衰竭,将随
着书法市场的扩大而递进。由此指向的唯一前途,将是书法非
本体化进程的加速完成——站在书法本体论立场上,也就是书
法的消亡。"④消亡是本质的一种异化,是边界的漫延之后主体
核心受到的异化或重构导致艺术本体产生的变异。理论提出这
样的疑惑:为什么千百年来在古人那里没有产生的"穷途末路"
和"消亡"感在当代被理论家如此焦虑地指出? 另一个问题是:
如果作为传统意义上本质的书法消亡了(这里的消亡并非指死
亡,而是一种异化,或与其他艺术的重组),书法未来的存在形式
可能是什么? 书法从一元走向多元,在关闭了"本质"之门后,开
辟了多种可能之门。

---

① 卢辅圣:《历史重负与时代抉择》,《20 世纪书法研究丛书·当代对话篇》,上海
书画出版社,2000 年,第 55 页。此文原载于《书法研究》,1987 年第 1、2 期,第 85 页。
② 同①,第 88 页。
③ 同①,第 88 页。
④ 同①,第 93 页。

四

反思的进程从此由书法形态学本体论的层面进入了书法价值学本体论的层面。前者是传统意义之下的本质界定，即书法是什么；后者以功用为切入点，向上升腾为终极价值意义的追问，向下沉淀为庸俗的社会功用。到底是怎样的质承载了书法形态上如此关键转捩点的重要责任，它不仅是文学艺术与非文学艺术质的区别点，更是书法和非书法艺术质的区别点。质的特殊性往往在于其限定的特殊性，与平面绘画形与色在二维空间自由使用相区别，"书法却只能在形中的点线和色中的黑白这个极小限度内施展自己的活力。这种活力存在于一切物质形态之中，而又唯一为书法所提炼、点化、升华为挣脱了现实世界和现实形式之强制的独立于万象之表的'人工营构之象'——这才是书法赖以与非书法相区别而使自身独立存在的特殊本质"。① 在唐前的书法史上，都是在形中点线和色中黑白这两个限度之下并以此作为工具建立起从"法"到"意"的链接的过程的，"法"与"意"在有限的空间里进行极为深刻与精微的链接。这对互为作用、相互缠绕的关系范畴在达到最高平衡的阈限之时，上升的自然之道成就了魏晋的高峰，而其左右倾斜的最大阈限则成就了唐楷和唐代狂草这两座巅峰。时代精神高度的攻克是必须具备时代际遇的，唐以后，这种时代的馈赠再也没有给后人留下机会，在一些细节之上作修修补补，或寻找到某种"法"与"意"产生联系的关节点以获取符号系统个人化，并以此寄寓个体性情成为有宋以来书家的唯一选择。在这漫长的时间里，书家没有产生过"消亡"或"穷途末路"感缘于文化基础的稳定性使这种限制得到默认的保存。

然而，书法进入当代，书法价值本体论撬开了这个限制坚硬的躯壳。点和线被拓展到点、线、面，甚至多维度的空间，黑白世界也

---

① 卢辅圣：《历史重负与时代抉择》，《20世纪书法研究丛书·当代对话篇》，上海书画出版社，2000年，第55页。此文原载于《书法研究》，1987年第1、2期，第97页。

被填以丰富的光与色,观念的参与使符号系统的解说空间得到了迅速的膨胀。书法由一元式的符号审美走向认识论系统的研究与使用和伦理学系统的意义阐述,美的世界被真与善附体之后,神性逐渐消失,书法从贵族化、文人化走向大众化。智者由此产生喟叹,书法正走向消亡,这个时代是一个面临抉择的时代。我们必须拯救书法,必须寻找到一条能够消除以技术为唯一法则最终导致产生技术副作用,"又能保持技术本身的方法"。① 为这种问题开出了一系列医治的方法清单是独醒者的责任所在,这种方法"是一种努力于建立形式构成与内心生活之间直接联系的方式,它以逻辑为指导,注重思维的历时性和动态性,要求对形式构成要素的敏锐感受力,比如对线条品质、墨色效应、空间结构、运动节奏等等无微不至的识辨感应,并且能自觉地使之与心理结构保持一种动态平衡——相互作用,相互适应,以尽可能微弱的形式变化与尽可能强烈的情感激发纽结为一体"。② 然而"本文无力也无意干预书法的前程"③显示了智者对药单自信力的不足、对未来的不确定性,以及对当下的焦虑与无可奈何。

五

理论家以本质主义为工具为我们建构了一个庞大的逻辑分析体系之后,揭示了当代面临着书法消亡和书法信仰危机的问题,以及书坛面临着抉择之后转身离去。解答这一系列问题必须从当代入手,书法理论的梳理必须以理论家建构的体系为逻辑入口,以更为复杂和庞大的当代书法现象和文化背景为依据作深入的探析被视为是必经之路。

历史的驿车驶过了 21 世纪十几个年头,理论家站在 20 世纪

---

① 卢辅圣:《历史重负与时代抉择》,《20 世纪书法研究丛书·当代对话篇》,上海书画出版社,2000 年,第 55 页。此文原载于《书法研究》,1987 年第 1、2 期,第 107 页。

② 同①,第 108 页。

③ 同①,第 110 页。

80年代到90年代美学思潮迭起的桥头反思书法史的过去、当下与未来之时亮出了"消亡"的穷途末路观。二十几年过去了,尽管二十几年对书法史而言不过是白驹过隙,但相对于80年代到90年代那段思潮巨变的时间跨度不能不说也是一个重要的时间参数。这段时间里,在现代性猛烈的冲击和拍打下,书法这门古老艺术的长堤并没有出现全面的崩塌,而是呈现出多姿多彩的景象。显然,理论家在80年代忧心忡忡地提出的预见并未如期而至。我们可以肯定地说,相对于80年代书法赖以生存的自然经济基础在当代正在日益的销蚀,而书法并未因此而消亡。人们惊奇地发现,在理论上,尽管说辞老套、阐释乏力,传统书法美学的许多范畴依然存在并承担着当代书法理论的重要职能。"法"与"意"依然是书法赖以生存的有机范畴。而创作层面上,尽管呈整体精神高度的下滑,也没有多少创新性可言,但全民性的广泛参与仍使书坛呈热闹非凡的景象。在现代性日益吞噬古老传统的当代,为什么书法如此执迷于传统,书法具有比理论家想象的更为坚固的本体以至于历经现代性的侵袭之后依然屹立。许多现代的因子在与传统书法美学产生对峙不久后便节节败退,现代作为某种形式被书法吸收和保存,传统却以主导性的地位放射其故我的魅力。无疑,书法美学具有比卢辅圣所认识到的更为复杂的结构和关系。书法具有更为强大的免疫力,具有更为稳固的传延系统,以至于在如此复杂的当代,它依然得以逸出社会文化的整体之外。

逸离与化合：台湾书法美学的现代性理路

王毅霖

如果说对中国大陆的"现代书艺"进行理论的反思时，日本"现代书道"具有极为重要参照意义的话，中国台湾地区所取得的成就及其发展理路就更不容忽视。特别在跨越新千年之后，在大陆的"现代书法"和"后现代书法"业已复归沉寂之后，台湾地区的书坛甚至是全社会对于"现代书艺"所表现的热情景象形成明显的对比。检阅现代与后现代文化的发展历程，有着特殊地域性和历史经历的中国台湾地区，以其独特的方式收受到来源于西方的现代和后现代性，以自身独特的方式衍演并放射其化合之后形成万花齐放的衍生品成了台湾地区的一大景观。

一

是怎样的历史文化情景和文化结构促使这个美丽的宝岛在面对现代与后现代时呈现如此巨大的张力呢？"视域融合"的方法论提醒我们，必须对这一特殊的地域进行精微的文化结构考察。许多研究成果支持我们的观点：台湾地区是由三个主要的文化层形成的文化结构。第一层来源于远古的闽越族文化和明郑时期大量闽南人入台带来的闽南文化。大约在新石器时代中晚期，古闽越人沿着退潮之后露出的陆地或乘坐古代的舟具越过海峡到达台湾岛。

闽越人对蛇等动物的原始崇拜和崇巫尚鬼的情节在跨越了那道漫长的"黑水沟"之后并没有因风浪和雨水的冲刷而被荡涤，它们深入这些早期移民的骨髓和血液中,甚至形成了台湾地区人民的内部心理积淀,构成其文化内核。① 我们不妨把台湾地区这种由古闽越人为主的宗教信仰称之为"蛇魂";我们相信它甚至可以用来指称台湾地区文化结构的内核。不仅原始社会的闽人迁徙到台湾岛,明郑时期大量的闽南人进入台湾岛无疑是"蛇"文化的二度进驻。这一时期,大量的闽南漳州、泉州人进入台湾地区,在茫茫大海中的一个孤岛上垦地拓荒,并以此遥相对峙着清廷。无疑,这一时期的移民使台湾地区社会文化不仅是诗书传家、耕读人生,还是意识形态的与主体对抗,这些都是带着浓烈的闽南风情习俗的。②

---

① 显然,考察古代台湾地区的原始文化必须从大陆的闽越文化开始,其图腾崇拜、原始信仰、生活环境及生存信念等,无疑直接关乎古代台湾地区的文化生成。弗洛伊德认为:"图腾崇拜是一切宗教和一切文化、一切道德以及社会组织的起源。"(弗洛伊德:《图腾与禁忌》,杨庸一译,台北"中国"民间文艺出版社,1986 年,第 159 页。)《说文解字》云:"闽,东南越,蛇种。从虫,门声。"《淮南子·原道训》云,闽越人"被发文身,以象鳞虫。"东汉高诱注:"被,剪也;文身,刻画体内,鲸其中。"尽管学者对闽越文化的历史源流及其细部可能存在多种歧义,"蛇"作为闽人诸多原始图腾崇拜中重要的一种大致不会引来过多的疑义。作为民俗风情或历史证物流传的有:华安草仔山的蛇形石刻、漳浦大荟山的蛇形岩画、平和县三坪寺和龙海程溪镇的蛇神崇拜、泉州拍胸舞中戴的蛇形头饰(有学者甚至认为这当为一种古代图腾崇拜流传下来的舞蹈,周传志:《论闽南民间体育的多源性特征》,《漳州师范学院学报》,2010 年第 3 期)。福州古代女子头上饰戴的蛇形簪、南平樟湖坂镇的蛇信仰,以及分布在福建各地的蛇王庙等,都可见古代闽越文化中蛇崇拜的重要分量。台湾地区早期少数民族的主体来自于大陆,《隋书·东夷传》载云:"以墨黥手,为虫蛇之文",相同的记载见于《隋书·流求国》,可见闽越人断发文身的图腾崇拜随着新石器时代的中期或晚期古闽越人迁入台湾之后而带入,从此在这一部分来自于大陆的高山族(台湾地区早期的少数民族还有一小部分来自于东亚各岛国)中传承下来,有些部族甚至延续至今。"高山族的泰雅人、布农人、排湾人、鲁凯人盛行崇蛇习俗,尤其以排湾人以及鲁凯人为甚。'虫蛇之文'的文身习俗仍延存于排湾、鲁凯、泰雅等族群。"(郭志超:《闽台崇蛇习俗的历史考察》,《民俗研究》,1995 年第 4 期。)

② 何绵山先生在论述古闽越人的精神文化对于福建文化的影响和留存的积极进取方向说道:"据《越绝书》卷八载,越人'以船为车,以楫为马,往若飘风,去则难从'。《汉书》卷六十四称'越人习于水斗,便于用舟'。闽越人不畏风大浪高,善于搏击海浪,向外拓展生存空间,至今似仍可在一些闽南人身上看到影子。"何绵山:《闽越文化初探》,《漳州师范学院学报》,2002 年第 2 期。

闽越人的这种性格最终演化成闽南人"爱拼才会赢"的精神,而他们的原始信仰则以各种不同的进度而存在于台湾地区的文化内核里。①　早期的原始崇拜已然作为远久的文化沉淀而遁入其文化主核的深处,但闽人好巫信鬼的文化特质依然存在,"举头三尺有神明"成为他们信仰的特征。由此我们看到,不管是当代的闽南人还是台湾地区人,佛、道、祖先、鬼、动物崇拜、植物崇拜均共相存在,"万物有灵"的理论似乎成为他们可以同时信奉各种宗教的理由,多种信仰共存的现象甚至造成一个有趣的现象,他们可以在家里供奉各种不相同类别派系的神明。理论的探讨不在于研究闽台的原始崇拜及其文化关系,关键在于闽南人的这种"举头三尺有神明"的泛神意识在儒家文化的激励之下体现出一种虔诚的生活态度。无疑,这是一种神明监督的文化心理内核结构。一方面,它使文化在走向封建社会再进入资本主义社会之时依然带着极为强烈的原始素朴信仰,蒋勋先生在其著作中多次讲到台湾许多地区依然保留对文字极为虔诚的原始信仰情节就是极好的例证。另一方面,它使儒家文化演化成一种虔诚的入世文化,甚至在现代性和后现代性进入之时,以一种深层文化心理过滤掉其与生俱来的强烈逆反与攻击性,从而呈现其积极性,这种积极的后现代性甚至使台湾地区的当代文化成为国际文化的特殊景观。由此,许多文化跨界的试验不仅未见得使本体产生消亡(特别是后面我们归为"他跨界"的艺术种类),更多的是以一种新的面貌得到重新认可。

尽管"蛇魂"是一种以偏概全的概念,但这种对于原始文化内核的称谓有助于我们对台湾地区文化结构的深入论述。无疑,包裹着"蛇魂"内核的是中国正统的儒家文化。明郑之后,中国尽

---

①　此时"高山族的蛇崇拜仅从自然崇拜、图腾崇拜发展到祖先崇拜,还未发展到神明或诸神崇拜阶段。祖先与蛇互可逆的凝重心理明显遏制了从祖先崇拜向诸神崇拜的演进"。郭志超:《闽台崇蛇习俗的历史考察》,《民俗研究》,1995 年第 4 期。然而,明郑入台以闽南人为主体的汉人却以一种更为宽广的信仰呈现。不同进度的二者造成不同的信仰张力。

管从荷兰殖民者的手中收复了宝岛,但与清廷对抗的政治场面使台湾地区以一种后进的文化格局编织于中国传统的文化网络里,这甚至延续到康熙帝收复台湾后的很长的一段时间里。作迟缓的蠕动成为台湾地区很长一段时间内的文化景观。直到首任巡抚刘铭传治台,台湾地区才开始以其地理环境(气候)的优势而在经济上得到巨大发展,文化一直以相对迟滞状态承接大陆的局面也得到很大的改观。① 儒家的传统文化贯入了带有着强烈原始精神情结的农耕文明之中,闽越原始的"蛇魂"逐渐沉入深层的文化结构中,许多更为成熟的宗教信仰以补偿的方式日渐成为民俗文化的表征,儒家在此显示其无比的包容力,局部的情况下甚至成为宗教信仰的阐释工具更可见二者的和谐共处。

二

日本占据后的几十年里,尽管日本人"和"化运动有目的、有计划地不断推进,但一度以中国文化为母范的国度——日本——并没有多大程度对台湾地区的这种文化格局造成戕害。许多学者的研究表明,在外族的压力之下,宗教信仰甚至在许多时候为儒家文化的传延起掩护。

国民党入台无疑是打破这一稳定景象的关键时刻。特殊的地理位置和历史背景使台湾地区战后的文化呈急剧增长之势。文化实力的急剧膨胀及政治局势的动荡交织充注台湾地区文化,整体上呈儒家文化回归是掌权者对于战后意识形态统一采用的策略。

① 许多学者认为,台湾地区的近代化应该从首任巡抚刘铭传治台开始。刘铭传在治台的短短几年里,"使台湾由一蛮荒落后区域一跃成为全国模范省,奠定台湾近代基础"。张缨:《刘铭传与台湾近代化模式》,《海峡两岸纪念刘铭传逝世一百周年学术研讨会论文集》,黄山书社,1998年,第180页。此外,"道光年间受在台授取进士影响,随后全台就有38位进士、320位举人、其他秀才更是不胜枚举"。台湾淡江大学书法研究室:《台湾书法源流研究案要旨》,《翰墨珠林》,第7页。

无论"官方儒学"还是"民间儒学"①,都在这种氛围之下有了空前的发展。由于"官方儒学"包裹着强烈的政治色彩,引起民众普遍的腻烦从而使许多学者呼吁回归原始儒学(孔/孟)。在跨越千年之后,学者的这种洞见日见成效,台湾地区儒学的原始回归不仅足以促进传统精神的新生,且有利于更为有效地介入当代。

台湾地区的当代,无疑是一种基于西方认同下的当代,除了国民党"当局政府长期把美国援助行为作为自己政治和经济靠山,在客观上引发了台湾人民几十年价值观和文化心理的西方趋同现象"②之外,原始儒学的回归为此腾出的巨大文化空间无疑使现代性更容易得以进驻。此外,特殊历史使台湾地区的文化在历经多次的拍打(荷兰、明郑、清、日本、国民党)之后颇显淡定与从容。由此,我们发现,不仅许多东南亚国家在现代性入侵之时儒家文化体现出的极大抵御力量在台湾地区并没有多大地出现,而且,原始儒学与现代性形成无比巨大张力的文化情境使台湾地区成为文化的"现代主义"和"后现代主义"的乐土。如今,后现代性逐渐成为台湾地区文化结构的表层。

如此,三种主层的文化结构建构了一个多元的台湾地区文化,即便是后现代性亦以其独特的面目显示出其与众不同的魅力。一种颇具原始性,又蕴含几许古典意味的后现代性在这个地域绚丽地舞动其身姿。无疑,在书法上,演绎的亦是传统、现代和后现代复杂交织的多重合声。

随着明郑的入台,复绎靡靡的帖学成为一个边陲孤岛力所能及的文化自衍。入清后,碑学书风同样通过海峡的潮汐传送抵达这东南岛屿。特别是日本占据时期,碑学以辗转的方式进入了台

---

① 黄俊杰认为:"儒家思想在战后台湾可以分为两个阵营,一是以中小学教科书为代表的'官方儒学',它是官方政治目标的支持者,对儒家思想进行高度选择性的解释,以支持官方政治目标或为政治领袖的言行提出传统文化的基础;二是民间学者或知识分子所诠释的'民间儒学',它强调民族文化的认同远过于政治认同。"黄俊杰:《儒家传统与21世纪台湾的展望》,《福建论坛》,2010年,第23期。

② 张文彪:《台湾社会转型与后现代文化的兴起》,《福建论坛》,1997年第4期。

湾地区。无疑,大陆书坛开演的每一幕,尽管以比较模糊且急促的场面,在台湾地区的重新放映尽在情理之中。就在日本步入"现代书法"艺术的 20 世纪五六十年代,国民党却以儒家的仁、义、礼、智重新规训这一地区的民众。直到 70 年代,相对宽松的文化政策之下,书法的现代性才如同夏季的台风一样席卷而进入台湾地区。

比较海峡两岸当代书坛的状况,传统、现代、后现代共存的景象似乎没有过多的不同。然而,只要借助文化内部结构的视角,深入地探究两岸当代书法的文化生态环境和书法传统、现代、后现代内部错综复杂的相互作用力,以及当代书法界呈现的格局,我们就会发现,大致相同的表面之下存在着很大的形态差异。一个无法否认的事实是,大陆书法美学的现代性在遭遇超稳定系统形成的美学抵御之后,在跨越了新的千年之后,书法美学整体呈传统回归成为一股不可逆转的趋势,而台湾地区却依然以传统、现代、后现代共相交织、互相作用地衍演着其多元的美学景观。

一位理论家叮嘱研究者,要注意与台湾地区具有相同原始文化(闽越族)的原始居住之地(福建特别是闽南,以及广东、浙江等台湾地区的大陆移民主要来源地)在当代为什么没有表现出与台湾地区相似的现代性理路?显然,历经五四的科学启蒙,又经"文革"的"破四旧",中国大陆的文化原始性被多次地冲刷荡涤,最终导致原始性与儒学和现代性的矛盾及张力被消解。边缘的社会文化形态与主流的文化意识形态长期保持同步一致,文化始终没有突破一元文化结构的藩篱。此外,历经荷兰殖民、日本割据,台湾地区近现代文化形成了大陆所没有的殖民与反殖民的张力。诸多的矛盾与张力使台湾地区成为一个多元的社会,一个多种声部共同发音的共同体,由此,各种文化均获得生发的机会。

三

回顾台湾地区书法现代性的历程和当前状况,只需以"墨潮会"、董阳孜、云门三者为视点,足以大致窥见其整体面貌。

在墨潮会之前,早在 20 世纪 60 年代,旅美华人王方宇以新的形式创作"墨舞",王壮为的"乱影书"亦在放眼尽是传统书风的书坛里露出观念的小荷尖尖角。然而,零星的创新试探并不能激起大众的眼球注意力,特别是在理论阙如的时代,现代派书家的灵光一闪所照亮的不过是瞬时的咫尺之地。直到 70 年代,随着台湾地区政治局势的缓解,随着日本现代书道的崛起和西方抽象艺术的全球性渗透,董阳孜、史紫忱、吕佛庭、杜学知、傅佑武及墨潮会的成员们才得以乘风而起。

作为"台湾美术史唯一明确标举着以'前卫'为发展方向的现代书艺团体"[1],成立于 1976 年的"墨潮会"[2],其历程大致可分为"滚动时期(1976—1988 年)、攀峰时期(1988—1999 年)和回响时期(2000 年至今)"[3]三个阶段。李思贤先生以"寂寞的先知"为这一超越时代的艺术团队命名,可见墨潮会在放眼传统的 20 世纪 70 年代台湾书坛中的境遇。这一群 20 出头的青年书家尽管冲劲十足、活力焕发,但在整体极度保守的格局下,饱受冷眼的过后也只能是迎来逐渐冷却的结局。在历经五六年沉寂之后于 1988 年的"复会"无疑也点燃了积蓄已久的热情,被压抑数年的创新精神一经开启便不断地绽放惊艳的美学烟花。理论家在理论史的清理之中惊诧于这样的一个有趣现象:为什么被喻为寂寞先知的"墨潮会"于 70 年代发出的呐喊无人能应,却在 90 年代得到热烈的回响? 回顾 90 年代"墨潮会"的杰出表现,这种回响不仅回环跌宕,且不绝屡屡。显然,重生的"墨潮会"拥有更为坚韧强悍的生命力,他们不仅有了"改革当前不良艺术现状,扩大影响力,以树立历

---

① 李思贤:《当代书艺理论体系:台湾现代书法跨领域评析》,台北典藏艺术家庭股份有限公司,2010 年,第 201 页。

② 其核心成员有徐永进(1951—)、陈明贵(1956—)、张建富(1956—)、廖灿诚(1950—)、杨子云(1954—)、连德森(1956—)、郑惠美(1956—)、蔡明讚(1956—)等人。

③ 李思贤:《当代书艺理论体系:台湾现代书法跨领域评析》,台北典藏艺术家庭股份有限公司,2010 年,第 202 页。

史地位"①的自身发展目标,还对社团长期持续发展作深刻的思考和反省。此外,美学理论的跟进使这种激进的美学光芒得以良好地自我阐释,尽管对于传统而言破坏力十足,却也逐渐拥有自己的一方演出场所和观赏者。更重要的是,从80年代末到整个90年代,正是大陆的书法现代性呈放绚烂异彩的时代,"墨潮会"发展遭遇的"时空错置"显然是对应大陆书坛现代探索一种因缘际会的回声。书法的现代性乘坐全球化的浪潮错落地拍打着海峡两岸,携着前卫艺术所共有的观念、形式、行为、装置等手段和方式,"墨潮会"在90年代的精彩绽放绝对不是一种偶然,而是与大陆现代和后现代书法美学探讨隔海进行的联袂演出。当然,美学探讨一体化在繁荣时期的相互激励在越过千年之后亦成为一种副作用,与大陆书法前卫派(后现代主义书法)在新世纪的表现一样,"墨潮会"也罹犯了疲困无力的病症,以至于在新的千禧年之后也渐复沉寂。

四

有趣的是,与"墨潮会"大致相同时间出道的董阳孜具有极为相异的发展历程,在新世纪之前表现平平,却成为新世纪台湾书坛矗立的一座奇峰。"她不仅因书法的创新而拥有超高的市场行情,还因为她的书法涉足当代艺术、筹办跨域书法对谈而著文人式精英文化所没有的超高人气和粉丝群。在她那庞大尺幅的书作前,迎面扑来的巨大能量几乎是所有观者的共同感受,而面对如此震慑人心、前所未见的书法创作,除了内心完全被'攻占'后而瞠目结舌外,我们还能在一片赞叹称道中体察些什么?"②

从20世纪90年代末开始,董阳孜的大幅书法开始在台湾地区巡回展出。这些高和宽均动辄数米甚至是数十米的巨作堪称气

---

① 蔡明讚:《"墨潮会"活动纪要》,《现代书艺》,墨潮会、蕙风堂,1994年,第6页。

② 李思贤:《当代书艺理论体系:台湾现代书法跨领域评析》,台北典藏艺术家庭股份有限公司,2010年,第130页。

势逼人,惊艳绝伦。跨过千年之后,持续不断的巨作展览不仅从视觉上直逼台湾人的眼球,而且,在台湾人的眼里,董阳孜在精神上引起的难以平息的震颤使其日渐成为台湾的一个符号,一种精神标引,一种在审美召唤下升腾而起的感动——在现代性来临之后业已归隐的情怀的重新浮现,一种对生命律动的机灵捕捉与表现——在元范畴沉寂之后已然逐渐消逝的潜意识的再现闪烁,从此沁入观者的眼界与心界。

对于董阳孜新千年以来的展览,李思贤作如此的归纳:"从慈济大爱电视台摄影棚的《自在虚实变则通》(2002)、两厅院的《字在自在》(2003)、北美馆的《有情世界》(2004),再到诚品的两档展出:《沉默是金》(2006)和《心弦,无声之音》(2007),以及于国美馆的《天地众生对话》(2009),董阳孜屡屡将书艺的触角往'书法'域外伸展,结合了建筑、设计、音乐、数位艺术,甚至在自己的创作材质上尝试不同的媒材。除了自身之外,她亦与其他如设计、建筑、文学等文艺相关领域的创作者,作书法与文字的跨领域探索(《无中生有》,台北当代馆,2009)与讲演对话,也搭着文化创意产业的顺风车,将书法推广到文创领域,使之成为一种特殊的文化优势(《墨韵无边》,高美馆,2009)。这些积极举措,站在拓展书艺、为书法找寻出路的观点上,是相当值得尊敬与肯定的。"①无疑,仔细考察董阳孜历次展览的作品和整体状况,无不体现如下的两个主要特征:其一是坚持"写字"②,其二是积极探讨书法与"他物"的结合,特别是面对空间的时代性变化和视觉的追求以及观念的依附等。显然,前者使董阳孜的作品不仅保留了文字、书写,甚至连传统书法追求的笔法与留白均以最大程度的留存;后者则以无尽

---

① 李思贤:《当代书艺理论体系:台湾现代书法跨领域评析》,台北典藏艺术家庭股份有限公司,2010年,第130-131页。

② 如同李思贤先生所言:"从诸多迹象和文献显示,董阳孜的书法的确受到西方抽象画某种程度的启发,然而可贵的是,董阳孜在'很少人能读懂'的书法创作里,坚持了'写字'这件事。"李思贤:《当代书艺理论体系:台湾现代书法跨领域评析》,台北典藏艺术家庭股份有限公司,2010年,第136页。所谓"写字",其实就是传统书法的美学本体。

可能性的尝试与"他物"结合并焕发出新活力。如果去除展览空间情景可能引起的情感共鸣,鸿篇巨作转换成为作品集中印刷图片的话,我们将惊奇地发现,那些几欲引起眼泪夺眶而出的情感瞬时烟消云散,前眼之作与日本的少数派现代书法竟是如此的相似。评论家也发现了这种端倪:"这是典型现代书艺发展的路径,只不过董阳孜加入了当代艺术的空间装置语言。"①显而易见的是,在书写的层面上,董阳孜没有比少数字派现代书法走得更远,承传少数字派的创作思路,放大单字的书写幅度,增强单字的节奏变化,追求超强的空间留白,以及由文字引发的情感抒发等。而跨域的探索毋宁说只是尝试着以各种方式与手段对这种被极限放大的少数字派作品进行的情境导引,或是说跨越的探索不过是一种策略性的手段。诚然,幅式与单字体积历经少数字派的放大之后的再次极度放大,线条干湿浓淡的强烈对比引发情感抒发空间被极大地扩增,加上大胆的空间留白应用、特殊的空间与视觉辅助,都是董阳孜的作品使观者产生无比震颤观感的深层原因。有趣的是,少数字派现代书法在新世纪的台湾地区以如此的面目和方式得到了欣然的迎纳——在大陆的现代书法隐遁的新世纪,甚至是日本少数字派也少有佳作出现的时代,依凭幅式的极大扩张,附加各种形式配饰,赶上文化创意的航班,新型的少数字现代书法呈放异彩。

五

如果我们适时地把目光投向"云门舞集"会有另一番的收获。显而易见,云门并不是一个书法团体,而是一个现代舞剧团,把书法研究的视点定在一个现代舞剧团是很容易引起理论质疑的。当

----

① 如同李思贤先生所言:"从诸多迹象和文献显示,董阳孜的书法的确受到西方抽象画某种程度的启发,然而可贵的是,董阳孜在'很少人能读懂'的书法创作里,坚持了'写字'这件事"。李思贤:《当代书艺理论体系:台湾现代书法跨领域评析》,台北典藏艺术家庭股份有限公司,2010年,第136页。所谓"写字",其实就是传统书法的美学本体。

然,我们相信这个现代舞剧团对于我们关于书法现代性的探讨具有重要的参照作用。"云门舞集"为林怀民于 1973 年创办。与"墨潮会"一样,"云门舞集"在创办初期获得首肯之后,很快进入了困境,1988 年历经停办又获重新启动后这一团体才成为国际闻名的团队。

对于许多卷土重来的团队和机构,首次的休停过程往往是其从机制、人员、技术到理念,甚至是文化定位、生态平衡等方面进行反思的时刻。复团的"云门舞集"在运行机制上成立了财团法人——文教基金会①,训练技法上改变早期以芭蕾、现代舞、京剧相结合的训练方法,引入了太极导引②、打坐静心③、佛教的意念修行、冥想④,并掺入了更为广阔的东方美学想象等元素。无疑,在国际上现代舞的训练方法和美学追求上,云门以其独一无二的姿态形成独特的美学标识。它是一种相合东西方文化与美学的方法和追求,对于它的追随者作这样的评价亦是不无道理:"'云门'的

---

① 云门舞集复团后"以非营利组织基金会模式来运营云门舞集团体……从近几年云门的财务报表来看,云门收入来源中演出业务收入约占 50%,社会捐助约 30%,政府补助约占 20%",完善的机制使云门舞集实质上成了一个社会公共艺术团队,并保障其持续的运行。肖怀德:《从"多元文化"到"创意台湾"——台湾文化创意产业考察透视与案例研究》,《现代传播》,2012 年第 4 期。

② "90 年代起,云门有幸请到熊卫先生启蒙'太极导引',徐纪先生指导拳术。从蹲马步开始。蹲下来,松胯,上半身忽然得到前所未有的自由。由丹田出发,转移重心,舞动奔跃也变得轻易自在。更有趣的是,某种集体潜意识的美学观似乎也泉涌而出。在悉尼歌剧院接受欢呼的《狂草》,正是'蹲下去'发展出来的舞蹈风貌。"林怀民:《跟云门去流浪》,文化艺术出版社,2010 年,第 14 - 15 页。

③ "云门舞者的'无我'来自传统肢体的训练。紧绷是偶发的,'松'才是常态。不管拳术或太极导引,虚、含、敛,都是老师们经常提示的字眼。内观是必须经常维持的精神状态。内敛因而神聚。专气(专心在呼吸上)因而自由。……我希望云门之舞能够引发观众的生理反应,而不只是视觉性的耳目之娱。"林怀民:《跟云门去流浪》,文化艺术出版社,2010 年,第 44 - 45 页。

④ "1994 年开排《流浪者之歌》前,林怀民与舞者先做了一次身体的革命。刚从印度菩提迦耶回来的林怀民要求舞者从打太极、静坐开始做起,而不是舞者们都熟悉的现代舞训练。"卢健英:《流浪稻米的故事》;林怀民:《跟云门去流浪》,文化艺术出版社,2010 年,第 59 页。

演员不是训练出来的,而是修炼出来的,他们内心大的沉淀和感悟造就了每个舞者不同的身体。"[①]云门所进行的是一种修炼,一种以身心进行的修炼,一种以身心凝聚东方文化内核并由肢体传达而出的活动。

"云门舞集"吸收书法的因子进行创作的作品是"行草三部曲",即《行草》(2001)、《行草·贰》(2003)、《狂草》(2005)。从接受的评价上看,这占据其作品名单极少比例的主题却是云门最具代表性的作品。舞者以其肢体在聚光灯营造的各形体空间里书写他们内心的情感,无论是横、竖、撇、捺,起承转合,徐缓劲疾,或以空中的书划去体验"锥划沙"笔法之美,或以形体动作去表现"屋漏痕"之动人气魄[②]。伴着极为轻微舒缓的鼓点,几近于零的音乐使身着黑色紧身衣的舞者从律动直至呼吸在聚光下被一一体知。背景的书法或凝重,或舒雅,或狂放,或纵逸,与舞者的节奏相伴相随,与鼓点和音乐相和相应。书法之于平面的黑与白,与舞者之于灯光之下的黑与白构成了二维与三维、时间与空间的相互感应。

考察书法与舞蹈的共通性,"动势"因极为明了而进入研究范围。有研究者以"动势的力度性和动势的逆向性"[③]为切入点探求书与舞二者的同一性,尽管这种研究有点过于偏向形式层面,但并非全然没有道理,动态的视觉效果无疑是二者最为突出的相同特征。然而,种种的证据表明,云门所追求的绝对不仅仅是动态与书法上的相通或合一。换句话说,书法,肯定不是云门追求的终极目的。从书法中汲取灵感,体验书写的感觉,进而借助书写而感知生命的律动,并在自由与自在的状态之下呈现于观者可能更接近于

---

① 张栗娜:《一次醍醐灌顶般"云门"感悟》,《上海戏剧》,2010 年第 6 期。

② 林怀民曾回应采访:"书法只是他创作的跳板,舞蹈无意呈现书法,如果问舞的是何种字体,他只能说是自然天成的'屋漏痕'。"参见《以肢体写书法 林怀民自由自在——云门三十周年推出〈行草·贰〉》,《自由时报》艺术文化版,2003 年 8 月 8 日。

③ 任娜、何琦:《迹象韵格,以舞道心——中国书法与舞蹈的美学共性探究》,《美育学刊》,2011 年第 3 期。

这个团队虔诚的肢体诠释。无疑,他们追求的不仅是对书法形体或动势的摹仿,而是书法美学本体的追求,一种以书法本体内核化合了舞蹈的新生形态得以呈现。

<h1 style="text-align:center">六</h1>

回到考察这三个范例的主旨上来,如果说董阳孜的跨域只是一种策略,作为平面的书写作品依然停留于少数字派的发展路径上的话,"墨潮会"显然是大胆地跨出去了。"墨潮会"声称他们的书法为非书法,并借以表达各种观念,不惮于放弃书法本体甚至是文字载体使之跨出了书法的领域。显然,"墨潮会"为了某些书法之外的观念、策略和目的,以至于放弃(或有意抛弃)书法本体之后,被书法(或书坛)放逐可能是他们最终的唯一出路。考虑到此,我们便不必为其在跨越新千年之后与大陆后现代书法遭受了相同困境的状态而感到惊讶了。

当然,尽管"墨潮会"以种种越界的面目呈现,但若干年之后,当我们在作理论分析之时,都会自觉地把它归为书法艺术的现代性(或后现代性)产生的某一分支或种类上。事实上,还有一种特殊的形态,如同云门舞集,由于长期不被划入书法群体之中而被忽略了其存在的价值。如果我们把董阳孜的书法称为"伪跨域","墨潮会"称为"自跨域"的话,这种形态的作品就可以称为"他跨域"。事实上,尽管有理论家将云门舞集的"行草三部曲"编入现代书法的非书法种类①,但另外的一些理论家马上提出质疑:"无论如何都得清楚地认知'行草'终究是舞蹈这个事实。从舞蹈领域之外撷取滋养舞蹈的元素,那是舞蹈界的'本事'。书法界无须过于膨胀出一种为了当代而当代的书法沙文主义,一股脑儿地将'云门'的书法系列统揽为书法的当代成就;尽管云门确由书法汲

---

① 袁金塔、吕松颖:《书法·非书法——书法元素与当代艺术创作》,《2007 开FUN 传统·现代国际书法学术研讨会论文集》,台北华梵大学美术系,2007 年,第74 页。

取资源,但那明显与书艺无关。"①后者明显比较理性,由此,大多当代书法研究者直接把云门拒之于书法的门外不无道理,因为从根本上而言它就不是书法。而"他跨域"就是一种非书法阵营对书法美学本体汲取营养所呈现出的形态。

如此之多的讨论与分析不仅仅在于把台湾地区架设和罗列于当代的书坛橱柜的某个空间位置上,与大陆书法现代性的现状进行比对并寻找出内部深层的文化肇因才是我们目的所在。当中国大陆书法现代性在跨越新千年之后以一种无可奈何花落去的感觉回归传统之时,日本的书坛却把主流的指针标引于少数字派的现代书道上。如前所述,日本文化的二元属性为这种文化范式买单。而中国台湾却呈现更为复杂的景观,少数字派的现代书法以一种更为夸张的姿态,借助各种光影声电甚或是许多各式各样装置的导引来达到其震撼心魄的视觉效果。在后现代书法("墨潮会")被有意忽视的世纪之后,另一种形态的书法(即董阳孜的书法,我们称之为"伪跨城")受到了大众的欢欣鼓舞。此外,许多书法之外的艺术门类把它们创新的触角伸向了书法,除了"云门舞集"以舞蹈汲取书法的形式与精神之外,其他如钟鼓乐与书法的结合(以击鼓乐汲取书法的节奏与韵律之美感,以打击乐和张旭草书《古诗四帖》结合,形成《击乐狂草》)②。还有一些现代建筑师正尝试着把建筑与书法结合,设计建造出具有书法美感的现代建筑。"2007年由建筑学者刘育东所指导的新竹交大建筑研究所的研究生们,便是以书法的笔画为本体,设计出具书法意象美的建筑,令人惊奇。而刘育东自己则是用'建筑写狂草',他运用电脑程式运算,将狂草的书法线条融入建筑而设计了一座澳底住宅。"③评论家做出如此的赞誉:"这栋'狂草住屋'就像一滴掉落在山水之间的墨

<hr>

① 李思贤:《当代书艺理论体系:台湾现代书法跨领域评析》,台北典藏艺术家庭股份有限公司,2010年,第186页。
② 周茹云:《击乐独奏作品〈击乐狂草〉及〈钟鼓乐三折〉之传统素材分析及音乐诠释》,台北艺术大学硕士学位论文,2010年。
③ 同①,第241–242页。

滴,酣畅淋漓,充满流动的诗意"①,以此来评价这件跨越本体与书法古典美学因子化合又以极为强烈现代视觉效果呈现的作品。

理论家为这种在当代生发的古典因子命名为"书写意识",并进一步做出理论归结:"'书写意识'的理论提出,不但为跨出古典书法框架作品找到了理论支点;同时得以从跨领域的距离远近和趋近西方前卫观念的方式,定下理解当代书写艺术向何处摆荡的尺标,找出属于这个站立于诸多艺术门类的交集领地间的统合观点,藉此归结出回复'书写'意涵的古典兴味,以及和西方'观念艺术'气息相通但却各擅其场的价值。"②尽管我们对于把古典与现代交集的点定在"书写意识"如此狭小点上的合理性表示疑虑,但这一观点的提出是极为有益的。如果把"书写意识"置换成近似含义的"书意",许多概念和范畴必将迎面扑来。首先迎来的是"法",作为其如影随形的孪生兄弟"理"可能亦随之而至。显然,"法"与"意"共同构建书法的本体,后现代书法放弃了本体,解构了法与意,只剩笔墨形骸藉观念而还魂。无论是日本的前卫书法、大陆的"书法主义",还是台湾地区的"墨潮会",在感染了观念之后,都放弃了书法本体,最终本体在蒸发之时亦吸尽了其热量,从而带走其生命之源。现代书法(少数字样式)则以坚持本体而夸张形体,"法"与"意"在得到保存之外努力寻求辅助的样式,日本人找到了其范式,台湾地区发展了这一范式,大陆得到其形式却忽略了其本体的内在意义,最终被大陆书坛"超稳定体系"以排异的方式挤出书坛。书法的"他跨域"样式却以他种艺术种类汲取书法的书意而焕发光芒。毫无疑问,这是台湾地区所特有的,大陆和日本均未成功的显示。

追问"他跨域"的生态基础,必须回到台湾地区的文化生态环境之上。"蛇魂"的蛮性在原始儒学(孔孟)的包裹之下潜入了内核,幻化成为一种原始冲动,夹杂着原始崇拜带来的原始虔诚,生

① 陈宛茜:《刘肯东狂草住屋山水间一滴墨》,台北《联合报》,2008年1月18日。
② 同①,第33-34页。

养成一种朴素的东方美学基奠。在遭受现代性的多次撞击之后，许多传统的内核在这种巨大冲撞之下逸离出本体，而逸离的内核一经现代美学形式的捕捉在某种合适的温度下（特别是文化创意产业的催发之下）便得以新生。无疑，云门就是这种"逸离"与"化合"的成功范例。台湾地区当代原始儒学回归倾向加上台湾地域"蛇魂"的底蕴使传统文化重新得到重视和认可，许多特殊的门类艺术甚至得到一种类宗教的内心认可，如道家美学、武术、禅、书法等。特别是书法，携着对古文字的天生崇拜的情节，古典美学因子深渗他们的血液，而一经现代性的召唤，原始的与现代的交汇必然带来一种沸腾的景观。